QUESTÕES COMENTADAS de LÍNGUA PORTUGUESA

Duda Nogueira

QUESTÕES COMENTADAS de LÍNGUA PORTUGUESA

Mais de 500 questões

VUNESP

2019

EDITORA *Jus*PODIVM

www.editorajuspodivm.com.br

EDITORA *Jus*PODIVM
www.editorajuspodivm.com.br

Rua Território Rio Branco, 87 – Pituba – CEP: 41830-530 – Salvador – Bahia
Tel: (71) 3045.9051
• Contato: https://www.editorajuspodivm.com.br/sac

Diagramação: Maitê Coelho *(maitescoelho@yahoo.com.br)*

Capa: Ana Caquetti

ISBN: 978-85-442-2649-0

Apresentação

A obra abrange todo o conteúdo exigido pela banca VUNESP em concursos públicos de nível médio e de nível superior. As questões estão separadas por **partes** e **assuntos.**

É imprescindível entender os editais e, para isso, apresentamos a seguir uma tabela com o conteúdo estrutural desta obra nas colunas 1 e 2; na coluna 3, como o assunto aparece no edital e na coluna 4 informamos o número de questões comentadas sobre o assunto.

É de suma importância seguir a ordem, pois um assunto depende de outro.

Partes	Capítulos	Nos editais	Questões
II Fonologia	1. Acentuação	Acentuação gráfica.	9
	2. Ortografia e Semântica	Semântica: sentido e emprego dos vocábulos; campos semânticos. Ortografia. Significação contextual de palavras e expressões. Sinônimos e antônimos. Sentido próprio e figurado das palavras.	52
III Morfologia	1. Processos de formação das palavras	Processos de formação das palavras.	4
	2. Flexão nominal	Morfologia: reconhecimento, emprego e sentido das classes gramaticais. Mecanismos de flexão dos nomes. Classes de palavras: emprego e sentido que imprimem às relações que estabelecem.	10
	3. Pronome	Padrões gerais de colocação pronominal no português. Classes de palavras: emprego e sentido que imprimem às relações que estabelecem. Morfologia: reconhecimento, emprego e sentido das classes gramaticais.	49
	4. Verbo	Morfologia: reconhecimento, emprego e sentido das classes gramaticais. Emprego de tempos e modos dos verbos em português. Mecanismos de flexão do verbo. Classes de palavras: emprego e sentido que imprimem às relações que estabelecem.	41

Partes	Capítulos	Nos editais	Questões
IV Sintaxe	1. Análise sintática	Sintaxe: frase, oração e período; termos da oração. Reescrita de frases: substituição, deslocamento, paralelismo; variação linguística: norma culta. Estruturação do texto: relações entre ideias; recursos de coesão.	22
	2. Período composto	Processos de coordenação e subordinação. Reescrita de frases: substituição, deslocamento, paralelismo; variação linguística: norma culta. Estruturação do texto: relações entre ideias; recursos de coesão.	48
	3. Concordância	Concordância nominal e verbal. Sintaxe de concordância verbal e nominal.	36
	4. Regência	Transitividade e regência de nomes e verbos. Regência verbal e nominal.	31
	5. Crase	Emprego do sinal indicativo de crase.	24
	6. Pontuação	Pontuação.	29
V Coesão, coerência e reescritura de frases	1. Coesão, coerência e reescritura de frases	Mecanismos de coesão textual. Reescrita de frases: substituição, deslocamento, paralelismo; variação linguística: norma culta. Estruturação do texto: relações entre ideias; recursos de coesão. Significação contextual de palavras e expressões.	22
VI Interpretação de texto	1. Interpretação de texto	Interpretação de textos. Elementos de construção do texto e seu sentido: gênero do texto (literário e não literário, narrativo, descritivo e argumentativo), interpretação e organização interna. Análise, compreensão e interpretação de diversos tipos de textos verbais, não verbais, literários e não literários. Informações literais e inferências possíveis. Ponto de vista do autor. Estruturação do texto: relações entre ideias.	122
VII Estilística	1. Figuras de linguagem	Estilística: figuras de linguagem.	10
VIII Redação Oficial	1. Redação oficial	Aspectos Gerais da Redação Oficial (A impessoalidade; clareza; concisão; formalidade; padronização; correção; concisão e clareza). As Comunicações Oficiais (Pronomes de tratamento; concordância; fechos para comunicações; formatação e diagramação dos documentos; identificação do signatário). Memorando: definição e finalidade; forma e estrutura. Ofício: definição e finalidade; forma e estrutura. Correio Eletrônico: definição e finalidade; forma e estrutura; valor documental.	9
TOTAL DE QUESTÕES			**518**

Acredite: é possível aprender português e acertar as questões. É exercitando que você ficará apto(a).

Chegou a hora de iniciarmos, juntos, a maratona de estudos.

Sumário

PARTE I – EDITAIS SISTEMATIZADOS

PARTE II – FONOLOGIA

PARTE III – MORFOLOGIA

PARTE IV – SINTAXE

PARTE V – COESÃO, COERÊNCIA E REESCRITURA DE FRASES

PARTE VI – INTERPRETAÇÃO DE TEXTO

PARTE VII – ESTILÍSTICA

PARTE VIII – REDAÇÃO OFICIAL

PARTE I

Editais sistematizados

Editais sistematizados

1. TJ SP – COMARCA DA CAPITAL/2019

Cargo: Administrador Judiciário		
Itens do edital	**No livro**	**Onde encontrar**
Semântica: sentido e emprego dos vocábulos; campos semânticos	Ortografia e semântica	PARTE II Capítulo 2
Emprego de tempos e modos dos verbos em português	Verbo	PARTE III Capítulo 4
Morfologia: reconhecimento, emprego e sentido das classes gramaticais	Flexão nominal Pronome Verbo	PARTE III Capítulos 2, 3, 4
Processos de formação das palavras	Processos de formação das palavras	PARTE III Capítulo 1
Mecanismos de flexão dos nomes e dos verbos	Flexão nominal Verbo Concordância Coesão, coerência e reescritura de frases	PARTE III Capítulos 2 e 4 PARTE IV Capítulo 3 PARTE V Capítulo 1
Padrões gerais de colocação pronominal no português	Pronome	PARTE III Capítulo 3
Sintaxe: frase, oração e período; termos da oração	Análise Sintática	PARTE IV Capítulo 1
Processos de coordenação e subordinação	Período composto	PARTE IV Capítulo 2
Concordância nominal e verbal	Concordância	PARTE IV Capítulo 3
Transitividade e regência de nomes e verbos	Regência	PARTE IV Capítulo 4
Ortografia	Ortografia	PARTE II Capítulo 2
Acentuação gráfica	Acentuação	PARTE II Capítulo 1

Cargo: Administrador Judiciário		
Itens do edital	**No livro**	**Onde encontrar**
Emprego do sinal indicativo de crase	Crase	PARTE IV Capítulo 5
Pontuação	Pontuação	PARTE IV Capítulo 6
Estilística: figuras de linguagem	Estilística	PARTE VII Capítulo 1
Reescrita de frases: substituição, deslocamento, paralelismo; variação linguística: norma culta	Coesão, coerência e reescritura de frases + pronome, verbo, análise sintática, período composto, concordância, regência, crase e pontuação	PARTE V Capítulo 1 + PARTE III Capítulos 3 e 4 PARTE IV Capítulos 1 a 6
Mecanismos de coesão textual	Coesão, coerência e reescritura de frases	PARTE V Capítulo 1
Elementos de construção do texto e seu sentido: gênero do texto (literário e não literário, narrativo, descritivo e argumentativo), interpretação e organização interna	Interpretação de texto	PARTE VI Capítulo 1

2. MPE SP – ANALISTA TÉCNICO CIENTÍFICO/2019

Cargo: Contador		
Itens do edital	**No livro**	**Onde encontrar**
Leitura e interpretação de diversos tipos de textos (literários e não literários)	Interpretação de texto	PARTE VI Capítulo 1
Sinônimos e antônimos. Sentido próprio e figurado das palavras	Ortografia e semântica	PARTE II Capítulo 2
Pontuação	Pontuação	PARTE IV Capítulo 6
Classes de palavras: substantivo, adjetivo, numeral, pronome, verbo, advérbio, preposição e conjunção: emprego e sentido que imprimem às relações que estabelecem	Pronome Verbo Flexão nominal Período composto Pontuação Coesão, coerência e reescritura de frases	PARTE III Capítulos 2, 3, 4 PARTE IV Capítulo 2 PARTE IV Capítulo 6 PARTE V Capítulo 1
Concordância verbal e nominal	Concordância	PARTE IV Capítulo 3

Cargo: Contador		
Itens do edital	**No livro**	**Onde encontrar**
Regência verbal e nominal	Regência	PARTE IV Capítulo 4
Colocação pronominal	Pronome	PARTE III Capítulo 3
Crase	Crase	PARTE IV Capítulo 5

3. TJ SP/ 2018

Cargo: Escrevente Técnico Judiciário		
Itens do edital	**No livro**	**Onde encontrar**
Sinônimos e antônimos. Sentido próprio e figurado das palavras.	Ortografia e semântica	PARTE II Capítulo 2
Classes de palavras: emprego e sentido que imprimem às relações que estabelecem: substantivo, adjetivo, artigo, numeral, pronome, verbo, advérbio, preposição e conjunção.	Acentuação Ortografia Flexão nominal Pronome Verbo Período Composto Coesão, coerência e reescritura de frases	PARTE II Capítulos 1 e 2 PARTE III Capítulos 2, 3, 4 PARTE IV Capítulo 2 PARTE V Capítulo 1
Colocação pronominal	Pronome	PARTE III Capítulo 3
Concordância nominal e verbal	Concordância	PARTE IV Capítulo 3
Regência verbal e nominal	Regência	PARTE IV Capítulo 4
Crase	Crase	PARTE IV Capítulo 5
Pontuação	Pontuação	PARTE IV Capítulo 6
Estruturação do texto: relações entre ideias; recursos de coesão. Significação contextual de palavras e expressões.	Coesão, coerência e reescritura de frases Ortografia Análise sintática Período composto	PARTE V Capítulo 1 PARTE II Capítulo 2 PARTE IV Capítulos 1 e 2
Análise, compreensão e interpretação de diversos tipos de textos verbais, não verbais, literários e não literários. Informações literais e inferências possíveis. Ponto de vista do autor. Estruturação do texto: relações entre ideias.	Interpretação de texto	PARTE VI Capítulo 1

4. MPE SP/2018

Cargo: Analista Jurídico do Ministério Público		
Itens do edital	**No livro**	**Onde encontrar**
Interpretação de textos	Interpretação de texto	PARTE VI Capítulo 1
Ortografia, acentuação	Ortografia Acentuação	PARTE II Capítulos 1 e 2
Crase e pontuação	Crase Pontuação	PARTE IV Capítulos 5 e 6
Sintaxe de concordância verbal e nominal	Concordância	PARTE IV Capítulo 3
Vícios e figuras de linguagem	Estilística	PARTE VII Capítulo 1

PARTE II

Fonologia

CAPÍTULO 1

Acentuação

» **Nos editais:** Acentuação gráfica.

01 **(Vunesp – Oficial Administrativo – SEDUC SP/2019)** Na frase "... a obra **póstuma** e incrivelmente **contemporânea**...", os termos destacados recebem acentuação gráfica em conformidade com as mesmas regras observadas para acentuação, respectivamente, dos seguintes termos:

a) legião; proféticos.
b) angústia; alguém.
c) tecnológicas; experiência.
d) também; paciência.
e) páginas; está.

COMENTÁRIOS:

Nota da autora: pós-tu-ma é **proparoxítona**; con-tem-po-râ-nea é **paroxítona** terminada em ditongo, pois o "e" possui som de /i/.

A fim de facilitar, coloque as palavras na tabela e sempre deixe a última coluna preenchida.

-	PRO	PAR	OXI
	PÓS	tu	ma
com	tem	**RÂ**	nea
		le	**GIÃO**
pro	**FÉ**	ti	cos
	an	**GÚS**	Tia
		al	**GUÉM**
tec-no	**LÓ**	gi	ca
ex-pe	ri	**ÊN**	Cia
		tam	**BÉM**
pa	ci	**ÊN**	cia
	PÁ	gi	nas
		es	**TÁ**

Alternativa "a" – O til não é considerado acento gráfico, mas sim um sinal de nasalação. Vale como acento quando recai sobre a sílaba tônica: oxítona; proparoxítona.

Alternativa "b" – paroxítona; oxítona.

Alternativa "c" – proparoxítona; paroxítona.

Alternativa "d" – oxítona; paroxítona.

Alternativa "e" – proparoxítona; oxítona.

ALTERNATIVA CORRETA: C

02 **(Vunesp – Enfermeiro Judiciário – TJ SP/2019 - adaptada)** Assinale a alternativa em que os termos estão acentuados, correta e respectivamente, a exemplo das palavras: dúvida, abundância e também.

a) exíguo; hemácia; outrém.
b) trôpego; anúncia; provém.
c) rúbrica; latência; pajém.
d) álibi; essência; aquém.
e) récorde; incônscio; amém.

COMENTÁRIOS:

Alternativa "a" – outrem.
Alternativa "b" – anuncia: verbo.
Alternativa "c" – rubrica e pajem: paroxítonas terminadas em "a".
Alternativa "d" – proparoxítona, paroxítona, oxítona.
Alternativa "e" – recorde.
ALTERNATIVA CORRETA: D

03 **(Vunesp – Administrador Judiciário – TJ SP/2019 - adaptada)** Assinale a alternativa em que a acentuação e a grafia das palavras estão de acordo com a norma-padrão da língua portuguesa.

a) Pela fronteira, tem entrado no país muitos refugiados, e é imprecindível acolhê-los adequadamente.
b) Faltou ombridade aos dirigentes da empresa, pois eles omitiram dos sócios o récorde de vendas.
c) À excessão dos quibes, os salgados servidos na cerimônia de inauguração estavam saborosos.
d) A atendente da companhia aérea fez uma rúbrica na passagem para retificar o horário do voo.
e) Atualmente, é mister acabar com privilégios concedidos a clãs inescrupulosos.

COMENTÁRIOS:

➲ **Nota da autora:** Questão de acentuação e ortografia.

Alternativa "a" – têm (plural); **imprescindível** – paroxítona terminada em "l".

Alternativa "b" – hombridade; recorde – paroxítona terminada em "e".
Alternativa "c" – exceção.

Alternativa "d" – rubrica – paroxítona terminada em "a".

Alternativa "e" – Os vocábulos foram escritos corretamente. *Mister* significa fundamental, essencial.

ALTERNATIVA CORRETA: E

04 **(Vunesp – Agente de Telecomunicações Policial – PC SP/2018)** Assinale a alternativa em que as palavras estão acentuadas obedecendo à mesma regra que determina a acentuação, respectivamente, das palavras "vários" e "análogas".

a) Dívidas; há.
b) Josés; água.
c) Antônios; multiétnica.
d) Deploráveis; inclassificável.
e) País; máxima.

COMENTÁRIOS:

➔ **Nota da autora:** vá-rios – paroxítona terminada em ditongo; a-ná-lo-gas – proparoxítona.

Alternativa "a" – proparoxítona; monossílaba.

Alternativa "b" – oxítona; paroxítona terminada em ditongo.

Alternativa "c" – paroxítona terminada em ditongo; proparoxítona.

Alternativa "d" – paroxítona terminada em ditongo; paroxítona terminada em "l".

Alternativa "e" – hiato (pa-ís); proparoxítona.

ALTERNATIVA CORRETA: C

05 **(Vunesp – Escrivão de Polícia Civil – PC SP/2018)** Assinale a alternativa contendo as palavras que seguem, correta e respectivamente, os princípios de acentuação das palavras destacadas – **Júri; legítima; existência.**

a) série; técnica; assassínio.
b) bônus; violência; tráfico.
c) táxi; excelentíssimo; arbitrária.
d) íris; saído; nítida.
e) estéril; ecumênico; Romênia.

COMENTÁRIOS:

➔ **Nota da autora:** jú-ri – paroxítona terminada em "i"; le-gí-ti-ma – proparoxítona; e-xis-tên-cia – proparoxítona.

Alternativa "a" – paroxítona terminada em ditongo; proparoxítona; paroxítona terminada em ditongo.

Alternativa "b" – paroxítona terminada em "u(s)"; paroxítona terminada em ditongo; proparoxítona.

Alternativa "c" – paroxítona terminada em "i"; proparoxítona; – paroxítona terminada em ditongo.

Alternativa "d" – paroxítona terminada em "i(s)"; hiato; proparoxítona.

Alternativa "e" – paroxítona terminada em "l"; proparoxítona; – paroxítona terminada em ditongo.

ALTERNATIVA CORRETA: C

06 **(Vunesp – Investigador de Polícia – PC SP/2018)** Assinale a alternativa correta quanto à acentuação, considerando os enunciados adaptados da *Folha de S.Paulo*, de 26.04.2018.

a) Ambientes arejados e higiêne das mãos ajudam na prevenção de doenças infecciosas.
b) Eleita capital da cultura, Palérmo é opção de destino imperdivel no sul da Itália.
c) Pela primeira vez na história, líderes das Coreias se encontram no lado sul-coreano.
d) Estilo transformers: Robô humanóide se transforma em carro no Japão.
e) Além de falar e pensar, até nosso silencio é em português.

COMENTÁRIOS:

Alternativa "a" – higiene.

Alternativa "b" – Palermo; imperdível.

Alternativa "c" – história: paroxítona terminada em ditongo; líderes: proparoxítona.

Alternativa "d" – humanoide: ditongo aberto em paroxítona é mais acentuado após a reforma ortográfica de 2009.

Alternativa "e" – silêncio (substantivo).

DICA – Se fosse usado como verbo, o vocábulo não seria acentuado: Eu me silencio diante de você.

07 **(Vunesp – Estatístico Judiciário – TJ SP/2015 - adaptada)** Acentuam-se em razão da mesma regra as seguintes palavras:

a) dívidas, crédito, empréstimo.
b) carnê, período, salário.
c) salário, também, comércio.
d) favorável, último, crédito.
e) tendência, também, carnê.

COMENTÁRIOS:

Nota da autora: Sugiro que faça uma tabelinha a fim de evitar erros. Não coloque as regras especiais dentro da tabela - hiato, ditongos abertos e monossílabos.

Alternativa correta: letra "a" – Todas as proparoxítonas são acentuadas. Perceba que os acentos estão na mesma coluna:

-	PRO	PAR	OXI
	DÍ	vi	das
	CRÉ	di	to
em	**PRÉS**	ti	mo

Alternativa "b" – Apenas *carnê* é oxítona.
Alternativa "c" – Apenas *também* é oxítona.

Alternativa "d" – Apenas *favorável* é paroxítona.

Alternativa "e" – Apenas *tendência* é paroxítona.

Texto para responder à questão.

Veja, aí estão eles, a bailar seu diabólico "pas de deux" (*): sentado, ao fundo do restaurante, o cliente paulista acena, assovia, agita os braços num agônico polichinelo; encostado à parede, marmóreo e impassível, o garçom carioca o ignora com redobrada atenção. O paulista estrebucha: "Amigô?!", "Chefê?!", "Parceirô?!"; o garçom boceja, tira um fiapo do ombro, olha pro lustre.

Eu disse "cliente paulista", percebo a redundância: o paulista é sempre cliente. Sem querer estereotipar, mas já estereotipando: trata-se de um ser cujas interações sociais terminam, 99% das vezes, diante da pergunta "débito ou crédito?".[…] Como pode ele entender que o fato de estar pagando não garantirá a atenção do garçom carioca? Como pode o ignóbil paulista, nascido e criado na crua batalha entre burgueses e proletários, compreender o discreto charme da aristocracia?

Sim, meu caro paulista: o garçom carioca é antes de tudo um nobre. Um antigo membro da corte que esconde, por trás da carapinha entediada, do descaso e da gravata borboleta, saudades do imperador. […] Se deixou de bajular os príncipes e princesas do século 19, passou a servir reis e rainhas do 20: levou gim tônicas para Vinicius e caipirinhas para Sinatra, uísques para Tom e leites para Nelson, recebeu gordas gorjetas de Orson Welles e autógrafos de Rockfeller; ainda hoje fala de futebol com Roberto Carlos e ouve conselhos de João Gilberto. Continua tão nobre quanto sempre foi, seu orgulho permanece intacto.

Até que chega esse paulista, esse homem bidimensional e sem poesia, de camisa polo, meia soquete e sapatênis, achando que o jacarezinho de sua Lacoste é um crachá universal, capaz de abrir todas as portas. Ah, paulishhhhta otáááario, nenhum emblema preencherá o vazio que carregas no peito – pensa o garçom, antes de conduzi-lo à última mesa do restaurante, a caminho do banheiro, e ali esquecê-lo para todo o sempre.

Veja, veja como ele se debate, como se debaterá amanhã, depois de amanhã e até a Quarta-Feira de Cinzas, maldizendo a Guanabara, saudoso das várzeas do Tietê, onde a desigualdade é tão mais organizada: "Ô, companheirô, faz meia hora que eu cheguei, dava pra ver um cardápio?!". Acalme-se, conterrâneo.

Acostume-se com sua existência plebeia. O garçom carioca não está aí para servi-lo, você é que foi ao restaurante para homenageá-lo. (Antonio Prata, Cliente paulista, garçom carioca. Folha de S.Paulo, 06.02.2013)

(*) Um tipo de coreografia, de dança.

08 **(Vunesp – Escrevente Técnico Judiciário – TJ – SP/2013)** É correto dizer que a acentuação gráfica que o autor emprega tanto segue a norma-padrão quanto desobedece a ela, neste caso, numa tentativa de imitar a entonação oral do chamamento. Essa afirmação é baseada na acentuação, respectivamente, de

a) sapatênis e Tietê.
b) diabólico e marmóreo.
c) esquecê-lo e amigô.
d) companheirô e débito.
e) chefê e parceirô.

COMENTÁRIOS:

Alternativa correta: letra "c" – Importante atentar-se ao enunciado: acentuação gráfica que o autor emprega tanto segue a norma-padrão (**forma correta**) quanto desobedece a ela (**forma incorreta**), respectivamente:

1) esquecê-lo = correta – oxítona terminada em *e*.
2) amigô = incorreta. Corrigindo: amigo – paroxítona terminada em *o*.

➲ **Dica** – Acentuam-se as oxítonas terminadas em:

a(s)	o(s)
e(s)	em, ens

Alternativa "a" – Corretas as duas formas: **sapatênis** (paroxítona terminada em *is*) e **Tietê** (oxítona terminada em *e*).

➲ **Dica** – Acentuam-se as paroxítonas terminadas em:

<table>
<tr><td>l</td><td>fácil</td><td rowspan="2">um, uns</td><td rowspan="2">álbum, álbuns</td></tr>
<tr><td>n</td><td>pólen</td></tr>
<tr><td>r</td><td>cadáver</td><td rowspan="3">ã(s), ão(s)</td><td rowspan="3">órfã, órfãs, órfão, órfãos</td></tr>
<tr><td>ps</td><td>bíceps</td></tr>
<tr><td>x</td><td>tórax</td></tr>
<tr><td>us</td><td>vírus</td><td rowspan="3">ditongo oral (seguido ou não de s)</td><td rowspan="3">jóquei, túneis</td></tr>
<tr><td>i, is</td><td>júri, lápis</td></tr>
<tr><td>om, ons</td><td>iândom, íons</td></tr>
</table>

Observações:

1) As paroxítonas terminadas em *"n"* são acentuadas (hífen), mas as que terminam em *"ens"*, não. (*hifens, jovens)*
2) Não são acentuados os prefixos terminados em *"i* "e *"r"*. *(semi, super)*
3) Acentuam-se as paroxítonas terminadas em ditongos crescentes: *ea(s), oa(s), eo(s), ua(s), ia(s), ue(s), ie(s), uo(s),io(s). (Fonte: http://www.soportugues.com.br)*

Alternativa "b" – Corretas as duas formas: diabólico (proparoxítona) e marmóreo (paroxítona terminada em ditongo).

Alternativa "d" – Ordem inversa do que é pedido:

1) errada – companheirô (correção: companheiro)
2) correta – débito (proparoxítona).

Alternativa "e" – As duas formas estão erradas: chefê (chefe) e parceirô (parceiro).

09 **(Vunesp – Escrevente Técnico Judiciário – TJ – SP/2013)** Assinale a alternativa com as palavras acentuadas segundo as regras de acentuação, respectivamente, de **intercâmbio** e **antropológico.**

a) Distúrbio e acórdão.
b) Máquina e jiló.
c) Alvará e Vândalo.
d) Consciência e características.
e) Órgão e órfãs.

COMENTÁRIOS:

Alternativa "d": correta – Intercâmbio e consciência: paroxítonas terminadas em ditongo; antropológico e características = proparoxítonas.

–	Pro	PAR	Oxi
in	ter	**CÂM**	bio
cons	ci	**ÊN**	cia

–			PRO	Par	Oxi
an	tro	po	**LÓ**	gi	co
ca	rac	te	**RÍS**	ti	cas

Alternativa "a":

–	Pro	PAR	Oxi
in	ter	**CÂM**	bio
	dis	**TÚR**	bio

–			PRO	PAR	Oxi
an	tro	po	**LÓ**	gi	co
			a	**CÓR**	dão

Alternativa "b":

–	PRO	PAR	Oxi
in	ter	**CÂM**	bio
	MÁ	qui	na

–			PRO	Par	OXI
an	tro	po	**LÓ**	gi	co
				ji	**LÓ**

Alternativa "c".

–	Pro	PAR	OXI
in	ter	**CÂM**	bio
	al	va	**RÁ**

–			PRO	Par	Oxi
an	tro	po	**LÓ**	gi	co
			VÂN	da	lo

Alternativa "e".

–	Pro	PAR	Oxi
in	ter	**CÂM**	bio
		ÓR	gão

–			PRO	PAR	Oxi
an	tro	po	**LÓ**	gi	co
				ÓR	fãs

Ortografia e semântica

» **Nos editais:** Semântica: sentido e emprego dos vocábulos; campos semânticos. Ortografia. Significação contextual de palavras e expressões. Sinônimos e antônimos. Sentido próprio e figurado das palavras.

01 **(Vunesp – Contador Judiciário – TJ SP/2019 - adaptada)** Assinale a alternativa em que o termo destacado está corretamente empregado, conforme os sentidos do período.

a) De acordo com o Fundo Monetário Internacional, há uma **eminente** redução do PIB mundial para 2019.

b) É possível um conflito comercial, já que os EUA podem **retificar** uma terceira rodada de tarifas à China.

c) Investidores hoje otimistas logo exigirão o **comprimento** de medidas para que haja resultados concretos.

d) A decisão da Comissão Europeia mostra que a Itália **infligiu** acordos que visam evitar aumento de juros.

e) A recuperação econômica do Brasil poderá **fluir** bem, pois o país tem espaço para uma retomada mais forte.

COMENTÁRIOS:

Alternativa "a" – iminente: prestes a acontecer; e̲minente: e̲xcelente, superior.

Alternativa "b" – ratificar: confirmar, validar; retificar: corrigir.

Alternativa "c" – cumprimento: ação ou efeito de cumprir, de executar, de realizar algo; comprimento: dimensão que vai de uma extremidade à outra; tamanho.

Alternativa "d" – infringiu: desrespeitou; infligir: aplicar, impor.

Alternativa "e" – fluir, no sentido figurado, significa *possuir seu início em; ter razão em; derivar.*

ALTERNATIVA CORRETA: E

02 **(Vunesp – Médico Judiciário – TJ SP/2019 - adaptada)** Assinale a alternativa que contém sentido e emprega, corretamente, termos parônimos.

a) É essencial que juntas médicas promovam seções periódicas para chegar a diagnósticos acurados.

b) Analistas discutem a cerca da migração de alguns profissionais para uma medicina mais técnica.

c) Jayme Murahovschi ratifica o ponto de vista de outros colegas que também acreditam que a profissão está vivendo uma reviravolta.

d) A finalidade da profissão não se alterou, porém, na atual conjetura, o modus operandi passa por drásticas mudanças.

e) Apesar das contribuições da robótica, não é fato eminente a realização de cirurgias sem a intervenção humana.

COMENTÁRIOS:

➲ **Nota da autora:** Parônimos são palavras que possuem significados distintos e são grafadas ou faladas de modo parecido.

Alternativa "a" – sessões: reuniões.

Alternativa "b" – acerca: sobre.

Alternativa "c" – ratificar: confirmar.

Alternativa "d" – conjuntura: momento, situação.

Alternativa "e" – iminente: prestes a ocorrer.

ALTERNATIVA CORRETA: C

03 **(Vunesp – Analista Técnico Científico – MPE SP – SP/2019)** Há termo empregado em sentido figurado na passagem:

a) ... mostra-se igualmente essencial – a da melhora do ambiente de negócios.

b) A edição mais recente do ranking catalogou número recorde de 314 reformas...

c) ... o maior atraso relativo do Brasil se dá no pagamento de impostos...

d) Nesse quesito em particular, o país ocupa um trágico 184º lugar no ranking.

e) ... a simplificação já traria ganhos substanciais em eficiência ao setor produtivo.

COMENTÁRIOS:

➲ **Nota da autora:** Questão de semântica.

Denotação é o sentido próprio de uma palavra, ou qualquer outra coisa, desprovido de ampliações ou modificações em seu significado. **Conotação** é a ação que consiste no emprego de uma palavra a partir de um sentido figurado, não literal, e dependente do contexto.

Alternativa "a" – Denotação: essencial e ambiente de negócios.

Alternativa "b" – Denotação: recente, ranking, catalogou, número recorde.

Alternativa "c" – Denotação: atraso, pagamento de impostos.

Alternativa "d" – Trágico lugar = o lugar é trágico. O adjetivo não foi usado no sentido denotativo – relativo a tragédia –, mas sim no sentido conotativo – lugar péssimo: excessivamente mau.

Alternativa "e" – Denotação: simplificação, ganhos substanciais, eficiência e setor produtivo.

ALTERNATIVA CORRETA: D

Texto para responder à questão.

Irmãos em livros

Outro dia, num táxi, o motorista me disse que "gostava de ler" e comprava "muitos livros". Dei-lhe parabéns e perguntei qual era sua livraria favorita. Respondeu que "gostava de todas", mas, de há alguns anos, só comprava livros pela internet. Ah, sim? Comentei que também gostava de todos os táxis, mas, a partir dali, passaria a usar apenas o serviço de aplicativos. Ele diminuiu a marcha, como se processasse a informação. Virou-se para mim e disse: "Entendi. O senhor tem razão".

Tenho amigos que não leem e não frequentam livrarias. Não são pessoas primitivas ou despreparadas – apenas não têm a bênção de conviver com as palavras. Posso muito bem entendê-las porque também não tenho o menor interesse por automóveis, pela alta cozinha ou pelo mundo digital – nunc a dirigi um carro, acho que qualquer prato melhora com um ovo frito por cima e, quando me mostram alguma coisa num smartphone, vou de dedão sem querer e mando a imagem para o espaço. Nada disso me faz falta, assim como o livro e a livraria a eles.

No entanto, quando entro numa livraria, pergunto-me que outro lugar pode ser tão fascinante. São milhares de livros à vista, cada qual com um título, um design, uma personalidade. São romances, biografias, ensaios, poesia, livros de história, de fotos, de autoajuda, infantis, o que você quiser. O que se despendeu de esforço intelectual para produzi-los e em tal variedade é impossível de quantificar. Cada livro, bom ou mau, medíocre ou brilhante, exigiu o melhor que cada autor conseguiu dar.

Uma livraria é um lugar de congraçamento*. Todos ali somos irmãos na busca de algum tipo de conhecimento. E, como este é infinito, não nos faltarão irmãos para congraçar. Aliás, quanto mais se aprende, mais se vai às livrarias.

Lá dentro, ninguém nos obriga a comprar um livro. Mas os livros parecem saber quem somos e, inevitavelmente, um deles salta da pilha para as nossas mãos.

(Ruy Castro, Folha de S.Paulo, 07.12.2018. Adaptado)

* Congraçamento: ato ou efeito de congraçar(-se); conciliação, reconciliação.

04 **(Vunesp – Oficial Administrativo – SEDUC SP/2019)** Assinale a alternativa em que há emprego de palavra ou expressão em sentido figurado.

a) … inevitavelmente, um deles salta da pilha para as nossas mãos.

b) Nada disso me faz falta, assim como o livro e a livraria a eles.

c) Dei-lhe parabéns e perguntei qual era sua livraria favorita.
d) Comentei que também gostava de todos os táxis...
e) Tenho amigos que não leem e não frequentam livrarias.

COMENTÁRIOS:

Alternativa "a" – Pilha está no sentido de *amontoado de coisas colocadas umas sobre as outras*. No sentido denotativo, é *aparelho que transforma em corrente elétrica a energia produzida por uma reação química.*

Alternativa "b" – Denotação: livro e livraria.

Alternativa "c" – Denotação: parabéns e livraria.

Alternativa "d" – Denotação: táxis.

Alternativa "e" – Denotação: amigos e livrarias.

ALTERNATIVA CORRETA: A

05 **(Vunesp – Agente de Telecomunicação Policial – PC SP/2018)** A alternativa em que todas as palavras estão corretamente grafadas é:

a) A pretenção do acusado não foi acatada: ele queria tratamento de excessão.
b) A justiça não admite privilégios que sejam empecilhos à aplicação da lei.
c) Eles fazem juz a um prêmio por sua grande dedicação aos desassistidos.
d) O excesso de zelo levou o rapaz a amenisar a versão dos fatos.
e) Durante a viajem, foi preciso fazer a converção da moeda.

COMENTÁRIOS:

Alternativa "a" – pretensão; exceção.

Alternativa "b" – privilégio: vantagem; empecilho: obstáculo, dificuldade.

Alternativa "c" – jus.

Alternativa "d" – amenizar.

Alternativa "e" – conversão.

ALTERNATIVA CORRETA: B

06 **(Vunesp – Escrivão de Polícia Civil – PC SP/2018)** Por isso, há grupos especializados que promovem reuniões semanais com devedores **com a finalidade** de trocar experiências **sobre** consumo impulsivo e propensão a viver no vermelho.

É comum que, diante dos apuros, como a perda do emprego, algumas tentem manter o mesmo padrão de vida **em lugar de** cortar gastos para se encaixar na nova realidade.

Assinale a alternativa que substitui, correta e respectivamente, as expressões destacadas, sem alterar o sentido original.

a) a fim de ... há cerca de ... em vez de

b) afim de ... a cerca de ... invés de
c) afim de ... a cerca de ... ao invés de
d) a fim de ... acerca de ... em vez de
e) à fim de ... acerca de ... ao invés de

COMENTÁRIOS:

Alternativa "a" – a fim de: finalidade; **há cerca de**: tempo decorrido; em vez de: em lugar de (substituição).

Alternativa "b" – **afim de**: semelhante; **a cerca de**: a uma distância de; **invés de**: contrário, oposição.

Alternativa "c" – **afim de**: semelhante; **a cerca de**: a uma distância de; **ao invés de**: contrário, oposição.

Alternativa "d" – a fim de: finalidade; acerca de: a respeito de, sobre; em vez de: em lugar de (substituição).

Alternativa "e" – Não existe crase antes de palavra masculina (fim); acerca de: a respeito de, sobre; **ao invés de**: contrário, oposição.

ALTERNATIVA CORRETA: D

07 **(VUNESP - TJ SP – Escrevente Técnico Judiciário – 2018)** Assinale a alternativa em que há expressão(ões) empregada(s) em sentido figurado.

a) Oscar Wilde, por exemplo, dizia de George Moore: *escreveu excelente inglês, até que descobriu a gramática.*
b) Aliás, inglês eu não aprendi na escola. Foi lendo as revistas *MAD* e outras que vocês podem imaginar.
c) Este pouco de gramática que eu sei, por exemplo, foram Dona Maria de Lourdes e Dona Nair Freitas que me ensinaram.
d) Ora, dirão os professores, vida é gramática. De acordo. Vou até mais longe: vida é pontuação.
e) Simples: tenho em minha biblioteca três livros contendo exclusivamente citações.

COMENTÁRIOS:

➲ **Nota da autora** – Questão de semântica.

Sentido figurado: é o sentido que as palavras ou expressões adquirem em situações particulares de uso. A palavra tem valor conotativo quando seu significado é ampliado ou alterado no contexto em que é empregada, sugerindo ideias que vão além de seu sentido mais usual. **Sentido literal** é aquele que pode ser tomado como o sentido "básico, usual" da palavra ou expressão, esse pode ser compreendido sem ajuda do contexto.

Alternativa "a" – Descobriu a gramática: *estudo sistemático, descritivo e analítico do que compõe uma língua, suas frases, palavras, fonemas, processos de derivação, de flexão etc.*

Alternativa "b" – inglês: *idioma oficial da Inglaterra, dos Estados Unidos, da Austrália, da Nova Zelândia, do Canadá (juntamente com o francês) e de muitas ex-colônias inglesas na América, na África.*

Alternativa "c" – gramática: *estudo sistemático, descritivo e analítico do que compõe uma língua, suas frases, palavras, fonemas, processos de derivação, de flexão etc.*

Alternativa "d" – Ao citar que *vida é* ***gramática*** e que *vida é* ***pontuação***, os termos foram usados no sentido conotativo, óbvio.

Alternativa "e" – biblioteca: coleção de livros que se dispõe de maneira ordenada.

ALTERNATIVA CORRETA: D

08 **(VUNESP - TJ SP – Escrevente Técnico Judiciário – 2018)** Nas passagens "Ei-lo agora, adolescente **recluso** em seu quarto, diante de um livro que não lê." e "negros parágrafos **comprimidos** uns sobre os outros", os termos destacados têm como antônimos, respectivamente:

a) enclausurado e apertados.
b) liberto e expandidos.
c) apartado e ampliados.
d) solitário e espalhados.
e) solto e limitados.

COMENTÁRIOS:

Alternativa "a" – Antônimos: livre; amplos, largos, extensos.

Alternativa "b" – **Sinônimos** - Recluso: *preso, encarcerado, enclausurado, isolado;* comprimido: *apertado.* **Antônimos** - Recluso: *livre, egresso* = liberto; comprimido: *largo, dilatado, distendido; esticado, aumentado, amplificado, ampliado, acrescido, acrescentado, alargado,* ***expandido****, estirado, alongado, prolongado, estendido.*

Alternativa "c" – Antônimos: próximo, preto; resolutos, sintéticos.

Alternativa "d" – Antônimos: acompanhado; ajuntados, acumulados.

Alternativa "e" – Antônimos: preso; ilimitados.

ALTERNATIVA CORRETA: B

Texto para responder às questões.

Há quatro anos, Chris Nagele fez o que muitos executivos no setor de tecnologia já tinham feito - ele transferiu sua equipe para um chamado escritório aberto, sem paredes e divisórias.

Os funcionários, até então, trabalhavam de casa, mas ele queria que todos estivessem juntos, para se conectarem e colaborarem mais facilmente. Mas em pouco tempo ficou claro que Nagele tinha cometido um grande erro. Todos estavam distraídos, a produtividade caiu, e os nove empregados estavam insatisfeitos, sem falar do próprio chefe.

Em abril de 2015, quase três anos após a mudança para o escritório aberto, Nagele transferiu a empresa para um espaço de 900 m^2 onde hoje todos têm seu próprio espaço, com portas e tudo.

Inúmeras empresas adotaram o conceito de escritório aberto - cerca de 70% dos escritórios nos Estados Unidos são assim - e até onde se sabe poucos retornaram ao modelo de espaços tradicionais com salas e portas.

Pesquisas, contudo, mostram que podemos perder até 15% da produtividade, desenvolver problemas graves de concentração e até ter o dobro de chances de ficar doentes em espaços de trabalho abertos - fatores que estão contribuindo para uma reação contra esse tipo de organização.

Desde que se mudou para o formato tradicional, Nagele já ouviu colegas do setor de tecnologia dizerem sentir falta do estilo de trabalho do escritório fechado. "Muita gente concorda - simplesmente não aguentam o escritório aberto. Nunca se consegue terminar as coisas e é preciso levar mais trabalho para casa", diz ele.

É improvável que o conceito de escritório aberto **caia em desuso**, mas algumas firmas estão seguindo o exemplo de Nagele e voltando aos espaços **privados**.

Há uma boa razão que explica por que todos adoram um espaço com quatro paredes e uma porta: foco. A verdade é que não conseguimos cumprir várias tarefas ao mesmo tempo, e pequenas distrações podem desviar nosso foco por até 20 minutos.

Retemos mais informações quando nos sentamos em um local fixo, afirma Sally Augustin, psicóloga ambiental e de design de interiores.

(Bryan Borzykowski, "Por que escritórios abertos podem ser ruins para funcionários." Disponível em:<www1.folha.uol.com.br>. Acesso em: 04.04.2017. Adaptado)

09 **(Vunesp – Escrevente Técnico Judiciário – TJ – SP/2017)** O termo **privado** está em relação de sentido com **público**, seu antônimo, da mesma forma que estão as palavras

a) insatisfeitos e desabonados.
b) tradicional e usual.
c) distraídos e atentos.
d) conectar e interligar.
e) improvável e inaceitável.

COMENTÁRIOS:

➲ **Nota da autora:** Questão de semântica, pois a banca exige vocábulos antônimos, isto é, que possuam sentido contrário, oposto ou incompatível com o de outra.

Alternativa correta: letra "c" – *Distraído* é sinônimo de alheio, ocupado, entretido, **desatento**, concentrado, absorto, pateta, alheado, esquecido, abstraído; *atento* é sinônimo de circunspecto, gentil, dócil, **atencioso**, amável, vigilante, sisudo, discreto, atilado, cortês, cauteloso, sengo, prudente, obsequioso. São palavras antônimas.

Vejamos, a seguir, os antônimos dos outros vocábulos.

Alternativa "a" – insatisfeitos: satisfeitos; desabonados: reabilitados moralmente.

Alternativa "b" – tradicional: moderno, contemporâneo, recente; usual: raro, incomum.

Alternativa "d" – conectar: separar, desunir; interligar: desvincular, dissociar.

Alternativa "e" – improvável: provável; inaceitável: aceitável.

10 **(Vunesp – Escrevente Técnico Judiciário – TJ – SP/2017)** Na frase - É improvável que o conceito de escritório aberto **caia em desuso** ... - a expressão em destaque tem o sentido de

a) sofra censura.
b) torne-se obsoleto.
c) mostre-se alterado.
d) mereça sanção.
e) seja substituído.

COMENTÁRIOS:

Alternativa correta: letra "b" – A expressão *cair em desuso* é sinônima de *obliterar,* que no sentido figurado significa *fazer esquecer, ficar esquecido. Tornar-se obsoleto* é o mesmo que tornar-se antiquado, arcaico, retrógrado, ou seja, possuem o mesmo significado.

Alternativa "a" – Não há relação com censura - *ação ou poder de recriminar, criticar ou repreender.*

Alternativa "c" – Alterado é *trocado, adulterado, mudado.*

Alternativa "d" – Sanção: *pena, punição.*

Alternativa "e" – Substituído: *mudado, modificado, alterado, trocado.*

11 **(Vunesp – Escrevente Técnico Judiciário – TJ – SP/2017)** Assinale a alternativa cuja frase contém palavras empregadas em sentido figurado, no contexto em que se encontram.

a) Corri em volta do parque Buenos Aires e do cemitério da Consolação...
b) O Ibirapuera, o parque do Estado, o Jardim da Luz são uns raros respiros perdidos entre o mar de asfalto...
c) ... parque noturno com bastante gente, quase nenhum carro e propício a todo tipo de atividades...
d) Lá em Cotia, no fim da tarde, eu corria em volta de um lago, desviando de patos...
e) É o que vemos nas avenidas abertas aos pedestres, nos fins de semana...

COMENTÁRIOS:

➲ **Nota da autora:** Questão de semântica - denotação e conotação. Relembremos, a seguir, a diferença.

Sentido figurado é conotação, isto é, ação que consiste no emprego de uma palavra a partir de um sentido figurado, não literal, e dependente do contexto. Aquilo que uma palavra pode sugerir, além do seu sentido literal, através de associações com outras palavras, outros contextos, outros seres ou objetos.

Sentido literal é denotação, ou seja, sentido próprio de uma palavra, ou qualquer outra coisa, desprovido de ampliações ou modificações em seu significado. Relação objetiva de significado entre a representação, símbolo, som, ícone, e o conceito estabelecido por eles.

Alternativa correta: letra "b" – No sentido literal (denotativo), "respiro" significa *respiração;* no sentido figurado (conotativo), significa **descanso, repouso, folga** – exatamente a ideia utilizada no contexto.

Alternativa "a" – *Corri*: desloquei-me ou movi-me rapidamente; andei com velocidade; *em volta:* ao redor, perto de.

Alternativa "c" – *Noturno:* que se faz de noite.

Alternativa "d" – *Corria*: deslocava-me ou movia-me rapidamente; andava com velocidade; *em volta:* ao redor, perto de.

Alternativa "e" – *Abertas:* nítidas, destampadas, acessíveis.

12 **(Vunesp – Escrevente Técnico Judiciário – TJ – SP/2017)** O trecho destacado na passagem - Todos estavam distraídos, a produtividade caiu, e os nove empregados estavam insatisfeitos, **sem falar do próprio chefe**.- tem sentido de:

a) até mesmo o próprio chefe.
b) apesar do próprio chefe.
c) exceto o próprio chefe.
d) diante do próprio chefe.
e) portanto o próprio chefe.

COMENTÁRIOS:

➲ **Nota da autora:** Questão de semântica.

Alternativa correta: letra "a" – A ideia é de adição: os noves empregados **e** o próprio chefe estavam insatisfeitos. O vocábulo "até" é inclusivo e possui sentido de *também* e *mesmo.*

Alternativa "b" – *Apesar* possui ideia de oposição e não é o caso.

Alternativa "c" – O chefe também estava insatisfeito.

Alternativa "d" – Não possui ideia de lugar - *na frente de.*

Alternativa "e" – *Portanto* indica conclusão e não adição.

13 **(Vunesp – Escrevente Técnico Judiciário – TJ – SP/2017)** Assinale a alternativa cuja frase contém apenas palavras empregadas em sentido próprio.

a) O ônibus da excursão subia lentamente a serra. Ele, um dos garotos no meio da garotada em algazarra...

b) Era a vida voltando, e com esta encharcou todo o seu interior arenoso até se saciar.

c) ... deixava a brisa fresca bater-lhe no rosto e entrar-lhe pelos cabelos com dedos longos...

d) ... e seus olhos saltavam para fora da janela, procurando a estrada, penetrando entre os arbustos...

e) Sofreu um tremor que [...] se iniciou bem dentro dele e tomou-lhe o corpo todo estourando pelo rosto em brasa viva.

COMENTÁRIOS:

Nota da autora: Questão de semântica - sentido denotativo.

Alternativa correta: letra "a" – Sentido próprio é o sentido literal, ou seja, o sentido que costumeiramente é usado para uma palavra: garotada em *algazarra* - gritaria, berreiro, tumulto.

Acompanhe, a seguir as palavras usadas no sentido figurado (simbólico, metafórico), seguidas do sentido denotativo (próprio).

Alternativa "b" – A vida *encharcou* o interior. Denotação: alagou.

Alternativa "c" – A brisa *bater* no rosto. Denotação: colidir, chocar.

Alternativa "d" – Os olhos *saltavam* da janela. Denotação: pulavam.

Alternativa "e" – Um tremor *estourou* pelo rosto. Denotação: explodiu, arrebentou.

Texto para responder às questões.

Palavras, percebemos, são **pessoas**. Algumas são sozinhas: Abracadabra. Eureca. Bingo. Outras são promíscuas (embora prefiram a palavra "gregária"): estão sempre cercadas de muitas outras: Que. De. Por.

Algumas palavras são casadas. A palavra caudaloso, por exemplo, tem união estável com a palavra rio – você dificilmente verá caudaloso andando por aí acompanhada de outra pessoa. O mesmo vale para frondosa, que está sempre com a árvore. Perdidamente, coitado, é um advérbio que só adverbia o adjetivo apaixonado. Nada é ledo a não ser o engano, assim como nada é **crasso** a não ser o erro. **Ensejo** é uma palavra que só serve para ser aproveitada. Algumas palavras estão numa situação pior, como calculista, que vive em constante ménage'*', sempre acompanhada de assassino, frio e e.

Algumas palavras dependem de outras, embora não sejam grudadas por um hífen - quando têm hífen elas não são casadas, são siamesas. Casamento acontece quando se está junto por algum mistério. Alguns dirão que é amor, outros dirão que é afinidade, carência, preguiça e outros sentimentos menos nobres (a palavra engano, por exemplo, só está com ledo por pena – sabe que ledo, essa palavra moribunda, não iria encontrar mais nada a essa altura do campeonato).

Esse é o problema do casamento entre as palavras, que por acaso é o mesmo do casamento entre pessoas. Tem sempre uma palavra que ama mais. A palavra árvore anda com várias palavras além de frondosa. O casamento é aberto, mas para um lado só. A palavra rio sai com várias outras palavras na calada da noite: grande, comprido, branco, vermelho - e caudaloso fica lá, sozinho, em casa, esperando o rio chegar, a comida esfriando no prato.

Um dia, caudaloso cansou de ser maltratado e resolveu sair com outras palavras. Esbarrou com o abraço que, por sua vez, estava farto de sair com grande, essa palavra tão gasta. O abraço caudaloso deu tão certo que ficaram perdidamente inseparáveis. Foi em Manuel de Barros. Talvez pra isso sirva a poesia, pra desfazer ledos enganos em prol de encontros mais frondosos.

(Gregório Duvivier, Abraço caudaloso. Disponível em: <http://www1.folha.uol.com.br/>. Acesso em: 02 fev 2015. Adaptado)

(*) ménage: coabitação, vida em comum de um casal, unido legitimamente ou não.

14 **(Vunesp – Escrevente Técnico Judiciário – TJ-SP/2015)** No segundo parágrafo, o autor aponta combinações de palavras que geram as expressões "erro **crasso**" e "aproveitar o **ensejo**". Os termos nelas destacados significam, respectivamente,

a) grosseiro e ocasião.

b) calculado e companhia.

c) premeditado e tempo.

d) clássico e oportunidade.

e) imprevisto e dia.

COMENTÁRIOS:

Nota da autora: A banca costuma exigir o sentido figurado (ou metafórico) das palavras. Preste muita atenção no contexto em que foi inserido cada vocábulo.

Alternativa correta: letra "a"

- ***Crasso***, no sentido figurado, significa "que tende a ser grosseiro ou rude; rudimentar". É o sentido utilizado para dar característica ao erro. No sentido denotativo significa "que se apresenta de modo denso; cerrado ou fechado". Não é o caso.

- ***Ensejo*** é ocasião, conjuntura (situação, acontecimento).

Confira, a seguir, os sinônimos de cada palavra para aumentar o vocabulário.

Alternativa "b" – Calculado: medido, contado; companhia: convivência.

Alternativa "c" – Premeditado: planejado, propositado, intencional; tempo: fase, período, temporada.

Alternativa "d" – O erro está em "clássico": antigo, tradicional. Oportunidade é ensejo, circunstância, situação.

Alternativa "e" – Imprevisto: inesperado, extraordinário; dia: claridade, luz.

15 **(Vunesp – Escrevente Técnico Judiciário – TJ-SP/2015)** A partir da ideia de que palavras "são pessoas", o autor atribui às palavras caracterização própria de humanos. É correto afirmar que, nesse procedimento, ele emprega

a) palavras de gíria de jovens.
b) palavras em sentido figurado.
c) palavras ainda não dicionarizadas.
d) termos de uso regional.
e) expressões de vocabulário técnico.

COMENTÁRIOS:

Nota da autora: Questão de semântica.

Alternativa correta: letra "b" – Além de usar o sentido figurado - ocorre ampliação e modificação em seu significado -, foi usada também uma figura de linguagem denominada *personificação* ou *prosopopeia*: designação atribuída aos seres inanimados, abstratos, de ações, qualidades e sentimentos próprios do homem. Exemplos: algumas (palavras) são sozinhas, outras são promíscuas.

Alternativa "a" – Não se trata de vocabulário peculiar de um grupo, profissão, ou classe social.

Alternativa "c" – As palavras existem no dicionário.

Alternativa "d" – Não são palavras que trazem particularidades linguísticas próprias de uma região, geralmente provenientes de uma cultura particular.

Alternativa "e" – A linguagem técnica possui um conteúdo especializado. A especificação do produto para um novo microprocessador, uma apresentação financeira por um executivo sênior e uma reunião de projeto para um novo dispositivo médico são exemplos de comunicação técnica. Não é o caso.

16 **(Vunesp – Escrevente Técnico Judiciário – TJ-SP/2015)** As palavras destacadas nas passagens - (I) ... as sociedades com maior número de pessoas **altruístas** sobreviveram por mais tempo. e (II) É justificável diante da eterna **ambivalência** humana: queremos ser bons, mas temos medo. - têm sentido contextual de

a) (I) dedicadas aos semelhantes e (II) ambiência.
b) (I) praticantes da filantropia e (II) ambiguidade.
c) (I) coerentes e (II) dualidade.
d) (I) afáveis e (II) multiplicidade.
e) (I) dotadas de autonomia e (II) duplicidade.

COMENTÁRIOS:

➲ **Nota da autora:** A questão foi muito discutida, mas o gabarito está correto. Veja, a seguir, os sentidos das palavras no contexto.

Alternativa correta: letra "b"

I. **Altruísta** – pessoa que demonstra altruísmo; quem pratica o altruísmo; filantropo (que sente amor pela humanidade; diz-se da pessoa humanitária, que pratica a caridade);

II. **Ambivalência** – caráter daquilo que possui dois aspectos radicalmente diferentes, opostos até. Ambiguidade (em filosofia): dualidade (designa duas entidades isoláveis, por oposição) profunda de um termo, de uma proposição ou de uma situação.

Alternativa "a" – I. Certo; **II. Errado.** Ambiência é *aquilo que envolve, que cerca; meio físico ou moral.*

Alternativa "c" – I. Errado. Coerente: harmônico, lógico; II. Certo.

Alternativa "d" – I. Errado. Afável: cortês, amável. **II. Errado**. Multiplicidade: abundância, variedade.

Alternativa "e" – I. Errado. Autonomia: aptidão ou competência para gerir sua própria vida, valendo-se de seus próprios meios, vontades e/ou princípios; II. Certo.

Texto para responder à questão.

O fim do direito é a paz, o meio de que se serve para consegui-lo é a luta. Enquanto o direito estiver sujeito às ameaças da injustiça – e isso perdurará enquanto o mundo for mundo –, ele não poderá prescindir da luta. A vida do direito é a luta: luta dos povos, dos governos, das classes sociais, dos indivíduos.

Todos os direitos da humanidade foram conquistados pela luta; seus princípios mais importantes tiveram de enfrentar os ataques daqueles que a ele se opunham; todo e qualquer direito, seja o direito de um povo, seja o direito do indivíduo, só se afirma por uma disposição **ininterrupta** para a luta. O direito não é uma simples ideia, é uma força viva. Por isso a justiça sustenta numa das mãos a balança com que pesa o direito, enquanto na outra segura a espada por meio da qual o defende. A espada sem a balança é a força bruta, a balança sem a espada, a impotência do direito. Uma completa a outra, e o verdadeiro estado de direito só pode existir quando a justiça sabe brandir a espada com a mesma **habilidade** com que manipula a balança.

O direito é um trabalho sem tréguas, não só do Poder Público, mas de toda a população. A vida do direito nos oferece, num simples relance de olhos, o espetáculo de um esforço e de uma luta incessante, como o despendido na produção econômica e espiritual. Qualquer pessoa que se veja na contingência de ter de sustentar seu direito participa dessa tarefa de âmbito nacional e contribui para a realização da ideia do direito.

É verdade que nem todos enfrentam o mesmo desafio. A vida de milhares de indivíduos desenvolve-se tranquilamente e sem obstáculos dentro dos limites fixados pelo direito. Se lhes disséssemos que o direito é a luta, não nos compreenderiam, pois só veem nele um estado de paz e de ordem.

(Rudolf von Ihering, A luta pelo direito)

17 (Vunesp – Escrevente Técnico Judiciário – TJ-SP/2015) As palavras destacadas no 2º parágrafo - **ininterrupta** e **habilidade** - têm antônimos corretos, respectivamente, em:

a) feroz e presteza.

b) insistente e descaso.

c) descontinuada e inaptidão.

d) desinteressada e imperícia.

e) interminável e destreza.

COMENTÁRIOS:

Nota da autora: Questão de semântica por exigir, mais uma vez, antônimos.

Alternativa correta: letra "c" – Vejamos os sinônimos antes dos antônimos a fim de enriquecer o vocabulário.

1. **Ininterrupta** e **habilidade**

Sinônimos

– Ininterrupta: continuada, contínua, seguida.

– Habilidade: propensão, qualidade, orientação.

Antônimos

– Ininterrupta: interrupta, parada = **descontinuada.**

– Habilidade: defeito, problema = **inaptidão.**

2. **Descontinuada e inaptidão**

Sinônimos

– Descontinuada: interrompida, suspensa.

– Inaptidão: inabilidade, incapacidade.

Antônimos

– Descontinuada: permanente, definitiva = **ininterrupta.**

– Inaptidão: aptidão = **habilidade.**

Alternativa "a" – feroz: bom, calmo, manso; presteza: demora, lentidão, indiferença.

Alternativa "b" – insistente: ocasional, passageiro, breve; descaso: atenção, cuidado, zelo.

Alternativa "d" – desinteressada: interessada; imperícia: perícia.

Alternativa "e" – interminável: acabável, pequeno, terminável; destreza: imperícia, indestreza.

18 **(Vunesp - Delegado de Polícia - CE/2015)** O termo empregado com sentido figurado está em destaque na seguinte passagem:

a) Mas o fato de ela ter me entendido mal, o que acontece com **frequência** quando se discute o tema da velhice...

b) O **motivo** da sua pergunta era eu ter dito, em uma de minhas colunas, que hoje em dia não existiam mais vuvôs e vovós.

c) Walter Benjamim, **filósofo** alemão do século XX, dizia que na modernidade o narrador da vida desapareceu.

d) A própria estrutura sobre a qual se funda a experiência moderna - ciência, técnica, superação de tradição - agrava a **invisibilidade** dos mais velhos.

e) Minha **leitora** entendeu que eu dizia que idosos devem se afundar na doença, na solidão e no abandono.

COMENTÁRIOS:

Alternativa correta: letra "d"

Nota da autora: questão se semântica (denotação e conotação).

– Impossível indicar sentido denotativo (real), pois indicaria que os mais velhos não são vistos, que são invisíveis.

Alternativa "a" – Caráter daquilo que acontece muitas vezes.

Alternativa "b" – Que é causa ou origem de alguma coisa.

Alternativa "c" – Pessoa que se ocupa da filosofia, por considerá-la princípio do conhecimento, seja como teoria do saber, seja como norma de vida, a fim de determinar a hierarquia dos valores.

Alternativa "e" – Diz-se daquela que lê.

Leia o trecho da canção Chão de Estrelas, de Orestes Barbosa e Silvio Caldas, para responder à questão.

Nossas roupas comuns dependuradas
Na corda qual bandeiras agitadas
Pareciam um estranho festival
Festa dos nossos trapos coloridos
A mostrar que nos morros mal vestidos
É sempre feriado nacional
A porta do barraco era sem trinco
Mas a lua furando nosso zinco
Salpicava de estrelas nosso chão
Tu pisavas nos astros distraída
Sem saber que a alegria desta vida
É a cabrocha, o luar e o violão.

19 (Vunesp – Procurador Município – Prefeitura São José do Rio Preto – SP/2014)

Nos versos – Mas a lua furando nosso zinco / Salpicava de estrelas nosso chão – observa-se o emprego de linguagem figurada, o que ocorre também em:

a) A lua é nova quando está visível, voltada para a Terra, e não recebe nenhuma luz do Sol.

b) Se a lua nasce por detrás da verde mata / Mais parece um sol de prata, prateando a solidão.

c) Cheia, minguante, nova e crescente são as quatro fases da Lua; o planeta Terra possui apenas um satélite natural: a Lua.

d) Como único satélite natural da Terra, a Lua nos acompanha desde sempre; o intervalo de tempo entre duas sucessivas fases de lua nova é de 29 dias.

e) A Nova Lua é úmida, tem água, gelo e orvalho, mas antes a pesquisa mostrava que não havia nenhum sinal do líquido em nosso satélite.

COMENTÁRIOS:

Alternativa correta: letra "b"

Nota da autora: Questão de semântica (conotação).

Há sentido figurado quando a palavra tem valor conotativo quando seu significado é ampliado ou alterado no contexto em que é empregada, sugerindo ideias que vão além de seu sentido mais usual.

No poema: a lua furando nosso zinco e a lua salpicava de estrelas o chão.

Na alternativa "b": a lua prateando a solidão.

Alternativa "a" – Os vocábulos estão no sentido denotativo, ou seja, sentido próprio, comum, habitual, preciso, aquele que consta nos dicionários.

Alternativa "c" – As quatro fases da lua (nova, crescente, minguante e cheia) indicam denotação.

Alternativa "d" – A lua é o único satélite natural da Terra = denotação.

Alternativa "e" – Características reais da lua.

20 (Vunesp – Procurador Município – Prefeitura São José do Rio Preto – SP/2014)

Os termos em destaque em – ... ao mesmo tempo, permite que ela persista aqui na superfície. Nossa lua também é essencial. Sem a lua, esse eixo de rotação mudaria de ângulo aleatoriamente – estão, correta e respectivamente substituídos, quanto ao sentido, em:

a) invista / preferencial / premeditadamente.

b) perdure / indispensável / imprevisivelmente.

c) resista / irrelevante / superficialmente.

d) insista / relevante / provisoriamente.

e) emerja / fundamental / necessariamente.

COMENTÁRIOS:

Alternativa correta: letra "b"

Nota da autora: Questão de sinônimos. Trabalhe por eliminação.

- Persistir: continuar a ser e a existir.

  Sinônimos: conservar-se, manter-se, durar, perdurar, estar, permanecer, continuar.

  Eliminadas A, C, D e E.

- Essencial: que é indispensável.

  Sinônimos: imperioso, imprescindível, indispensável, forçoso, obrigatório, necessário, inevitável.

- Aleatoriamente: depende do acaso e de acontecimentos incertos.

  Sinônimos: acidentalmente, casualmente, eventualmente, fortuitamente, incertamente, inesperadamente.

Trecho para responder à questão.

(...) Se em uma disciplina tão concorrida quanto medicina um coeficiente de apenas 3% separa os privilegiados, **que estudaram em colégios privados**, dos negros e pobres, que frequentaram escolas públicas, então é justo supor que a diferença mínima pode, perfeitamente, ser igualada ou superada no decorrer dos cursos. Depende só da disposição do aluno. Na Universidade Federal do Rio de Janeiro (UFRJ), uma das mais conceituadas do País, os resultados do último vestibular surpreenderam. "A maior diferença entre as notas de ingresso de cotistas e não cotistas foi observada no curso de economia", diz Ângela Rocha, pró-reitora da UFRJ. "Mesmo assim, essa distância foi de 11%, o que, estatisticamente, não é significativo".

(www.istoe.com.br)

21 **(Vunesp – Escrevente Técnico Judiciário – TJ-SP/2014)** Considerando-se o contexto, na oração - ... que estudaram em colégios privados ... -, o termo em destaque opõe-se à ideia de

a) confidenciais.

b) coletivos.

c) restritos.

d) governamentais

e) particulares.

COMENTÁRIOS:

Alternativa correta: letra "d" – Governamental é *que pertence ao governo*; privado é *particular, que não é público.*

Alternativa "a" – Confidencial: secreto, sigiloso, privado, reservado.

Alternativa "b" – Perigo à vista! No comando da questão: considerando-se o contexto. A expressão *colégios privados* não indica oposição de *colégios coletivos*. Colégios são privados ou governamentais.

Alternativa "c" – Restrito: que foi feito para um grupo em específico; exclusivo.

Alternativa "e" – Particular: não público; que tem caráter privado.

Trecho para responder à questão.

Um pé de milho

Aconteceu que no meu quintal, em um monte de terra trazido pelo jardineiro, nasceu alguma coisa que podia ser um pé de capim - mas descobri que era um pé de milho. Transplantei-o para o **exíguo** canteiro na frente da casa. Secaram as pequenas folhas, pensei que fosse morrer. Mas ele reagiu. Quando estava do tamanho de um palmo, veio um amigo e declarou desdenhosamente que na verdade aquilo era capim. Quando estava com dois palmos veio outro amigo e afirmou que era cana. (...)

(Rubem Braga. 200 crônicas escolhidas, 2001. Adaptado)

22 **(Vunesp – Escrevente Técnico Judiciário – TJ-SP/2014)** Na oração do primeiro parágrafo - Transplantei-o para o **exíguo** canteiro na frente da casa. -, o termo em destaque significa

a) contíguo.

b) adequado

c) primoroso

d) pequeno.

e) notável.

COMENTÁRIOS:

Alternativa correta: letra "d" – Exíguo: Pronuncia-se /ezíquo/ e significa *que possui dimensões menores; pequeno.*

Alternativa "a" - contíguo = situado ao lado de; que está muito próximo de.

Alternativa "b" - adequado = apropriado, adaptado, que corresponde perfeitamente a um objetivo; ajustado, apropriado.

Alternativa "c" - primoroso = feito com primor. Excelente, distinto, belo.

Alternativa "e" - notável = que merece ser notado (digno de atenção).

Texto para responder às questões.

Um pé de milho

Aconteceu que no meu quintal, em um monte de terra trazido pelo jardineiro, nasceu alguma coisa que podia ser um pé de capim - mas descobri que era um pé de milho. Transplantei-o para o exíguo canteiro na frente da casa. **Secaram as pequenas folhas**, pensei que fosse morrer. **Mas ele reagiu**. Quando estava do tamanho de um palmo, veio um amigo e declarou desdenhosamente que **na**

verdade aquilo era capim. Quando estava com dois palmos veio outro amigo e afirmou que era cana.

Sou um ignorante, um pobre homem da cidade. Mas eu tinha razão. **Ele cresceu, está com dois metros, lança as suas folhas além do muro** - e é um esplêndido pé de milho. Já viu o leitor um pé de milho? Eu nunca tinha visto. **Tinha visto centenas de milharais** - mas é diferente. Um pé de milho sozinho, em um canteiro, espremido, junto do portão, numa esquina de rua - não é um número numa lavoura, é um ser vivo e independente. Suas raízes roxas se agarram ao chão e suas folhas longas e verdes nunca estão imóveis.

Anteontem aconteceu o que era inevitável, mas que nos encantou como se fosse inesperado: meu pé de milho pendoou. **Há muitas flores belas no mundo**, e a flor do meu pé de milho não será a mais linda. Mas aquele pendão firme, vertical, **beijado pelo vento do mar, veio enriquecer nosso canteirinho vulgar** com uma força e uma alegria que fazem bem. É alguma coisa de vivo que se afirma com ímpeto e certeza. **Meu pé de milho é um belo gesto da terra.** E eu não sou mais um medíocre homem que vive atrás de uma chata máquina de escrever: sou um rico lavrador da Rua Júlio de Castilhos.

(Rubem Braga. 200 crônicas escolhidas, 2001. Adaptado)

23 **(Vunesp – Escrevente Técnico Judiciário – TJ-SP/2014)** Assinale a alternativa em que, nas duas passagens, há termos empregados em sentido figurado.

a) ... beijado pelo vento do mar... (3º §) / Meu pé de milho é um belo gesto da terra. (3º §)

b) Mas ele reagiu. (1º §) / ... na verdade aquilo era capim. (1º §)

c) Secaram as pequenas folhas... (1º §) / Sou um ignorante... (2º §)

d) Ele cresceu, está com dois metros... (2º §) / Tinha visto centenas de milharais... (2º §)

e) ... lança as suas folhas além do muro... (2º §) / Há muitas flores belas no mundo... (3º §)

COMENTÁRIOS:

➔ **Nota da autora:** Questão de semântica – denotação e conotação.

Alternativa correta: letra "a" – *Beijado* está no sentido de "tocado" (conotação) e não de "encostar os lábios" (denotação); *gesto* foi empregado no sentido de "fruto" (conotação), não de "aceno, meneio".

A seguir, os sentidos denotativos estão explícitos. Vejamos.

Alternativa "b" – *reagiu*: exerceu reação contra, opôs-se; *capim:* nome comum a várias espécies da família das gramíneas e das ciperáceas, quase todas usadas como forragem.

Alternativa "c" – *secaram:* murcharam; *ignorante:* pessoa sem instrução; quem desconhece certo assunto.

Alternativa "d" – *cresceu:* aumentou, ascendeu; *milharais:* plantações de milho.

Alternativa "e" – *lança:* arremessa, atira, dispara; *belas:* excessivamente bonitas; de forma ou aparência perfeita, harmoniosa, agradáveis aos olhos.

24 **(Vunesp – Escrevente Técnico Judiciário – TJ-SP/2014)** Na passagem do terceiro parágrafo - ... veio enriquecer nosso canteirinho vulgar... -, o substantivo, empregado no diminutivo, contribui para expressar a ideia de

a) exatidão.
b) desprezo.
c) simplicidade
d) soberba.
e) abundância.

COMENTÁRIOS:

Nota da autora: Questão de semântica.

Os diminutivos nem sempre indicam diminuição de tamanho. Dependendo de como os diminutivos são colocados no contexto, eles podem assumir as mais diversas significações e não apenas diminuição de tamanho. O principal morfema da Língua Portuguesa para denotar o diminutivo é "inho"(a). Os outros sufixos são: acho, culo, ebre, eco, ejo, ela, ete, eto, iço, im, isco, Ito, ote, ucho, ulo, únculo, usco. Na linguagem coloquial, as formas sintéticas dos diminutivos, tanto nos substantivos, quanto nos advérbios e adjetivos, são, na maioria das vezes utilizadas não só como diminutivos, mas também para indicar as várias manifestações da emoção e das intenções do falante. A significação dos diminutivos depende do contexto e só existe em relação a ele.[1]

Alternativa correta: letra "c" – Indica simplicidade pelo fato que foi criado através de "um monte de terra trazido pelo jardineiro".

Alternativa "a" – Não é perfeito nem pontual.

Alternativa "b" – Não há desdém ou desapego.

Alternativa "d" – O diminutivo não pode indicar orgulho. O aumentativo possui essa característica.

Alternativa "e" – Característica do aumentativo, não do diminutivo.

25 **(Vunesp – Escrevente Técnico Judiciário – TJ-SP/2014)** Assinale a alternativa em que a reescrita do texto altera o sentido original.

a) Secaram as pequenas folhas, pensei que fosse morrer. (1º §)
= Secaram as folhas pequenas, pensei que fosse morrer.

b) É alguma coisa de vivo que se afirma com ímpeto e certeza. (3º §)
= É algo de vivo que, com ímpeto e certeza, afirma-se.

1. Costa, Fernanda Oliveira Marconi. UCB. Disponível em <http://www.filologia.org.br/viicnlf/anais/caderno10-13.html>. Acesso em 20 set. 2017. Com adaptações.

c) ... em um monte de terra trazido pelo jardineiro... (1º §)
= ... em um monte de terra que o jardineiro trouxe.

d) Anteontem aconteceu o que era inevitável... (3º §)
= Aquilo que era inevitável anteontem aconteceu...

e) Sou um ignorante, um pobre homem da cidade. (2º §)
= Sou um ignorante, um homem pobre da cidade.

COMENTÁRIOS:

Nota da autora: Questão de semântica.

Alternativa correta: letra "e" – Um pobre homem: um coitado, um infeliz, um mísero; um homem pobre: pessoa que tem carência do necessário à sobrevivência.

Alternativa "a" – Ao inserir o adjetivo (pequenas) anteposto ao substantivo, o efeito é apenas de ênfase. O sentido não é alterado.

Alternativa "b" – De qualquer forma, os termos estão ligados ao verbo *afirmar-se.*

Alternativa "c" – Alterou a voz verbal de passiva - (foi) trazido - para a voz ativa (o jardineiro trouxe).

Alternativa "d" – Vale relembrar que na estrutura "o(a) + que", os termos são pronomes – demonstrativo e relativo, respectivamente. Sendo assim, "o" equivale a *aquilo* e "que" equivale a *o qual.*

Trecho.

*Adolescentes vivendo em famílias que não lhes transmitiram valores sociais **altruísticos,** formação moral e não lhes impuseram limites de disciplina.*

26 (VUNESP – Agente Penitenciário – SP/2013) O sentido contrário (antônimo) de **altruísticos**, nesse trecho, é:

a) de desprendimento.
b) de responsabilidade.
c) de abnegação.
d) de amor.
e) de egoísmo.

COMENTÁRIOS:

Alternativa correta: letra "e"

Nota da autora: Tenha cuidado, pois é pedido o antônimo (sentido oposto) e não sinônimo (mesmo sentido).

- Sinônimo de altruístico: Dedicação desinteressada ao próximo; FILANTROPIA.
- Antônimo: egoísmo.

Alternativa "a" – faz parte do mesmo campo semântico de altruísmo.

Alternativa "b" – sem relação.

Alternativa "c" – Abnegar é sacrificar-se. Não chega a tanto.

Alternativa "d" – Não é preciso que haja amor.

27 **(VUNESP – Agente Penitenciário – SP/2013)** Em – características **epidêmicas** –, o adjetivo **epidêmicas** corresponde a – características **de epidemias.**

Assinale a alternativa em que, da mesma forma, o adjetivo em destaque corresponde, corretamente, à expressão indicada.

a) água **fluvial** – água da chuva.
b) produção **aurífera** – produção de ouro.
c) vida **rupestre** – vida do campo.
d) notícias **brasileiras** – notícias de Brasília.
e) costela **bovina** – costela de porco.

COMENTÁRIOS:

Alternativa correta: letra "b"

Nota da autora: Questão de ortografia e adjetivo (locução).

- Aurífera: que contém ouro, ou que o produz.

Alternativa "a" – Fluvial: Ref. a rio ou próprio de rio.

Alternativa "c" – Rupestre: Ref. a rocha.

Alternativa "d" – Brasileiras: Que nasceu ou vive no Brasil, que é do Brasil; típico desse país ou de seu povo.

Alternativa "e" – Bovina: Do ou ref. ao boi.

Texto! Leia o trecho do texto referente à questão seguinte.

Veja, aí estão eles, a bailar seu diabólico "pas de deux" (*): sentado, ao fundo do restaurante, o cliente paulista acena, assovia, agita os braços num agônico polichinelo; encostado à parede, marmóreo e impassível, o garçom carioca o ignora com redobrada atenção. O paulista estrebucha: "Amigô?!", "Chefê?!", "Parceirô?!"; o garçom boceja, tira um fiapo do ombro, olha pro lustre. (...)

Antonio Prata, Cliente paulista, garçom carioca. Folha de S.Paulo, 06.02.2013

**Um tipo de coreografia, de dança.*

28 **(Vunesp – Escrevente Técnico Judiciário – TJ – SP/2013)** O sentido de marmóreo (adjetivo) equivale ao da expressão de mármore. Assinale a alternativa contendo as expressões com sentidos equivalentes, respectivamente, aos das palavras ígneo e pétreo.

a) De corda; de plástico.
b) De fogo; de madeira.

c) De madeira; de pedra.
d) De fogo; de pedra.
e) De plástico; de cinza.

COMENTÁRIOS:

Alternativa "d": correta – Marmóreo: feito de mármore.

▸ Ígneo: referente ou próprio do fogo. Eliminadas *a, c* e *e*.

▸ Pétreo: referente ou próprio da pedra. Eliminada *b*.

Texto! Trecho para a próxima questão.

Sem querer estereotipar, mas já estereotipando: trata-se de um ser cujas interações sociais terminam, 99% das vezes, diante da pergunta "débito ou crédito"?

29 **(Vunesp – Escrevente Técnico Judiciário – TJ – SP/2013)** Nesse contexto, o verbo *estereotipar* tem sentido de

a) considerar ao acaso, sem premeditação.
b) aceitar uma ideia mesmo sem estar convencido dela.
c) adotar como referência de qualidade.
d) julgar de acordo com normas legais.
e) classificar segundo ideias preconcebidas.

COMENTÁRIOS:

Alternativa "e": correta – Sentido figurado: atribuir qualidades, defeitos, características etc. a (algo ou alguém) de acordo com conceitos preconcebidos, ou classificações esquemáticas fixas, generalizações inexatas ou inadequadas etc.

Alternativa "a" – Eliminada por não ser sem premeditação.

Alternativa "b" – Não há relação com aceitar ou não.

Alternativa "c" – Não só qualidade.

Alternativa "d" – Não é de acordo com as normas legais.

30 **(Vunesp – Escrevente Técnico Judiciário – TJ – SP/2013)** Assinale a alternativa que preenche, correta e respectivamente, as lacunas do trecho a seguir, de acordo com a norma-padrão. *"Além disso, _____ certamente _____ entre nós _____ do fenômeno da corrupção e das fraudes".*

a) a … concenso … acerca
b) há … consenso … acerca
c) a … concenso … a cerca
d) a … consenso … há cerca
e) há … consenço … a cerca

COMENTÁRIOS:

Alternativa "b": correta.

- Há = existe. Eliminadas alternativas *a, c* e *d.*
- Consenso: concordância de ideias, de opiniões. Eliminada *e.*
- Acerca: a respeito de, com relação a.

Dica:

- Há cerca de: tempo decorrido.
- A cerca de ou cerca de: aproximadamente, mais ou menos.
- Acerca: a respeito de.

31 (Vunesp – Investigador de Polícia – SP/2013) Considere as frases:

I. A Constituição ***provê*** que os historiadores e biógrafos se voltem para a história do país e reconstituam seu passado ou presente em narrativas ***urdidas*** ao redor de protagonistas e coadjuvantes.

II. (...) **arguir** no Supremo Tribunal Federal a inconstitucionalidade do artigo 20 do Código Civil.

Os termos em destaque têm como sinônimos, respectivamente,

a) sugere, pensadas e invalidar.
b) obriga, tecidas e acusar.
c) dispõe, fechadas e contestar.
d) antecipa, concluídas e impugnar.
e) regulamenta, tramadas e argumentar.

COMENTÁRIOS:

Alternativa "e": correta.

- Prover: Providenciar acerca de; DISPOR; ORDENAR; REGULAR.
- Urdido: Que foi tramado, conspirado, maquinado.
- Arguir: Fazer perguntas a, interrogar (alguém) para avaliar seu conhecimento de algo.

Eliminam-se, assim as outras alternativas.

32 (Vunesp – Investigador de Polícia – SP/2013) Emprega-se a linguagem figurada na seguinte passagem do texto:

a) ... o Código Civil, que garante ao cidadão o direito à privacidade e o protege de agressões à sua honra e intimidade.
b) ... mas os copos e garrafas afastados para os lados, abrindo espaço para a luta, não param em cima da mesa.

c) A Constituição provê que os historiadores e biógrafos se voltem para a história do país e reconstituam seu passado ou presente…

d) … a Constituição, que garante a liberdade de expressão, de imprensa e de acesso à informação.

e) É a que se propõe a Associação Nacional dos Editores de Livros: arguir no Supremo Tribunal Federal a inconstitucionalidade do artigo 20 do Código Civil.

COMENTÁRIOS:

Alternativa "b": correta – Copos e garrafas abrindo espaço: conotação (personificação).

Dica – A linguagem figurada inicia-se na mesa.

Alternativa "a" – O Código garante algo a alguém = denotação.

Alternativa "c" – A Constituição provê algo = denotação.

Alternativa "d" – Denotação.

Alternativa "e" – Denotação.

33 (Vunesp – Investigador de Polícia – SP/2013) Na frase – Atravessei, cauteloso, para a calçada fronteira. – , são antônimos de **cauteloso** e sinônimo de **fronteira**, respectivamente:

a) petulante e divisa.

b) presumido e adjacente.

c) prevenido e limiar.

d) incauto e anterior.

e) imprudente e frontal.

COMENTÁRIOS:

Alternativa "e": correta – Cauteloso: que age com cautela; que procura ser moderado ou ponderado e evitar dificuldades, riscos, perigos; **precavido**; **prudente**. Antônimo: imprudente. **Fronteira**: Linha divisória entre territórios ou países; **divisa**; **limite**; que fica na parte da frente.

Eliminam-se as outras alternativas.

34 (Vunesp – Escrivão de Polícia – SP/2013) Na frase – **Não é fora de propósito** imaginar um cenário de perda de contato com essa nuvem. – , a expressão em destaque pode ser corretamente substituída, sem alteração da mensagem, por

a) É contestável.

b) É pertinente.

c) É premeditado.

d) É compulsório.
e) É descabido.

COMENTÁRIOS:

Alternativa "b": correta – Primeiro pense na afirmação: fora de propósito; depois, acrescente o não = é pertinente. Descabidas as alternativas *a, c, d* e *e.*

35 **(Vunesp – Escrivão de Polícia – SP/2013)** São antônimos os termos

a) moderno / ultrapassado.
b) computadores / internet.
c) salvo / guardados.
d) primeiros / primórdios.
e) amorfa / isolada.

COMENTÁRIOS:

Alternativa "a": correta – Moderno: inerente ou pertencente a época atual, contemporânea; ultrapassado: antiquado, obsoleto.

Alternativa "b" – Pertencem ao mesmo campo semântico, não são antônimos.

Alternativa "c" – Sinônimos.

Alternativa "d" – Sinônimos.

Alternativa "e" – Amorfa: uma pétala, ou seja, isolada.

36 **(Vunesp – Escrivão de Polícia – SP/2013)** Assinale a alternativa em que a palavra destacada pode ser corretamente substituída pelo termo entre parênteses, sem alteração do sentido da frase.

a) Niemeyer acreditava incutir o **ardor** em quem experimentava suas construções. (ardorosamente)
b) … mas sinuoso ao conceber os monumentos de **concreto**. (concretamente)
c) A vida é **demasiado** curta… (demasiadamente)
d) … ele foi duro nas convicções **pessoais**… (pessoalmente)
e) … parecia descrente da função **social** da arquitetura. (socialmente)

COMENTÁRIOS:

Alternativa "c": correta – Demasiado: Que ultrapassa os limites ou os padrões estabelecidos; EXCESSIVO = advérbio de intensidade, como demasiadamente.

Alternativa "a" – substantivo e advérbio = altera o sentido.

Alternativa "b" – locução adjetiva a advérbio = altera o sentido.

Alternativa "d" – adjetivo a advérbio = altera o sentido.

Alternativa "e" – adjetivo a advérbio = altera o sentido.

37 **(Vunesp – Escrevente Técnico Judiciário – TJ – SP/2012)** Na frase – Os autores têm até explicação para o fato de não acreditarmos muito nessas promessas. – , é correto afirmar que

a) o termo "até", considerando seu uso contextual, poderia ser substituído por "inclusive".

b) a forma verbal "acreditarmos" está errada, pois o sujeito da oração é "Os autores".

c) o termo "para" introduz oração adverbial, expressando sentido de finalidade.

d) a expressão "nessas promessas" não tem um referente preciso nas informações textuais.

e) a forma verbal "têm" está grafada incorretamente, pois não haveria acento nesse contexto.

COMENTÁRIOS:

Alternativa "a": correta – *Até,* no contexto é advérbio e equivale a *também*, *ainda* e *inclusive*. Afirmativa correta.

Alternativa "b" – A forma verbal *acreditarmos* está certa porque o sujeito oculto é o pronome reto *nós*.

Alternativa "c" – *para,* no texto, não expressa sentido de finalidade e sim de direção.

Alternativa "d" – *nessas promessas* tem referente preciso: Era de superabundância, acesso a bens e serviços.

Alternativa "e" – *Têm* está grafada corretamente: 3ª pessoa do plural de indicativo de verbo *ter*.

38 **(Vunesp – Escrevente Técnico Judiciário – TJ – SP/2012)** Leia a charge.

(www.acharge.com.br)

Um dos efeitos de humor da charge reside no fato de as personagens entenderem "**roçona**" e "**rocinha**" como

a) palavras sinônimas derivadas de "roça".
b) aumentativo e diminutivo de "roça", respectivamente.
c) áreas urbanas onde se trabalha pouco.
d) áreas rurais cuidadas pelo Exército.
e) substantivos próprios relativos a logradouro.

COMENTÁRIOS:

Alternativa "b": correta – Entendem como aumentativo e diminutivo de "roça", por ignorarem "rocinha" como denominação de favela carioca.

Alternativa "a" – Palavras derivadas de *roça*, mas não sinônimas.

Alternativa "c" – Não se relacionam a áreas urbanas.

Alternativa "d" – Áreas suburbanas de favelas não rurais no Rio de Janeiro.

Alternativa "e" – *Rocinha* pode ser substantivo próprio por ser nome de favela, mas *roçona* não.

39 **(Vunesp – Escrevente Técnico Judiciário – TJ – SP/2012)** *Que mexer o esqueleto é bom para a saúde já virou até sabedoria popular. Agora, estudo levanta hipóteses sobre _____ praticar atividade física _____ benefícios para a totalidade do corpo. Os resultados podem levar a novas terapias para reabilitar músculos contundidos ou mesmo para _____ e restaurar a perda muscular que ocorre com o avanço da idade.*

(Ciência Hoje, março de 2012)

As lacunas do texto devem ser preenchidas, correta e respectivamente, com:

a) porque ... trás ... previnir
b) porque ... traz ... previnir
c) porquê ... tras ... previnir
d) por que ... traz ... prevenir
e) por quê ... tráz ... prevenir

COMENTÁRIOS:

Alternativa "d": correta.

– *Por que*: a palavra **razão** está subentendida = Agora, estudo levanta hipóteses sobre por que (razão) praticar atividade física. Eliminadas *a, b, c* e *e*.

– *Traz* com *z*, correto, de *trazer.*

– *prevenir* grafado corretamente com *e* (do Lat. *Praevenire)*, evitar.

EMPREGO DOS PORQUÊS		
Por que	equivale a pelo qual	Este é o caminho por que passo.
	vem acompanhado pela palavra razão *(mesmo que subentendida)*	Por que você foi embora logo?
Porque	É uma explicação ou causa. Equivale a pois, já que, uma vez que, visto que.	Fui embora logo porque estava muito cansado.
Porquê	é um substantivo, ou seja, nomeia.	Não sei o porquê de sua demora. O estudo da palavra porquê.
Por quê	Segue a regra da palavra que: quando utilizada no fim de uma frase, será sempre acentuada.	Ele faltou, mas não sei por quê.

Em concurso:

Faltou ontem e não sabemos por quê.

Regra: final de frase.

Faltou ontem e não sabemos o porquê.

Regra: admite plural = não sabemos os porquês.

40 **(Vunesp – Escrevente Técnico Judiciário – TJM – SP/2011)** O termo destacado no trecho – ... *mas a lei não **endossa*** – é sinônimo de

a) invalida.
b) obriga.
c) prescreve.
d) proíbe.
e) apoia.

COMENTÁRIOS:

Alternativa "e": correta – endossar = apoiar e, no texto, a lei não apoia.

Alternativa "a" – *Não endossar* não significa *invalida.*

Alternativa "b" – *endossar* não significa obrigar.

Alternativa "c" – *endossar* também significa prescrição que é marcar, limitar, fixar.

Alternativa "d" – *endossar* é quase o contrário de proibir.

Texto:

Mas o futebol tem importância por mexer com outras dimensões da nossa natureza, como o instinto de competição física e a inclinação para o ritual simbólico. Como ao ler as lendas da mitologia ou os romances de aventura, projetamos no futebol um gosto pela façanha, uma curiosidade sobre o limite.

41 **(Vunesp – Escrevente Técnico Judiciário – TJ – SP/ 2010)** Assinale a alternativa correta quanto à grafia da palavra porque.

a) Mas o futebol tem importância por quê? Você sabe o motivo por que o brasileiro ama futebol? Porque ele mexe com outras dimensões de nossa natureza.

b) Mas o futebol tem importância porque? Você sabe o motivo porque o brasileiro ama futebol? Porque ele mexe com outras dimensões de nossa natureza.

c) Mas o futebol tem importância por quê? Você sabe o motivo porque o brasileiro ama futebol? Por que ele mexe com outras dimensões de nossa natureza.

d) Mas o futebol tem importância por quê? Você sabe o motivo por que o brasileiro ama futebol? Por que ele mexe com outras dimensões de nossa natureza.

e) Mas o futebol tem importância por que? Você sabe o motivo porque o brasileiro ama futebol? Por que ele mexe com outras dimensões de nossa natureza.

COMENTÁRIOS:

Alternativa "a": correta

1) Por quê? = final de frase. Eliminadas *b* e *e*.
2) Por que = pelo qual (pronome relativo). Eliminada *c*.
3) Porque = explicação e equivale e pois. Eliminada *d*.

42 **(Vunesp – Escrevente Técnico Judiciário – TJ – SP/2010)**

I. Não precisa ir ao sebo, LPs _____ vão voltar às lojas.

II. Obra do autor revela _____ pelo purgatório.

III. Boato de _____ piora o mau-humor dos norte-coreanos.

IV. Decisão do tribunal é um marco e traz princípios _____ .

a) imprecindíveis obseção Deserção balisadores
b) imprescindíveis obsessão Deserção balizadores
c) imprecindíveis obsessão Deserção balizadores
d) imprescindíveis obseção Deserção balisadores
e) imprescindíveis obsessão Dezerção balisadores

COMENTÁRIOS:

Alternativa "b": correta.

- Imprescindíveis: que não podem faltar, indispensáveis, insubstituíveis. Eliminadas *a* e *c*.
- Obsessão: ideia fixa; preocupação excessiva com alguma coisa e que dificulta pensar em outra. Eliminada *d*.
- Deserção: ação ou resultado de desertar (desistir ou desviar-se de). Eliminada *b*. Encontrada a resposta antes de chegar à última frase. Ganhou tempo!
- Balizadores: aquilo que dá sustentação, apoio.

43 **(Vunesp – Agente de Segurança Penitenciária – SP/2009)** Assinale a alternativa correta quanto ao emprego de parônimos.

a) O juiz agiu com descrição, para não tornar evidente a sua dúvida.
b) O réu se disse inocente, e foi fragrante a dúvida do juiz.
c) O réu foi descriminado da acusação pelo habilidoso juiz.
d) O réu teve sua pena de oito anos proferida pelo iminente juiz.
e) O réu ficou feliz: o juiz diferiu sentença favorável a sua absolvição.

COMENTÁRIOS:

Alternativa "c": correta – Parônimos são palavras parecidas:

– descriminado: absolvido.
– discriminado: separado por critério.

Dica – Caso seja necessário, consulte o dicionário – mencionado em questões de Ortografia.

Alternativa "a" – discrição: de discreto.

Alternativa "b" – flagrante.

Alternativa "d" – eminente.

Alternativa "e" – deferiu.

44 **(Vunesp – Escrevente Técnico Judiciário – TJ – SP/2008)** *As facções de traficantes do Rio de Janeiro __(1)__ os planos de Segurança Pública de sucessivos governadores __(2)__. Desde o início desse processo, na década de 80, não se via uma ação policial com índice de aprovação semelhante ao da __(3)__ realizada no Complexo do Alemão __(4)__ da abertura do Pan. (www.terra.com.br/istoe, 05.07.2007)*

Os espaços do texto devem ser preenchidos, respectivamente, com

a)	explodiram	fluminense	mega-operação	há poucos dias
b)	esplodiram	fluminense	mega-operação	há poucos dias
c)	explodirão	fluminenses	mega-operação	a poucos dias
d)	explodiram	fluminenses	mega-operação	a poucos dias
e)	esplodiram	fluminense	mega-operação	há poucos dias

COMENTÁRIOS:

Alternativa "d": correta

Nota da autora: Questão de ortografia (hífen), concordância e verbo.

- Explodiram: verbo explodir no pretérito perfeito do indicativo. Eliminadas alternativa *b* e *e* (com s) e *c* (verbo no futuro do presente do indicativo).
- Fluminenses – concorda com governadores. Eliminada alternativa *a*.
- Megaoperação: após a reforma ortográfica foi retirado o hífen.
- Há poucos dias: tempo decorrido.

Dica – Para tempo: há = passado; a = futuro.

Texto:

De acordo com o relatório de 2005 da Organização das Nações Unidas para Alimentação e Agricultura (FAO), 17% dos habitantes dos países em desenvolvimento sofrem de_____ nutrição. Os números são preocupantes_____ a baixa no número da população atingida, cerca de 3% entre 1992 e 2002, foi anulada pelo aumento natural da população. A redução da média de vítimas de fome para 2005 ainda é um objetivo ilusório. No Brasil, os famintos somam 14 milhões. (Galileu, julho de 2006)

45 (Vunesp – Escrevente Técnico Judiciário – TJ – SP/2008) Os espaços do texto devem ser preenchidos, respectivamente, com

a) má ... por quê

b) mal ... por que

c) mau ... porquê

d) má ... porque

e) mal ... porque

COMENTÁRIOS:

Alternativa "d": correta – Má: adjetivo feminino de mau (antônimo de bom). Porque: explicação e equivale a pois.

Alternativa "a" – Por quê: usado no final da frase interrogativa: você não veio, por quê?

Alternativa "b" – Mal: substantivo ou advérbio. Por que: equivale a *pelo qual* ou vem acompanhado pela palavra *razão* (mesmo que subentendida).

Alternativa "c" – Mau: adjetivo (contrário de bom). Porquê: substantivo e admite plural.

Alternativa "e" – Mal: substantivo ou advérbio.

46 (Vunesp – Escrevente Técnico Judiciário – TJ – SP/2007) Assinale a alternativa correta quanto à ortografia.

a) O relatório sobre as condições climáticas representa um consenso avassalador que chega a ser sóbrio diante do volume de evidências, especialmente das adaptações ecológicas ao aquecimento.

b) Com essa atitude política, as previsões se tornarão uma profescia auto-realizável, um resultado inevitável da omição dos políticos.

c) O urso polar sobre bancos de gelo cada vez menores, fadado à estinção, transformou-se no íconi do aquecimento global.

d) O animal não socumbiu apenas à seca, mas também ao impacto da aridez da região ecessivamente explorada.

e) À medida que a água se torna mais cara, o ônos dos ajustes ao novo regime passará para os grupos subauternos, como os agricultores e os pobres das áreas urbanas.

COMENTÁRIOS:

Alternativa "a": correta – Alternativa correta ortograficamente.

Alternativa "b" – profecia, autorrealizável, omissão. Observação: de acordo com a reforma ortográfica = autorrealizável.

Alternativa "c" – extinção, ícone.

Alternativa "d" – sucumbiu, excessivamente.

Alternativa "e" – ônus, subalternos.

47 **(Vunesp – Escrevente Técnico Judiciário – TJ – SP/2007)** Assinale a alternativa correta quanto à ortografia.

a) Os que pretendem fazer dos fascinorosos menores morais, incapazes de se decidir entre o bem e o mau, não se atrevem a pedir que lhes sejam caçado o direito de voto.

b) O Ministério Público consagrou os princípios da unidade, da indivisibilidade e da independência funcional, tudo como estratégia para o desenvolvimento de uma atuação livre de injunções externas.

c) O Direito Penal assume nova feição, devendo apontar suas baterias para os delitos que colocam em cheque os objetivos do Estado Social.

d) No novo Código são previlegiadas as anotações sobre as novidades trazidas pelo sistema e os aspectos da jurisprudência nacional que remanecem do interesse para o novo sistema jurídico.

e) A credebilidade do Ministério Público é alta e subistimálo é enfraquecer a cidadania, a justiça e o povo brasileiro, cuja defesa é a própria razão de sua existência.

COMENTÁRIOS:

Alternativa "b": correta – Alternativa correta quanto à ortografia.

Alternativa "a" – facinorosos. Observação = mau (adjetivo) é antônimo de bom (adjetivo). Correto: mal (substantivo) que se opõe a bem (substantivo).

Alternativa "c" – cheque (substantivo) = ordem de pagamento do titular de conta bancária – talão de cheque. Correto: xeque (sentido figurado) = risco, perigo.

Alternativa "d" – privilegiados = 1) substantivo= quem goza de privilégio. 2) adjetivo= que goza privilégio= favorecido, único. Remanescem= remanescer (V.I.)= sobrar, restar.

Alternativa "e" – credibilidade = respeito, confiabilidade. Subestimá-lo = subestimar (V.T.) = desdenhar, menosprezar: lo = pronome oblíquo, terceira pessoa, com função de objeto direto = o, assume a forma lo diante de verbos terminados em r, s ou z = subestimá-los.

Charge:

(Folhateen, 19.12.2005)

48 **(Vunesp – Escrevente Técnico Judiciário – TJ – SP/2007)** Atente para as afirmações:

I. Corrigindo-se as falas do primeiro quadrinho, de acordo com a norma culta, tem-se: Então, amiga, vai emprestar?
É só para esta noite!

II. No quarto quadrinho, deve-se escrever: Sabe que estas coisas não se emprestam ...

III. A grafia da palavra *exceção*, no quinto quadrinho, deve ser corrigida.

Está correto apenas o contido em

a) I.

b) II.

c) III.

d) I e II.

e) II e III.

COMENTÁRIOS:

Alternativa "d": correta

Nota da autora: Questão de ortografia, pontuação e concordância.

I. Correto. As vírgulas estão isolando o vocativo amigas.

II. Correto. A forma verbal emprestam, terceira pessoa do plural (v. emprestar), concorda com o sujeito plural estas coisas. Voz passiva sintética: V.T.D + SE e equivale à analítica: Sabe que estas coisas não são emprestadas.

III. Errado. A grafia da palavra exceção está correta.

49 **(Vunesp – Escrevente Técnico Judiciário – TJ – SP/2007)** Assinale a alternativa correta, de acordo com o padrão culto escrito da língua portuguesa.

a) A educação brasileira nem chegou à convalecença: ainda está na UTI.

b) A medicina é uma carreira extritamente profissional, não prepara para outras funções.

c) É lamentável que as associações médicas manifestam uma atitude líbia diante das faculdades fracas.

d) Os médicos, como os pilotos de avião, deveria passar por provas periódicas, para demonstrar sua atualização.

e) Ao reivindicarem uma supervisão nas faculdades de medicina, as associações médicas mostram preocupação com a saúde da população.

COMENTÁRIOS:

Alternativa "e": correta – Alternativa escrita corretamente, de acordo com o padrão culto da língua portuguesa.

Alternativa "a" – convalescença (substantivo feminino): estado entre a doença e a saúde.

Alternativa "b" – estritamente (advérbio de modo): rigorosamente, restritamente.

Alternativa "c" – (...) que as associações médicas (elas) manifestem: terceira pessoa do plural, no tempo presente do modo subjuntivo.

Alternativa "d" – A forma verbal deveria passar deve combinar com sujeito plural: os médicos, como os pilotos. O verbo principal permanece no singular e o auxiliar é flexionado no plural: **deveriam passar**. A forma verbal demonstrar (ação do mesmo sujeito): **demonstrarem**. Por indicar finalidade, poderia, também, permanecer no singular.

Charge

(www.chargeonline.com.br)

50 **(Vunesp – Escrevente Técnico Judiciário – TJ – SP/2007)** *"Considerando que as duas personagens estão jogando xadrez, deve-se entender que a primeira, referindo-se a uma jogada, quis dizer _____. A segunda entendeu como uma referência a* *um documento bancário* – ______. *Trata-se* ______ *com* ______." Os espaços da frase devem ser preenchidos, respectivamente, com

a) xeque ... xeque ... da mesma palavra ... a mesma pronúncia
b) cheque ... cheque ... da mesma palavra ... a mesma escrita
c) cheque ... xeque ... de palavras diferentes ... a mesma pronúncia
d) cheque ... cheque ... de palavras iguais ... a mesma pronúncia e escrita
e) xeque ... cheque ... de palavras distintas ... a mesma pronúncia

COMENTÁRIOS:

Alternativa "e": correta – Xeque e cheque: palavras distintas com a mesma pronúncia. São palavras homófonas: têm a mesma pronúncia, com grafia e sentido diferentes (distintas): senso, censo; cesta, sexta.

- Xeque: no jogo de xadrez, lance em que o rei é ameaçado. Eliminadas alternativas *b, c* e *d*.
- Cheque: documento fornecido por um banco a quem nele tem conta, que equivale a dinheiro, uma vez preenchido com determinada quantia e assinado pelo titular da conta. Eliminada alternativa *a*.

▶ Dica:

Semântica	Escrita	Pronúncia	Significação
Homógrafos	igual	diferente	diferente
Homófonos	diferente	igual	diferente
Homônimos	igual	igual	diferente
Parônimos	semelhante	semelhante	diferente
Sinônimos	diferente	diferente	igual ou semelhante
Antônimos	diferente	diferente	oposto

51 **(TJ – SP – Oficial de Justiça – TJ – SP/1999)** Qual das opções preenche corretamente as lacunas? *"É um bom __(1)__. Embora com __(2)__ mas de um modo geral __(3)__, tudo bem, ácidos, bases e sais. Congela a zero graus __(4)__ e ferve a 100, quando a __(5)__ normal."* (Antônio Gedeão)

	1	2	3	4	5
a)	dissolvente	excessões	dessolve	centesimais	pressão
b)	dissolvente	exceções	dissolve	centésimais	pressão
c)	dissolvente	exceções	dissolve	centesimais	pressão
d)	dessolvente	excessões	dissolve	centésimais	pressão
e)	dessolvente	exceções	dessolve	centesimais	pressão

COMENTÁRIOS:

Alternativa "c": correta.

- dissolvente: que tem a propriedade de dissolver (falando de um líquido). Eliminadas *d* e *e*.

- exceções: exceção: ação ou resultado de não incluir, de excetuar, de excluir. Eliminada *a*.
- dissolver = dissolve.
- centesimais: concorda com graus. Eliminada *b*.
- pressão: força exercida por um fluido em todas as direções.

52 **(TJ – SP – Oficial de Justiça – TJ – SP/1999)** Assinale a alternativa que apresenta erro de grafia:

a) O policial morrera na favela, no cumprimento do seu dever.

b) Apanhado em flagrante, o homem começou a suar, sem dar explicações.

c) Um dos acusados resolveu, delatar os outros cúmplices.

d) Sua presença não foi impecilho na realização dos meus planos.

e) Por causa da infiltração, as paredes precisavam de conserto.

COMENTÁRIOS:

Alternativa "d": correta – *Empecilho* (e) = estorvo.

Alternativa "a" – cumprimento: ação ou resultado de cumprir, realizar algo.

Alternativa "b" – flagrante: que é evidente, notório.

Alternativa "c" – delatar: denunciar delito ou revelar suas evidências.

Alternativa "e" – conserto: reparo.

PARTE III

Morfologia

CAPÍTULO 1

Processos de formação das palavras

» **Nos editais:** Processos de formação de palavras.

01 **(Vunesp – Escrevente Técnico Judiciário – TJ-SP/2013)** Assinale a alternativa contendo palavra do texto que é formada por prefixo.

a) Máquina.

b) Brilhantismo.

c) Hipertexto.

d) Textualidade.

e) Arquivamento.

COMENTÁRIOS:

Alternativa correta: letra "c" – Radical: texto; prefixo: hiper = 'superior'; 'a mais'; ' acima do normal ou do regular'; ' em excesso ou demasia'; ' muito ou muitíssimo'; ' extremamente, excessivamente ou fortemente'; ' aumento anormal (ou patológico)'.

Alternativa "a" – Radical.

Alternativa "b" – Radical: brilhant; sufixo: ismo.

Alternativa "d" – Radical: text; sufixo: idade.

Alternativa "e" – Radical: arquiv; sufixo: mento.

DICA – PROCESSOS DE FORMAÇÃO DAS PALAVRAS

1. Derivação

1. É o processo de formação de novas palavras através da adição ou subtração de itens a uma palavra primitiva, ou seja, deriva de outra.

1.1 Derivação prefixal

Ocorre quando a palavra nova é obtida por acréscimo de prefixo.

➲ **Dica:** Pré **indica anterioridade, antecipação, adiantamento.**

expor	**ex** + por
impor	**im** + por
percorrer	**per** + correr

1.2 Derivação Sufixal

Ocorre quando a palavra nova é obtida por acréscimo de sufixo.

➲ **Dica:** Sufixo **é afixo que se junta ao final de uma palavra para formar derivadas.**

dentista	dent + **ista**
amoroso	amor + **oso**
artista	art + **ista**
boiada	boi + **ada**

1.3 Derivação Prefixal e Sufixal

Ocorre quando a palavra nova é obtida por acréscimo de prefixo e sufixo.

➲ **Em concursos:** o prefixo ou o sufixo pode ser retirado e uma nova palavra é formada.

	prefixo	radical	sufixo	novas palavras
deslealdade	des	leal	dade	desleal, lealdade
infelizmente	in	feliz	mente	infeliz, felizmente
Inutilizar	in	util	izar	inútil, utilizar

1.4 Derivação Parassintética

Ocorre quando a palavra nova é obtida pelo acréscimo simultâneo de prefixo e sufixo. Por parassíntese formam-se, principalmente, verbos.

➲ **Em concursos:** o prefixo ou o sufixo **não** pode ser retirado.

	prefixo	radical	sufixo	
entristecer	en	trist	ecer	**não** há novas palavras
entardecer	en	tard	ecer	
esquentar	es	quent	ar	

1.5 Derivação Regressiva

O nome já traz seu significado: a palavra reduz, ou seja, diminui.

botequim	boteco
português	**portuga**
barracão	**barraco**
sarampão	**sarampo**

É importante na formação de substantivos derivados de verbos.

verbo	substantivo
estudar	estudo
caçar	caça
pescar	pesca
chorar	choro

1.6 Derivação Imprópria

Ocorre mudança na classe gramatical, por isso o nome **imprópria**.

substantivo	derivado do verbo
o **jantar**	jantar

adjetivo	derivado do substantivo
mulher **aranha**	aranha

substantivo	derivado do advérbio
"como será o **amanhã**?"	amanhã

2. COMPOSIÇÃO

É o processo que forma palavras compostas, a partir da junção de dois ou mais radicais.

Em concursos: Derivação possui **um** radical e composição possui **mais de um** radical.

2.1 Composição por justaposição

Ao unirmos os radicais, **não** ocorre alteração fonética, ou seja, o som não muda.

passatempo	passa + tempo
varapau	vara + pau
obra-prima	obra + prima
malmequer	mal + me + quer
girassol[2]	gira + sol

2. Em **girassol** houve acréscimo da consoante **s** para manter a sonoridade.

2.2 Composição por aglutinação

Ao unirmos dois ou mais vocábulos ou radicais, **ocorre supressão** de um ou mais de seus elementos fonéticos.

aguardente	água + ardente
planalto	plano + alto
embora	em + boa + hora
cabisbaixo	cabeça + baixa
fidalgo	filho + de + algo
vinagre	vinho + acre
pernilongo	perna + longa

2.3 Outros processos de formação das palavras

2.3.1 Redução ou Abreviação Vocabular

Reduz-se a palavra ao máximo sempre mantendo seu significado.

auto	automóvel
cine	cinema
Zé	José
extra	extraordinário
pneu	pneumático
zoo	zoológico

Observação: as **siglas** podem ser citadas também como redução, muito frequentes na comunicação atual.

2.3.2 Hibridismo

Palavra formada por elementos de línguas distintas.

burocracia	buro: francês	cracia: grego
automóvel	auto: grego	móvel: latim
monocultura	mono: grego	cultura: latim
sambódromo	samba: português	dromo: grego

2.3.3 Onomatopeia

São vocábulos que reproduzem aproximadamente os sons e as vozes dos seres.

tique-taque	pingue-pongue	mugir
miar	piar	rosnar
gunhir	latir	bummm!

2.4 Neologismos e gírias

A língua está sempre se modificando: palavras novas, das mais diversas origens, são incorporadas ao idioma e logo absorvidas pelos falantes, que passam a utilizá-las no seu processo diário de comunicação. Simultaneamente, o avanço tecnológico, os modismos, as invenções exigem a criação de novas palavras. Às vezes, palavras antigas podem ganhar uma nova significação, um novo sentido. Surgem, assim, os **neologismos**.

Os neologismos podem ser criados a partir de palavras da própria língua do país (como as palavras "presidenciável" e "carreata", por exemplo) ou a partir de palavras estrangeiras ("roqueiro" e "deletar", por exemplo).

No processo de criação de palavras novas, merecem destaque as gírias, que surgem num determinado grupo social e, por sua expressividade, acabam sendo incorporadas à linguagem coloquial de outras camadas sociais.

A **gíria** é um fenômeno de linguagem especial que consiste no uso de uma palavra não convencional para designar outras palavras formais da língua. Pode ser empregada no intuito de fazer segredo, humor ou distinguir o grupo que a adota dos demais, muitas vezes criando um jargão próprio. Assim, como uma expressão idiomática, é uma palavra que se caracteriza por não permitir a identificação do seu significado através de seu sentido literal. Por essa razão, também não é possível traduzi-la para outra língua de modo literal. As gírias geralmente se originam de acordo com a cultura e peculiaridades de cada região.

É importante observar que a gíria é uma linguagem de uso passageiro: ao entrar em desuso, a mensagem pode se tornar incompreensível. Portanto, ao escrevermos um texto informativo, devemos evitá-las. As gírias podem comprometer a clareza, bem como a permanência do texto escrito, gerando complicações.

Gíria	Explicação
13 ou 22	Cara louco, doido, maluco.
24	Homossexual. O fato vem do número 24 ser o número do veado no Jogo do bicho.
38 (lê-se trinta-e-oito ou três-oitão)	Arma de fogo bastante comum no Brasil, principalmente de forma ilegal.
171 (lê-se um-sete-um)	Estelionatário. Refere-se ao artigo número 171, que versa sobre estelionato.
Abraçar jacaré	Dar-se mal, encontrar-se em situação controversa.
Alcaguete ou Alcagueta	Pessoa dedo-duro, delatora.
Animal	Muito legal, radical.

02 **(Vunesp – Escrevente Técnico Judiciário – TJ-SP/2012)** Em "iniciativas experimentais", o adjetivo é uma palavra formada por sufixação. Outro adjetivo do texto com essa mesma formação está destacado em:

a) Falta mais dedicação dos ***pesquisadores*** e investidores...
b) ... dispostos a deixá-las ***acessíveis*** ao grande público.
c) ... dispostos a deixá-las acessíveis ao grande ***público***.
d) Os atuais ***mecanismos*** de busca na rede já estão ultrapassados...
e) Ainda vamos ver sites como o Google com a mesma ***nostalgia***...

COMENTÁRIOS

Alternativa correta: letra "b" – *Acessíveis* é adjetivo, tem origem em acesso ou acessar (v.) tal como *experimentais* que vem de experimento (subst.) ou de experimentar (v.).

Alternativa "a" – *pesquisadores* aqui é substantivo.

Alternativa "c" – *público* aqui também é substantivo e nem tem sufixo.

Alternativa "d" – *mecanismos,* também substantivo.

Alternativa "e" – *nostalgia* – substantivo. Vale saber: *nost(o)-* regresso + *alg(o)-* dor + *ia* estado.

03 **(Vunesp – Escrevente Técnico Judiciário – TJ-SP/2011)** Leia o trecho.

Estudo da ONG Instituto Pólis mostra que, ***infelizmente***, sem o tratamento e a destinação corretos,...

Assinale a alternativa que contém uma palavra formada pelo mesmo processo do termo destacado.

a) infiel.
b) democracia.
c) lobisomem.
d) ilegalidade.
e) cidadania.

COMENTÁRIOS:

Alternativa correta: letra "d" – *ilegalidade*: prefixo de negação, privação (*i, in)*. Mais o único sufixo adverbial *mente.*

DICA

Retiremos o prefixo: legalidade; o sufixo: ilegal. Como ocorre em infelizmente: infeliz e felizmente. Há derivação prefixal e sufixal por formarem novas palavras.

Na derivação parassintética, não se pode retirar prefixo ou sufixo. Exemplo: ESquentAR.

Alternativa "a" – Só tem o prefixo de negação.

Alternativa "b" – Há composição: mais de um radical = governo (cracia) do povo (demo).

Alternativa "c" – Formado por aglutinação ou composição.

Alternativa "e" – Formação diferente: só sufixo.

TEXTO

Um tango para lá de desafinado

Uma imagem, uma constatação, uma estatística e uma frase resumem o estado das coisas na Argentina. A imagem: pedreiros acrescentando mais um andar às lajes das favelas de Buenos Aires. Enquanto a atividade da construção civil em geral está em queda, as precárias villas portenhas não param de crescer – na falta de espaço, para cima. A constatação: a quantidade cada vez maior de galões de água expostos sobre carros estacionados, principalmente na periferia da capital argentina. Este é o sinal convencionado pelos proprietários para anunciar que seus veículos usados estão à venda. Mais automóveis enfeitados com galões, mais pessoas com necessidade urgente de dinheiro. A estatística: a mortalidade infantil na província de Buenos Aires subiu 8% em 2007. ***Tudo isso*** dá a ideia de que algo vai muito mal na Argentina. A população da capital que vive em moradias irregulares aumentou 30% nos últimos dois anos. Três em cada quatro argentinos dizem não ganhar o suficiente para cobrir os gastos diários. E, no mesmo ano em que o PIB da Argentina cresceu incríveis 8,7%, o mais básico dos indicadores sociais só piorou na principal província do país. Favelas em expansão, renda relativa em baixa e bebês morrendo – no mínimo, o governo deveria estar reconsiderando suas políticas econômicas e sociais. A presidente argentina diz que não é o caso. Formulada por Cristina Kirchner em um comício da campanha para as eleições legislativas do próximo domingo, eis a frase: "Encontramos o caminho e devemos segui-lo e aprofundá-lo".

(Veja, 24.06.2009)

04 **(Vunesp – Oficial de Justiça – TJ-SP/2009)** O sentido expresso pelo prefixo na palavra *desafinado*, no título do texto, também está presente na palavra destacada em:

a) Eles teriam de cooperar com a nova administração do prédio.
b) Trabalhou tanto e não salvou o documento, por isso o refez.
c) No subtítulo do texto, havia uma palavra que não conhecia.
d) Ele era incapaz de resolver um problema com agilidade.
e) Era preciso esfriar o leite antes de acrescentar-lhe o café.

COMENTÁRIOS:

Alternativa correta: letra "d" – Na palavra *incapaz,* temos o prefixo *in* indicando negação (não é capaz), tal como *des* em *des*afinado (não é afinado).

Alternativa "a" – Não há sufixo indicando negação.

Alternativa "b" – Prefixo *RE* de refazer não expressa o mesmo sentido.

Alternativa "c" – Prefixo *sub* em subtítulo não expressa sentido de negação.

Alternativa "e" – Não há sufixo indicando negação.

CAPÍTULO 2

Flexão Nominal

» **Nos editais:** Morfologia: reconhecimento, emprego e sentido das classes gramaticais. Mecanismos de flexão dos nomes. Classes de palavras: emprego e sentido que imprimem às relações que estabelecem.

01 (Vunesp – Médico Judiciário – TJ SP/2019 - adaptada) Assinale a alternativa que traz, respectivamente, um substantivo cujo plural se faz a exemplo de "bem-estar"; e outro substantivo, destacado em expressão do texto, com sentido de coletivo.

a) Alto-falante / "Quase metade da **população** mundial não tem acesso..."

b) Saca-rolha / "... a base da **assistência** universal."

c) Bomba-relógio / "... o **progresso** em saúde tem sido desigual..."

d) Louva-a-deus / "... em detrimento da **prevenção** de doenças..."

e) Arco-íris / "... e participação das pessoas e da **comunidade**..."

COMENTÁRIOS:

Nota da autora: O plural do substantivo composto *bem-estar* é **bem-estares**. Substantivo coletivo é o substantivo comum que, mesmo estando no singular, designa um conjunto de seres da mesma espécie.

Alternativa "a" – alto-falantes: advérbio + adjetivo = apenas o adjetivo é variável; população é substantivo coletivo: conjunto de indivíduos da mesma espécie.

Alternativa "b" – saca-rolhas: verbo + substantivo; substantivo simples.

Alternativa "c" – bombas-relógio (o segundo elemento indica tipo, finalidade) ou bombas-relógios (dois substantivos). A maior aceitação entre os gramáticos é da primeira forma. *Progresso* é substantivo simples.

Alternativa "d" – os louva-a-deus: apenas varia o determinante (no caso, o artigo definido); substantivo simples.

Alternativa "e" – os arco-íris: apenas varia o determinante (no caso, o artigo definido); substantivo simples.

ALTERNATIVA CORRETA: A

Texto para responder à questão.

O exorcismo

Rosário, a feiticeira andaluza, estava há muitos anos lutando contra os demônios. O pior dos satanases tinha sido seu sogro. Aquele malvado tinha morrido estendido na cama, na noite em que blasfemou*, e o crucifixo de bronze soltou-se da parede e quebrou-lhe o crânio.

Rosário se ofereceu para desendemoniar-nos. Jogou no lixo a nossa bela máscara mexicana de Lúcifer e esparramou uma **fumaçarada** de arruda, manjerona e louro bendito. Depois pregou na porta uma ferradura com as pontas para fora, pendurou alguns alhos e derramou, aqui e acolá, punhadinhos de sal e montões de fé.

– Ao mau tempo, cara boa, e para a fome, viola – disse.

E disse que dali para a frente era conosco, porque a sorte não ajuda quem não a ajuda a ajudar.

(Eduardo Galeano, *O livro dos abraços*. Adaptado)

*Proferiu palavras ofensivas à divindade.

02 **(Vunesp – Agente de Telecomunicações Policial – PC SP/2018)** A criação da palavra "fumaçarada" associa *fumaçada* e *fumarada*, formadas a partir de *fumaça*. É correto afirmar que a palavra criada produz efeito estilístico compatível com a ideia de

a) comparativo, grande quantidade.
b) diminutivo, pequena intensidade.
c) diminutivo, pouca qualidade.
d) aumentativo, grande quantidade.
e) aumentativo, média intensidade.

COMENTÁRIOS:

Alternativa "a" – Não compara, embora indique grande quantidade.

Alternativa "b" – Aumenta, não diminui. Indica grande quantidade.

Alternativa "c" – Aumenta, não diminui. Indica grande quantidade.

Alternativa "d" – A terminação "ada" possui ideia de aumentativo e indica grande quantidade de fumaça: **muita** fumaça.

Alternativa "e" – Aumenta, mas refere-se à grande quantidade.

ALTERNATIVA CORRETA: D

03 **(Vunesp – Escrevente Técnico Judiciário – TJ-SP/2015)** Observe o comentário acerca de advérbio e de adjetivo expresso na frase – Perdidamente, coitado, é um advérbio que só adverbia o adjetivo apaixonado. – e assinale a alternativa em que os termos destacados são (I) advérbio modificando adjetivo e (II) adjetivo.

a) (I) **várias** palavras; (II) palavra **moribunda**.
b) (I) tem **sempre**; (II) é **aberto**.
c) (I) **menos** nobres; (II) união **estável**.
d) (I) **sempre** acompanhada; (II) algum **mistério**.
e) (I) **dificilmente** verá; (II) **outras** palavras.

COMENTÁRIOS:

Nota das autoras: Fundamental lembrar que o advérbio é invariável e o adjetivo é variável. Encontram-se, na questão, várias classes gramaticais.

Alternativa correta: letra "c"

(I) Menos é advérbio de intensidade e modifica o adjetivo "nobres";

(II) Estável é adjetivo e qualifica o substantivo "estável";

Alternativa "a" – pronome indefinido (possui sentido vago – variável) e adjetivo.

Alternativa "b" – advérbio (indica circunstância do verbo ou intensifica o adjetivo ou o próprio advérbio) e adjetivo.

Alternativa "d" – advérbio e substantivo (nomeia – variável).

Alternativa "e" – advérbio e pronome indefinido.

04 (Vunesp – Escrevente Técnico Judiciário – TJ-SP/2013) Assinale a alternativa cujas palavras se apresentam flexionadas de acordo com a norma-padrão.

a) Os tabeliãos devem preparar o documento.
b) Esses cidadões tinham autorização para portar fuzis.
c) Para autenticar as certidãos, procure o cartório local.
d) Ao descer e subir escadas, segure-se nos corrimãos.
e) Cuidado com os degrais, que são perigosos!

COMENTÁRIOS:

Alternativa correta: letra "d" – Corrimão: corrimãos.

Alternativa "a" – tabeliães.

Alternativa "b" – cidadãos.

Alternativa "c" – certidões.

Alternativa "e" – degraus.

05 (Vunesp – Escrevente Técnico Judiciário – TJ-SP/2012) A flexão de número do termo "preços-sombra" também ocorre com o plural de

a) guarda-costa.
b) reco-reco.
c) guarda-noturno.
d) sem-vergonha.
e) célula-tronco.

COMENTÁRIOS:

Alternativa correta: letra "e"– Substantivo composto em que o segundo elemento define – limita o primeiro, indicando tipo ou finalidade, somente o primeiro elemento varia: preços-sombras e células-tronco.

Alternativa "a" – guarda-costa = substantivo + substantivo = variam os substantivos = guardas-costas.

Alternativa "b" – Composto formado por palavras repetidas ou muito parecidas só varia a segunda = reco-recos.

Alternativa "c"– nesta expressão *guarda* é substantivo seguido de adjetivo *noturno* – variam ambos por concordância.

Alternativa "d"– sem-vergonha admite plural inserindo o artigo plural: os sem-vergonha.

06 (Vunesp – Oficial de Justiça – TJ-SP/2009) Analise as afirmações:

I. Em – ... galões de água expostos sobre carros... – a preposição sobre poderia ser substituída por sob, sem prejuízo de sentido.

II. Fazem o plural da mesma forma que o substantivo galões as palavras cidadão, mamão e órfão.

III. O feminino de chefe se faz da mesma forma que presidente em – *A presidente argentina...*

Está correto o que se afirma em

a) I, apenas.
b) III, apenas.
c) I e II, apenas.
d) II e III, apenas.
e) I, II e III.

COMENTÁRIOS:

Alternativa correta: letra "b"– chefe e presidente são substantivos comuns de dois gêneros. Mesmo a contragosto de alguma presidente.

Observação: A partir de agora, a forma Presidenta passou a ser aceita. Motivo: lei.

LEI Nº 12.605, DE 3 DE ABRIL DE 2012.

Determina o emprego obrigatório da flexão de gênero para nomear profissão ou grau em diplomas.

A PRESIDENTA DA REPÚBLICA Faço saber que o Congresso Nacional decreta e eu sanciono a seguinte Lei:

Art. 1º As instituições de ensino públicas e privadas expedirão diplomas e certificados com a flexão de gênero correspondente ao sexo da pessoa diplomada, ao designar a profissão e o grau obtido.

Art. 2º As pessoas já diplomadas poderão requerer das instituições referidas no art. 1º a reemissão gratuita dos diplomas, com a devida correção, segundo regulamento do respectivo sistema de ensino.

Art. 3º Esta Lei entra em vigor na data de sua publicação.

Brasília, 3 de abril de 2012; 191º da Independência e 124º da República.

DILMA ROUSSEFF
Aloizio Mercadante
Eleonora Menicucci de Oliveira

*Este texto não substitui o publicado no DOU de 4.4.2012**

*Fonte: *http://blogdotas.terra.com.br/2012/04/12/agora-e-lei-presidenta/*

I. *Sobre* e *sob* possuem sentidos opostos: acima e abaixo, respectivamente.

II. *Cidadãos* e *órfãos*. Somente *mamões* é plural igual.

III. É a única afirmação correta.

TEXTO

A mídia é sempre aquela. Mas...

Será a mídia a guardiã da ética, anjo protetor do decoro, sentinela do Estado de Direito? ________________ vertiginosas dúvidas. No Brasil e no mundo, são poucos os órgãos midiáticos que ainda praticam o jornalismo à sombra dos velhos, insubstituíveis princípios: fidelidade canina à verdade factual, exercício desabrido do espírito crítico, fiscalização diuturna do poder ________ quer que se manifeste.

(...)

________________ avança o processo de afastamento do jornalismo do papel inicial de serviço público. No Brasil, a rota é diversa daquela percorrida em outros países, em decorrência do nosso atraso, a nos manter em um tempo especial, suspenso, mas não equilibrado, entre Idade Média e contemporaneidade.

(www.cartacapital.com.br/2007/06/a-midia-e-sempre-aquela-mas/view)

07 **(Vunesp – Escrevente Técnico Judiciário – TJ-SP/2008)** Considerando I – guardiãos, II – guardiães e III – guardiões, é correto afirmar que o plural masculino do termo *guardiã*, que ocorre no primeiro parágrafo, está devidamente expresso apenas em

a) I.

b) II.

c) III.

d) I e III.

e) II e III.

COMENTÁRIOS:

Alternativa correta: letra "e" – Plurais de guardião: guardiães e guardiões.

08 **(Vunesp – Escrevente Técnico Judiciário – TJ-SP/2008)** Assinale a alternativa em que os termos fazem o plural a exemplo de *pré-universitária.*

a) azul-marinho, super-homem.
b) pôr do sol, reco-reco.
c) infraestrutura, pós-graduação.
d) homem-bomba, pé-de-moleque.
e) viúva-negra, pau-a-pique.

COMENTÁRIOS:

Alternativa correta: letra "c" – Prefixo é invariável: pré-universitárias. Na alternativa correta: infraestruturas e pós-graduações. Após a reforma ortográfica, o vocábulo infraestrutura deixou de ter hífen. Regra: Prefixo termina em vogal e o radical inicia com vogal distinta = sem hífen.

Alternativa "a" – Azul-marinho é invariável; super-homens.

Alternativa "b" –Pôr-do-sol – substantivo masculino – pores-do-sol. Reco-reco – palavra formada por elemento onomatopaico (imita a voz natural ou o som de alguma coisa) varia só o segundo elemento= reco-recos.

Alternativa "d" – homens-bomba; pés-de-moleque.

Alternativa "e" – Viúvas-negras: substantivo + adjetivo= variam os dois elementos. Pau-a--pique (paredes de varas entrecruzadas) substantivo + preposição + substantivo: varia só o primeiro elemento= paus-a-pique.

Dica

Plural dos Substantivos Compostos

A formação do plural dos substantivos compostos depende da forma como são grafados, do tipo de palavras que formam o composto e da relação que estabelecem entre si. Aqueles que são grafados sem hífen comportam-se como os substantivos simples:

aguardente e aguardentes
girassol e girassóis
pontapé e pontapés
malmequer e malmequeres

O plural dos substantivos compostos cujos elementos são ligados por hífen costuma provocar muitas dúvidas e discussões. Algumas orientações são dadas a seguir:

a) Flexionam-se os ***dois*** elementos, quando formados de:

substantivo + substantivo = couve-flor e couve**s**-flor**es**

substantivo + adjetivo = amor-perfeito e amor**es**-perfeito**s**

adjetivo + substantivo = gentil-homem e genti**s**-home**ns**

numeral + substantivo = quinta-feira e quinta**s**-feira**s**

b) Flexiona-se somente o ***segundo*** elemento, quando formados de:

verbo + substantivo = guarda-roupa e guarda-roupa**s**

palavra invariável + palavra variável = alto-falante e alto-falante**s**

palavras repetidas ou imitativas = reco-reco e reco-reco**s**

c) Flexiona-se somente o ***primeiro*** elemento, quando formados de:

substantivo + preposição clara + substantivo = água-de-colônia e água**s**-de-colônia

substantivo + preposição oculta + substantivo = cavalo-vapor e cavalo**s**-vapor

substantivo + substantivo que funciona como determinante do primeiro, ou seja, especifica a função ou o tipo do termo anterior.

Exemplos:

palavra-chave – palavras-chave

bomba-relógio – bombas-relógio

notícia-bomba – notícias-bomba

homem-rã – homens-rã

peixe-espada – peixes-espada

d) Permanecem invariáveis, quando formados de:

verbo + advérbio = o bota-fora e os bota-fora

verbo + substantivo no plural = o saca-rolhas e os saca-rolhas

e) Casos Especiais

o louva-a-deus e os louva-a-deus

o bem-te-vi e os bem-te-vis

o bem-me-quer e os bem-me-queres

o joão-ninguém e os joões-ninguém.

Fonte: http://www.soportugues.com.br/secoes/morf/morf28.php

CHARGE

(www.chargeonline.com.br)

09 **(Vunesp – Escrevente Técnico Judiciário – TJ-SP/2007)** Na situação de comunicação apresentada, o aumentativo em "palhação" faz com que a palavra assuma um valor

a) de espanto.

b) de tamanho.

c) afetivo.

d) de admiração.

e) pejorativo.

COMENTÁRIOS:

Alternativa correta: letra "e" – Pejorativo: adjetivo que expressa sentido depreciativo, negativo no contexto.

Alternativa "a" – De espanto: seria surpresa.

Alternativa "b" – De tamanho: seria o grau aumentativo do substantivo palhaço.

Alternativa "c" – Afetivo: seria demonstração de afeição.

Alternativa "d" – De admiração: seria demonstração de surpresa ou respeito.

10 **(Vunesp – Escrevente Técnico Judiciário – TJ-SP/2007)** O grau do adjetivo *maior* em – ... *situação de fragilidade ainda maior.* – repete-se em:

a) A floresta tropical da Amazônia será substituída por uma vegetação menos rica que a savana.

b) As populações da África são as mais vulneráveis do planeta.

c) Os novos projetos de desenvolvimento sustentável são os melhores até agora apresentados.

d) O cenário para o meio ambiente é o mais sombrio já projetado.

e) O relatório científico deste ano teve um tom mais ameno que o do ano passado.

COMENTÁRIOS:

Alternativa correta: letra "e"

Nota da autora: Questão de grau de adjetivo. Caso seja necessário relembrar a teoria, vá às dicas, no final do capítulo.

Na alternativa e: Mais ameno – grau comparativo de superioridade e formado pelo advérbio ainda anteposto ao adjetivo ameno e a conjunção que (ou do que) vem posposta ao adjetivo. Mais ameno que / ainda maior que.

Lembre-se: ***maior*** equivale a ***mais grande***, por isso comparativo de superioridade.

Alternativa "a" – Menos rica – grau comparativo de inferioridade: o advérbio menos anteposto ao adjetivo menos que.

Alternativa "b" – A mais = grau superlativo relativo de superioridade. As populações da África = (os seres) se sobressaem em relação às outras populações.

Alternativa "c" – Os melhores = grau superlativo relativo de superioridade.

Alternativa "d" – O mais sombrio = grau superlativo relativo de superioridade.

CAPÍTULO 3

Pronome

» **Nos editais:** Padrões gerais de colocação pronominal no português. Classes de palavras: emprego e sentido que imprimem às relações que estabelecem. Morfologia: reconhecimento, emprego e sentido das classes gramaticais.

01 **(Vunesp – Analista Técnico Científico – MPE SP – SP/2019)** Assinale a alternativa correta quanto à colocação pronominal, de acordo com a norma-padrão.

a) Se vê, pelos dados do ranking do Banco Mundial, que o Brasil destacou-se basicamente em quatro indicadores.

b) O ambiente de negócios atualmente tem tornado-se mais amigável, o que vê-se pelas reformas realizadas.

c) Ainda que se tenha destacado o desempenho do Brasil no relatório do Banco Mundial, sabe-se que o país precisa avançar nos negócios.

d) Deve racionalizar-se quanto aos pagamentos de impostos para que não condenem-se os países a um retrocesso econômico.

e) Quando analisa-se o ranking do Banco Mundial, se constata que alguns países da América Latina apresentaram pouca ou nenhuma melhora.

COMENTÁRIOS:

➲ **Nota da autora:** Ênclise: pronome pessoal oblíquo após o verbo; próclise: pronome oblíquo antes do verbo; mesóclise: pronome oblíquo no meio do verbo.

Alternativa "a" – Não pode iniciar a oração com pronome oblíquo: **vê-se**; a conjunção integrante que inicia a oração subordinada substantiva subjetiva atrai o pronome: que o Brasil **se destacou.**

Alternativa "b" – Em locução verbal formada por verbo auxiliar + particípio, o pronome fica após o verbo auxiliar – não havendo fator proclítico: **tem se tornado**; o pronome relativo atrai o oblíquo: o que **se vê.**

➲ **DICAS** – 1. Em locuções verbais, estando o verbo principal no particípio, o pronome oblíquo átono **não** poderá vir depois dele. 2. Em locuções verbais, estando o verbo principal no infinitivo ou no gerúndio, emprega-se o pronome oblíquo após a locução – não havendo fator proclítico.

Alternativa "c" – A locução conjuntiva subordinativa concessiva *ainda que* atrai o pronome pessoal oblíquo; utiliza-se a ênclise após a vírgula.

Alternativa "d" – O advérbio de negação atrai o pronome: não **se condenem**.

Alternativa "e" – O advérbio de tempo atrai o pronome: quando **se analisa**; não pode haver pronome oblíquo após a vírgula: **constata-se**.

ALTERNATIVA CORRETA: C

02 **(Vunesp – Contador Judiciário – TJ SP/2019)** Assinale a alternativa correta quanto à colocação pronominal, de acordo com a norma-padrão.

a) Na China, agora tomam-se decisões difíceis entre conter as dívidas já existentes e estimular o crescimento do país.

b) A Comissão Europeia, tendo decidido-se pela rejeição da proposta orçamentária italiana, mostra um cenário econômico europeu pouco animador.

c) Caso se imponha uma terceira rodada de tarifas à China, provavelmente se aumentará o risco de escalada nos conflitos mundiais.

d) Não tardará até que investidores hoje aparentemente otimistas movimentarão-se e cobrarão resultados concretos.

e) Não espera-se que a zona do euro cresça mais que 1,5% neste ano, ainda que tenham-se os juros perto de zero.

COMENTÁRIOS:

Alternativa "a" – O advérbio *agora* atrai o pronome oblíquo: **agora se tomam.**

Alternativa "b" – É proibido o uso do pronome oblíquo posposto ao particípio: **tendo se decidido.**

Alternativa "c" – A conjunção subordinada condicional atrai o pronome oblíquo: Caso se imponha; o advérbio atrai o oblíquo: provavelmente se aumentará.

Alternativa "d" – Com verbo no futuro e sem fator proclítico, usa-se a mesóclise: **movimentar-se-ão.**

Alternativa "e" – O advérbio de negação atrai o oblíquo: **não se espera**; a locução conjuntiva concessiva atrai o oblíquo: **ainda que se tenham.**

ALTERNATIVA CORRETA: C

03 **(Vunesp – Enfermeiro Judiciário – TJ SP/2019)** Assinale a alternativa cuja frase atende à norma-padrão de colocação pronominal.

a) Vivemos um momento em que os mais vis sentimentos têm mascarado-se de grandiosidade.

b) Nos acostumamos ao medo de exercitar a bondade, pois não se acredita mais na existência de gente honesta.

c) As pessoas certamente comunicam-se entre si não mais por meio do diálogo, com ou sem palavras.

d) Ofenderíamos-nos porque questionam se os varões ilustres de outras eras teriam sido mesmo ilustres?

e) O que agora se vê é uma situação na qual o que se mostra mesmo caro é a alma, já que não se dialoga mais.

COMENTÁRIOS:

Alternativa "a" – É proibido o uso do pronome oblíquo posposto ao particípio: **têm se mascarado.**

Alternativa "b" – Não se inicia frase com o pronome oblíquo: **acostumamo-nos.**

Alternativa "c" – O advérbio atrai o pronome: **certamente se comunicam.**

Alternativa "d" – Com verbo no futuro sem fator proclítico, a mesóclise é obrigatória: **ofender-nos-íamos.**

Alternativa "e" – O advérbio atrai o pronome: agora se vê; o pronome relativo o oblíquo: o que se mostra; o advérbio atrai o pronome oblíquo: não se dialoga.

ALTERNATIVA CORRETA: E

04 **(Vunesp – Médico Judiciário – TJ SP/2019 - adaptada)** Considere os trechos.

- Médicos sempre **ocuparam uma posição de prestígio na sociedade**.
- Já o lado humanístico, que **perdeu espaço** para os exames e as máquinas...
- Esses doutores teriam **uma função diferente**, atuando na interface...

De acordo com a norma-padrão de emprego e colocação de pronomes, as expressões destacadas podem ser substituídas por:

a) a ocuparam; o perdeu; a teriam.

b) ocuparam-na; perdeu-o; teriam-na.

c) ocuparam-lhe; o perdeu; a teriam.

d) a ocuparam; o perdeu; teriam-na.

e) ocuparam-na; perdeu-lhe; a teriam.

COMENTÁRIOS:

Alternativa "a" – 1. O verbo *ocupar* é transitivo direto (ocuparam algo) e admite como complemento o pronome pessoal oblíquo "a" (refere-se a "uma posição"). O advérbio *sempre* atrai o pronome oblíquo: **sempre a ocuparam**; 2. O verbo *perder* é transitivo direto (perdeu algo) e admite como complemento o pronome pessoal oblíquo "o" (refere-se a "espaço"). O pronome relativo *que* atrai o pronome oblíquo: **que o perdeu**; 3. O verbo *ter* é transitivo direto (teriam algo) e admite como complemento o pronome pessoal oblíquo "a" (refere-se a "uma função"). Com o verbo no futuro, não pode ocorrer ênclise e por questão fonética, ou seja, de sonoridade, evita-se a mesóclise: **Esses doutores a teriam.**

Alternativa "b" – a ocuparam; o perdeu; a teriam.

Alternativa "d" – a teriam.

Alternativa "e" – a ocuparam; o perdeu.

ALTERNATIVA CORRETA: A

Texto para responder à questão.

Do direito do mais forte

Nunca o mais forte o é tanto para ser sempre senhor, se não converte a força em direito, e em dever a obediência; eis donde vem o direito do mais forte, direito que irônica e aparentemente se tomou, e na realidade se estabeleceu em princípios. A força é um poder físico, não imagino qual moralidade possa resultar de seus efeitos; ceder à força é ato preciso, e não voluntário, ou quando muito prudente: em que sentido pode ser uma obrigação?

Suponhamos por um momento esse pretendido direito. Eu afirmo que dele só dimana o caos inexplicável; pois logo que a força faz o direito, com a causa muda o efeito, e toda força que excede a primeira toma o lugar de direito dela. Logo que a salvo podes desobedecer, legitimamente o fazes, e, como tem sempre razão o mais forte, tratemos só de o ser. Qual é, pois, o direito que resta, quando cessa a força? Se por força cumpre obedecer, desnecessário é o direito; e se não somos forçados a obedecer, que obrigação nos resta de o fazer? Logo, está claro que a palavra *direito* nada ajunta à força, e não tem aqui significação alguma.

(Jean-Jacques Rousseau. *Do contrato social*. Adaptado)

05 **(Vunesp – Jornalista – Câmara de Indaiatuba SP/2018)** Assinale a alternativa em que o termo "o" está empregado no contexto como pronome, retomando informação precedente.

a) dele só dimana o caos inexplicável
b) com a causa muda o efeito
c) a primeira toma o lugar de direito dela
d) como sempre tem razão o mais forte
e) tratemos só de o ser

COMENTÁRIOS:

Nota da autora: Questão de pronome e de coesão textual.

Alternativa "a" – Artigo definido que acompanha o substantivo *caos*. Nada retoma.

Alternativa "b" – Artigo definido que acompanha o substantivo *efeito*. Nada retoma.

Alternativa "c" – Artigo definido que acompanha o substantivo *lugar*. Nada retoma.

Alternativa "d" – Pronome demonstrativo – equivale a *aquele*. Nada retoma.

Alternativa "e" – No texto: *Logo que a salvo podes desobedecer, legitimamente o fazes, e, como tem sempre razão o mais forte,* ***tratemos só de o ser***. Equivale a **tratemos só de ser forte.**

ALTERNATIVA CORRETA: E

Texto para responder à questão.

Marieta fez 90 anos.

Não resisto à tentação de revelar a idade de Marieta.

Sei que é falta de educação (mas pouca gente sabe hoje o que quer dizer falta de educação, ou mesmo educação) falar em idade de mulher.

São múltiplas as teorias sobre idade feminina. Eu envelheceria ainda mais, se fosse anotar aqui todos os conceitos alusivos a essa matéria; enquanto isso, as mulheres ficariam cada vez mais jovens. Depois, não estou interessado em compendiar a incerta sabedoria em torno do tema incerto. Meu desejo é só este: contar a idade de Marieta, por estranho que pareça.

E não é nada estranho, afinal. Marieta fazer 90 anos é tão simples quanto ela fazer 15. No fundo, está fazendo seis vezes 15 anos, esta é talvez sua verdadeira idade, por uma graça da natureza que assim o determinou e assim o fez. Privilégio.

Ah, Marieta, que inveja eu sinto de você, menos pelos seus 90, perdão, 6 x 15 anos, do que pelo sinal que iluminou seu nascimento, sinal de alegria serena, de firmeza e constância, de leve compreensão da vida, que manda chorar quando é hora de chorar, rir o riso certo, curtir uma forma de amor com a seriedade e a naturalidade que todo amor exige.

Sei não, Marieta (de batismo e certidão, Maria Luísa), mas você é a mais agradável combinação de gente com gente que eu conheço.

(Carlos Drummond de Andrade, *Boca de Luar*. Adaptado)

06 **(Vunesp – Jornalista – Câmara de Indaiatuba SP/2018)** Considere a seguinte passagem do texto.

Marieta fez 90 anos.

Não resisto à tentação de **revelar a idade de Marieta**.

Sei que é falta de educação (mas pouca gente sabe hoje **o que quer dizer falta de educação**, ou mesmo educação) falar em idade de mulher.

Assinale a alternativa em que os trechos destacados estão, pela ordem, redigidos de acordo com a norma-padrão de emprego de pronomes e em consonância com o sentido do texto.

a) revelá-la a idade / o que isto quer dizer
b) a revelar a idade / o que aquilo quer dizer
c) revelar a idade a ela / o que tal quer dizer
d) revelá-la a idade / o que a mesma quer dizer
e) revelar-lhe a idade / o que isso quer dizer

COMENTÁRIOS:

Nota da autora: Questão de pronome, análise sintática e coesão textual.

O pronome pessoal que deve acompanhar o verbo *revelar* possui função de adjunto adnominal, pois indica posse (revelar a **sua** idade) e deve ser substituído por **lhe**. O verbo é transitivo direto (revelar algo). O pronome demonstrativo que retoma ideia é anafórico, ou seja, equivale a **isso** – retoma "falta de educação".

Alternativa "a" – É impossível haver dois objetos diretos em um verbo, a menos que seja pleonástico, mas não é o caso. O pronome *isto* é catafórico e refere-se à ideia que será mencionada. Isso significa que não cabe no contexto.

Alternativa "b" – Não cabem o pronome pessoal "a" e o pronome demonstrativo "aquilo".

Alternativa "c" – Perde a noção de posse de "sua idade"; não cabe o pronome indefinido "tal".

Alternativa "d" – Há dois objetos diretos ligados ao verbo; não se deve usar as formas "mesma" e "mesmo" substantivadas. Usam-se apenas como pronome demonstrativo: Ela mesma, ele mesmo.

Alternativa "e" – Revelar a sua idade: revelar-lhe a idade; o que a falta de educação quer dizer: o que isso quer dizer.

ALTERNATIVA CORRETA: E

07 **(Vunesp – Analista Legislativo – Câmara Municipal de São José dos Campos SP/2018)** Assinale a alternativa na qual o termo que é um pronome e retoma a expressão destacada.

a) Há **regras morais claras**, muitas vezes jogadas para debaixo do tapete, mas que nunca deixam de incomodar, silenciosamente.

b) O nó, descoberto pelos **professores de Chicago** é que, numa brincadeira com o batido adágio…

c) … com **posturas egoístas**, preconceituosas, antiéticas e – que surpresa! – até corruptas.

d) "**No Brasil**, muitas das empresas que são investigadas em esquemas de corrupção têm o seu instituto e sua fundação com ações filantrópicas…"

e) **O estudo** revela que trabalhar para uma empresa socialmente responsável pode motivar os empregados a agir de forma exatamente oposta em outras searas.

COMENTÁRIOS:

Alternativa "a" – Equivale a "as quais". Basta inserir o termo para se certificar: mas (as regras morais claras) nunca deixam de incomodar.

Alternativa "b" – Retoma **o nó.**

Alternativa "c" – A expressão "é que" é expletiva, pois pode ser retirada.

Alternativa "d" – Retoma **muitas empresas.**

Alternativa "e" – O estudo revela *isto*. Cabendo o pronome catafórico, sabe-se que o vocábulo "que" é uma conjunção integrante.

ALTERNATIVA CORRETA: A

08 **(Vunesp – Engenheiro Civil – Prefeitura de São Paulo SP/2018)** Assinale a alternativa em que a colocação dos pronomes átonos está de acordo com a norma-padrão.

a) Se tem constatado a falta de integração de serviços ao idoso.

b) A principal lei de defesa dos direitos do idoso ainda aplica-se parcialmente.

c) Se fosse feita uma pesquisa, constataria-se a visão pessimista dos idosos sobre saúde pública.

d) Nos últimos anos, tem alterado-se com frequência o Estatuto do Idoso.

e) A cultura do "envelheceu e acabou" já se encontra superada.

COMENTÁRIOS:

Alternativa "a" – Não se inicia frase com o pronome oblíquo e não pode haver pronome oblíquo após o verbo no particípio: **tem se constatado.**

Alternativa "b" – O advérbio atrai o pronome: ainda **se aplica.**

Alternativa "c" – Com verbo no futuro sem fator atrativo, usa-se a mesóclise: **constatar-se-ia.**

Alternativa "d" – Não se usa pronome oblíquo após a vírgula se não há intercalação e não pode haver pronome oblíquo após o verbo no particípio: **tem se alterado.**

Alternativa "e" – O advérbio atrai o pronome oblíquo.

ALTERNATIVA CORRETA: E

09 **(VUNESP - TJ SP – Escrevente Técnico Judiciário – 2018)** Considere as passagens:

- ... os personagens **se** expressam de maneira correta e erudita.
- Compartilhou-**lhe** o sentimento Jayme Monjardim...
- "... para que o telespectador consiga **se** sentir em outra época" ...

Os pronomes, em destaque, assumem nos enunciados, correta e respectivamente, os sentidos:

a) recíproco, possessivo e reflexivo.

b) recíproco, reflexivo e reflexivo.

c) reflexivo, possessivo e reflexivo.

d) reflexivo, demonstrativo e enfático.

e) reflexivo, enfático e possessivo.

COMENTÁRIOS:

Nota da autora: É viável relembrar a classificação dos pronomes.

- **Reflexivo:** indica que o sujeito pratica uma ação verbal sobre si mesmo (a si mesmo, a si próprio). Olhei-**me** ao espelho = olhei a mim mesmo, a mim próprio.
- **Possessivo:** o pronome pessoal oblíquo "lhe" pode indicar posse se equivaler a *seu, sua*. Arrumou-**lhe** a estante = arrumou a sua estante.

- **Recíproco:** há mais do que um sujeito praticando uma ação verbal reciprocamente ou, um sobre o outro. Eles **se** abraçaram (um ao outro).
- **Enfático:** usado para realçar. São eles: *mesmo* e *próprio*. Ela **própria** assumiu a tarefa.

Alternativa "a" – Na primeira oração não há reciprocidade.

Alternativa "b" – Na primeira oração não há reciprocidade e não há reflexividade na segunda oração.

Alternativa "c" – 1. O verbo *expressar-se* é pronominal e o pronome é reflexivo: eles se expressam; 2. O pronome pessoal oblíquo pode ser substituído por **seu**, isto é, possui valor de posse; 3. O verbo *sentir-se* é pronominal e o pronome é reflexivo: ele se sinta.

Alternativa "d" – Na segunda oração não demonstra e não há ênfase na terceira oração.

Alternativa "e" – Não há realce na segunda nem posse na terceira oração.

ALTERNATIVA CORRETA: C

10 **(VUNESP - TJ SP – Escrevente Técnico Judiciário – 2018)** Assinale a alternativa que atende à norma-padrão de colocação pronominal.

a) A prosódia, já disse-o alguém, não é mais que função do estilo.

b) Se consubstancia o transitivo de criação com o intransitivo de identificação na frase: – Ó universo, eu *sou-te*.

c) Tendo referido-me a Deus simultaneamente como o Criador e a Alma do mundo, recorri à frase: – Ó universo, eu *sou-te*.

d) Sirvamo-nos da linguagem para quaisquer efeitos, sejam eles lógicos ou artísticos.

e) Para expressar minha ideia, juntariam-se o transitivo de criação com o intransitivo de identificação na frase.

COMENTÁRIOS:

Alternativa "a" – O advérbio atrai o pronome oblíquo (próclise): **já o disse**.

Alternativa "b" – A oração não deve ser iniciada por pronome oblíquo: **consubstancia-se**.

Alternativa "c" – Em locuções verbais nas quais o verbo principal está no particípio, não havendo fator proclítico, o pronome deve permanecer após o verbo auxiliar: **tendo-me referido** ou **tendo me referido**.

Observação: o hífen é facultativo nesse caso.

Alternativa "d" – Não se deve iniciar oração com o pronome pessoal oblíquo e a forma correta é a usada no período: sirvamo-nos.

Alternativa "e" – Com verbo no futuro sem fator de próclise, usa-se a mesóclise: **juntar-se-iam**.

ALTERNATIVA CORRETA: D

Leia o texto dos quadrinhos, para responder à questão.

(Charles M. Schulz. Snoopy- Feliz dia dos namorados!)

11 **(Vunesp – Escrevente Técnico Judiciário – TJ – SP/2017)** Assinale a alternativa em que a frase baseada nas falas dos quadrinhos apresenta emprego e colocação de pronomes de acordo com a norma-padrão.

a) O garoto respondeu à menina, perguntando-a onde estava o advogado dela.

b) A menina afirmou ao garoto que poderá processar ele, caso este não ajudar-lhe com a lição de casa.

c) A menina afirmou ao garoto que poderia processá-lo, se este não a ajudasse com a lição de casa.

d) Em resposta à menina, o garoto resolveu perguntá-la onde estava o advogado dela.

e) A menina ameaçou processar-lhe, caso o garoto não ajudasse-a com a lição de casa.

COMENTÁRIOS:

Nota da autora: Questão de pronome e regência.

Importante relembrar que os pronomes o(s), a(s) exercem função de objeto direto (complemento sem preposição). Se o verbo terminar em *r, s,* ou *z*, assumirá a forma lo(s), la(s), havendo supressão da consoante final. Quando possuir função de objeto indireto (exigir preposição), usa-se a forma lhe(s).

Alternativa correta: letra "c" – O verbo *processar* é transitivo direto e admite o pronome "o". Como o verbo termina em "r", assume a forma **processá-lo**. O advérbio de negação atrai o pronome oblíquo: **não a ajudasse**. O verbo ajudar é transitivo direto, admitindo o pronome oblíquo "a" como complemento.

Alternativa "a" – O verbo *perguntar* é transitivo direto (algo – onde estava o advogado dela) e indireto (a alguém – lhe). Correção: **perguntando-lhe.**

Alternativa "b" – 1. Como complemento verbal - objeto direto e objeto indireto -, usam-se as formas oblíquas do pronome pessoal e não a forma reta (função de sujeito). O verbo *processar* é transitivo direto: **processá-lo**; 2. O verbo ajudar é transitivo direto (ajudar alguém): ajudá-la; 3. O advérbio de negação atrai o pronome oblíquo: **não a ajude.**

Alternativa "d" – O verbo *perguntar* é transitivo direto (algo – onde estava o advogado dela) e indireto (a alguém – lhe). Correção: **perguntando-lhe.**

Alternativa "e" – 1. O verbo *processar* é transitivo direto: **processá-lo**; 2. O advérbio de negação atrai o pronome oblíquo: **não a ajudesse.**

12 **(Vunesp – Escrevente Técnico Judiciário – TJ – SP/2017)** Assinale a alternativa em que o pronome em destaque está empregado com o mesmo sentido de posse que tem o pronome "lhe", na passagem - Ele, um dos garotos no meio da garotada em algazarra, deixava a brisa fresca bater-**lhe** no rosto e entrar-**lhe** pelos cabelos...

a) Faça-**a** ver que ninguém está questionando sua atitude.
b) Pegou-**me** a mão, tentando encorajar-me a tomar uma decisão.
c) Não vá forçá-**lo** a assumir função para a qual não se acha preparado.
d) Não esperávamos entregar-**lhes** nossos documentos naquele momento.
e) Chegou-**nos** a notícia do desaparecimento do helicóptero.

COMENTÁRIOS:

Nota da autora: O pronome pessoal oblíquo com sentido de posse é adjunto adnominal na análise sintática.

Alternativa correta: letra "b" – Substitua o pronome pessoal por um possessivo: bater-**lhe** no rosto = bater em **seu** rosto e entrar pelos **seus** cabelos. Pegou-**me** a mão = pegou a **minha** mão.

Alternativa "a" – O pronome está ligado ao verbo – objeto direto – e não pode ser substituído por *meu, minha, teu, tua, seu, sua* etc.

Alternativa "c" – Forçar **alguém** (objeto direto) a algo (objeto indireto).

Alternativa "d" – Entregar algo (objeto direto) **a alguém** (objeto indireto).

Alternativa "e" – Chegou algo (objeto direto) **a alguém** (objeto indireto).

13 **(Vunesp – Escrevente Técnico Judiciário – TJ-SP/2015)** De acordo com a norma-padrão, o pronome destacado pode ser colocado também depois do verbo no trecho:

a) Se **lhes** disséssemos que o direito é a luta ...

b) ... só **se** afirma por uma disposição ininterrupta para a luta...

c) ... o meio de que **se** serve para consegui-lo ...

d) A vida do direito **nos** oferece ...

e) ... segura a espada por meio da qual **o** defende.

COMENTÁRIOS:

➜ **Nota da autora:** Há próclise (pronome antes do verbo) com palavras ou expressões negativas, conjunções subordinativas, advérbios, pronomes relativos, indefinidos e demonstrativo (dica: RID), verbo no gerúndio antecedido pela preposição "em" (em se tratando), formas verbais proparoxítonas (nós o censurávamos) e em frases interrogativas, exclamativas ou optativas (Macacos me mordam!).

Alternativa correta: letra "d" – Por não haver palavra atrativa, o pronome oblíquo pode vir proclítico (antes do verbo), ou enclítico (depois do verbo).

Alternativa "a" – A conjunção subordinada condicional (se) atrai o pronome: próclise obrigatória.

Alternativa "b" – O advérbio de exclusão (só) atrai o pronome oblíquo.

Alternativa "c" – O pronome relativo (que) atrai o pronome.

Alternativa "e" – O pronome relativo (a qual) atrai o pronome.

14 **(Vunesp – Escrevente Técnico Judiciário – TJ-SP/2015)** Assinale a alternativa em que o pronome destacado está empregado de acordo com a norma-padrão.

a) O mundo conhece a paz graças aos povos, governos, classes sociais e indivíduos, **cuja** luta a garante.

b) Há milhares de indivíduos **onde** a sua vida se desenvolve tranquilamente e sem obstáculos.

c) A luta garante a conquista dos direitos da humanidade, **o qual** os princípios mais importantes dela foram atacados.

d) A Justiça tem numa das mãos uma balança, **cuja** representa a garantia de que o direito será pesado, ponderado.

e) O direito é uma força viva, **onde** os homens batalham incessantemente para manter.

COMENTÁRIOS:

➜ **Nota da autora:** Questão de pronome relativo e regência. É imprescindível ler os comentários a seguir para evitar erro. Lembrando que os relativos *onde, que, o (a) qual* e suas variações referem-se a termos anteriores.

Alternativa correta: letra "a"

1. O pronome relativo *cuja* concorda com "luta" e indica posse dos termos anteriores. Lê-se: a luta dos povos, governos, classes sociais e indivíduos garante.
2. Por concordar com o sujeito (a luta garante), não admite preposição, pois não pode haver preposição no sujeito.

Alternativa "b" – A ideia é "a vida dos indivíduos". Retificando: Há milhares de indivíduos **cuja** vida se desenvolve.

Alternativa "c" – A ideia é "os princípios mais importantes da conquista dos direitos da humanidade". Retificando: A luta garante a conquista dos direitos da humanidade, **cujos** princípios mais importantes dela foram atacados.

Alternativa "d"

1. O pronome relativo retoma "balança";
2. Na ordem direta: a balança (sujeito) representa a garantia. Retoma o anterior e possui função de sujeito (sem preposição). Podem-se usar estes pronomes: *A Justiça tem numa das mãos uma balança,* ***a qual*** *representa a garantia* ou *A Justiça tem numa das mãos uma balança,* ***que*** *representa a garantia.*

Alternativa "e"

1. O pronome relativo retoma "força viva";
2. Na ordem direta, com os termos pospostos ao relativo, até chegar à palavra retomada: os homens batalham incessantemente para manter **a força viva** (objeto direto - manter algo).
3. Não exige preposição e podemos usar estes pronomes: *O direito é uma força viva,* ***que*** *os homens batalham incessantemente para manter* ou *O direito é uma força viva,* ***a qual*** *os homens batalham incessantemente para manter.*

15 **(Vunesp – Escrevente Técnico Judiciário – TJ-SP/2014)** Leia a charge.

(*Folha de S.Paulo*, 08.10.2014. Adaptado)

A lacuna na fala da personagem deve ser preenchida, corretamente, com:

a) em cujo
b) aonde
c) em que
d) que
e) ao qual

COMENTÁRIOS:

Nota da autora: É imprescindível fazer o passo a passo a seguir para evitar erro.

Alternativa correta: letra "c"

1. O pronome relativo retoma "mundo melhor";

2. Montando a oração posterior ao relativo até encaixar o termo retomado, tem-se: todos sejam iguais **em** um mundo melhor;
3. A preposição "em" foi exigida e deve estar antes do pronome relativo: **em que** ou **no qual**.

Observação: por se tratar de lugar (mundo), poderia ser usada também a forma **onde** - que equivale a *em que* e *no qual*.

Alternativa "a" – O pronome relativo *cujo* concorda com o termo posterior e indica posse do termo anterior. Sendo assim, não cabe na lacuna; a ideia e a correção gramatical tornar-se-iam incorretas.

Alternativa "b" – A preposição "a" não foi exigida.

Alternativa "d" – Faltou a inserção da preposição "em".

Alternativa "e" – A preposição "a" não foi exigida.

Texto para responder à questão.

As cotas raciais deram certo porque seus beneficiados são, sim, competentes. Merecem, sim, frequentar uma universidade pública e de qualidade. No vestibular, que é o princípio de tudo, os cotistas estão só um pouco atrás. Segundo dados do Sistema de Seleção Unificada, a nota de corte para os candidatos convencionais a vagas de medicina nas federais foi de 787,56 pontos. Para os cotistas, foi de 761,67 pontos. A diferença entre **eles**, portanto, ficou próxima de 3%. IstoÉ entrevistou educadores e todos disseram que essa distância é mais do que razoável. Na verdade, é quase nada. Se em uma disciplina tão concorrida quanto medicina um coeficiente de apenas 3% separa os privilegiados, que estudaram em colégios privados, dos negros e pobres, que frequentaram escolas públicas, então é justo supor que a diferença mínima pode, perfeitamente, ser igualada ou superada no decorrer dos cursos. Depende só da disposição do aluno. Na Universidade Federal do Rio de Janeiro (UFRJ), uma das mais conceituadas do País, os resultados do último vestibular surpreenderam. "A maior diferença entre as notas de ingresso de cotistas e não cotistas foi observada no curso de economia", diz Ângela Rocha, próreitora da UFRJ. "Mesmo assim, essa distância foi de 11%, o que, estatisticamente, não é significativo".

(www.istoe.com.br)

16 **(Vunesp – Escrevente Técnico Judiciário – TJ-SP/2014)** O pronome **eles** tem como referente

a) candidatos convencionais e cotistas.
b) beneficiados.
c) dados do Sistema de Seleção Unificada.
d) dados do Sistema de Seleção Unificada e pontos.
e) pontos.

COMENTÁRIOS:

Alternativa correta: letra "a" – Basta reler os períodos anteriores e encaixar os termos a que se refere o pronome pessoal: a nota de corte ***para os candidatos convencionais***

a vagas de medicina nas federais foi de 787,56 pontos. ***Para os cotistas****, foi de 761,67 pontos. A diferença entre* **<u>eles</u>** (os candidatos convencionais e os cotistas), *portanto, ficou próxima de 3%.*

Alternativa "b" – Os beneficiados são competentes.

Alternativa "c" – O Sistema apenas apresentou os dados.

Alternativa "d" – O Sistema apresentou os dados através da pontuação.

Alternativa "e" – O Sistema apresentou os dados através da pontuação.

17 **(Vunesp – Escrevente Técnico Judiciário – TJ-SP/2014)** Assinale a alternativa correta quanto à colocação pronominal, de acordo com a norma-padrão da língua portuguesa.

a) Se criou na China, com o acordo de transição, a fórmula "um país, dois sistemas".

b) Por um período de 50 anos, manteriam-se o arcabouço democrático e a livre-iniciativa.

c) O governo chinês recentemente se arrogou o direito de aprovação prévia dos candidatos.

d) Os chineses têm questinado-se se o país pretende intervir e ampliar seu controle sobre Hong Kong.

e) Não respeitaram-se os princípios que presidiram a passagem de Hong Kong à China.

COMENTÁRIOS:

Alternativa correta: letra "c" – O advérbio de tempo *recentemente* atrai o pronome pessoal oblíquo.

Alternativa "a" – Não se inicia oração com pronome oblíquo: **Criou-se.**

Alternativa "b" – Verbo no futuro do pretérito do indicativo exige mesóclise por não haver fator de próclise (palavra atrativa): **manter-se-iam.**

Alternativa "d" – Estando o verbo principal no particípio, o pronome oblíquo átono não poderá vir depois dele: **têm-se questionado.**

Alternativa "e" – O advérbio de negação atrai o pronome oblíquo: Não **se respeitaram.**

18 **(Vunesp – Procurador Município – Prefeitura São José do Rio Preto – SP/2014)** Assinale a alternativa em que a substituição da palavra em destaque por um pronome pessoal está correta, de acordo com a norma-padrão.

a) Dá para entender por que precisamos proteger esse planeta ... / Dá para entender por que precisamos proteger-lhe.

b) Foram elas que "descobriram" a fotossíntese. / Foram elas que descobriram-a.

c) Nossa atmosfera permite aos seres vivos sobreviver. / Nossa atmosfera permite-lhes sobreviver.

d) Agradeçam às cianobactérias pelo ar de cada dia. / Agradeçam-nas pelo ar de cada dia.

e) A lua regula e estabiliza o eixo de rotação da Terra. / A lua regula e estabiliza-lhe.

COMENTÁRIOS:

Alternativa correta: letra "c"

➲ **Nota da autora:** Questão de pronome e regência.

- Na "c": permite a alguém = permite-lhes (aos seres vivos).

Alternativa "a" – proteger algo (V.T.D.) = protegê-lo.

Alternativa "b" – descobriram algo (V.T.D.) = descobriram-na.

Alternativa "d" – agradecer a algo (V.T.I.) = agradeçam-lhes.

Alternativa "e" – estabiliza algo (V.T.D.) = estabiliza-o ou o estabiliza. A conjunção aditiva pode atrair o pronome oblíquo, por isso a próclise ou a ênclise estão corretas.

19 **(Vunesp – Escrivão de Polícia – SP/2013)** Assinale a alternativa em que a colocação pronominal se dá em conformidade com a norma-padrão.

a) Muito tem debatido-se acerca da relação entre arquitetura, arte e praticidade.

b) Ninguém questiona-se a respeito do caráter original da obra de Niemeyer.

c) Não deve-se esquecer que Niemeyer sempre teve a colaboração de excelentes engenheiros.

d) Em Niterói, há um museu que ergue-se como o cálice de uma flor.

e) O casal encontrou-se em São Paulo, no Memorial da América Latina.

COMENTÁRIOS:

Alternativa "e": correta – Não há palavra que atrai o pronome oblíquo, por isso se usa a ênclise.

Alternativa "a" – Muito se tem.

Alternativa "b" – Ninguém se questiona.

Alternativa "c" – Não se deve.

Alternativa "d" – ... que se ergue.

20 **(VUNESP – Agente Penitenciário – SP/2013)** O pronome **lhes**, nas duas ocorrências, nesse trecho, refere-se, respectivamente, a

a) adolescentes e adolescentes.

b) famílias e adolescentes.

c) valores sociais altruísticos e limites de disciplina.

d) adolescentes e famílias.

e) famílias e famílias.

COMENTÁRIOS:

Alternativa correta: letra "a" – Substituindo para facilitar: famílias não transmitiram valores **aos adolescentes** e famílias que não impuseram limites **aos adolescentes**.

Alternativa "b" – O termo *famílias* possui função de sujeito.

Alternativa "c" – O pronome *lhe* não pode ter função de objeto direto (valores sociais e limites).

Alternativa "d" – O termo *famílias* possui função de sujeito.

Alternativa "e" – O termo *famílias* possui função de sujeito.

Trecho para a próxima questão.

Sem querer estereotipar, mas já estereotipando: trata-se de um ser cujas interações sociais terminam, 99% das vezes, diante da pergunta "débito ou crédito?".

21 **(Vunesp – Escrevente Técnico Judiciário – TJ – SP/2013)** Nessa passagem, a palavra *cujas* tem sentido de:

a) lugar, referindo-se ao ambiente em que ocorre a pergunta mencionada.
b) posse, referindo-se às interações sociais do paulista.
c) dúvida, pois a decisão entre débito ou crédito ainda não foi tomada.
d) tempo, referindo-se ao momento em que terminam as interações sociais.
e) condição em que se deve dar a transação financeira mencionada.

COMENTÁRIOS:

Alternativa "b": correta – Fácil. O pronome concorda com o substantivo *interações* (1); façamos pergunta ao verbo: o que terminam? As interações (2). O pronome relativo indica posse do termo posterior.

▶ **Dica** – Cujo(a) pode indicar posse do termo anterior: O autor de cujo texto gostei muito.

1) Cujo concorda com texto;

2) O texto de quem? Do autor. Indica posse do termo anteposto.

Alternativa "a" – Apenas o relativo *onde* indica lugar.

Alternativa "c" – Pronome relativo não indica dúvida, apenas verbo ou conjunção.

Alternativa "d" – Pronome relativo não indica tempo, apenas verbo ou conjunção.

Alternativa "e" – Pronome relativo não indica condição, apenas verbo ou conjunção.

22 **(Vunesp – Escrevente Técnico Judiciário – TJ – SP/2013)** Assinale a alternativa em que a nova redação dada a frases da tira está de acordo com a norma-padrão de regência e de emprego de pronome.

a) A ideia é colocá-lo em contato com características totalmente distintas das dele.
b) Vou receber uma grana para permitir-lhe a morar aqui por um tempo.

c) Receberei uma grana para deixar um garoto morar aqui com nós por um tempo.
d) A ideia é colocar ele em contato com características distintas às dele.
e) A ideia é colocar-lhe em contato com características totalmente diferentes que as dele.

COMENTÁRIOS:

Alternativa "a": correta – Colocar é transitivo direto: colocá-lo.

Alternativa "b" – Permiti-lo.

Alternativa "c" – Conosco.

Alternativa "d" – Colocá-lo.

Alternativa "e" – Colocá-lo.

Texto:

A disseminação do conceito de boas práticas corporativas, que ganhou força nos últimos anos, fez surgir uma estrada sem volta no cenário global e, consequentemente, no Brasil. Nesse contexto, governos e empresas estão fechando o cerco contra a corrupção e a fraude, valendo-se dos mais variados mecanismos: leis severas, normas de mercado e boas práticas de gestão de riscos. Isso porque se cristalizou a compreensão de que atos ilícitos vão além de comprometer relações comerciais e o próprio caixa das empresas. Eles representam dano efetivo à reputação empresarial frente ao mercado e aos investidores, que exigem cada vez mais transparência e, em casos extremos, acabam em investigações e litígios judiciais que podem levar executivos à cadeia. (Fernando Porfírio, Pela solidez nas organizações. Em Mundo corporativo n.° 28, abril-junho 2010)

23 **(Vunesp – Escrevente Técnico Judiciário – TJ – SP/2013)** As palavras Nesse e Isso, em destaque no texto, são empregadas para

a) indicar que o texto contém informações independentes umas das outras.
b) contrastar informações incompatíveis com o conteúdo do texto.
c) antecipar informações que serão enunciadas.
d) fazer referência a dados fora do texto, como fatos e datas.
e) recuperar informações enunciadas anteriormente.

COMENTÁRIOS:

Alternativa "e": correta – São pronomes demonstrativos anafóricos, ou seja, retomam ideias citadas.

Alternativa "a" – São dependentes.

Alternativa "b" – Não contrasta.

Alternativa "c" – Não antecipa.

Alternativa "d" – Faz referência a dados mencionados no texto.

Texto:

Restam dúvidas sobre o crescimento verde. Primeiro, não está claro até onde pode realmente chegar uma política baseada em melhorar a eficiência sem preços adequados para o carbono, a água e (na maioria dos países pobres) a terra. É verdade que mesmo que a ameaça dos preços do carbono e da água em si faça diferença, as companhias não podem suportar ter de pagar, de repente, digamos, 40 dólares por tonelada de carbono, sem qualquer preparação. Portanto, elas começam a usar preços-sombra. Ainda assim, ninguém encontrou até agora uma maneira de quantificar adequadamente os insumos básicos. E sem eles a maioria das políticas de crescimento verde sempre será a segunda opção. (Carta Capital, 27.06.2012. Adaptado).

24 **(Vunesp – Escrevente Técnico Judiciário – TJ – SP/2012)** Os pronomes "elas" e "eles", em destaque no texto, referem-se, respectivamente, a

a) dúvidas e preços.
b) políticas de crescimento e preços adequados.
c) companhias e preços do carbono e da água.
d) companhias e insumos básicos.
e) dúvidas e insumos básicos.

COMENTÁRIOS:

Alternativa "d": correta – *elas*, as companhias começam a usar; *eles*, os *insumos básicos.*

Alternativa "a" – O termo *dúvidas* está lá no início do texto, portanto não é referido de *elas; preços* idem.

Alternativa "b" – *Políticas de crescimento* está depois de *elas; preços adequados* está muito longe de *eles.*

Alternativa "c" – a *companhias*, sim mas não a *preços do carbono e da água.*

Alternativa "e" – *Dúvidas* idem ao comentário da alternativa *a* embora *insumos básicos* esteja correto.

Texto para as próximas questões:

Há angústias sonhadas mais reais
Que as que a vida nos traz, há sensações
Sentidas só com imaginá-las
Que são mais nossas do que a própria vida.
(Fernando Pessoa. Cancioneiro – 197)

25 **(Vunesp – Agente de Escolta e Vigilância Penitenciária – SP/2012)** No verso – Sentidas só com imaginá-las – o termo destacado refere-se a

a) dores.
b) sensações.

c) doenças.
d) angústias.
e) pessoas.

COMENTÁRIOS:

Alternativa "b": correta – Sensações sentidas; imaginar sensações.

Alternativa "a" – Não imagina dores.

Alternativa "c" – Não imagina doenças.

Alternativa "d" – Não imagina angústias.

Alternativa "e" – Não imagina pessoas.

26 **(Vunesp – Agente de Escolta e Vigilância Penitenciária – SP/2012)** No verso – Que as que a vida nos traz, há sensações – o termo destacado pode ser substituído por

a) aquelas.
b) com os.
c) aquilo.
d) para.
e) lhes.

COMENTÁRIOS:

Alternativa "a": correta – Substitua para facilitar: Há angústias sonhadas mais reais / Que **aquelas (angústias)** que a vida nos traz.

Alternativa "b" – Retoma termo feminino.

Alternativa "c" – Retoma termo feminino.

Alternativa "d" – Não cabe preposição.

Alternativa "e" – Não cabe pronome pessoal oblíquo.

27 **(Vunesp – Agente de Segurança Penitenciária – SP/2012)** No trecho:

*O álcool ganha poder de sedução por meio de propagandas direcionadas ao público jovem que **o** associa a situações de poder, conquista, de belas companhias, velocidade (Como evitar que motoristas bêbados fiquem impunes e continuem a matar no trânsito, Rodrigo Cardoso, Paula Rocha, Michel Alecrim e Luciani Gomes. ISTOÉ, nov. 2011. Adaptado)*

A palavra "o", em destaque, substitui a palavra

a) álcool.
b) meio.
c) jovem.
d) público.
e) poder.

COMENTÁRIOS:

Alternativa "a": correta – Substituindo: O álcool ganha poder de sedução por meio de propagandas direcionadas ao público jovem que associa **o álcool** a situações de poder, conquista, de belas companhias, velocidade.

Alternativa "b" – Não associa o meio.

Alternativa "c" – Não associa o jovem.

Alternativa "d" – Não associa o público.

Alternativa "e" – Não associa o poder.

28 **(Vunesp – Agente de Escolta e Vigilância Penitenciária – SP/2012)** Leia as orações a seguir:

I. Me diga quando será o aniversário.
II. Quem me trouxe essas flores?
III. Ele não se esqueceu do que falei.

A colocação pronominal está de acordo com a norma culta apenas em

a) I.
b) II.
c) III.
d) I e II.
e) II e III.

COMENTÁRIOS:

Alternativa "e": correta.

I. Não se inicia frase com pronome oblíquo: Diga-me.

II. Certo. O pronome interrogativo atrai o oblíquo.

III.Certo. O advérbio atrai o oblíquo.

Trecho para a próxima questão:

No ano seguinte à implantação da Lei Seca, quando a fiscalização marcava presença nas ruas e os veículos de comunicação a divulgavam, houve uma redução (Como evitar que motoristas bêbados fiquem impunes e continuem a matar no trânsito, Rodrigo Cardoso, Paula Rocha, Michel Alecrim e Luciani Gomes. ISTOÉ, nov. 2011. Adaptado)

29 **(Vunesp – Agente de Segurança Penitenciária – SP/2012)** É correto afirmar que

a) a palavra **a,** em destaque, é um pronome e substitui a palavra ruas.
b) a forma verbal **divulgavam** deveria estar no singular, concordando com a palavra comunicação.
c) a palavra **a,** em destaque, é um pronome e substitui a palavra comunicação.
d) a forma verbal **divulgavam** está empregada corretamente, concordando com as palavras fiscalização e ruas.
e) a palavra **a,** em destaque, é um pronome e substitui a expressão Lei Seca.

COMENTÁRIOS:

Alternativa "e": correta – Divulgavam a Lei Seca.

Alternativa "a" – Substitui a Lei.

Alternativa "b" – Concorda com veículos – plural.

Alternativa "c" – Substitui a Lei.

Alternativa "d" – Concorda com veículos – plural.

Texto:

WikiLeaks contra o Império

A diplomacia americana levará tempo para se recuperar da pancada que levou da WikiLeaks. Tudo indica que 250 mil documentos secretos foram copiados por um jovem soldado em um CD enquanto fingia ouvir Lady Gaga. Um vexame para um país que gasta US$ 75 bilhões anuais com sistema de segurança que agrupa repartições e emprega mais de 1 milhão de pessoas, das quais 854 mil têm acesso a informações sigilosas.

A WikiLeaks não obteve documentos que circulam nas camadas mais secretas da máquina, mas produziu aquilo que o historiador e jornalista Timothy Garton Ash considerou "sonho dos pesquisadores, pesadelo para os diplomatas". As mensagens mostram que mesmo coisas conhecidas têm aspectos escandalosos.

A conexão corrupta e narcotraficante do governo do Afeganistão já é antiga, mas ninguém imaginaria que o presidente Karzai chegasse a Washington com um assessor carregando US$ 52 milhões na bagagem. A falta de modos dos homens da Casa de Windsor é proverbial, mas o príncipe Edward dizendo bobagens para estranhos no Quirguistão incomodou a embaixadora americana.

O trabalho da WikiLeaks teve virtudes. Expôs a dimensão do perigo representado pelos estoques de urânio enriquecido nas mãos de governos e governantes instáveis. Se aos 68 anos o líbio Muammar Gaddafi faz-se escoltar por uma "voluptuosa" ucraniana, parabéns. O perigo está na quantidade de material nuclear que ele guarda consigo. Os telegramas relacionados com o Brasil revelaram a boa qualidade dos relatórios dos diplomatas americanos. O embaixador Clifford Sobel narrou a inconfidência do ministro Nelson Jobim a respeito de um tumor na cabeça do presidente boliviano Evo Morales. Seu papel era comunicar. O de Jobim era não contar.

A vergonha americana pede que se relembre o trabalho de 10 mil ingleses, entre eles alguns dos maiores matemáticos do século, que trabalharam em Bletchley Park durante a Segunda Guerra, quebrando os códigos alemães. O serviço <u>dessa turma</u> influenciou a ocasião do desembarque na Normandia e permitiu o êxito dos soviéticos na batalha de Kursk.

Terminada a guerra, Winston Churchill mandou apagar todos os vestígios da operação, mantendo o episódio sob um manto de segredo. Ele só foi quebrado, oficialmente, nos anos 70. Com a palavra Catherine Caughey, que tinha 20 anos quando trabalhou em Bletchley Park: "Minha grande tristeza foi ver que meu amado marido morreu em 1975 sem saber o que eu fiz durante a guerra". Alan Turing, um dos matemáticos do parque, matou-se em 1954. Mesmo condenado pela Justiça por conta de sua homossexualidade, nunca falou do caso (Ele comeu uma maçã envenenada. Conta a lenda que, em sua homenagem, esse é o símbolo da Apple). (Elio Gaspari, WikiLeaks contra o Império. Folha de S. Paulo. Adaptado)

30 **(Vunesp – Escrevente Técnico Judiciário – TJ – SP/2011)** Na passagem do 5.° parágrafo – O serviço **dessa turma** influenciou a ocasião do desembarque na Normandia e permitiu o êxito dos soviéticos na batalha de Kursk. – os termos em destaque referem-se

a) aos códigos alemães.
b) aos 10 mil ingleses.
c) aos soviéticos.
d) a todos os matemáticos.
e) à equipe da WikiLeaks.

COMENTÁRIOS:

Alternativa "b": correta – Está claro no texto: aos 10 mil ingleses – A vergonha americana pede que se relembre o trabalho de **10 mil ingleses**, entre eles alguns dos maiores matemáticos do século, que trabalharam em Bletchley Park durante a Segunda Guerra, quebrando os códigos alemães. O serviço **dessa turma** influenciou a ocasião do desembarque na Normandia e permitiu o êxito dos soviéticos na batalha de Kursk.

Eliminam-se, automaticamente, as alternativas *a, c, d* e *e*.

Charge:

(*Gazeta do Povo*, 18.12.2010)

31 (Vunesp – Oficial de Justiça – TJM – SP/2011) Imaginando que o pai desse uma resposta afirmativa à pergunta feita pelo filho, no 1º quadrinho, ele diria, em conformidade com a norma padrão:

a) Sim, meu filho, eu costumo enganar-se eu mesmo.
b) Sim, meu filho, eu costumo enganar eu mesmo.
c) Sim, meu filho, eu costumo enganar a si mesmo.
d) Sim, meu filho, eu costumo enganar a mim mesmo.
e) Sim, meu filho, eu costumo enganar-se mesmo.

COMENTÁRIOS:

Alternativa "d": correta – Pontuação correta, verbos conjugados no tempo certo e uso correto do pronome *me*, nesse caso, substituindo, sendo objeto indireto: *a mim*.

Alternativa "a" – Como pronome reflexivo, o *se*, neste caso, está na terceira pessoa e pior, antes de *eu*.

Alternativa "b" – O segundo pronome *eu* usado erradamente, o correto é caso oblíquo = *a mim*.

Alternativa "c" – Outro uso errado do pronome reflexivo *SE*.

Alternativa "e" – Idem letras "a" e "c" pronome na terceira pessoa complementando verbo na primeira (costumo).

Texto – A política nunca foi tão cabeluda.

Uma ideia tentadora vem mexendo com a cabeça de políticos brasileiros – do alto e do baixo clero, da esquerda e da direita, de diferentes idades e dos mais variados estados da federação. Trata-se de uma operação cabeluda, _____ rastros os envolvidos se esforçam para ocultar. Feita entre quatro paredes, conta sempre com pouquíssimas testemunhas e apresenta risco baixíssimo. Já o resultado é altamente compensador, segundo os que já participaram dela. E eles nunca foram tantos. No mundo inteiro, a cirurgia de implante capilar cresceu 50% entre 2004 e 2008. (Veja, 25.05.2011)

32 (Vunesp – Escrevente Técnico Judiciário – TJM – SP/2011) Garantindo a coesão e a coerência do texto, a lacuna deve ser preenchida com

a) dos quais
b) cujos
c) que os
d) aos quais os
e) onde

COMENTÁRIOS:

Alternativa "b": correta

Nota da autora: Questão de pronome e regência. ***Ordem direta para facilitar:*** os envolvidos se esforçam para ocultar os rastros (objeto direto = sem preposição). Lembre-se: os rastros da operação cabeluda – indica posse do termo anterior.

Alternativa "a" – *dos quais* não concorda com operações cabeludas e não pode se referir a *rastros.*

Alternativa "c" – *que os* muda o sentido do texto tornando *os rastros* sujeito da oração subordinada *se esforçam para ocultar.*

Alternativa "d" – *aos quais* não concorda com "*operação cabeluda.*

Alternativa "e" – *onde:* advérbio de lugar ou pronome relativo equivalente a *em que*: não faz sentido no texto.

33 **(Vunesp – Escrevente Técnico Judiciário – TJ – SP/2011)** Assinale a alternativa cujo emprego do pronome está em conformidade com a norma padrão da língua.

a) Não autorizam-nos a ler os comentários sigilosos.
b) Nos falaram que a diplomacia americana está abalada.
c) Ninguém o informou sobre o caso WikiLeaks.
d) Conformado, se rendeu às punições.
e) Todos querem que combata-se a corrupção.

COMENTÁRIOS:

Alternativa "c": correta – O pronome indefinido ninguém atrai o pronome obliquo átono para antes do verbo, ocorrendo a próclise: colocação que antecede o verbo: ninguém o informou.

Alternativa "a" – Não (advérbio de negação) atrai o pronome obliquo átono: ocorre a próclise: não nos autorizaram a ler.

Alternativa "b" – Não se inicia oração com pronomes átonos. O correto é: falaram-nos que a diplomacia.

Alternativa "d" – Conformado, rendeu-se às punições. Não se usa pronome oblíquo após a vírgula.

Alternativa "e" – A conjunção integrante atrai o oblíquo: Todos querem que se combata.

34 **(Vunesp – Escrevente Técnico Judiciário – TJ – SP/2011)** Em: – mamãe está recortando o jornal. – ao se substituir o jornal por um pronome, de acordo com a norma culta, tem-se:

a) recortando-lo.
b) recortando-o.
c) recortando-no.
d) recortando-lhe.
e) recortando ele.

COMENTÁRIOS:

Alternativa "b": correta – Recortando (V.T.D.) o jornal (objeto direto): cabe ao pronome átono o a substituição do termo o jornal, com função de objeto direto = recortando-o.

Alternativa "a" – Os pronomes pessoais oblíquos átonos o, a, os, as recebem a forma lo, la, los, las quando vierem depois de formas verbais terminadas em r, s, ou z, letras que então desaparecem: vou recortar (r) = recortá-lo, la. Ontem vimos o rapaz: vimos (s) = vimo-lo.

Alternativa "c" – As formas no, na, nos, nas ocorrem quando vierem depois de formas verbais terminadas em m, õe, ão: estudaram a matéria = estudaram-na. Pegaram os doces = pegaram-no.

Alternativa "d" – Recortando-lhe: o pronome oblíquo átono lhe exerce a função de objeto indireto. Não substitui o termo proposto o jornal (objeto direto).

Alternativa "e" – Os pronomes retos eu, tu, ele, nós, vós, eles exercem função de sujeito. Só funcionam como complemento, quando vierem após uma preposição: dei o presente para ele (a ele).

35 **(Vunesp – Escrevente Técnico Judiciário – TJ – SP/ 2010)** Na frase … projetamos no futebol um gosto pela façanha… a expressão *um gosto pela façanha* está corretamente substituída, de acordo com a norma culta, por um pronome pessoal, em

a) … projetamos-lhe no futebol…
b) … projetamo-lo no futebol…
c) … projetamos-no no futebol…
d) … projetamos-o no futebol…
e) … projetamo-lhe no futebol…

COMENTÁRIOS:

Alternativa "b": correta – O pronome oblíquo átono *o* tem função de complemento – objeto direto; após formas verbais terminadas em r, s, ou z, os pronomes oblíquos o, a, os, as, recebem as formas lo, la, los, las. Observação: lembrando uma frase célebre de um ex-presidente da República, ilustra bem a questão acima: "fi-lo porque qui-lo" (Jânio Quadro). Correto: fiz porque o quis. A substituição do objeto direto gosto pela façanha está correta: a forma verbal perde o s da desinência plural e o pronome oblíquo recebe o l = lo.

Alternativa "a" – O pronome oblíquo átono *lhe* não substitui a expressão porque funciona obrigatoriamente como objeto indireto, adjunto adnominal ou complemento nominal.

Alternativa "c" – O pronome oblíquo átono o recebe a forma no quando a forma verbal terminar em nasal: projetam-no.

Alternativa "d" – Para evitar a cacofonia (encontro de sons do final de um vocábulo e início de outro, o que é desagradável de ouvir, suprime-se o s final, desinência da forma verbal e acrescenta-se l ao pronome o = lo.

Alternativa "e" – Além do erro da regência, lembre-se: não se retira o *s* quando acrescentamos *lhe*.

Texto:

Conta-se que, um dia, Sócrates parou diante de uma tenda do mercado em que estavam expostas diversas mercadorias. Depois de algum tempo, ele exclamou: "Vejam quantas coisas o ateniense precisa para viver." Naturalmente ele queria dizer com isto que ele próprio não precisava de nada daquilo.

Esta postura de Sócrates foi o ponto de partida para a filosofia cínica, fundada em Atenas por Antístenes – um discípulo de Sócrates, por volta de 400 a. C. Os cínicos diziam que a verdadeira felicidade não depende de fatores externos, como o luxo, o poder político e a boa saúde. Para eles, a verdadeira felicidade consistia em se libertar dessas coisas casuais e efêmeras. E justamente porque a felicidade não estava nessas coisas, ela podia ser alcançada por todos. E, uma vez alcançada, não podia mais ser perdida.

(Jostein Gaarden, O Mundo de Sofia. São Paulo, Cia. das Letras, 1995)

36 **(Vunesp – Escrevente Técnico Judiciário – TJ – SP/ 2010)** Se Sócrates se encontrasse com o Juiz da Suprema Corte de Atenas, deveria dirigir a ele o seguinte tratamento:

a) Vossa Senhoria encontrou a verdadeira felicidade?
b) Vossa Alteza encontrou a verdadeira felicidade?
c) Meritíssimo, Vossa Excelência encontrou a verdadeira felicidade?
d) Vossa Majestade encontrou a verdadeira felicidade?
e) Vossa Magnificência encontrou a verdadeira felicidade?

COMENTÁRIOS:

Alternativa "c": correta – Meritíssimo (m.) – Vossa Excelência, Meritíssimo Juiz: tratamento dirigido a juiz. Vossa Excelência designa a pessoa a quem se fala (juiz, no contexto): segunda pessoa, mas o verbo vai para a terceira pessoa: encontrou. Meritíssimo, Vossa Excelência encontrou a verdadeira felicidade?

Alternativa "a" – Vossa Senhoria: tratamento dado a diretores de autarquias federais, estaduais e municipais, funcionários graduados e muito usado na linguagem comercial.

Alternativa "b" – Vossa Alteza: tratamento dado a príncipes, arquiduques e duques.

Alternativa "d" – Vossa Majestade: tratamento dado a reis e rainhas (Sua Majestade Real) e imperadores (Sua Majestade Imperial).

Alternativa "e" – Vossa Magnificência: tratamento dado a reitores de universidades.

37 **(Vunesp – Agente de Segurança Penitenciária – SP/2009)**

I. Quando _____ em perigo, o marido foi ao pronto-socorro.

II. Com a suspeita de envenenamento, o delegado interrogou a mulher e ela não _____ nada.

a) viu se ... omitiu-lhe

b) viu-se ... omitiu-lhe

c) se viu ... o omitiu

d) si viu ... omitiu-o

e) se viu ... lhe omitiu

COMENTÁRIOS:

Alternativa "e": correta

– Quando é advérbio de tempo e atrai o pronome oblíquo: quando se viu. Eliminadas *a, b* e *d.*

– O advérbio **não** atrai o pronome oblíquo que substitui o objeto indireto de omitir: não lhe omitiu. Eliminada *c.*

Texto – Um tango para lá de desafinado.

Uma imagem, uma constatação, uma estatística e uma frase resumem o estado das coisas na Argentina. A imagem: pedreiros acrescentando mais um andar às lajes das favelas de Buenos Aires. Enquanto a atividade da construção civil em geral está em queda, as precárias villas portenhas não param de crescer – na falta de espaço, para cima. A constatação: a quantidade cada vez maior de galões de água expostos sobre carros estacionados, principalmente na periferia da capital argentina. Este é o sinal convencionado pelos proprietários para anunciar que seus veículos usados estão à venda. Mais automóveis enfeitados com galões, mais pessoas com necessidade urgente de dinheiro. A estatística: a mortalidade infantil na província de Buenos Aires subiu 8% em 2007. Tudo isso dá a ideia de que algo vai muito mal na Argentina. A população da capital que vive em moradias irregulares aumentou 30% nos últimos dois anos. Três em cada quatro argentinos dizem não ganhar o suficiente para cobrir os gastos diários. E, no mesmo ano em que o PIB da Argentina cresceu incríveis 8,7%, o mais básico dos indicadores sociais só piorou na principal província do país. Favelas em expansão, renda relativa em baixa e bebês morrendo – no mínimo, o governo deveria estar reconsiderando suas políticas econômicas e sociais. A presidente argentina diz que não é o caso. Formulada por Cristina Kirchner em um comício da campanha para as eleições legislativas do próximo domingo, eis a frase: "Encontramos o caminho e devemos segui-lo e aprofundá-lo". (Veja, 24.06.2009)

38 **(Vunesp – Oficial de Justiça – TJ – SP/2009)** A expressão *Tudo isso*, em destaque no texto, refere-se

a) à quantidade de automóveis postos à venda na capital argentina.

b) ao índice de 8% de mortalidade infantil vivenciado no país.

c) aos problemas do país, citados anteriormente no parágrafo.
d) ao estado das coisas na Argentina, tomados numa perspectiva positiva.
e) aos dados auspiciosos da economia argentina, previamente apontados.

COMENTÁRIOS:

Alternativa "c": correta – Refere-se ao crescimento das favelas, os galões d'água em cima de carros, estatísticas alarmantes, etc.

Alternativa "a" – Não é só a quantidade de automóveis à venda que está em *tudo isso.*

Alternativa "b" – O índice de mortalidade infantil é apenas um dos itens mencionados.

Alternativa "d" – Ao estado das coisas na Argentina, mas não numa perspectiva positiva.

Alternativa "e" – Não há dados auspiciosos da economia e os 8,7% são mencionados bem depois.

Texto:

O casamento infeliz da corrupção com cumplicidade e a resultante crise de autoridade na vida pública (com reflexos em toda sociedade, inclusive na família) trazem à tona a questão da moralidade. (Não estou usando, de propósito, a palavra ética: a pobre anda humilhada demais.) Não se confunda moralidade com moralismo, que é filho da hipocrisia. Moralidade faz parte da decência humana fundamental. Dispensa teorias, mas é a base de qualquer convívio e ordem social. Embora não necessariamente escrita, está contida também nas leis tão mal cumpridas do país. Todos a conhecem em seus traços mais largos, alguns a praticam.

Moralidade é compostura. É exercer autoridade externa fundamentada em autoridade moral. É fiscalizar rigorosamente o cumprimento das leis sem ser policialesco. É respeitar as regras sem ser uma alma subalterna. Moralidade pode ser difícil num país onde o desregramento impera. Exige grande coragem dizer não quando a tentação (de roubar, de enganar, ou de compactuar com tudo isso) nos assedia de todos os lados, também de cima. Num governo, é o oposto de assistencialismo, que dá alguns trocados aos despossuídos, em lugar de emprego e educação, que lhes devolveriam a dignidade. É lutar pelo bem comum, perseguindo e escancarando a verdade mesmo que contrarie grandes e vários interesses. (Lya Luft, Veja, 20.09.2006)

39 **(Vunesp – Escrevente Técnico Judiciário – TJ – SP/2008)** Em – Todos **a** conhecem em seus traços mais largos, alguns **a** praticam. – os pronomes em destaque referem-se

a) ambos ao termo *moralidade*.
b) aos termos *ética* e *moralidade*, respectivamente.
c) ambos à expressão *decência humana fundamental*.
d) aos termos *corrupção* e *ética*, respectivamente.
e) ambos ao termo *ética*.

COMENTÁRIOS:

Alternativa "a": correta – Basta substituir para se certificar: Moralidade faz parte da decência humana fundamental. Dispensa teorias, mas (a moralidade) é a base de qualquer convívio e ordem social. Embora não necessariamente escrita, está contida também nas leis tão mal cumpridas do país. Todos **a** conhecem (a moralidade) em seus traços mais largos, alguns **a** praticam (a moralidade).

Alternativa "b" – Não se refere à ética.

Alternativa "c" – Não há relação com a expressão.

Alternativa "d" – Não se refere à corrupção e à ética.

Alternativa "e" – Não se referem à ética.

40 **(Vunesp – Escrevente Técnico Judiciário – TJ – SP/2008)** "*Exige grande coragem dizer não quando a tentação (de roubar, de enganar, ou de compactuar com tudo isso) nos assedia de todos os lados*" Na frase, a referência do discurso é a 1.ª pessoa do plural, o que se confirma pelo emprego do pronome *nos*. Alterando-se essa referência para a 3.ª pessoa do plural, em norma culta, obtém-se: *Exige grande coragem dizer não quando a tentação*

a) *assedia eles de todos os lados.*
b) *lhes assedia de todos os lados.*
c) *vos assedia de todos os lados.*
d) *assedia você de todos os lados.*
e) *os assedia de todos os lados.*

COMENTÁRIOS:

Alternativa "e": correta – Nos: pronome oblíquo átono – primeira pessoa do plural. Função de objeto direto na frase original. Os: pronome oblíquo átono – terceira pessoa do plural. Função de objeto direto.

Alternativa "a" – Os pronomes retos só podem exercer função de sujeito.

Alternativa "b" – O verbo assediar é transitivo direto, não admite LHE.

Alternativa "c" – Vos: pronome pessoal oblíquo átono, correspondente ao pronome reto da segunda pessoa do plural, vos.

Alternativa "d" – Você: pronome de tratamento de terceira pessoa, usado com as flexões verbais de terceira pessoa, (tratamento familiar, íntimo).

Texto:

Num governo, é o oposto de assistencialismo, que dá alguns trocados aos despossuídos, em lugar de emprego e educação, que lhes devolveriam a dignidade. É lutar pelo bem comum, perseguindo e escancarando a verdade mesmo que contrarie grandes e vários interesses.

41 **(Vunesp – Escrevente Técnico Judiciário – TJ – SP/2008)** A palavra *que* aparece três vezes no trecho, sendo que,

a) na primeira ocorrência, é pronome relativo; na segunda, conjunção subordinativa; e, na terceira, conjunção coordenativa.
b) nas três ocorrências, trata-se de pronome relativo, cuja função sintática é de sujeito.
c) nas duas primeiras ocorrências, trata-se de pronome relativo e, na última, forma uma locução conjuntiva concessiva com a palavra *mesmo*.
d) nas duas primeiras ocorrências, trata-se de conjunção subordinativa e, na última, pronome relativo.
e) na primeira ocorrência, trata-se de pronome relativo e, nas outras duas, conjunção subordinativa causal e consecutiva, respectivamente.

COMENTÁRIOS:

Alternativa "c": correta

– ... que dá = o qual: pronome relativo. Eliminada alternativa *d*.
– ... que lhes devolveriam: os quais: pronome relativo. Eliminadas alternativas *a* e *e*.
– mesmo que: conjunção concessiva, equivale a **embora**. Eliminada alternativa *b*.

Texto:

Prezado Senhor,

Confirmamos o cadastro do seu currículo.

O seu currículo já está disponível para ser analizado por nosso departamento de Recursos Humanos.

É importante que você mantenha todos os seus dados sempre atualizados. Este é um dos critérios mais importantes para nossa avaliação. Para tanto, tenha sempre consigo os dados abaixo, para que sempre que necessário você possa atualizar seu currículo.

42 **(Vunesp – Escrevente Técnico Judiciário – TJ – SP/2008)** No texto, uma palavra está grafada incorretamente e um pronome está mal empregado. Trata-se, respectivamente, de

a) abaixo e você.
b) Recursos e seu.
c) necessário e Este.
d) analizado e consigo.
e) atualizar e nosso.

COMENTÁRIOS:

Alternativa "d": correta – Substantivo análise – adjetivo **analisado.** Verbo analisar: quando a palavra primitiva é grafada com s, todos os seus derivados também o são. Consigo: pronome reflexivo e representa o sujeito do verbo. Exemplo: os meninos trouxeram a bola consigo. No caso da questão, tenha sempre **com você.**

Alternativa "a" – Abaixo: grafado corretamente. Você: pronome pessoal empregado corretamente como sujeito.

Alternativa "b" – A palavra *recursos* está grafada corretamente; seu: pronome adjetivo empregado corretamente, concordando em gênero e número com o substantivo o qual designa = currículo (objeto possuído).

Alternativa "c" – Necessário: adjetivo grafado corretamente. Este: pronome adjetivo demonstrativo está empregado corretamente com a função de sujeito da forma verbal é.

Alternativa "e" – Atualizar e nosso – palavra (verbo) e pronome (possessivo) estão, respectivamente, grafados e empregados corretamente.

43 **(Vunesp – Escrevente Técnico Judiciário – TJ – SP/2008)** Considerando o tratamento expresso em *Prezado Senhor*, se o remetente optasse por um pronome de tratamento mais formal, concordando com essa expressão, o início do 3º parágrafo deveria assumir a seguinte redação:

a) É importante que Vossa Excelência mantenha todos os seus dados...
b) É importante que Sua Excelência mantenha todos os vossos dados...
c) É importante que Vossa Senhoria mantenha todos os seus dados...
d) É importante que Sua Senhoria mantenha todos os vossos dados...
e) É importante que Vossa Eminência mantenha todos os seus dados...

COMENTÁRIOS:

Alternativa "c": correta – Vossa Senhoria: tratamento formal para oficiais, funcionários graduados e usado na linguagem comercial.

Dica – Para se dirigir à pessoa: Vossa; para se referir a ela: Sua. Quanto à concordância do verbo, sempre na terceira pessoa. Substitua o pronome de tratamento por **você (s)** para facilitar.

Alternativa "a" – Vossa Excelência: pronome de tratamento para altas patentes militares, ministros, presidente da república, pessoas de alta categoria.

Alternativa "b" – Sua Excelência: tratamento= comentado em *a;* **seus** dados.

Alternativa "d" – Sua Senhoria: tratamento dirigido a oficiais até coronel, funcionários graduados, pessoas de cerimônia; **seus** dados.

Alternativa "e" – Vossa Eminência: tratamento a cardeais.

Texto:

O empobrecimento da nossa sociedade provocou uma diminuição crônica dos investimentos em educação em nosso país e, por causa disso, houve nítida piora da qualidade do ensino público. Essa queda se acentuou nos últimos 30 anos, e a educação pré-universitária foi, com certeza, a mais prejudicada.

É consenso que o acesso ao conhecimento é fator fundamental para inclusão e transformação social. Assim, mais do que nunca, todos os brasileiros devem ter acesso à educação, desde a mais tenra idade até a profissionalização, seja esta de que nível for.

No caso brasileiro, contudo, é preciso ir além desse consenso. Tendo em vista os graves problemas sociais que vivenciamos atualmente, não basta apenas educar até o estágio profissionalizante. É necessário discutir que tipo de profissionalização devemos promover.

São tantas as carências, que a formação profissionalizante deve ir além da capacitação técnica.

(Marcos Boulos, Folha de S. Paulo, 21.08.2006)

44 **(Vunesp – Escrevente Técnico Judiciário – TJ – SP/2008)** Em – ... *seja* ***esta*** *de que nível for.* – o pronome *esta* refere-se a

a) transformação.
b) educação.
c) tenra idade.
d) inclusão.
e) profissionalização.

COMENTÁRIOS:

Alternativa "e": correta – Façamos a substituição no trecho: Assim, mais do que nunca, todos os brasileiros devem ter acesso à educação, desde a mais tenra idade até a profissionalização, seja esta (a profissionalização) de que nível for. Eliminam-se, assim as outras alternativas.

Dica – Para retomar elementos:

- Este (a) = retoma elemento mais próximo do pronome.
- Aquele (a) = retoma elemento mais distante do pronome.

45 **(Vunesp – Escrevente Técnico Judiciário – TJ SP/2007)** Passe o pronome *você* do trecho para o plural, faça todas as adequações linguísticas decorrentes dessa alteração e assinale a alternativa correta.

Bem-vindo.
Enfim você chegou!
Respire fundo.
Sorria.
Deixe suas preocupações de lado.
Receba o melhor que esse mundo tem
a lhe oferecer, afinal de contas,
você merece.
Entre e sinta-se em casa!

(Revista *Diva*, 2006)

a) Bem-vindos. Enfim vocês chegaram. Respirem fundo. Sorriam. Deixem suas preocupações de lado. Recebam o melhor que esse mundo tem a lhes oferecer, afinal de contas, vocês merecem. Entrem e sintam-se em casa!
b) Bem-vindo. Enfim vocês chegaram. Respirem fundo. Sorriem. Deixem suas preocupações de lado. Recebam o melhor que esse mundo tem a lhes oferecer, afinal de contas, vocês merecem. Entram e sintam-se em casa!
c) Bem-vindos. Enfim vocês chegaram. Respire fundo. Sorriam. Deixam suas preocupações de lado. Recebam o melhor que esse mundo tem a lhes oferecer, afinal de contas, vocês merecem. Entre e sinta-se em casa!
d) Bem-vindos. Enfim vocês chegaram. Respire fundo. Sorriam. Deixam suas preocupações de lado. Recebam o melhor que esse mundo tem a lhe oferecer, afinal de contas, você merece. Entrem e sinta-se em casa!
e) Bem-vindo. Enfim vocês chegaram. Respirem fundo. Sorriam. Deixem suas preocupações de lado. Recebem o melhor que esse mundo tem a lhes oferecer, afinal de contas, vocês merecem. Entram e sintam-se em casa!

COMENTÁRIOS:

Alternativa "a": correta – A alternativa está correta, conforme a proposta e feitas todas as adequações linguísticas necessárias.

Alternativa "b" – bem-vindos; sorriam (vocês); entrem (vocês).

Alternativa "c" – respirem (vocês); deixem (vocês); entrem (vocês); sintam-se.

Alternativa "d" – respirem (vocês); deixem (vocês); lhes (plural); vocês; sintam-se.

Alternativa "e" – bem-vindos; recebam (vocês); entrem (vocês).

Observação: na opção correta todas as formas verbais estão flexionadas na terceira pessoa do imperativo afirmativo plural.

46 **(Vunesp – Escrevente Técnico Judiciário – TJ – SP/2007)** Você enviou uma correspondência ao Presidente da República. Assinale a alternativa com o texto correto, de acordo com a norma culta.

a) Meritíssimo, é inadmissível que o Brasil detenha os piores rendimentos em educação. Se as autoridades não reverem os programas educacionais, o futuro do país estará comprometido.
b) Excelência, é inadmiscível que o Brasil detém os piores rendimentos em educação. Se as autoridades não revirem os programas educacionais, o futuro do país estará comprometido.
c) Excelência, é inadimissível que o Brasil detenha os piores rendimentos em educação. Se as autoridades não reverem os programas educacionais, o futuro do país estará comprometido.
d) Excelência, é inadmissível que o Brasil detenha os piores rendimentos em educação. Se as autoridades não revirem os programas educacionais, o futuro do país estará comprometido.

e) Prezado Senhor, é inadmissível que o Brasil deteem os piores rendimentos em educação. Se as autoridades não revirem os programas educacionais, o futuro do país estará comprometido.

COMENTÁRIOS:

Alternativa "d": correta – Texto correto, de acordo com a norma culta da língua portuguesa.

Alternativa "a" – Meritíssimo – errado= pronome de tratamento (de grande mérito, digníssimo) dado a juízes de direito; forma verbal correta do verbo rever, no futuro do subjuntivo: revirem (terceira pessoa do plural).

Alternativa "b" – inadmissível (adjetivo: que não se pode admitir); detenha, no presente do subjuntivo do verbo deter.

Alternativa "c" – inadmissível (adjetivo); revirem.

Alternativa "e" – Senhor – no Brasil, tratamento em forma de cortesia, respeito. Prezado senhor – errado= forma de tratamento geralmente usado em cartas comerciais e dirigidas a pessoas como forma de respeito, cortesia. É também usada por superiores dirigindo-se a seus inferiores, como forma de evitar intimidades e manter distância; detenha, no presente do modo subjuntivo (verbo deter).

47 **(Vunesp – Escrevente Técnico Judiciário – TJ – SP/2007)** A substituição das expressões em destaque por um pronome pessoal está correta, nas duas frases, de acordo com a norma culta, em:

Alternativa "a" – I. A concorrência promove *o interesse da sociedade*. / A concorrência promove-o.

II. Aqueles que defenderão *clientes*. / Aqueles que lhes defenderão.

Alternativa "b" – I. O governo fundou *escolas de direito e de medicina*. / O governo fundou elas.

II. Os graduados apenas ocasionalmente exercem *a profissão*. / Os graduados apenas ocasionalmente exercem-la.

Alternativa "c" – I. Torna *os graduados* mais cultos. / Torna-os mais cultos.

II. É preciso mencionar *os cursos de administração*. / É preciso mencionar-lhes.

Alternativa "d" – I. Os advogados devem demonstrar *muitos conhecimentos*. Os advogados devem demonstrá-los.

II. As associações mostram *à sociedade* o seu papel. / As associações mostram-lhe o seu papel.

Alternativa "e" – I. As leis protegem *os monopólios espúrios*. / As leis protegem-os.

II. As corporações deviam fiscalizar *a prática profissional*. / As corporações deviam fiscalizá-la.

COMENTÁRIOS:

Alternativa "d": correta – Demonstrar é transitivo direto: demonstrá-los; mostrar é transitivo direto e indireto e o termo destacado é objeto indireto: mostram-lhe.

Alternativa "a" – Defender é transitivo direto: Aqueles que **os** defenderão.

Alternativa "b" – Fundar é transitivo direto: O governo **as** fundou ou O governo fundou-**as.** / ocasionalmente (advérbio de tempo atrai o oblíquo) a exercem.

Alternativa "c" – Mencionar é transitivo direto: mencioná-los.

Alternativa "e" – Protegem-nos.

Texto:

As projeções sobre qual impacto o aquecimento global terá em relação à saúde das pessoas ainda são pouco precisas, principalmente quanto à incidência de doenças. Mas uma coisa é certa: a maior frequência de eventos climáticos extremos, como secas e inundações, vai deixar populações, cujo destino será incerto, em situação de fragilidade ainda maior. O problema é que os estudos são pouco específicos sobre os países onde ocorrerão as maiores alterações climáticas. Sabe-se apenas que esses lugares sofrerão com o aumento das ondas de calor e das doenças respiratórias.

Previsões sobre desnutrição, aumento de moléstias ligadas à água, como diarreias, são genéricas. Não há dúvidas de que haverá esse impacto na população, mas exatamente quando, onde e como não se sabe.

(O Estado de São Paulo, 07.04.2007. Adaptado)

48 **(Vunesp – Escrevente Técnico Judiciário – TJ – SP/2007)** Assinale a alternativa em que está correto, de acordo com a norma culta, o uso do pronome, em destaque.

a) Os conflitos pelo uso da água tendem a se multiplicar. Aquilo trará mais problemas às pessoas.

b) O setor doméstico é responsável por 30% do consumo da água, onde à indústria cabem 18%.

c) Este ano de 2007 será decisivo para aumentar a conscientização quanto ao meio ambiente.

d) O Brasil, que os recursos hídricos são imensos, terá de economizar água.

e) O país dispõe de 48,3 mil metros cúbicos anuais de água por habitante, segundo as estatísticas, e aquelas são confiáveis.

COMENTÁRIOS:

Alternativa "c": correta – **Este** se refere ao tempo presente (ano em que o texto foi publicado: 07/04/2007). Classifica-se como pronome adjetivo demonstrativo.

Alternativa "a" – **Errado** – As duas orações num só período, tem-se: os conflitos pelo uso da água tendem a se multiplicar e **isso** trará mais problemas às pessoas. **Isso:** pronome demonstrativo anafórico – retoma a ideia citada no período anterior.

Alternativa "b" – O setor doméstico é responsável por 30% do consumo da água, ***quanto*** à indústria cabem 18%.

Alternativa "d" – O Brasil, ***cujos*** recursos hídricos são imensos = Os recursos são imensos.

Alternativa "e" – O país dispõe de 48,3 mil metros cúbicos anuais de água por habitante, segundo as estatísticas, e ***estas*** *(as estatísticas)* são confiáveis.

49 **(TJ SP – Oficial de Justiça – TJ SP/1999)** *"O nosso símbolo de versatilidade põe todos os outros no bolso"* (Isto É, 16/9/98). Morfologicamente as palavras são:

a) pronomes indefinidos
b) artigos indefinidos
c) pronomes demonstrativos
d) advérbios
e) pronomes relativos demonstrativos

COMENTÁRIOS:

Alternativa "a": correta – Pronomes indefinidos: possuem sentido vago.

Alternativa "b" – um, uma e suas variações.

Alternativa "c" – este, aquele, isto e suas variações.

Alternativa "d" – Advérbios indicam, normalmente, circunstâncias do verbo e, também, intensidade do adjetivo ou substantivo.

Alternativa "e" – Ou demonstrativos, ou relativos (que, quem, onde, o qual, cujo etc.)

CAPÍTULO 4

Verbo

» **Nos editais:** Morfologia: reconhecimento, emprego e sentido das classes gramaticais. Emprego de tempos e modos dos verbos em português. Mecanismos de flexão do verbo. Classes de palavras: emprego e sentido que imprimem às relações que estabelecem.

01 **(Vunesp – Contador Judiciário – TJ SP/2019)** Transpostas para a voz passiva, as passagens "O próximo governo não encontrará um ambiente econômico internacional sereno." e "Se até o início deste ano EUA, Europa e China davam sinais de vigor..." assumem a seguinte redação:

a) Um ambiente econômico internacional sereno não poderá ser encontrado pelo próximo governo. / Se sinais de vigor deram EUA, Europa e China até o início deste ano...

b) O próximo governo não terá encontrado um ambiente econômico internacional sereno. / Se foram dados sinais de vigor por EUA, Europa e China até o início deste ano...

c) Um ambiente econômico internacional sereno não terá sido encontrado pelo próximo governo. / Se se deram sinais de vigor, até o início deste ano, por EUA, Europa e China...

d) Não será encontrado um ambiente econômico internacional sereno pelo próximo governo. / Se sinais de vigor eram dados por EUA, Europa e China até o início deste ano...

e) Não se encontrará um ambiente econômico internacional sereno no próximo governo. / Se EUA, Europa e China tinham dado sinais de vigor até o início deste ano...

COMENTÁRIOS:

➔ **Nota da autora:** Para transpor uma oração da voz ativa para a passiva analítica, é preciso seguir o passo a passo.

1. Encontrar o objeto direto da ativa:

O próximo governo	não	encontrará	**um ambiente econômico**
Sujeito	a.adv.	verbo transitivo direto	**OBJETO DIRETO**

EUA, Europa e China	davam	**sinais de vigor**
Sujeito	verbo transitivo direto	**OBJETO DIRETO**

2. Transformar o objeto direto em sujeito da voz passiva, acrescentar o verbo *ser* no mesmo tempo do verbo principal da ativa e colocar o verbo principal da ativa no particípio:

Um ambiente econômico	não	**será* encontrado**
sujeito paciente	a.adv.	***ser* + particípio**

*Verbo no futuro do presente do indicativo.

Sinais de vigor	**eram** dados**
	***ser* + particípio**

**Verbo no pretérito imperfeito do indicativo.

3. O sujeito da ativa deve passar a agente da passiva, para isso é necessário inserir a preposição "por".

➔ **DICA** - Caso não haja sujeito, o verbo na passiva deve ficar na terceira pessoa do plural.

Um ambiente econômico	não	será encontrado	**pelo próximo governo**
sujeito paciente	a.adv.	*ser* + particípio	**AGENTE DA PASSIVA**

Sinais de vigor	eram dados	**por EUA, Europa e China**
sujeito paciente	*ser* + particípio	**AGENTE DA PASSIVA**

Alternativa "a" – É permitido acrescentar apenas o verbo *ser*, mais verbo algum. / Voz ativa.

Alternativa "b" – Voz ativa / Verbo no pretérito perfeito do indicativo (foram).

Alternativa "c" – Acrescentou-se o verbo *ter*. / Voz passiva sintética (certo).

Alternativa "d" – Não **será encontrado** um ambiente econômico internacional sereno **pelo próximo governo**. / Se sinais de vigor **eram dados por EUA**, Europa e China até o início deste ano.

Alternativa "e" – Voz passiva sintética, mas o sujeito da ativa foi inserido como adjunto adverbial. / Voz ativa.

ALTERNATIVA CORRETA: D

02 **(Vunesp – Profissional para Assuntos Administrativos – UNICAMP/2019)** Assinale a alternativa cuja forma verbal em destaque expressa possibilidade de que um fato ou evento venha a se realizar.

a) Nas últimas semanas, tenho sido **torturado** por computadores que ligam e desligam sozinhos...

b) Naturalmente, não **dá** certo.

c) ... onde a palavra **seja** chamada a dirimir dúvidas ou dinamitar certezas.

d) Para reinstalar a internet no computador, tenho de **ligar** um cabo enfiado na televisão.

e) Em jovem, **sobrevivi** aos zeros em matemática, física, estatística e outras ciências do diabo...

COMENTÁRIOS:

Alternativa "a" – A oração está na voz passiva analítica e o verbo encontra-se no particípio. Não indica possibilidade, mas sim uma ação que tem acontecido. Lembre-se de que as formas nominais não indicam tempo.

Alternativa "b" – Presente do indicativo: ação certa.

Alternativa "c" – Presente do subjuntivo: não se sabe se a palavra será chamada, ou seja, indica possibilidade.

Alternativa "d" – O infinitivo não indica tempo por ser uma forma nominal.

Alternativa "e" – Pretérito perfeito do indicativo: ação certa e concluída.

ALTERNATIVA CORRETA: C

03 **(Vunesp – Enfermeiro Judiciário – TJ SP/2019 - adaptada)** Observe os períodos:

- **Um estudo realizado por pesquisadores do Porto** concluiu que a intervenção de enfermeiros especialistas em saúde mental...
- Os resultados indicam um "efeito positivo da intervenção psicoterapêutica da enfermagem", realizada por um enfermeiro especialista em saúde mental, **registrando-se uma clara diminuição dos níveis de ansiedade...**

Transpondo-se as orações destacadas para a voz ativa, obtêm-se, correta e respectivamente, as seguintes reescritas:

a) Pesquisadores do Porto realizaram um estudo que... / ... e registram uma clara diminuição dos níveis de ansiedade...

b) Pesquisadores do Porto tinham realizado um estudo que... / ... e tem sido registrado uma clara diminuição dos níveis de ansiedade...

c) Um estudo, que foi realizado por pesquisadores do Porto que... / ... e registra uma clara diminuição dos níveis de ansiedade...

d) Pelos pesquisadores do Porto realizaram um estudo que... / ... e tem sido registrada uma clara diminuição dos níveis de ansiedade...

e) Realizou-se por pesquisadores do Porto um estudo que... / ... e registram-se uma clara diminuição dos níveis de ansiedade...

COMENTÁRIOS:

➲ **Nota da autora:** O verbo *ser* está implícito na voz passiva analítica. Equivale a *Um estudo foi realizado por pesquisadores.* Passe o agente da passiva para sujeito e retire o verbo do particípio.

Na segunda oração, é preciso retirar o verbo *ser* e passar o agente da passiva a sujeito.

Alternativa "a" -

Voz passiva	Um estudo	realizado	por pesquisadores do Porto.
Voz ativa	Pesquisadores	realizaram	Um estudo.

Voz passiva	Registrando-se	uma clara diminuição dos níveis...
Voz ativa	Registraram	uma clara diminuição dos níveis...

Como não há o agente da passiva na voz sintética, o verbo da ativa deve ficar na terceira pessoa do plural.

Alternativa "b" – Foi acrescentado o verbo *ter.* / Voz passiva.

Alternativa "c" – Voz passiva. / Verbo no singular.

Alternativa "d" – Os pesquisadores (sujeito) realizaram. / Voz passiva.

Alternativa "e" – As duas orações estão na voz passiva sintética.

ALTERNATIVA CORRETA: A

04 **(Vunesp – Engenheiro Civil – Prefeitura de São Paulo SP/2018)** Assinale a alternativa que apresenta o verbo conjugado no modo subjuntivo, dando sequência correta à frase – Talvez ...

a) Deus resolvia.
b) algum dia alguém dava um jeito.
c) queiramos benefícios sem custos.
d) a maioria dos brasileiros concorda.
e) poderíamos responder à pergunta.

COMENTÁRIOS:

Alternativa "a" – Resolvia: pretérito imperfeito do indicativo. Resolva (presente); resolvesse (pretérito imperfeito do subjuntivo); resolver (futuro).

Alternativa "b" - Dava: pretérito imperfeito do indicativo. Dê (presente); desse (pretérito imperfeito do subjuntivo); der (futuro).

Alternativa "c" - Queiramos (presente); quiséssemos (pretérito imperfeito do subjuntivo); quisermos (futuro).

Alternativa "d" – Concorda: presente do indicativo. Concorde (presente); concordasse (pretérito imperfeito do subjuntivo); concordar (futuro).

Alternativa "e" – Poderíamos: futuro do pretérito do indicativo. Possamos (presente); pudéssemos (pretérito imperfeito do subjuntivo); puder (futuro).

ALTERNATIVA CORRETA: C

Charge para responder à questão.

(CJ. Politicopatas. *Folha de S.Paulo*, 27-05-2018)

05 **(Vunesp – Engenheiro Civil – Prefeitura de São Paulo SP/2018)** A alternativa que reescreve trecho da tira conjugando os verbos de acordo com a norma-padrão é:

a) Os que obtiverem as melhores notas tiverem aulas extras...
b) Os que obterem as melhores notas irão ter aulas extras...
c) Os que obteram as melhores notas tiveram aulas extras...
d) Os que obtinham as melhores notas tivessem horas extras...
e) Os que obtivessem as melhores notas teriam aulas extras...

COMENTÁRIOS:

Alternativa "a" – Terão: futuro do presente do indicativo.

Alternativa "b" – Obtiverem: futuro do subjuntivo; terão: futuro do presente do indicativo.

Alternativa "c" – Obtiverem: futuro do subjuntivo; terão: futuro do presente do indicativo.

Alternativa "d" – Tinham: pretérito imperfeito do indicativo.

Alternativa "e" – Tempos condicionais: pretérito imperfeito do subjuntivo e futuro do pretérito do indicativo.

ALTERNATIVA CORRETA: E

Charge para responder à questão.

(Mort Walker. Recruta Zero. *O Estado de S. Paulo*. http://cultura.estadao.com.br/quadrinhos. 25.05.2018. Adaptado)

06 **(Vunesp – Agente Policial – PC SP/2018)** Considerando a correlação entre as formas verbais, conforme a norma-padrão, as lacunas devem ser preenchidas, respectivamente, com

a) ver ... reporte
b) vir ... reporte
c) verá ... reporta
d) veria ... reporte
e) visse ... reporta

COMENTÁRIOS:

Alternativa "a" – Vir – futuro do subjuntivo do verbo *ver*. Reporte: imperativo afirmativo.

Alternativa "b" – Verbo *ver* no futuro do subjuntivo; *reportar* no imperativo afirmativo.

Alternativa "c" – Vir.

Alternativa "d" – Vir.

Alternativa "e" – Vir e reporte.

ALTERNATIVA CORRETA: B

07 **(Vunesp – Delegado de Polícia – PC – BA/2018)** Há emprego correto das formas verbais e correlação adequada entre tempos e modos, conforme a norma-padrão, em:

a) Talvez seja válido considerar que o que nos desagradasse na adaptação de determinado livro seja a ausência de nossa própria leitura, pois sempre esperarmos ver nossas expectativas correspondidas na tela.
b) Por mais que uma adaptação se proposse a ser fiel à obra em que se baseou, sempre haveria aspectos de divergência, uma vez que o filme tivera uma linguagem própria e traduzira uma leitura particular.
c) Considerando que os leitores tenham modos peculiares de pensar e sentir, a apreensão de um texto literário não será a mesma para todos, ainda que determinadas interpretações possam ser partilhadas.
d) Se as pessoas manterem o hábito de ler textos literários, teriam muito a ganhar, pois a literatura não apenas é fundamental para que desenvolvêssemos nosso intelecto mas também é importante para expandirmos a imaginação.
e) Quando as pessoas passassem a dedicar mais tempo à leitura e à introspecção, será possível ampliar suas potencialidades intelectuais e emocionais, de modo que isso alterará a maneira como elas executariam todas as suas atividades cotidianas.

COMENTÁRIOS:

Alternativa "a" – ...o que nos **desagrada** (presente do indicativo); **esperamos** (presente do indicativo).

Alternativa "b" – Por mais que uma adaptação se **propusesse** (pretérito imperfeito do subjuntivo – tempo condicional usado junto com o futuro do pretérito do indicativo: haveria); o filme **tem** e **traduz** (presente do indicativo).

Alternativa "c" – tenham e possam (presente do subjuntivo – ações duvidosas); será (futuro do presente do indicativo – ação futura certa).

Alternativa "d" – Se as pessoas **mantivessem** (pretérito imperfeito do subjuntivo – ligado ao verbo *teriam* que foi conjugado no futuro do pretérito do indicativo).

Alternativa "e" – ...**passarem** e **executarão** (futuro do subjuntivo).

ALTERNATIVA CORRETA: C

08 **(Vunesp – Escrevente Técnico Judiciário – TJ – SP/2017)** Iniciando-se a frase - **Retemos** mais informações quando nos **sentamos** em um local fixo... - com o termo **Talvez**, indicando condição, a sequência que apresenta correlação dos verbos destacados de acordo com a norma-padrão será:

a) reteríamos ... sentarmos

b) retínhamos ... sentássemos

c) reteremos ... sentávamos

d) retivemos ... sentaríamos

e) retivéssemos ... sentássemos

COMENTÁRIOS:

Alternativa correta: letra "e" – Ao inserir o termo *talvez,* as ações passam a ser condicionais e, consequentemente, deve-se utilizar o pretérito imperfeito do subjuntivo - talvez retivéssemos... quando nos sentássemos. Lembre-se de que o verbo *reter* é conjugado como o verbo *ter* (tivéssemos).

Alternativa "a" – Poderiam ser usados os dois tempos condicionais: reteríamos (futuro do pretérito do indicativo) quando nos **sentássemos** (pretérito imperfeito do subjuntivo).

Alternativa "b" – Não cabe o pretérito imperfeito do indicativo (retínhamos) – indica ação prolongada.

Alternativa "c" – Além de não existir a forma *reteremos,* não cabe usar o futuro do subjuntivo (retivermos) no primeiro caso, apenas no segundo, pois existe a conjunção "quando". Enfim, os dois verbos estão incorretos.

Alternativa "d" – Não cabe o pretérito perfeito do indicativo (ação concluída) por inserir o termo "talvez", assim como não cabe o uso do verbo no futuro do pretérito do indicativo (sentaríamos). Os dois verbos estão, também, incorretos.

09 **(Vunesp – Escrevente Técnico Judiciário – TJ-SP/2015)** Observe os verbos destacados nas passagens - ... enfrentar os ataques daqueles que a ele se **opunham**... / ... só **veem** nele um estado de paz e de ordem... - e assinale a alternativa em que estão corretamente conjugados os verbos **opor, ver** e os demais assinalados, que seguem o mesmo padrão de conjugação destes.

a) **Opormos** resistência à liderança dele foi um erro; agora querem que **revemos** nossa posição.

b) Se os interessados não se **opuserem** nem **previrem** razão para protelar o ato, amanhã mesmo será escolhido o síndico do condomínio.

c) Se não se **indisporem** com as amigas do filho, os pais permitirão que elas o **revejam** quando ele retornar.

d) Haverá problema se ele **ver** que houve manipulação de dados; certamente se **predisporá** a cancelar tudo.

e) Cada vez que **prever** resistência dos funcionários às decisões do chefe, ele intervirá, antes que todos se **indisponham**.

COMENTÁRIOS:

Alternativa correta: letra "b" – O verbo *opor* é conjugado como o verbo *"pôr"*. No futuro do subjuntivo: se eles não se opuserem (puserem); *prever* é conjugado como o "ver". No futuro do subjuntivo: se previrem (virem).

Alternativa "a" – 1. Correto: infinitivo pessoal; 2. Errado: rever é conjugado como o *ver*: **revejamos** – no presente do subjuntivo.

Alternativa "c" – 1. Errado: no futuro do subjuntivo = **indispuserem** (puserem); 2. Certo: presente do subjuntivo.

Alternativa "d" – 1. Errado: o verbo *ver* no futuro do subjuntivo é **vir**; 2. Certo: futuro do presente do indicativo (porá).

Alternativa "e" – 1. Errado: no futuro do subjuntivo = **previr** (vir); 2. Certo: presente do subjuntivo.

10 **(Vunesp - Delegado de Polícia - CE/2015)** Assinale a alternativa em que o emprego das formas verbais está em conformidade com a norma-padrão da língua portuguesa.

a) Se esta geração se dispor a ensinar os mais velhos, é possível que eles atualizem suas informações rapidamente.

b) As entidades que propuserem medidas para valorizar os idosos deverão beneficiar o convívio entre as gerações.

c) Precisamos de governantes comprometidos com as reformas que se fazerem necessárias para integrar o idoso à sociedade.

d) Quanto mais se manterem atentos aos ensinamentos dos idosos, mais os jovens perceberão o valor da experiência vivida.

e) A geração atual certamente teria muito a ganhar se reavisse o conhecimento acumulado pelos mais velhos.

COMENTÁRIOS:

Alternativa correta: letra "b" – *Propor* é conjugado como o verbo *pôr*. No futuro do subjuntivo: propuserem.

Alternativa "a" – *Dispor* também é como *pôr* = dispuser.

Alternativa "c" – que se façam necessárias.

Alternativa "d" – *Manter* é conjugado como o verbo *ter* = mantiverem.

Alternativa "e" – *Reaver* é conjugado como o verbo haver nas pessoas que possuem a vogal "v": reouvesse.

Charge para responder à questão.

(*Folha de S.Paulo*, 08.10.2014)

11 **(Vunesp – Escrevente Técnico Judiciário – TJ-SP/2014)** Um enunciado possível em substituição à fala do terceiro quadrinho, em conformidade com a norma-padrão da língua portuguesa, é:

a) Se você ir pelos caminhos da verdade, leve um capacete.
b) Caso você vá pelos caminhos da verdade, lembra-se de levar um capacete.
c) Se você se mantiver nos caminhos da verdade, leve um capacete.
d) Caso você se mantém nos caminhos da verdade, lembre de levar um capacete.
e) Ainda que você se mantêm nos caminhos da verdade, leva um capacete.

COMENTÁRIOS:

Alternativa correta: letra "c" – **Se** indica dúvida, ou seja, o verbo deve ser conjugado no futuro do subjuntivo usando a conjunção "se" ou "quando". O verbo **manter** é conjugado como o verbo **ter**.

Futuro do subjuntivo			
		ter	**manter**
Quando Se	eu	tiver	mantiver
	tu	tiveres	mantiveres
	ele	**tiver**	**mantiver**
	nós	tivermos	mantivermos
	vós	tiverdes	mantiverdes
	eles	tiverem	mantiverem

Alternativa "a" - Se você for = futuro do subjuntivo.

Alternativa "b" - Lembre-se = imperativo afirmativo.

Alternativa "d" - Caso se mantenha = presente do subjuntivo.

Alternativa "e" - Ainda que se mantenha = presente do subjuntivo.

12 **(Vunesp – Escrevente Técnico Judiciário – TJ – SP/2013)** Assinale a alternativa contendo a frase do texto na qual a expressão verbal destacada exprime possibilidade.

a) … o cientista Theodor Nelson sonhava com um sistema capaz de **disponibilizar** um grande número de obras literárias…

b) Funcionando como um imenso sistema de informação e arquivamento, o hipertexto **deveria** ser um enorme arquivo virtual.

c) Isso acarreta uma textualidade que **funciona** por associação, e não mais por sequências fixas previamente estabelecidas.

d) Desde o surgimento da ideia de hipertexto, esse conceito **está ligado** a uma nova concepção de textualidade…

e) **Criou**, então, o "Xanadu", um projeto para disponibilizar toda a literatura do mundo…

COMENTÁRIOS:

Alternativa "b": correta – Deveria: futuro do pretérito do indicativo = tempo condicional, ou seja, é uma possibilidade.

Alternativa "a" – Infinitivo: não indica tempo.

Alternativa "c" – Presente do indicativo: hábito.

Alternativa "d" – Presente do indicativo: hábito.

Alternativa "e" – Pretérito perfeito do indicativo: ação concluída, terminada.

13 **(Vunesp – Escrevente Técnico Judiciário – TJ – SP/2013)** Assinale a alternativa em que todos os verbos estão empregados de acordo com a norma-padrão.

a) Enviaram o texto, para que o revíssemos antes da impressão definitiva.

b) Não haverá prova do crime se o réu se manter em silêncio.

c) Vão pagar horas-extras aos que se disporem a trabalhar no feriado.

d) Ficarão surpresos quando o verem com a toga…

e) Se você quer a promoção, é necessário que a requera a seu superior.

COMENTÁRIOS:

Alternativa "a": correta – Rever = ver: revíssemos.

Alternativa "b" – Manter = ter: mantivesse.

Alternativa "c" – Dispor = por: dispuserem.

Alternativa "d" – Ver no futuro do subjuntivo = virem.

Alternativa "e" – Requerer = requeira.

14 **(Vunesp – Escrivão de Polícia – SP/2013)** Assinale a alternativa que completa respectivamente as lacunas, em conformidade com a norma-padrão de conjugação verbal.

Há quem acredite que alcançará o sucesso profissional quando _____ um diploma de mestrado, mas há aqueles que _____ de opinião e procuram investir em cursos profissionalizantes.

a) obtiver … divirgem
b) obter … divergem
c) obtesse … devirgem
d) obter … divirgem
e) obtiver … divergem

COMENTÁRIOS:

Alternativa "e": correta

– Obter = ter – ob**tiver** (futuro do subjuntivo). Eliminadas *b, c* e *d*.

– divergir = divergem (presente do indicativo). Eliminada *a*.

15 **(Vunesp – Escrivão de Polícia – SP/2013)** Assinale a alternativa cuja forma verbal em destaque expressa uma hipótese.

a) Já eu, dono do imóvel ultrapassado, **adotei** o livro digital.
b) Porque cada vez menos gente **armazena** em casa seus arquivos digitais.
c) Como na faixa de Gaza, o cessar-fogo **tem** curta duração.
d) Sem livros físicos, sem CDs, os arquivos digitais **ficariam** perdidos na nuvem isolada.
e) Mas, hoje, tudo **mudou**.

COMENTÁRIOS:

Alternativa "d": correta – Verbo no futuro do pretérito do indicativo: ação condicional, hipotética.

Alternativa "a" – Pretérito perfeito do indicativo: ação finalizada.

Alternativa "b" – Presente do indicativo: ação habitual.

Alternativa "c" – Presente do indicativo: ação habitual.

Alternativa "e" – Pretérito perfeito do indicativo: ação finalizada.

16 **(Vunesp – Investigador de Polícia – SP/2013)** Assinale a alternativa em que o período "*Nos EUA e na Europa, se alguém se sente ofendido por uma biografia,* *processa o autor se quiser"* está corretamente redigido em conformidade com a norma-padrão da língua portuguesa.

a) Nos EUA e na Europa, caso as pessoas se sintam ofendidas por uma biografia, processam o autor caso queiram…
b) Nos EUA e na Europa, caso as pessoas se sentirem ofendidos por uma biografia, processa-se o autor caso quererem…
c) Nos EUA e na Europa, caso as pessoas se sente ofendidas por uma biografia, processa o autor caso se quer…
d) Nos EUA e na Europa, caso as pessoas se sintam ofendido por uma biografia, processam-se o autor caso se quer…
e) Nos EUA e na Europa, caso as pessoas se sentem ofendido por uma biografia, processam o autor caso querem…

COMENTÁRIOS:

Alternativa "a": correta

Nota da autora: Questão de verbo e concordância.

– Caso se sintam e as pessoas processam.

Erros:

Alternativa "b" – sentirem e processa-se.

Alternativa "c" – … se sente e processa.

Alternativa "d" – ofendido = ofendidas, processam-se = processam.

Alternativa "e" – … se sentem = se sintam, ofendido = ofendidas.

17 (Vunesp – Investigador de Polícia – SP/2013) No trecho:

O bicho estava perto. Ia atacar-me a barriga da perna? Passou-me pela cabeça o grave da situação. Que seria de mim, atacado por um cão feroz numa via deserta, em plena madrugada, na cidade estranha? Como me arranjaria? Como reagiria? Como lutar contra o monstro, sem pedra nem pau, duas coisas tão úteis banidas pela vida urbana?

As orações interrogativas indicam as

a) evocações do passado do narrador.
b) hipóteses levantadas pelo narrador.
c) possibilidades de o narrador atacar o bicho.
d) brincadeiras do narrador com a situação.
e) sugestões dos transeuntes ao narrador.

COMENTÁRIOS:

Alternativa "b": correta – A maioria dos verbos está no futuro o pretérito do indicativo que indica condição, isto é, hipóteses.

Alternativa "a" – Não evoca o passado.

Alternativa "c" – Não há possibilidade.

Alternativa "d" – Não brinca.

Alternativa "e" – Não são sugestões.

18 (Vunesp – Agente de Escolta e Vigilância Penitenciária – SP/2012).

Há doenças piores que as doenças,
Há dores que não doem, nem na alma
[...]
Há angústias sonhadas mais reais...

(Fernando Pessoa. Cancioneiro – 197)

O verbo haver, empregado no trecho do poema na forma **há,** pode ser substituído, sem alteração de sentido e tempo, por

a) haveria.
b) existe.
c) havia.
d) hão.
e) existem.

COMENTÁRIOS:

Alternativa "e": correta – O mesmo que ocorreu na questão anterior: haver = existir.

Alternativa "a" – Altera o tempo.

Alternativa "b" – Concordância errada.

Alternativa "c" – Altera o tempo.

Alternativa "d" – **Haver**, quando impessoal (sentido de existir) não admite flexão de número.

Trecho para a próxima questão.

Há pelo menos 170 projetos de lei propondo alterações na Lei Seca..." (Como evitar que motoristas bêbados fiquem impunes e continuem a matar no trânsito, Rodrigo Cardoso, Paula Rocha, Michel Alecrim e Luciani Gomes. ISTOÉ, nov. 2011. Adaptado)

19 (Vunesp – Agente de Segurança Penitenciária – SP/2012) Substituindo-se o verbo **haver** pelo verbo **existir** e conservando-se o mesmo tempo verbal, a correta concordância verbal está em:

a) Existe.
b) Existirá.
c) Existiu.
d) Existiram.
e) Existem.

COMENTÁRIOS:

Alternativa "e": correta.

Nota da autora: Questão de verbo e concordância.

- Há: presente do indicativo; existem: presente do indicativo.
- Há: impessoal = sentido de existir – singular; existem: intransitivo e concorda com o sujeito – admite plural.

Alternativa "a" – Concordância errada.

Alternativa "b" – Tempo errado.

Alternativa "c" – Tempo errado.

Alternativa "d" – Tempo errado.

Trecho para a próxima questão.

(...) só repetindo verdades à exaustão **a gente** *tem chance de ser ouvido! (SeuFirmino e o STF, JoséDatena. Diário de S.Paulo, 06 de novembro de 2011. Adaptado)*

20 **(Vunesp – Agente de Segurança Penitenciária – SP/2012)** Substituindo-se a expressão **a gente** pelo pronome **nós,** e mantendo-se o mesmo tempo verbal, tem-se o seguinte trecho:

a) ...nós teremos chance de sermos ouvido!
b) ...nós tivemos chance de sermos ouvidos!
c) ...nós tínhamos chance de sermos ouvidos!
d) ...nós teríamos chance de sermos ouvido!
e) ...nós temos chance de sermos ouvidos!

COMENTÁRIOS:

Alternativa "e": correta – Note que o verbo está no presente do indicativo: nós temos chance.

Alternativa "a" – Altera o tempo verbal.

Alternativa "b" – Altera o tempo verbal.

Alternativa "c" – Altera o tempo verbal.

Alternativa "d" – Altera o tempo verbal.

21 **(Vunesp – Escrevente Técnico Judiciário – TJ – SP/2012)** Na frase –... os níveis de pessoas sem emprego **estão apresentando** quedas sucessivas de 2005 para cá. –, a locução verbal em destaque expressa ação

a) concluída.
b) hipotética.
c) futura.
d) atemporal.
e) contínua.

COMENTÁRIOS:

Alternativa "e": correta – Contínua porque *estão apresentando* remete à ideia de que podem ainda estar, reforçada por *sucessivas*.

Alternativa "a" – Não é concluída, usaria pretérito perfeito do indicativo.

Alternativa "b" – Não é hipotética porque não se baseia em hipótese e não há duvida.

Alternativa "c" – Não é futura e sim presente: *estão apresentando*.

Alternativa "d" – A frase determina o tempo *de 2005 para cá*.

Charge:

(Gazeta do Povo, 18.12.2010)

22 **(Vunesp – Oficial de Justiça – TJM – SP/2011)** No contexto, a correlação expressa pelos verbos destacados na frase – Se o *fizesse* não *teria* coragem de me olhar no espelho. – indica

a) hipótese sobre a consequência de mentir.
b) necessidade de comunicar-se sem enganar.
c) certeza acerca de ser desnecessária a mentira.
d) dúvida em relação àquilo que motiva a mentira.
e) negação de que a mentira seja viável.

COMENTÁRIOS:

Alternativa "a": correta – O verbo *fizesse* (pret. imperf. do subjuntivo) indica uma condição hipotética e a sua consequência.

➲ **Dica** – Lembre-se de **se ria** = pretérito imperfeito do subjuntivo (fize**sse**) + futuro do pretérito do indicativo (te**ria**): tempos condicionais.

Alternativa "b" – Não afirma necessidade de comunicar-se.

Alternativa "c" – Não diz que a mentira é desnecessária, apenas traz má consequência.

Alternativa "d" – Não demonstra dúvida.

Alternativa "e" – Não nega nem afirma a viabilidade da mentira.

23 **(Vunesp – Escrevente Técnico Judiciário – TJ – SP/2011)** Assinale a alternativa em que a locução verbal do trecho – Segundo especialistas, a taxa de reciclagem poderia chegar a 30%. – está reescrita corretamente, no futuro do presente do modo indicativo.

a) pode chegar a 30%.
b) possa chegar a 30%.
c) poderá chegar a 30%.
d) puder chegar a 30%.
e) pudera chegar a 30%.

COMENTÁRIOS:

Alternativa "c": correta – Tempo correto: *poderá*. O futuro do presente do indicativo possui ideia de fato certo no futuro.

➲ **Dica** – Pense em **amanhã**.

Alternativa "a" – presente do indicativo.

Alternativa "b" – presente do subjuntivo, não faz sentido.

Alternativa "d" – futuro do subjuntivo não faz sentido.

Alternativa "e" – Não faz sentido, pretérito mais que perfeito.

24 **(Vunesp – Escrevente Técnico Judiciário – TJ – SP/ 2010)** O período construído com duas das frases seguintes – "Isso não é importante."/ "Que perda de tempo."/ "Todo mundo tem seu lado irracional." – está correto, quanto à correlação de tempo verbal, em

a) Se isso fosse importante, não era perda de tempo.
b) Por mais que fosse irracional, não será perda de tempo.
c) Embora se perca muito tempo com isso, não é uma irracionalidade.
d) Talvez se perde muito com isso e seja assim uma irracionalidade.
e) Contanto que isso era perda de tempo, é, pois, uma irracionalidade.

COMENTÁRIOS:

Alternativa "c": correta – Embora se perca: presente do subjuntivo (com valor eventual concessivo). Não é: presente do indicativo= a eventualidade da primeira ação (se perca) não impede a segunda ação (é).

Alternativa "a" – Se isso fosse: pretérito imperfeito do subjuntivo. Não **seria**: futuro do pretérito do indicativo. Tempos condicionais.

Alternativa "b" – Por mais que **seja**: presente do subjuntivo. Será: futuro do presente do indicativo (v. ser).

Alternativa "d" – Talvez se **perca**: presente do subjuntivo: indica dúvida, incerteza.

Alternativa "e" – Contando que isso **seja** perda de tempo

25 **(Vunesp – Escrevente Técnico Judiciário – TJ – SP/ 2010)** Atente para as afirmações:

I. A frase – Se as pessoas se opuserem à minha opção pelo futebol, eu me defendia. – obedece ao princípio de correlação de tempo verbal.

II. A frase – Intelectuais, professores, governo, ninguém desmobiliza a prontidão que o brasileiro tem pelo futebol. – está correta quanto à concordância verbal.

III. No período – Como ao ler as lendas da mitologia ou os romances de aventura, projetamos no futebol um gosto pela façanha… – a oração ao ler pode assumir, no contexto, a seguinte versão: quando lemos.

Está correto apenas o que se afirma em

a) I.
b) II.
c) III.
d) I e II.
e) II e III.

COMENTÁRIOS:

Alternativa "e": correta

I. Errado: opuserem e **defenderia.**
II. Certo: sujeito simples = verbo singular.
III. Certo: indicam tempo.

26 **(Vunesp – Escrevente Técnico Judiciário – TJ – SP/ 2010)**

I. Eles ______ os infratores prontamente.
II. Há dois meses, eles ______ o dinheiro roubado.
III. Sem que ninguém tivesse ______, o menino tomou as providências.
IV. Se você ______ o advogado, recomende-lhe prudência.

a) deteram … reaveram… intervido … ver
b) deteram … reouveram … intervido … vir
c) detiveram … reaveram … intervindo … ver
d) detiveram … reouveram … intervindo … vir
e) detiveram … reouveram … intervido … vir

COMENTÁRIOS:

Alternativa "d": correta

– Deter conjuga-se como o ter: tiveram = detiveram. Eliminadas *a* e *b*.
– Reaver conjuga-se como o haver (nas pessoas que possuem a consoante v): houveram = reouveram. Eliminada *c*.
– Intervir conjuga-se como o vir: vindo = intervindo. Eliminada *e*. Encontrada a resposta sem chegar à última alternativa.
– Ver no futuro do subjuntivo: vir.

➲ **Dica** – Vir no futuro do subjuntivo: vier.

27 **(Vunesp – Escrevente Técnico Judiciário – TJ – SP/ 2010)** Complete as lacunas das frases da charge, com as formas verbais corretas.

O TEMPO MÉDIO PRA SE ACHAR UM NOVO EMPREGO É DE 20,4 SEMANAS

(http://humorama.vila.bol.com.br. Adaptado)

a) Levanta … vá … faltam
b) Levante … vai… falta
c) Levante … vá … falta
d) Levantem … vai… faltam
e) Levante … vá … faltam

COMENTÁRIOS:

Alternativa "e": correta

➲ **Nota da autora:** Como não sabemos se a concordância deverá ser feita com a terceira pessoa, ou segunda, trabalhemos por eliminação.

	Presente do indicativo	Imperativo Afirmativo	Presente do Subjuntivo
eu	levanto	–	levante
tu	levantas-se	levanta	levantes
ele	levanta	levante	levante

	Presente do indicativo	Imperativo Afirmativo	Presente do Subjuntivo
eu	vou	–	vá
tu	vais-se	vai	vades
ele	vai	vá	vá

Na segunda pessoa: levanta e vai = não há alternativa.

Na terceira pessoa: levante e vá. Eliminadas *a*, *b* e *d*.

– O que faltam? Duas semanas: sujeito = faltam duas semanas. Eliminada *c*.

Charge:

(*Jornal da Manhã*, SC, 05.12.2008)

28 **(Vunesp – Oficial de Justiça – TJ – SP/2009)** Analise as afirmações.

I. No contexto, o emprego da construção verbal *está caminhando* indica uma ação contínua, em processo.

II. Sem prejuízo de sentido, a construção verbal *está caminhando* pode ser substituída por *estaria caminhando*.

III. A construção verbal *vai ficar* confere ao texto uma perspectiva de tempo futuro, podendo ser substituída por *ficará*.

Está correto apenas o que se afirma em:

a) I.

b) II.

c) III.

d) I e II.

e) I e III.

COMENTÁRIOS:

Alternativa "e": correta

I. **Certo:** O gerúndio indica continuidade.

II. **Errado:** está caminhando, como mencionado no item I, indica ação contínua; estaria caminhando indica possibilidade de caminhar, condição. Verbo no futuro do pretérito do indicativo.

III. **Certo:** vai ficar significa que ficará.

29 **(Vunesp – Agente de Segurança Penitenciária – SP/2009)** Com o verbo no futuro, a frase – *Eu vou andar 10 km…* – deve ser reescrita da seguinte forma:

a) Eu andava 10 km.
b) Eu andarei 10 km.
c) Eu tenho andado 10 km.
d) Eu ando 10 km.
e) Eu andara 10 km.

COMENTÁRIOS:

Alternativa "b": correta – Vou andar equivale a uma ação futura – andarei.

Dica – Locuções verbais: constituídas de verbos auxiliares mais gerúndio ou infinitivo. São conjuntos de verbos que, numa frase, desempenham papel equivalente ao de um verbo único. Nessas locuções, o último verbo, chamado principal, surge sempre numa de suas formas nominais; as flexões de tempo, modo, número e pessoa ocorrem nos verbos auxiliares. Exemplos:

Estou lendo o jornal.

Marta **veio correndo**: o noivo **acabara de chegar.**

Ninguém **poderá sair** antes do término da sessão. (Fonte: Disponível em http://www.soportugues.com.br)

Alternativa "a" – Altera o tempo para pretérito imperfeito.
Alternativa "c" – Passa para tempo composto (ter + particípio)
Alternativa "d" – Altera o tempo para presente do indicativo.

Alternativa "e" – Altera o tempo para pretérito mais-que-perfeito do indicativo.

30 **(Vunesp – Agente de Segurança Penitenciária – SP/2009)** Mantendo-se o mesmo modo e tempo verbal, a oração – Nenhuma das identidades era revelada. – pode ser reescrita da seguinte forma:

a) Não se tem revelado nenhuma das identidades.
b) Não se revelou as identidades nenhuma.
c) Não revelarão nenhuma das identidades.
d) Não são reveladas nenhuma das identidades.
e) Não revelavam nenhuma das identidades.

COMENTÁRIOS:

Alternativa "e": correta – Era e revelavam: pretérito imperfeito do indicativo = ações prolongadas.

Alternativa "a" – Presente do indicativo.

Alternativa "b" – Pretérito perfeito do indicativo.

Alternativa "c" – Futuro do presente do indicativo.

Alternativa "d" – Presente do indicativo.

31 **(Vunesp – Escrevente Técnico Judiciário – TJ – SP/2008)** Assinale a alternativa em que o verbo em destaque está corretamente grafado e flexionado.

a) A crise de autoridade *adveem* do casamento infeliz da corrupção com cumplicidade.
b) Muita gente *interveio* tentando lutar pelo bem comum social.
c) Se uma pessoa *pôr* sua coragem em prática, dirá não quando a tentação assediar.
d) Se uma pessoa *quizer* manter sua decência, deverá praticá-la.
e) As leis mal cumpridas do país *contém* em si a tão necessária moralidade.

COMENTÁRIOS:

Alternativa "b": correta – Interveio: do verbo intervir – flexionado na terceira pessoa do singular, no pretérito perfeito do indicativo, ação do sujeito muita gente, ideia de coletivo= singular. Intervir conjuga-se como o verbo vir: (ele) veio – (ele) interveio.

Alternativa "a" – verbo advir, na terceira pessoa do singular: advém, conjuga-se como o verbo vir. Verbo advir na terceira pessoa do singular, presente do indicativo, apresenta acento gráfico: a crise (...) advém.

Alternativa "c" – Forma correta para a terceira pessoa do singular do verbo pôr no futuro do subjuntivo: se uma pessoa puser.

Alternativa "d" – terceira pessoa do singular, no futuro do subjuntivo do verbo querer: se uma pessoa quiser.

Alternativa "e" – Verbo conter: presente do indicativo, terceira pessoa do plural, apresenta o acento circunflexo conforme o verbo ter. As leis (têm) contêm.

32 **(Vunesp – Escrevente Técnico Judiciário – TJ – SP/2008)** Assinale a alternativa em que a correlação entre os tempos verbais está correta.

a) Seria importante que você mantesse todos os seus dados em dia.
b) Será importante que você mantém todos os seus dados em dia.
c) Seria importante que você mantivesse todos os seus dados em dia.
d) Era importante que você manteria todos os seus dados em dia.
e) Foi importante que você mantinha todos os seus dados em dia.

COMENTÁRIOS:

Alternativa "c": correta – Seria: futuro do pretérito do indicativo – afirmação condicional (exprime incerteza, probabilidade). Mantivesse: tempo: pretérito imperfeito do subjuntivo (exprimindo vontade ou comando).

Alternativa "a" – Forma verbal correta: mantivesse = verbo manter: segue o mesmo paradigma do verbo ter: pretérito imperfeito do subjuntivo= tivesse /mantivesse.

Alternativa "b" – Forma verbal correta: mantenha – noção presente do subjuntivo temporal no presente do subjuntivo, quase como uma ordem imperativa para o futuro. Será – importante que você mantenha.

Alternativa "d" – Era – tempo: pretérito imperfeito do indicativo (designa um fato passado não concluído). Manteria – tempo: futuro do pretérito do indicativo – indicando uma condição futura hipotética referente a fato passado que não se realizou.

Alternativa "e" – Foi e mantinha. Não há correlação de tempos verbais. Foi – tempo: pretérito perfeito do indicativo= ação concluída. Mantinha – tempo: pretérito imperfeito do indicativo= ação passada mas não concluída. Haveria correlação de tempo verbal com relação a forma foi da primeira oração em ... foi importante que você mantivesse todos..., no tempo: pretérito imperfeito do subjuntivo.

Charge:

(www.chargeonline.com.br)

33 **(Vunesp – Escrevente Técnico Judiciário – TJ – SP/2008)** Considerando-se o interlocutor do urso como VOCÊ, as formas verbais no imperativo devem assumir as seguintes flexões:

a) vá – veja – avise.

b) vai – veja – avisa.

c) vais – vejas – avisas.

d) vá – veja – avisa.

e) vai – vê – avise.

COMENTÁRIOS:

Alternativa "a": correta – Vá (você) – veja (você) – avise (você), todas as formas verbais estão no imperativo afirmativo e são retiradas do presente do subjuntivo:

Imperativo afirmativo	Presente do subjuntivo
	que eu vá
	que tu vás
vá você	que ele vá

Imperativo afirmativo	Presente do subjuntivo
	que eu veja
	que tu vejas
veja você	que ele veja

Imperativo afirmativo	Presente do subjuntivo
	que eu avise
	que tu avises
avise você	que ele avise

Alternativa "b" – Vai: imperativo afirmativo (tu); avisa: imperativo afirmativo (tu).

Alternativa "c" – Vais: presente do indicativo (tu); vejas: presente do subjuntivo (tu); avisas: presente do indicativo (tu).

Alternativa "d" – Avisa: presente do indicativo (ele).

Alternativa "e" – Vai e vê: imperativo afirmativo (tu).

Texto

Da ambição se pode dizer que é uma força que, ao contrário da liberdade, não termina onde a do outro começa. O ambicioso não enxerga o cume nem quando o atinge. O céu para ele não é o limite. Não é por outra razão que os maiores desastres humanos foram gestados pela ambição sem limites. Em contrapartida, os mais espetaculares saltos intelectuais, científicos e políticos trazem a assinatura de homens e mulheres ambiciosos. (Veja, 01.03.2006)

34 (Vunesp – Escrevente Técnico Judiciário – TJ – SP/2007) Assinale a alternativa que altera a voz verbal e mantém a relação agente/paciente da frase: ... *os maiores desastres humanos foram gestados pela ambição sem limites.*

a) Foram gestados pela ambição sem limites os maiores desastres humanos.

b) Pela ambição sem limites foram gestados os maiores desastres humanos.

c) Os maiores desastres humanos gestaram a ambição sem limites.

d) A ambição sem limites gestou os maiores desastres humanos.

e) A ambição sem limites é gestada pelos maiores desastres humanos.

COMENTÁRIOS:

Alternativa "d": correta – Na voz passiva: *os maiores desastres humanos* = sujeito paciente e *pela ambição sem limites* = agente da passiva. Transpondo para a voz ativa, retira-se o verbo ser: A ambição sem limites (sujeito) gestou os maiores desastres humanos (objeto direto).

Alternativa "a" – Não altera a voz verbal.

Alternativa "b" – Não altera a voz verbal.

Alternativa "c" – Alterou a informação e a relação agente/paciente.

Alternativa "e" – Alterou a relação agente/paciente.

35 **(Vunesp – Escrevente Técnico Judiciário – TJ – SP/2007)** Assinale a alternativa que apresenta correta correlação de tempo verbal entre as orações.

a) Se os advogados demonstrarem um mínimo de conhecimento, poderiam defender bem seus clientes.
b) Embora tivessem cursado uma faculdade, não se desenvolveram intelectualmente.
c) É possível que os novos cursos passam a ter fiscalização mais severa.
d) Se não fosse tanto desconhecimento, o desempenho poderá ser melhor.
e) Seria desejável que os enguiços entre diplomas e carreiras se resolvem brevemente.

COMENTÁRIOS:

Alternativa "b": correta.

➲ **Nota da autora: -SE, -RIA**: tempos condicionais: pretérito imperfeito do subjuntivo – fizes**SE**; futuro do pretérito do indicativo – pode**RIA**. Em concursos, são pedidos juntos em muitas questões. Pode estar na ordem inversa também.

Alternativa **b** – Há relação de tempo entre as orações. Primeira oração – tivessem – tempo: pretérito imperfeito, denotando ação ocorrida no passado com uma concessão: embora – conjunção adverbial concessiva= embora tivessem estudado, depende de outra ação passada. Segunda oração – se não se desenvolveram – tempo: pretérito perfeito, expressando um fato passado e concluído.

Alternativa "a" – poderão ou demonstrassem.

Alternativa "c" – Passam a ter = forma verbal do verbo poder, no tempo presente do indicativo + infinitivo ter, significando mudança de situação. O correto seria a forma verbal passem a ter, no tempo presente do subjuntivo que expressa possibilidade, suposição (ação subordinada à ação anterior) é possível que.

Alternativa "d" – poderia.

Alternativa "e" – resolvessem.

36 **(Vunesp – Escrevente Técnico Judiciário – TJ – SP/2007)** Assinale a alternativa em que o verbo em destaque repete o mesmo tempo verbal de ***terá*** em "*As projeções sobre qual impacto o aquecimento global terá em relação à saúde das pessoas ainda são pouco precisas*"

a) O país ainda não *conhece* a vulnerabilidade das pessoas em relação ao meio ambiente.

b) Fenômenos extremos e menos qualidade de vida: *é* o novo clima.
c) O que já *acontece* com a biosfera por causa do aquecimento global e da alta concentração do gás carbônico na atmosfera.
d) Os próximos documentos das Nações Unidas *trarão* alternativas para a redução do efeito estufa.
e) Problemas ambientais adversos *reduziram* a capacidade produtiva do solo.

COMENTÁRIOS:

Alternativa "d": correta – Terá – (verbo ter) terceira pessoa do singular no tempo futuro do presente do modo indicativo. Trarão – (verbo trazer) terceira pessoa do plural, no tempo futuro do presente do modo indicativo.

Alternativa "a" – Conhece – (verbo conhecer) terceira pessoa do singular, no tempo presente do indicativo.

Alternativa "b" – É (verbo ser) terceira pessoa do singular, no tempo presente do modo indicativo.

Alternativa "c" – Acontece – (verbo acontecer) no tempo presente do modo indicativo.

Alternativa "e" – Reduziram – (verbo reduzir) terceira pessoa do plural no tempo pretérito perfeito do modo indicativo.

37 **(TJ – SP – Oficial de Justiça – TJ – SP/1999)**A opção em que a forma verbal está correta é:

a) Se pores tudo em ordem, ficarei satisfeito.
b) O superior interveio na discussão, evitando a briga.
c) Não se premiam os fracos que só obteram derrotas.
d) Se a testemunha depor favoravelmente, o réu será absolvido.
e) Disse ser falsas aquelas assinaturas.

COMENTÁRIOS:

Alternativa "b": correta – Intervir = vir: interveio.

Alternativa "a" – puseres.

Alternativa "c" – obter = ter: obtiveram.

Alternativa "d" – depuser.

Alternativa "e" – serem.

38 **(TJ – SP – Oficial de Justiça – TJ – SP/1999)**Indique a alternativa que preenche corretamente as lacunas. *"Meu pai montava a cavalo, _____ para o campo. Minha mãe ficava sentada _____ . Meu irmão pequeno _____ ."* (Carlos Drummond de Andrade)

a) ia | cozendo | dormia
b) vai | cosendo | dorme

c) vai | cosendo | dormia

d) ia | cozendo | dorme

e) ia | cosendo | dormia

COMENTÁRIOS:

Alternativa "e": correta.

– Meu pai montava (pretérito imperfeito do indicativo) e **ia** (continua a ação prolongada do imperfeito). Eliminadas *b* e *c*.

– Cosendo: costurando. Cozer é de cozinhar e não há como fazer sentada, certo? Eliminadas *a* e *d*.

– dormia: pretérito imperfeito do indicativo = ação contínua, prolongada.

39 **(TJ – SP – Oficial de Justiça – TJ – SP/1999)** Indique a alternativa que completa corretamente as lacunas:

"Mas __(1)__ que, por bela e por galharda, Posto que os Anjos nunca __(2)__ pesares, __(3)__ anjo, que me __(4)__ e me __(5)__." (Gregório de Matos)

	1	2	3	4	5
a)	veja	daram	sois	tenta	guarde
b)	vejo	dão	sois	tenta	guarda
c)	vejo	dão	somos	tenta	guarda
d)	veja	dão	somos	tente	guarde
e)	vejo	deem	sois	tente	guarde

COMENTÁRIOS:

Alternativa "b": correta

– Vejo: presente do indicativo = a ação está acontecendo. Eliminada *d*.

– Dão: idem ao verbo ver. Eliminadas *a* e *e*.

– vós sois: presente do indicativo. Eliminada *c*.

– tenta e guarda: presente do indicativo.

40 **(TJ – SP – Oficial de Justiça – TJ – SP/1999)** Assinale a frase em que há um erro de conjugação verbal:

a) Ele interviu no assunto.

b) Requeiro-lhe um atestado de idoneidade.

c) Eles foram pegos de surpresa.

d) O comerciante proveu seu armazém do necessário.

e) As crianças desavieram-se por causa do resultado do jogo.

COMENTÁRIOS:

Alternativa "a": correta – Correto é **interveio** de intervir (vir).

Alternativa "b" – Certo, de *requerer*.

Alternativa "c" – Certo, *ser* ou *estar pego*.

Alternativa "d" – Correto, de *prover* = dotar, abastecer.

Alternativa "e" – Correto, de *desavir*.

41 **(TJ – SP – Oficial de Justiça – TJ – SP/1999)** Ache o verbo que não está no tempo indicado ao lado:

a) sua; sue; suemos; suai; suem (imperativo afirmativo)
b) fui; foste; foi; fomos; fostes; foram (pretérito perfeito do indicativo)
c) haver; haveres; haver; havermos; haverdes; haverem (infinitivo impessoal)
d) não louves; não louve; não louvemos; não louveis; não louvem (imperativo negativo)
e) pula; pulas; pula; pulamos; pulais; pulam (presente do subjuntivo)

COMENTÁRIOS:

Alternativa "c": correta – Infinitivo, mas não impessoal, pois foi conjugado. Se foi conjugado, há sujeito e é pessoal.

Alternativa "a" – Verbo *suar.*

Alternativa "b" – Tanto poder ser v. *ser* como verbo *ir.*

Alternativa "d" – Verbo *louvar* v.t.d.

Alternativa "e" – Verbo *pular* – verbo intrans. ou trans. dir.(transpor).

PARTE IV

Sintaxe

Análise sintática

» **Nos editais:** Sintaxe: frase, oração e período; termos da oração. Reescrita de frases: substituição, deslocamento, paralelismo; variação linguística: norma culta. Estruturação do texto: relações entre ideias; recursos de coesão.

01 **(Vunesp – Oficial Administrativo – SEDUC SP/2019)** Assinale a alternativa em que o termo ou a expressão em destaque identifica corretamente o sujeito da oração.

a) **A internet** tem mostrado, cada vez mais claramente, para que nasceu...

b) Todo mundo conhece **alguém** que está sempre conectado.

c) Os viciados em smartphones são **uma legião**.

d) Nas raras vezes em que desgruda da tela, recorre a outro vício: **a televisão**.

e) ... o autor passa os dias em frente ao computador curtindo **o fracasso**.

COMENTÁRIOS:

Alternativa "a" – O que tem mostrado? A internet: **sujeito**.

Alternativa "b" – Conhece alguém: **objeto direto**. O verbo é transitivo direto.

Alternativa "c" – Sujeito + verbo de ligação + **predicativo do sujeito**.

Alternativa "d" – **Aposto** explicativo de *outro vício*.

Alternativa "e" – Verbo transitivo direto (curtindo algo): **objeto direto**.

ALTERNATIVA CORRETA: A

02 **(Vunesp – Agente Policial – PC SP/2018)** Nos enunciados – ... talvez porque o autor das ideias não esteja mais aqui para atualizá-**las**. – e – Como a tecnologia de então não **lhe** permitia avançar... –, os termos destacados são

a) acessórios da oração, ambos exercendo a função de adjunto adnominal.

b) integrantes da oração, ambos exercendo a função de objeto direto.

c) acessórios da oração: o primeiro é adjunto adnominal; o segundo, complemento nominal.

d) integrantes da oração: o primeiro é objeto direto; o segundo, indireto.
e) essenciais da oração, ambos exercendo a função de sujeito.

COMENTÁRIOS:

Alternativa "a" – Os dois termos são complementos verbais.

Alternativa "b" – Apenas o pronome "as" – da forma "las" – exerce função de objeto direto do verbo *atualizar.*

Alternativa "c" – Adjuntos adnominais: o, as; não há termo algum com tal função.

Alternativa "d"

1.	Atualizar	**as ideias (as)**
	verbo transitivo direto	**objeto direto**

2.	A tecnologia	não	permitia	**a ele (lhe)**	avançar
	sujeito	adjunto adverbial de negação	verbo transitivo direto e indireto	**objeto indireto**	objeto direto

Alternativa "e" – Sujeitos: *o autor* e *a tecnologia.*

ALTERNATIVA CORRETA: D

03 **(Vunesp – Escrevente Técnico Judiciário – TJ – SP/ 2010)** Assinale a alternativa em que a colocação dos termos na frase foge da usual, tal como se observa em… do futebol de conchavos nada se aprende.

a) A mídia usa os ídolos para comover a população com emoções fortes.
b) A nação embarca num patriotismo desproporcional às vésperas de cada Copa.
c) O futebol se amarrou à autoimagem do país para sempre.
d) Dos técnicos de futebol muito se fala.
e) O surgimento consagrador de Pelé compensou o trauma de 1950.

COMENTÁRIOS:

Alternativa "d": correta – Dos técnicos de futebol muito se fala. A colocação usual dos termos da frase seria: fala-se muito dos técnicos de futebol, ou seja, a oração não se inicia com o sujeito.

Dica – Bastaria eliminar as alternativas que se iniciam com sujeito.

Alternativa "a" – A mídia (sujeito); verbo usar: transitivo direto; para comover a população: adjunto adverbial de finalidade.

Alternativa "b" – A nação (sujeito); verbo embarcar: intransitivo.

Alternativa "c" – O futebol (sujeito); verbo amarrar-se: transitivo indireto.

Alternativa "e" – O surgimento consagrador de Pelé (sujeito); verbo compensar: transitivo direto.

04 **(Vunesp – Escrevente Técnico Judiciário – TJ – SP/ 2010)** Assinale a alternativa em que as duas frases apresentam sujeito composto, como em ... racionalidade e irracionalidade não são duas instâncias lado a lado,...

a) Vargas e seus ministros não eram fãs de futebol./ Mas o governo Vargas reinventou o Brasil, dando-lhe identidade cultural.

b) Mario Filho e Nelson Rodrigues foram os grandes cronistas do futebol./ Não se sentem à vontade para falar de futebol os comentaristas e os cronistas mais velhos.

c) Dois historiadores estrangeiros não querem usar o futebol para pregar nacionalismo./ O mundo exalta os ídolos por unir beleza e eficácia.

d) A fase de autoafirmação por meio do futebol já passou./ Geram ainda muita polêmica o futebol-arte e o futebol-força.

e) Eram dois grandes escritores, mas não se davam bem./ Intelectuais estrangeiros dedicam-se a estudar o fenômeno do futebol no Brasil.

COMENTÁRIOS:

Alternativa "b": correta

- Primeira frase: Mário Filho e Nelson Rodrigues = sujeito composto – apresenta dois núcleos.

- Segunda frase: Os comentaristas e os cronistas mais velhos = sujeito composto – apresenta dois núcleos: comentaristas, cronistas.

Alternativa "a" – Só a primeira frase apresenta sujeito composto: Vargas e seus ministros. Segunda frase: sujeito simples = o governo Vargas.

Alternativa "c" – Primeira frase: sujeito simples = dois historiadores estrangeiros. Segunda frase: sujeito simples = o mundo.

Alternativa "d" – Só a segunda frase apresenta sujeito composto (o futebol-arte e o futebol-força). Primeira frase: – a fase da autoafirmação por meio do futebol.

Alternativa "e" – Primeira frase: sujeito simples = dois grandes escritores. Segunda frase: sujeito simples = intelectuais estrangeiros.

05 **(Vunesp – Escrevente Técnico Judiciário – TJ – SP/ 2010)** Assinale a alternativa em que a oração se estrutura, sequencialmente, com as mesmas funções sintáticas dos termos da oração: As artes nunca desperdiçam nosso tempo.

a) Os prazeres da vida não têm as mesmas relações com o jogo?

b) O futebol me ensinou muito mais que os livros de história.

c) Os intelectuais sempre criticam os esportes.

d) Projetamos sobre o futebol um gosto pela façanha.

e) Os livros e as artes sempre são importantes.

COMENTÁRIOS:

Alternativa "c": correta

As artes	nunca	desperdiçam	nosso tempo
sujeito	adj. adv. tempo	V.T.D.	O.D.

Os intelectuais	sempre	criticam	os esportes
sujeito	adj. adv. tempo	V.T.D.	O.D.

Alternativa "a"

Os prazeres da vida	não	têm	as mesmas relações com o jogo?
sujeito e adjunto adnominal do sujeito (da vida)	adj. adv. negação	V.T.D.	O.D.

Alternativa "b"

O futebol	me	ensinou	muito mais	que os livros de história
sujeito	O.I.	V.T.D.I.	adj. adv. intensidade	Sujeito do verbo elíptico ensinou

Alternativa "d"

Projetamos	sobre o futebol	um gosto	pela façanha
V.T.D.	adj. adv. lugar	O.D.	C.N.

Alternativa "e"

Os livros e as artes	sempre	são	importantes
sujeito composto	adj. adv. tempo	V.L.	predicativo do sujeito

Charge para a próxima questão.

RECRUTA ZERO

(Leila Lauar Sarmento e Douglas Tufano. Português. Volume Único)

06 **(VUNESP – Agente Penitenciário – SP/2013)** Nos primeiro e segundo quadrinhos, estão em destaque dois advérbios: AÍ e AINDA.

Considerando que advérbio é a palavra que modifica um verbo, um outro advérbio ou um adjetivo, expressando a circunstância em que determinado fato ocorre, assinale a alternativa que classifica, correta e respectivamente, as circunstâncias expressas por eles.

a) Lugar e negação.
b) Lugar e tempo.
c) Modo e afirmação.
d) Tempo e tempo.
e) Intensidade e dúvida.

COMENTÁRIOS:

Alternativa correta: letra "b" – Fazendo a pergunta correta: Acabo de limpar **onde**? Aí = lugar. Ainda = já: tempo.

Alternativa "a" – Não nega.

Alternativa "c" – Não se pergunta *como* e não afirma.

Alternativa "d" – Não se faz a pergunta *quando?*

Alternativa "e" – Não há relação de intensidade, nem de dúvida.

07 **(Vunesp – Escrevente Técnico Judiciário – TJ – SP/2012)** Na passagem – Talvez sim, talvez não. Abundance é definitivamente um livro ousado... – , o advérbio em destaque equivale a

a) oportunamente, estabelecendo relação de tempo.
b) decididamente, estabelecendo relação de afirmação.
c) previsivelmente, estabelecendo relação de intensidade.
d) possivelmente, estabelecendo relação de certeza.
e) provavelmente, estabelecendo relação de dúvida.

COMENTÁRIOS:

Alternativa "b": correta – *Definitivamente* significa decididamente, de forma concludente; é uma relação afirmativa.

Alternativa "a" – É definidamente e não há relação de tempo.

Alternativa "c" – Não há indícios de previsão nem de intensidade.

Alternativa "d" – Afirma que é definitivamente e possivelmente não denota certeza.

Alternativa "e" – Não estabelece dúvida.

08 **(Vunesp – Agente de Segurança Penitenciária – SP/2012)** Assinale a alternativa cuja palavra em destaque é uma preposição que estabelece, entre as palavras, relação de **finalidade.**

a) … continuem **a** matar no trânsito
b) … número **de** mortes em acidentes de trânsito.
c) … a ineficácia **do** atual Código de Trânsito.
d) … vítimas fatais **em** ruas e avenidas.
e) … um dos caminhos **para** inibir as pessoas .

COMENTÁRIOS:

Alternativa "e": correta

Nota da autora: Questão de preposição (relação) e análise sintática (adjunto adverbial).

– Para quê? Para inibir as pessoas = finalidade.

Dica – Relações da preposição:

Caneta **de** Maria	Posse	De quem?
Ver **de** perto	Lugar	De onde?
Mesa **de** trabalho	Finalidade	Para que a mesa?
Morreu **de** felicidade	Causa	Morreu de quê?
Falava **de** amor	Assunto	Falava de quê?
Saiu **com** os amigos	Companhia	Saiu com quem?
Sou **de** Ribeirão	Lugar (origem)	De onde?
Bola **de** couro	Matéria	De que é feita a bola?
A música é **de** Caetano Veloso	Autoria	De quem?
A escolha será **por** sorteio	Modo ou conformidade	Como?
Andaremos **a** cavalo	Meio	De quê?
Palmeiras jogou **contra** Corinthians	Oposição	Contra quem?
Tomei um copo **de** vinho	Conteúdo	De quê?
Vendeu o livro **(a) por** R$ 50,00	Preço	Por quanto?
Formou-se **em** medicina	Especialidade	Em quê?
Olhe **para** frente sempre	Destino ou direção	Para onde?
Foi **até** o fim	Limite	
Está **sem** paciência	Ausência, falta	
Saiu do palco **sob** muitos aplausos	Lugar conotativo (sentido figurado)	

Alternativa "a" – Modo: como?

Alternativa "b" – Nem todas as preposições indicam, obrigatoriamente, relações. Esse é um caso. Podemos classificar como especificidade: de quê?

Alternativa "c" – Posse: de quê?

Alternativa "d" – Lugar: onde?

09 **(Vunesp – Agente de Escolta e Vigilância Penitenciária – SP/2012)** O termo destacado em – Seu avô leva os quadrinhos bem a sério. – pode ser trocado, sem alteração de sentido, por

a) muito.
b) pouco.
c) bom.
d) bastantes.
e) muitos.

COMENTÁRIOS:

Alternativa "a": correta.

Nota da autora: Questão de classes gramaticais, concordância e análise sintática (morfossintaxe).

Muito = advérbio de intensidade (significa: em grande quantidade, bastante); bem = advérbio de intensidade (significa: muito, bastante).

Alternativa "b" – pouco = advérbio (antônimo de muito).

Alternativa "c" – bom = adjetivo (significa: bondoso, generoso, magnânimo, benévolo)

Alternativa "d" – bastantes =

- Adjetivo: que basta ou é suficiente.

Exemplo: Ele já me deu demonstrações bastantes de que gosta de você

- Pronome indefinido: muito, numeroso.

Exemplo: Há bastantes mosquitos aqui.

Alternativa "e" – muitos = pronome indefinido.

10 **(Vunesp – Escrevente Técnico Judiciário – TJ – SP/ 2010)** A alternativa em que as duas expressões em destaque exercem, no contexto frasal, a função sintática de circunstância de tempo, é:

a) **Quando** algumas pessoas que **só** acompanham meu trabalho cultural sabem que admiro futebol...
b) ... sugerem que os livros e as artes **sempre** são importantes e **nunca** desperdiçam nosso tempo...
c) **Como** nas artes, na política **ou** na paquera, o grande segredo mora no "timing".
d) O futebol **também** me ensinou **sobre a natureza humana**.
e) **Se** 2 bilhões de pessoas param para ver a Copa do Mundo, um observador cultural **não** pode ficar indiferente a isso.

COMENTÁRIOS:

Alternativa "b": correta – As duas expressões em destaque exercem no contexto, a função sintática temporal, através dos adjuntos adverbiais de tempo, basta fazer a pergunta quando?

Alternativa "a" – Quando: tempo; só: exclusão = apenas.

Alternativa "c" – Comparação e alternância.

Alternativa "d" – Inclusão e assunto.

Alternativa "e" – Condição e negação.

11 **(Vunesp – Escrevente Técnico Judiciário – TJ – SP/ 2010)** Assinale a alternativa em que a expressão em destaque exerce ao mesmo tempo dupla função sintática.

a) Todos sabem *que admiro futebol*.
b) O futebol ensina *belas lições* ao autor.
c) O professor decidiu *defender a tese*.
d) Pelé pensa *rápido*.
e) Quantos prazeres da vida não têm *a mesma relação* com o jogo?

COMENTÁRIOS:

Alternativa "d": correta

- Pelé pensa como? Rápido = adjunto adverbial de modo.
- Pelé pensa e é rápido = predicativo do sujeito.

Alternativa "a" – Objeto direto.

Alternativa "b" – Objeto direto.

Alternativa "c" – Objeto direto.

Alternativa "e" – Objeto direto.

12 **(Vunesp – Agente de Segurança Penitenciária – SP/2009)** Em *"Posteriormente, essa instituição passou a se denominar Educandário Sampaio Vieira..." (Livres, anônimos e abandonados. Sociologia: ciência & vida, ano II, n. 17. Adaptado), o advérbio Posteriormente indica ____ e seu antônimo é ____."* Os espaços da frase devem ser preenchidos, correta e respectivamente, com

a) modo ... antigamente
b) tempo ... anteriormente
c) afirmação ... concomitantemente
d) tempo ... após
e) modo ... raramente

COMENTÁRIOS:

Alternativa "b": correta

- Quando? Posteriormente = tempo. Eliminadas alternativas *a*, *c* e *e*.
- Antônimo: anteriormente. Eliminada alternativa *d*.

13 (Vunesp – Agente de Segurança Penitenciária – SP/2009) Na frase – "... *e atacou uma delas com disposição.*" (O caso da coxinha envenenada. Folha de S.Paulo, 11.03.2009) – a preposição com forma uma expressão indicativa de

a) conformidade.
b) comparação
c) causa.
d) modo.
e) consequência.

COMENTÁRIOS:

Alternativa "d": correta

Nota da autora: Questão de preposição (relação) e análise sintática (adjunto adverbial).

- Atacou uma delas como? = Modo.

Alternativa "a" – Indica regra = conforme.

Alternativa "b" – Normalmente há **verbo elíptico**: Estudou como ele (estuda).

Alternativa "c" – Faz-se a pergunta **por quê?**

Alternativa "e" – Encaixa-se a locução **de modo que** entre as orações.

14 (Vunesp – Escrevente Técnico Judiciário – TJ – SP/2008) Sobre a oração – ... a pobre anda humilhada demais. – afirma – se que

I. o sujeito é a expressão *a pobre*;
II. o predicado é verbal;
III. o núcleo do predicado é o termo *anda*.

Está correto apenas o que se afirma em

a) I.
b) II.
c) III.
d) I e III.
e) II e III.

COMENTÁRIOS:

Alternativa "a": correta

I. Correto. A pobre: sujeito simples.

II. Errado. O predicado é nominal e possui, como núcleo, humilhada: predicativo do sujeito a pobre e o verbo andar é um verbo de ligação.

III. Errado. O núcleo do predicado nominal é o predicativo.

Dica:

P.V. = verbo (menos o de ligação)

P.N. = verbo de ligação + predicativo (núcleo)

P.V.N. = verbo (+ verbo de ligação elíptico) + predicativo

15 **(Vunesp – Escrevente Técnico Judiciário – TJ – SP/2008)** Em – ... está contida também nas leis ***tão mal*** cumpridas do país. – as duas expressões adverbiais em destaque estabelecem, respectivamente, relação de

a) modo e tempo.
b) intensidade e modo.
c) modo e modo.
d) intensidade e causa.
e) modo e causa.

COMENTÁRIOS:

Alternativa "b": correta – Tão: advérbio de intensidade (tão, tanto); mal: advérbio de modo (mal, bem).

Alternativa "a" – Tão não indica modo e mal não indica tempo.

Alternativa "c" – Tão não indica modo e mal não indica modo.

Alternativa "d" – Mal não indica causa.

Alternativa "e" – Tão não indica modo e mal não indica causa.

Texto:

Num governo, é o oposto de assistencialismo, que dá alguns trocados aos despossuídos, em lugar de emprego e educação, que lhes devolveriam a dignidade. É lutar pelo bem comum, perseguindo e escancarando a verdade mesmo que contrarie grandes e vários interesses.

16 **(Vunesp – Escrevente Técnico Judiciário – TJ – SP/2008)** Assinale a alternativa em que, na primeira coluna, está indicada, corretamente, a palavra a que se refere o pronome *lhes* e, na segunda, um emprego sintático semelhante do pronome.

a)	Governo	A leitura dos contos era-lhe uma atividade bem prazerosa.
b)	Assistencialismo	O cabeleireiro cortou-lhe os cabelos com navalha.
c)	Trocados	Foi-lhe bastante útil o exercício sobre regência.
d)	Despossuídos	Informaram-lhe com atraso os dias de matrícula.
e)	Emprego e educação	A namorada rasgou-lhe as cartas por ciúmes.

COMENTÁRIOS:

Alternativa "d": correta – Primeira coluna: despossuídos = objeto indireto do verbo dar: dar algo a alguém. Segunda coluna: lhe = objeto indireto da forma verbal informaram (a alguém) lhe objeto indireto.

Alternativa "a" – governo: núcleo do adjunto adverbial; lhe: complemento nominal (prazerosa a ele).

Alternativa "b" – assistencialismo: adjunto adnominal; lhe: objeto indireto da ação verbal cortou = os cabelos de alguém.

Alternativa "c" – trocados: núcleo do objeto direto alguns trocados; lhe: complemento nominal.

Alternativa "e" – Rasgou **suas** cartas: adjunto adnominal.

➜ **Dica** – Sempre que o pronome LHE puder ser substituído por pronome possessivo, terá função de adjunto adnominal. *Emprego e educação* não são adjuntos adnominais.

Charge:

(Quino, *Toda Mafalda*)

17 **(Vunesp – Técnico Judiciário – TJ – SP/2007)** No último quadrinho, a vírgula empregada antes de *pessoal* se explica por separar, na oração, o

a) vocativo.
b) sujeito.
c) aposto.
d) complemento nominal.
e) objeto direto.

COMENTÁRIOS:

Alternativa "a": correta – Vocativo: termo de chamamento, de invocação, e se caracteriza pela entonação exclamativa.

Alternativa "b" – O sujeito da expressão exclamativa: *olha aqui, pessoal* é **a gente**, da oração subsequente.

Alternativa "c" – Aposto é o termo que explica ou esclarece um termo.

Alternativa "d" – Complemento nominal completa o sentido de uma palavra: substantivo, adjetivo, ou advérbio e se liga a eles através da preposição.

Alternativa "e" – Objeto direto é complemento verbal: **o mundo.**

Texto:

Da ambição se pode dizer que é uma força que, ao contrário da liberdade, não termina onde a do outro começa. O ambicioso não enxerga o cume nem quando o atinge. O céu para ele não é o limite. Não é por outra razão que os maiores desastres humanos *foram gestados pela ambição sem limites. Em contrapartida, os mais espetaculares saltos intelectuais, científicos e políticos trazem a* assinatura *de homens e mulheres ambiciosos. (Veja, 01.03.2006)*

18 **(Vunesp – Escrevente Técnico Judiciário – TJ – SP/2007)** Assinale a alternativa em que as palavras em destaque exercem, respectivamente, as mesmas funções sintáticas de *humanos* e *a assinatura*, em destaque no trecho.

a) Uma situação muito *debatida* diz respeito *às mulheres ambiciosas*.
b) É preciso ter uma visão *sensata* da ambição: não é apenas ganhar *dinheiro* ou ficar famoso.
c) Há ambiciosos *compulsivos* que se sentem ameaçados pela opinião *dos outros*.
d) *A ambição* feminina pode ser considerada mais *ampla*.
e) Não há *razão* alguma para acreditar que a ambição *masculina* seja maior que a feminina.

COMENTÁRIOS:

Alternativa "b": correta

- os maiores desastres *humanos:* sujeito paciente. Núcleo: desastres; *humanos:* adjunto adnominal.
- científicos e políticos trazem *a assinatura:* trazer é transitivo direto e *a assinatura* possui função sintática de objeto direto.

Alternativa b: – uma visão *sensata*: objeto direto. Núcleo: visão; *sensata*: adjunto adnominal.

- ganhar *dinheiro:* ganhar é transitivo direto e *dinheiro* possui função sintática de objeto direto.

Alternativa "a" – adjunto adnominal e complemento nominal.

Alternativa "c" – adjunto adnominal e adjunto adnominal ou aposto especificativo.

Alternativa "d" – sujeito e predicativo do sujeito.

Alternativa "e" – objeto direto e adjunto adnominal.

19 **(Vunesp – Escrevente Técnico Judiciário – TJ – SP/2007)** Assinale a alternativa em que as palavras em destaque exercem, respectivamente, a mesma função sintática das expressões assinaladas em: *Os graduados* apenas *ocasionalmente* exercem *a profissão.*

a) Se aprendem pouco, *a culpa* é da *fragilidade* do ensino *básico.*
b) *A interferência* das corporações não *passa* de uma prática *monopolista.*
c) *Abrir e* fechar *cursos de* "formação geral" é *assunto* do MEC.
d) *O estudante* de direito *exercita* preferencialmente uma lógica *rigorosa.*
e) *Boas razões* existirão *sempre* para o advogado buscar *conhecimento.*

COMENTÁRIOS:

Alternativa "e": correta – *Os graduados* e *boas razões* = sujeito simples plural. *Ocasionalmente* e *sempre* = advérbio temporal. *A profissão* e *conhecimento* = objeto direto.

➲ **Nota da autora:** Fazer a análise sintática de todos os vocábulos leva a uma perda de tempo imensa. Indicamos que o candidato sempre escolha um termo para trabalhá-lo nas alternativas. Vamos iniciar pelo último termo para eliminarmos as outras alternativas? *A profissão:* objeto direto.

Alternativa "a" – Básico: aposto especificativo de **ensino.** Eliminada.

Alternativa "b" – Monopolista: aposto especificativo de **prática.** Eliminada.

Alternativa "c" – Assunto: predicativo do sujeito. Eliminada.

Alternativa "d" – Conhecimento: objeto direto; **exercita:** verbo transitivo direto. Eliminada.

20 **(Vunesp – Escrevente Técnico Judiciário – TJ – SP/2007)** Assinale a alternativa em que o adjetivo em destaque tem a mesma função predicativa do adjetivo *genéricas* em – *Previsões sobre desnutrição, aumento de moléstias ligadas à água, como diarreias, são genéricas.*

a) Até 2050 o acesso à água *potável* e aos alimentos diminuirá.
b) O impacto do aquecimento *global* atingirá a África severamente.
c) Os fenômenos *extremos* também trarão impacto à saúde.
d) Se houver uma migração em massa de gente *doente*, aí haverá um problema.
e) São *conflitantes* as conclusões a respeito da África.

COMENTÁRIOS:

Alternativa "e": correta – *são genéricas*: verbo de ligação + predicativo do sujeito; *São conflitantes:* verbo de ligação + predicativo do sujeito.

Alternativa "a" – Potável – adjunto adnominal do sujeito.

Alternativa "b" – Global – adjunto adnominal do substantivo sujeito.

Alternativa "c" – Extremos – adjunto adnominal do sujeito.

Alternativa "d" – Doente – adjunto adnominal do complemento nominal *de gente doente.*

21 (TJ – SP – Oficial de Justiça – TJ – SP/1999)

Não quero aparelhos
para navegar.
Ando naufragado,
Ando sem destino.
Pelo voo dos pássaros
quero me guiar…

(Jorge de Lima)

Os verbos destacados no poema classificam-se, quanto à predicação, como:

a) transitivo indireto _ verbo de ligação
b) transitivo indireto _ intransitivo
c) transitivo direto _ intransitivo
d) transitivo direto _ verbo de ligação
e) transitivo direto e indireto _ transitivo direto

COMENTÁRIOS:

Alternativa "d": correta

- Quero algo: V.T.D. / aparelhos: O.D.

Eliminadas *a* e *b*.

- Ando naufragado = estou naufragado: verbo de ligação. Eliminadas *c* e *e*.

22 (TJ – SP – Oficial de Justiça – TJ – SP/1999)

Os jardins de corais do litoral da Flórida (EUA) estão estressados. Esse foi o diagnóstico feito por biólogos marinhos depois de analisarem pequenas manchas brancas que estão infestando as formações de corais de todas as cores. Essas manchas, causadas por bactérias, são sintomas de stress. (Isto É, 16/9/98)

Com base no texto podemos constatar:

a) que o objeto direto do verbo analisar é pequenas manchas brancas.
b) que de corais é adjunto adverbial.
c) que sintomas de stress é objeto indireto do verbo ser.
d) que da Flórida (EUA) é predicativo.
e) que essas manchas é núcleo do sujeito.

COMENTÁRIOS:

Alternativa "a": correta – Quem analisa, analisa algo: V.T.D.

Alternativa "b" – Adjunto adnominal.

Alternativa "c" – Predicativo.

Alternativa "d" – Adjunto Adverbial de lugar.

Alternativa "e" – núcleo: manchas; essas: adjunto adnominal.

CAPÍTULO 2

Período composto

» **Nos editais:** Processos de coordenação e subordinação. Reescrita de frases: substituição, deslocamento, paralelismo; variação linguística: norma culta. Estruturação do texto: relações entre ideias; recursos de coesão.

01 **(Vunesp – Oficial Administrativo – SEDUC SP/2019)** A expressão em destaque no trecho "Nada disso me faz falta, **assim como** o livro e a livraria a eles." estabelece relação entre as orações com sentido de

a) proporção.
b) finalidade.
c) causa.
d) comparação.
e) condição.

COMENTÁRIOS:

Nota da autora: A relação é de comparação: nada disso me faz falta, assim como o livro e a livraria não faltam a eles.

Alternativa "a" – Não indica ações simultâneas e não equivale a *à proporção que*.

Alternativa "b" – Não cabe a pergunta "para quê?".

Alternativa "c" – Não cabe a pergunta "por quê?".

Alternativa "d" – Compara o que não faz falta a mim e a eles.

Alternativa "e" – Não cabe a conjunção "se", ou a conjunção "caso".

ALTERNATIVA CORRETA: D

Texto para responder à questão.

Assassinos culturais

Sou um assassino cultural, e você também é. Sei que é romântico chorar quando uma livraria fecha as portas. Mas convém não abusar do romantismo – e da hipocrisia. Fomos nós que matamos aquela livraria e o crime não nos pesa muito na consciência.

Falo por mim. Os livros físicos que entram lá em casa são cada vez mais ofertas – de amigos ou editoras.

Aos 20, quando viajava por territórios estranhos, entrava nas livrarias locais como um faminto na capoeira. Comprava tanto e carregava tanto que desconfio que o meu problema de ciática é, na sua essência, um problema livresco.

Hoje? Gosto da flânerie*. Mas depois, fotografo as capas com o meu celular antes de regressar para o psicanalista – o famoso dr. Kindle. Culpado? Um pouco. E em minha defesa só posso afirmar que pago pelos meus vícios.

E quem fala em livrarias, fala em todo o resto. Eu também ajudei a matar a Tower Records e a Virgin Megastore. Havia lá dentro uma bizarria chamada CD – você se lembra?

Hoje, com alguns aplicativos, tenho uma espécie de discoteca de Alexandria onde, a meu bel-prazer, escuto meus clássicos e descubro novos.

Se juntarmos ao pacote o iTunes e a Netflix, você percebe por que eu também tenho o sangue dos cinemas e dos blockbusters nas mãos.

Eis a realidade: vivemos a desmaterialização da cultura. Mas não é apenas a cultura que se desmaterializa e tem deixado as nossas salas e estantes mais vazias. É a nossa relação com ela. Não somos mais proprietários de "coisas"; somos apenas consumidores e, palavra importante, assinantes.

O livro "Subscribed", de Tien Tzuo, analisa a situação. É uma reflexão sobre a "economia de assinaturas" que conquista a economia global. Conta o autor que mais de metade das empresas da famosa lista da "Fortune" já não existiam em 2017. O que tinham em comum? O objetivo meritório de vender "coisas" – muitas coisas, para muita gente, como sempre aconteceu desde os primórdios do capitalismo.

Já as empresas que sobreviveram e as novas que entraram na lista souberam se adaptar à economia digital, vendendo serviços (ou, de forma mais precisa, acessos).

Claro que na mudança algo se perde. O desaparecimento das livrarias não acredito que seja total no futuro (e ainda bem). Além disso, ler no papel não é o mesmo que ler na tela. Mas o interesse do livro de Tzuo não está apenas nos números; está no retrato de uma nova geração para quem a experiência cultural é mais importante do que a mera posse de objetos.

Há quem veja aqui um retrocesso, mas também é possível ver um avanço – ou, para sermos bem filosóficos, o triunfo do espírito sobre a matéria. E não será essa, no fim das contas, a vocação mais autêntica da cultura?

(João Pereira Coutinho. *Folha de S.Paulo*, 28.08.2018. Adaptado)

* *Flânerie*: ato de passear, de caminhar sem compromisso.

02 **(Vunesp – Administrador Judiciário – TJ SP/2019)** Assinale a alternativa em que a pontuação foi empregada para separar a oração subordinada adverbial.

a) Eis a realidade: vivemos a desmaterialização da cultura.

b) Sou um assassino cultural, e você também é.

c) Se juntarmos ao pacote o iTunes e a Netflix, você percebe por que eu também tenho o sangue dos cinemas e dos blockbusters nas mãos.

d) Havia lá dentro uma bizarria chamada CD – você se lembra?

e) E quem fala em livrarias, fala em tudo o resto.

COMENTÁRIOS:

Alternativa "a" – Subordinada substantiva apositiva.

Alternativa "b" – Coordenada aditiva.

Alternativa "c" – Subordinada adverbial condicional: se juntarmos, caso juntássemos.

Alternativa "d" – Coordenada assindética (sem conjunção).

Alternativa "e" – Coordenada assindética.

ALTERNATIVA CORRETA: C

03 **(Vunesp – Profissional para Assuntos Administrativos – UNICAMP/2019)** O termo destacado na frase "Pois, se for para chegar lá, que seja **para** continuar usando algo mais nobre do que apenas os polegares." forma uma expressão com sentido de

a) finalidade.

b) origem.

c) modo.

d) meio.

e) causa.

COMENTÁRIOS:

Alternativa "a" – **Para que** chegar lá? **Para** continuar usando algo mais nobre. = finalidade.

Alternativa "b" – Não indica lugar, logo não pode indicar origem. Exemplo: Veio de São Paulo.

Alternativa "c" – Não cabe a pergunta "como?".

Alternativa "d" – Não cabe a pergunta "de quê?", portanto não é meio. Exemplo: Veio de trem.

Alternativa "e" – Não cabe a pergunta "por quê?" e por isso não indica causa.

ALTERNATIVA CORRETA: A

04 **(Vunesp – Agente de Telecomunicações Policial – PC SP/2018)** Assinale a alternativa que substitui a conjunção destacada na passagem "Aí foram buscar dois escravos. E esses, <u>mesmo</u> duramente açoitados, negaram-se a participar da execução.", preservando a relação de sentido do original.

a) portanto

b) porém
c) embora
d) pois
e) caso

COMENTÁRIOS:

Nota da autora: Ocorre subordinação pelo fato de as orações possuírem dependência sintática. Se fossem independentes, seriam coordenadas.

Alternativa "a" – Conjunção coordenada conclusiva.

Alternativa "b" – Conjunção coordenada adversativa.

Alternativa "c" – *Mesmo* e *embora* indicam concessão, ou seja, oposição.

Alternativa "d" – Pode ser coordenada explicativa ou conclusiva.

Alternativa "e" – Conjunção subordinada adverbial condicional.

ALTERNATIVA CORRETA: C

05 **(Vunesp – Agente de Telecomunicações Policial – PC SP/2018)** Assinale a alternativa que substitui a expressão em destaque na passagem "... ainda hoje, a escravidão persiste, só que agora é multiétnica.", preservando a relação de sentido do original.

a) mas
b) desde que
c) até
d) pois
e) como

COMENTÁRIOS:

Alternativa "a" – São ideias opostas e as orações são coordenadas: conjunção (mas) e locução conjuntiva (só que) adversativas. Indicam adversidade: ***mas, porém, contudo, todavia, entretanto, no entanto, não obstante.***

Alternativa "b" – Subordinada causal ou temporal.

Alternativa "c" – Exprime ideia de inclusão ou destaque.

Alternativa "d" – Pode ser coordenada explicativa ou conclusiva.

Alternativa "e" – Subordinada comparativa, causal ou conformativa.

ALTERNATIVA CORRETA: A

06 **(VUNESP - TJ SP – Escrevente Técnico Judiciário – 2018)** Nas passagens "Porque, **como** dizia o Irmão Lourenço, *no schola sed vita* – é preciso aprender não para a escola, mas para a vida." e "Ama com fé e orgulho a terra em que nasceste!

Criança – não verás nenhum país **como** este!", as conjunções destacadas estabelecem, correta e respectivamente, relações de sentido de

a) conformidade e causa.
b) comparação e causa.
c) conformidade e comparação.
d) comparação e comparação.
e) conformidade e conformidade.

COMENTÁRIOS:

Alternativa correta: letra "c"

Alternativa "a" – Para indicar causa, dever-se-ia fazer a pergunta "por quê?".

Alternativa "b" – Nem comparação nem causa.

Alternativa "c" – 1. ***como*** *dizia* equivale a **conforme** dizia, ou seja, possui ideia de conformidade (regra). Indicam conformidade: *conforme, segundo, como, consoante, de acordo*; 2. *não verás nenhum país* ***como*** (vês) *este*: há verbo implícito e a ideia é comparativa. Indicam comparação: *como, assim como, tal como, tanto como, tanto quanto, como se, do que, quanto, tal, qual, tal qual, que nem, que (combinado com menos ou mais).*

Alternativa "d" – Ocorre comparação apenas no segundo trecho.

Alternativa "e" – Há conformidade no primeiro trecho; no segundo, não.

ALTERNATIVA CORRETA: C

Leia o texto dos quadrinhos, para responder à questão.

(Charles M. Schulz. Snoopy- Feliz dia dos namorados!)

07 **(Vunesp – Escrevente Técnico Judiciário – TJ – SP/2017)** A relação de sentido que há entre as partes sinalizadas no período - (I) Se você não me ajudar com a lição de casa, (II) eu vou processar você - é:

a) (I) expressa uma causa; (II) expressa o momento da ação.
b) (I) expressa uma condição; (II) expressa uma possível ação consequente.
c) (I) expressa modo da ação já realizada; (II) expressa sua causa.
d) (I) expressa uma comparação; (II) expressa seu efeito futuro.
e) (I) expressa uma ação possível; (II) expressa uma ação precedente realizada.

COMENTÁRIOS:

Alternativa correta: letra "b"

I. *Se você não me ajudar* equivale a **caso você não me ajude**: condição;

II. *Eu vou processar você*: consequentemente, processarei você = consequência.

Alternativa "a" – I. Indicam causa: *porque, como* (sempre introduzido na oração anteposta à oração principal), *pois, pois que, já que, uma vez que, visto que*; II. A ação expressa é em relação ao futuro: ideia de *processarei* – futuro do presente do indicativo.

Alternativa "c" – I. A ação é condicional - poderá acontecer, ou não -, conforme comentado na resposta; II. Indicam causa: *porque, como* (sempre introduzido na oração anteposta à oração principal), *pois, pois que, já que, uma vez que, visto que.*

Alternativa "d" – I. Indicam comparação: *como, tão... como (quanto), mais (do) que, menos (do) que;* II. Expressa consequência.

Alternativa "e" – I. Expressa ação condicional (se = caso); II. Nenhuma ação foi realizada.

Trecho para responder à questão.

(...) Em abril de 2015, quase três anos após a mudança para o escritório aberto, Nagele transferiu a empresa para um espaço de 900 m^2 onde hoje todos têm seu próprio espaço, com portas e tudo.

Inúmeras empresas adotaram o conceito de escritório aberto - cerca de 70% dos escritórios nos Estados Unidos são assim - e até onde se sabe poucos retornaram ao modelo de espaços tradicionais com salas e portas.

Pesquisas, **contudo**, mostram que podemos perder até 15% da produtividade, desenvolver problemas graves de concentração e até ter o dobro de chances de ficar doentes em espaços de trabalho abertos - fatores que estão contribuindo para uma reação contra esse tipo de organização.

Desde que se mudou para o formato tradicional, Nagele já ouviu colegas do setor de tecnologia dizerem sentir falta do estilo de trabalho do escritório fechado. "Muita gente concorda - simplesmente não aguentam o escritório aberto. Nunca se consegue terminar as coisas e é preciso levar mais trabalho para casa", diz ele. (...)

(Bryan Borzykowski, "Por que escritórios abertos podem ser ruins para funcionários." Disponível em:<www1.folha.uol.com.br>. Acesso em: 04.04.2017. Adaptado)

08 **(Vunesp – Escrevente Técnico Judiciário – TJ – SP/2017 - adaptada)** É correto afirmar que a expressão - **contudo** - estabelece uma relação de sentido com o parágrafo

a) anterior, confirmando com estatísticas o sucesso das empresas que adotaram o modelo de escritórios abertos.
b) posterior, expondo argumentos favoráveis à adoção do modelo de escritórios abertos.
c) anterior, atestando a eficiência do modelo aberto com base em resultados de pesquisas.
d) anterior, introduzindo informações que se contrapõem à visão positiva acerca dos escritórios abertos.
e) posterior, contestando com dados estatísticos o formato tradicional de escritório fechado.

COMENTÁRIOS:

Alternativa correta: letra "d" – A conjunção *contudo* é coordenada adversativa e indica, consequentemente, contraposição, oposição: *Inúmeras empresas adotaram o conceito de escritório aberto* **versus** *pesquisas mostram que podemos perder até 15% da produtividade, desenvolver problemas graves de concentração e até ter o dobro de chances de ficar doentes em espaços de trabalho abertos.*

Alternativa "a" – Em primeiro lugar, não há confirmação. Indicam conformidade (regra): *conforme, como, consoante* e *segundo.*

Alternativa "b" – Expõe argumento contrário.

Alternativa "c" – Não há eficiência, como visto na explicação da alternativa correta.

Alternativa "e" – Não ocorre constatação, mas sim dados estatísticos que mostram o efeito ruim que poderá causar.

09 **(Vunesp – Escrevente Técnico Judiciário – TJ-SP/2015)** Assinale a alternativa que reescreve, com correção e sem alteração de sentido, a passagem - Algumas palavras dependem de outras, embora não sejam grudadas por um hífen.

a) Contanto que não sejam grudadas por um hífen, algumas palavras dependem de outras.
b) Algumas palavras dependem de outras, exceto se são grudadas por um hífen.
c) Algumas palavras dependem de outras, quando não são grudadas por um hífen.
d) Apesar de não serem grudadas por um hífen, algumas palavras dependem de outras.
e) Desde que não sejam grudadas por um hífen, algumas palavras dependem de outras.

COMENTÁRIOS:

Alternativa correta: letra "d" – *Embora* é conjunção subordinada concessiva, ou seja, indica oposição. Equivale a *conquanto, ainda que, ainda quando, mesmo que, se bem que, posto que,* ***apesar de.***

Alternativa "a" – *Contanto* indica condição. Indicam condição: *se, caso, contanto que, desde que, salvo se, exceto se, a não ser que, a menos que, sem que, uma vez que* (seguida de verbo no subjuntivo).

Alternativa "b" – *Se* é condicional.

Alternativa "c" – *Quando* indica tempo. Indicam tempo: *enquanto, **mal,** assim que, logo que, todas as vezes que, antes que, depois que, sempre que, desde que.*

Alternativa "e" – *Desde que* é condicional.

10 **(Vunesp – Escrevente Técnico Judiciário – TJ-SP/2015)** Na passagem - O abraço caudaloso deu tão certo **que ficaram perdidamente inseparáveis**. -, o trecho destacado expressa, em relação ao anterior, ideia de

a) consequência

b) tempo.

c) causa.

d) condição.

e) modo.

COMENTÁRIOS:

Alternativa correta: letra "a" – Basta substituir por *de modo que* para saber se indica consequência: O abraço caudaloso deu tão certo **de modo que** ficaram perdidamente inseparáveis.

Alternativa "b" – Indicam tempo: *quando, enquanto, **mal,** assim que, logo que, todas as vezes que, antes que, depois que, sempre que, desde que.*

Alternativa "c" – Indicam causa: *porque, como* (sempre introduzido na oração anteposta à oração principal), *pois, pois que, já que, uma vez que, visto que.*

Alternativa "d" – Indicam condição: *se, caso, contanto que, desde que, salvo se, exceto se, a não ser que, a menos que, sem que, uma vez que* (seguida de verbo no subjuntivo).

Alternativa "e" – Indicam modo: *como* e *sem que.*

Trecho para responder à questão.

Há teorias evolucionistas que defendem que as sociedades com maior número de pessoas altruístas sobreviveram por mais tempo **por serem mais capazes de manter a coesão.**

11 **(Vunesp – Escrevente Técnico Judiciário – TJ-SP/2015)** É correto afirmar que a frase destacada na passagem expressa, em relação à que a antecede, o sentido de

a) tempo.

b) adição.

c) causa.

d) condição.

e) finalidade.

COMENTÁRIOS:

Nota da autora: Lembre que onde há causa, há consequência.

Alternativa correta: letra "c"

Por que teorias evolucionistas defendem que as sociedades com maior número de pessoas altruístas sobreviveram por mais tempo?	por serem mais capazes de manter a coesão. = **Porque** são mais capazes de manter a coesão.
A pergunta é a **consequência.**	A resposta é a **causa.**

Alternativa "a" - Indicam tempo: *quando, enquanto,* ***mal,*** *assim que, logo que, todas as vezes que, antes que, depois que, sempre que, desde que.*

Alternativa "b" – Indicam adição: ***e, nem*** (= e não), ***não só... mas também, não só... como também, bem como, não só... mas ainda.***

Alternativa "d" – *se, caso, contanto que, desde que, salvo se, exceto se, a não ser que, a menos que, sem que, uma vez que* (seguida de verbo no subjuntivo).

Alternativa "e" – Indicam finalidade: *a fim de que, que, porque* (= para que) e *para que.*

Trecho para responder à questão.

As cotas raciais deram certo porque seus beneficiados são, sim, competentes. Merecem, sim, frequentar uma universidade pública e de qualidade. No vestibular, que é o princípio de tudo, os cotistas estão só um pouco atrás. Segundo dados do Sistema de Seleção Unificada, a nota de corte para os candidatos convencionais a vagas de medicina nas federais foi de 787,56 pontos. Para os cotistas, foi de 761,67 pontos. A diferença entre eles, **portanto**, ficou próxima de 3%. IstoÉ entrevistou educadores e todos disseram que essa distância é mais do que razoável. (...)

(www.istoe.com.br)

12 **(Vunesp – Escrevente Técnico Judiciário – TJ-SP/2014)** A conjunção **portanto** expressa ideia de

a) comparação

b) explicação.

c) adição.

d) condição.

e) conclusão.

COMENTÁRIOS:

Alternativa correta: letra "e" – Para facilitar, insira a conjunção entre as orações: a nota de corte para os candidatos convencionais a vagas de medicina nas federais foi de 787,56 pontos. Para os cotistas, foi de 761,67 pontos, **portanto** a diferença entre eles ficou próxima de 3%. A conjunção possui ideia de conclusão.

Indicam conclusão: logo, por conseguinte, consequentemente, por isso, assim sendo, desse modo, pois.

Alternativa "a" – Indicam comparação: como, assim como, tal como, como se, (tão)... como, tanto como, tanto quanto, do que, quanto, tal, qual, tal qual, que nem, que (combinado com menos ou mais) etc.

Alternativa "b" – Indicam explicação: que, porque, pois (= porque), porquanto.

Alternativa "c" – Indicam adição: e, nem (= e não), não só... mas também, não só... como também, bem como, não só... mas ainda.

Alternativa "d" – Indicam condição: se, caso, contanto que, salvo se, a não ser que, desde que, a menos que, sem que, etc.

Trecho para responder à questão.

Um pé de milho

Aconteceu que no meu quintal, em um monte de terra trazido pelo jardineiro, nasceu alguma coisa que podia ser um pé de capim – mas descobri que era um pé de milho. Transplantei-o para o exíguo canteiro na frente da casa. Secaram as pequenas folhas, pensei que fosse morrer. Mas ele reagiu. Quando estava do tamanho de um palmo, veio um amigo e declarou desdenhosamente que na verdade aquilo era capim. Quando estava com dois palmos veio outro amigo e afirmou que era cana. Sou um ignorante, um pobre homem da cidade. Mas eu tinha razão. Ele cresceu, está com dois metros, lança as suas folhas além do muro – e é um esplêndido pé de milho. Já viu o leitor um pé de milho? Eu nunca tinha visto. Tinha visto centenas de milharais – mas é diferente. Um pé de milho sozinho, em um canteiro, espremido, junto do portão, numa esquina de rua – não é um número numa lavoura, é um ser vivo e independente. Suas raízes roxas se agarram ao chão e suas folhas longas e verdes nunca estão imóveis.(...) (Rubem Braga. 200 crônicas escolhidas, 2001. Adaptado)

13 **(Vunesp – Escrevente Técnico Judiciário – TJ-SP/2014)** Assinale a alternativa em que há relação de causa e consequência entre as informações.

a) Suas raízes roxas se agarram ao chão e suas folhas longas e verdes nunca estão imóveis.

b) Transplantei-o para o exíguo canteiro na frente da casa. Secaram as pequenas folhas...

c) Tinha visto centenas de milharais - mas é diferente.

d) Quando estava com dois palmos veio outro amigo e afirmou que era cana.

e) ... podia ser um pé de capim - mas descobri que era um pé de milho.

COMENTÁRIOS:

Alternativa correta: letra "b" – Para haver causa, é necessário fazer a pergunta "**por quê?**".

Por que transplantei-o para o exíguo canteiro na frente da casa? **Porque** secaram as pequenas folhas = causa.

Alternativa "a" – Adição (e).

Alternativa "c" – Adversidade (mas).

Alternativa "d" – Tempo (quando) e adição (e).

Alternativa "e" – Adversidade (mas).

14 **(VUNESP – Agente Penitenciário – SP/2013)** O trecho – Obrigados a optar por uma repressão policial mais ativa, aumentaremos o número de prisioneiros. – pode ser reescrito de acordo com a norma-padrão da língua, e mantendo o mesmo sentido, em:

a) O número de prisioneiros serão aumentados embora sejamos obrigados a optar por uma repressão policial mais ativa.
b) O número de prisioneiros será aumentado a menos que sejamos obrigado a optar por uma repressão policial mais ativa.
c) Aumentaremos o número de prisioneiros à medida que formos obrigados a optar por uma repressão policial mais ativa.
d) O número de prisioneiros aumentará, todavia seremos obrigados a optar por uma repressão policial mais ativa.
e) Aumentaremos o número de prisioneiros quando sermos obrigado a optar por uma repressão policial mais ativa.

COMENTÁRIOS:

Alternativa correta: letra "c" – Ideia de ações simultâneas, ou seja, proporcionalidade: acontecem ao mesmo tempo.

Alternativa "a" – Não cabe concessão (embora).

Alternativa "b" – Altera o sentido.

Alternativa "d" – Não cabe adversidade.

Alternativa "e" – Não indica tempo.

15 **(VUNESP – Agente Penitenciário – SP/2013)** Considere o trecho.

Enquanto não aprendermos a educar e oferecer medidas preventivas **para que** os pais evitem ter filhos que não serão capazes de criar, cabe a nós a responsabilidade de integrá-los na sociedade por meio da educação formal de bom nível, das práticas esportivas e da oportunidade de desenvolvimento artístico.

As conjunções em destaque estabelecem, entre as orações, respectivamente, relações de

a) proporção e conclusão.
b) contraste e conformidade.
c) explicação e oposição.
d) tempo e finalidade.
e) condição e concessão.

COMENTÁRIOS:

Alternativa correta: letra "d"

Nota da autora: Faça pergunta à oração próxima e evitará erro.

– Quando cabe a nós a responsabilidade de integrar os filhos na sociedade? Enquanto não aprendermos a educar e oferecer medidas preventivas = tempo.

– Não aprendemos a educar e oferecer medidas preventivas para quê? Para que os pais evitem ter filhos que não serão capazes de criar = finalidade.

Alternativa "a" – Não são ideias simultâneas e nada conclui.

Alternativa "b" – Não há contraste (oposição) nem regra (conformidade).

Alternativa "c" – Não explica, nem opõe.

Alternativa "e" – Não é condição, muito menos concessão (embora, apesar de).

16 **(VUNESP – Agente Penitenciário – ES/2013)** Considere o trecho a seguir.

Meu marido, **se** quiser pescar, pesque, [...]

ele fala coisas como "este foi difícil" [...]

e faz o gesto com a mão

As conjunções em destaque – **se** e **e** – estabelecem, correta e respectivamente, relações de

a) causa e adição.
b) conclusão e explicação.
c) tempo e oposição.
d) oposição e condição.
e) condição e adição.

COMENTÁRIOS:

Alternativa correta: letra "e" – Se quiser pescar equivale a caso queira pescar. Se substituirmos a conjunção *se* por *caso*, indica condição. Ele fala coisas... e faz gestos = faz isso + isso, ou seja, adição de ideias.

Alternativa "a" – Não é causa, pois deveríamos fazer a pergunta por quê?

Alternativa "b" – Não conclui nem explica.

Alternativa "c" – Para indicar tempo, far-se-ia a pergunta quando? / Não indica ideias opostas.

Alternativa "d" – Não se trata de oposição e condição, respectivamente.

17 **(Vunesp – Escrevente Técnico Judiciário – TJ – SP/2013)** Assinale a alternativa em que a oração destacada expressa finalidade, em relação à outra que compõe o período.

a) <u>Se deixou de bajular os príncipes e princesas do século 19</u>, passou a servir reis e rainhas do 20…

b) Pensa o garçom, antes de conduzi-lo à última mesa do restaurante...

c) Você é que foi ao restaurante para homenageá-lo.

d) ... nenhum emblema preencherá o vazio que carregas no peito – ...

e) O garçom boceja, tira um fiapo do ombro...

COMENTÁRIOS:

Alternativa "c": correta – Você foi ao restaurante para quê? Para homenageá-lo: finalidade.

Alternativa "a" – Se = caso: condição.

Alternativa "b" – Antes de: tempo.

Alternativa "d" – Que = pronome relativo: oração subordinada adjetiva restritiva (sem pontuação).

Alternativa "e" – Orações coordenadas (independentes sintaticamente) assindéticas (sem conjunção).

18 **(Vunesp – Escrevente Técnico Judiciário – TJ – SP/2013)** Assinale a alternativa em que o emprego de nexos sintáticos entre as orações do período – Eu disse "cliente paulista", percebo a redundância: o paulista é sempre cliente. – mostra-se adequado ao sentido do texto.

a) Eu disse cliente paulista, mas percebo a redundância, pois o paulista é sempre cliente.

b) Eu disse cliente paulista, se percebo a redundância, mas o paulista é sempre cliente.

c) Eu disse cliente paulista, porque percebo a redundância, contanto que o paulista seja sempre cliente.

d) Eu disse cliente paulista, desde que percebi a redundância, para que o paulista seja sempre cliente.

e) Eu disse cliente paulista, sem perceber a redundância, portanto o paulista é sempre cliente.

COMENTÁRIOS:

Alternativa "a": correta

- mas percebo a redundância: adversidade, ideias opostas.
- pois o paulista é sempre cliente: porque = explicação.

Alternativa "b" – Se = condição e a terceira oração não indica oposição (mas).

Alternativa "c" – Porque = explicação, contanto = condição.

Alternativa "d" – Desde que = tempo; contanto = condição.

Alternativa "e" – Portanto = conclusão.

Texto:

Desde o surgimento da ideia de hipertexto...

... informações ligadas especialmente à pesquisa acadêmica,

... uma "máquina poética", algo que funcionasse por analogia e associação...

Quando o cientista Vannevar Bush [...] concebeu a ideia de hipertexto...

... 20 anos depois de seu artigo fundador...

19 **(Vunesp – Escrevente Técnico Judiciário – TJ – SP/2013)** As palavras destacadas que expressam ideia de tempo são:

a) algo, especialmente e Quando.
b) Desde, especialmente e algo.
c) especialmente, Quando e depois.
d) Desde, Quando e depois.
e) Desde, algo e depois.

COMENTÁRIOS:

Alternativa "d": correta – Para indicar tempo, faz-se a pergunta **quando?**

Alternativa "a" – *Algo* e *especialmente* não indicam tempo.

Alternativa "b" – *Algo* e *especialmente* não indicam tempo.

Alternativa "c" – *Especialmente* não indica tempo.

Alternativa "e" – *Algo* não indica tempo.

20 **(Vunesp – Escrevente Técnico Judiciário – TJ – SP/2013)** Na passagem – Nesse contexto, governos e empresas estão fechando o cerco contra a corrupção e a fraude, **valendo-se dos mais variados mecanismos**... – a oração destacada expressa, em relação à anterior, sentido que responde à pergunta:

a) "Quando?"
b) "Por quê?"
c) "Como?"
d) "Para quê?:
e) "Onde?"

COMENTÁRIOS:

Alternativa "c": correta – Estão fechando o cerco como? De que modo?

Alternativa "a" – Tempo.

Alternativa "b" – Causa.

Alternativa "d" – Finalidade.

Alternativa "e" – Lugar.

21 **(Vunesp – Escrevente Técnico Judiciário – TJ – SP/2013)** Assinale a alternativa que substitui o trecho em destaque na frase – Assinarei o documento, **contanto que garantam sua autenticidade.** – sem que haja prejuízo de sentido.

a) desde que garantam sua autenticidade.
b) no entanto garantam sua autenticidade.
c) embora garantam sua autenticidade.
d) portanto garantam sua autenticidade.
e) a menos que garantam sua autenticidade.

COMENTÁRIOS:

Alternativa "a": correta – Contanto, desde que, se, caso = condição.

Alternativa "b" – Adversidade.

Alternativa "c" – Concessão: ideias opostas (apesar de).

Alternativa "d" – Conclusão.

Alternativa "e" – Condição.

22 **(Vunesp – Escrevente Técnico Judiciário – TJ – SP/2012)** No período – A pesquisa do Dieese é um medidor importante, pois sua metodologia leva em conta **não só** o desemprego aberto (quem está procurando trabalho), **como também** o oculto (pessoas que desistiram de procurar ou estão em postos precários). –, os termos em destaque estabelecem entre as orações relação de

a) causa.
b) alternância.
c) adição.
d) oposição.
e) explicação.

COMENTÁRIOS:

Alternativa "c": correta – Adicionam *quem está procurando* a *pessoas que desistiram.*

Alternativa "a" – Não estabelecem relação de causa porque não denotam consequência.

Alternativa "b" – Não há alternância nos termos em destaque, nem no período.

Alternativa "d" – Haveria oposição se estabelecessem relação contrária.

Alternativa "e" – Há explicação, mas não nos termos em destaque.

Trecho:

(...)

Os autores têm até explicação para o fato de não acreditarmos muito nessas promessas. Como fomos programados para ver o mundo como um lugar ameaçador, nutrimos um inescapável pessimismo global, que não nos deixa perceber as revoluções silenciosas de que participamos.

Talvez sim, talvez não. Abundance é definitivamente um livro ousado, e mesmo que lhe apliquemos um deságio cético de, vá lá, 80%, ainda ______coisas surpreendentes.

(Hélio Schwartsman, Abundância e otimismo. Folha de S. Paulo, 16.09.2012. Adaptado)

23 **(Vunesp – Escrevente Técnico Judiciário – TJ – SP/2012)** Observando as ocorrências da palavra "como" em – Como fomos programados para ver o mundo como um lugar ameaçador. – é correto afirmar que se trata de conjunção

a) conformativa nas duas ocorrências.
b) comparativa na primeira ocorrência.
c) causal na primeira ocorrência.
d) comparativa nas duas ocorrências.
e) causal na segunda ocorrência.

COMENTÁRIOS:

Alternativa "c": correta – Causal porque *como* em lugar de *por causa, em virtude de, por motivo de*. Façamos pergunta à oração principal: nutrimos um inescapável pessimismo global por quê?

Alternativa "a" – Não há conformação.

Alternativa "b" – Não há comparação e sim causa.

Alternativa "d" – Comparativa só na 2ª ocorrência.

Alternativa "e" – Na segunda ocorrência há comparação.

24 **(Vunesp – Escrevente Técnico Judiciário – TJ – SP/2012)** Leia a charge.

(*Gazeta do Povo*, 14.09.2012)

Em relação ao enunciado "andar tão por baixo", a ideia contida em "ganhar apelido de pano de chão" deve ser considerada

a) a sua finalidade.
b) a sua causa.
c) o seu oposto.
d) a sua consequência.
e) a sua conclusão.

COMENTÁRIOS:

Alternativa "d": correta – Consequência: basta inserir a expressão **de modo que**.

Alternativa "a" – O fato de ganhar o apelido não denota finalidade.

Alternativa "b" – Ganhar o apelido não é a causa e sim a consequência.

Alternativa "c" – Não há ideia de oposição.

Alternativa "e" – Não há nenhuma conclusão.

Texto:

A Groenlândia nunca derreteu tanto

No verão da Groenlândia, é normal que suas camadas de gelo se derretam. Em julho de 2012, no entanto, em apenas quatro dias (de 9 a 12), a superfície gelada sofreu um derretimento nunca antes observado: a área descongelada passou de 40 para 97%. Apesar de os cientistas definirem o fenômeno como "extremo", eles explicam que não há motivos para alarde: experimentos apontaram que nos últimos dez milênios, houve um vasto derretimento a cada 150 anos. As informações são da Nasa. (IstoÉ, 01.08.2012)

25 **(Vunesp – Escrevente Técnico Judiciário – TJ – SP/2012)** O sentido da conjunção destacada no texto também está presente na seguinte passagem, adaptada do editorial da Folha de S.Paulo, de 02.06.2012:

a) Heloisa, minha mulher, ficou logo sabendo, mas quis me poupar. Ele era nosso amigo.
b) No dia 26, voltei para casa. Horas depois, liguei o computador e abri a lista de mensagens.
c) Assim que abri os olhos, li a notícia: "Morreu Pery Ribeiro.".
d) No dia 24 de fevereiro, eu estava no CTI de um hospital, recém-saído de uma cirurgia, quando morreu o cantor Pery Ribeiro.
e) O cuidado de Heloisa foi inútil, pois havia uma TV no CTI, bem à minha frente.

COMENTÁRIOS:

Alternativa "a": correta – *No entanto* e *mas* são conjunções adversativas.

Alternativa "b" – Adição.

Alternativa "c" – Tempo.

Alternativa "d" – Tempo.

Alternativa "e" – Explicação.

26 **(Vunesp – Escrevente Técnico Judiciário – TJ – SP/2012)** O trecho – ... a superfície gelada sofreu um derretimento nunca antes observado: a área descongelada passou de 40 para 97%. – está corretamente reescrito em:

a) ... a superfície gelada sofreu um derretimento que nunca antes foi observado, logo a área descongelada passou de 40 para 97%.

b) ... a superfície gelada sofreu um derretimento que nunca antes fora observado, haja vista que a área descongelada passou de 40 para 97%.

c) ... a superfície gelada sofreu um derretimento que nunca antes se havia observado, como a área descongelada passou de 40 para 97%.

d) ... a superfície gelada sofreu um derretimento que nunca antes era observado, que a área descongelada passou de 40 para 97%.

e) ... a superfície gelada sofreu um derretimento que nunca antes tivera sido observado, enquanto a área descongelada passou de 40 para 97%.

COMENTÁRIOS:

Alternativa "b": correta – A expressão *haja vista que* está substituindo os dois pontos, o que indica *o que se deve ponderar, considerar* (a grande área descongelada).

Alternativa "a" – *logo* nem como advérbio, nem como conjunção no contexto pode substituir os dois pontos sem mudar o sentido da mensagem.

Alternativa "c" – A conjunção *como* não substitui os dois pontos, pois altera o sentido da frase.

Alternativa "d" – *nunca antes era observado* não equivale a *nunca antes observado* e há erro na conjunção *que.*

Alternativa "e" – *tivera sido observado:* tempo e modo de verbos inadequados; *enquanto:* conjunção *que* não substitui os dois pontos.

Trecho para a próxima questão.

"... rever socialmente o conceito que temos sobre o álcool, porém, não é fácil."

(Como evitar que motoristas bêbados fiquem impunes e continuem a matar no trânsito, Rodrigo Cardoso, Paula Rocha, Michel Alecrim e Luciani Gomes. ISTOÉ, nov. 2011. Adaptado)

27 **(Vunesp – Agente de Segurança Penitenciária – SP/2012)** A conjunção em destaque na frase estabelece, entre as orações, sentido de

a) oposição, e pode ser substituída por **contudo.**

b) conclusão, e pode ser substituída por **logo.**

c) adição, e pode ser substituída por **mas também.**

d) alternância, e pode ser substituída por **ou.**

e) explicação, e pode ser substituída por **porque.**

COMENTÁRIOS:

Alternativa "a": correta – Conjunção coordenada adversativa. São elas: mas, **porém, contudo, todavia, entretanto, no entanto, não obstante, nada obstante.**

Alternativa "b" – logo, portanto, pois, então, assim, por isso, por conseguinte, de modo que, em vista disso, etc.

Alternativa "c" – e, nem, não só... mas (também), tanto...como, e semelhantes.

Alternativa "d" – ou, ora...ora, já...já, quer...quer..., seja...seja, etc.

Alternativa "e" – que, porque e pois.

Trecho para a próxima questão.

No ano seguinte à implantação da Lei Seca, ...

(Como evitar que motoristas bêbados fiquem impunes e continuem a matar no trânsito, Rodrigo Cardoso, Paula Rocha, Michel Alecrim e Luciani Gomes. ISTOÉ, nov. 2011. Adaptado)

28 **(Vunesp – Agente de Segurança Penitenciária – SP/2012)** Substituindo-se a expressão destacada por outra, a alternativa que apresenta construção de acordo com a norma-padrão é:

a) No momento que houve a implantação da Lei Seca,...
b) No momento em que a implantação da Lei Seca se efetivou,...
c) Após à implantação da Lei Seca,...
d) Após da implantação da Lei Seca,...
e) Por ocasião à implantação da Lei Seca,...

COMENTÁRIOS:

Alternativa "b": correta – No momento em que: a preposição deve ser utilizada duas vezes, pois não há a forma *no momento que*, assim como não há *na medida que*.

Alternativa "a" – Não existe essa expressão.

Alternativa "c" – Sem crase.

Alternativa "d" – Não se pode utilizar a preposição *de*.

Alternativa "e" – Alternativa em desacordo com a norma culta.

29 **(Vunesp – Agente de Escolta e Vigilância Penitenciária – SP/2012)** No trecho – Ainda nenhum clube brasileiro se aproxima dos times com maior renda do mundo, como o Real Madrid e o Manchester United, todavia o que impressiona é a rápida expansão. – o termo em destaque pode ser substituído, sem alteração de sentido por

a) entretanto.
b) conforme.
c) portanto.
d) conquanto
e) embora.

COMENTÁRIOS:

Alternativa "a": correta – entretanto = mas, porém, no entanto, todavia.

Alternativa "b" – conforme = de acordo com, segundo.

Alternativa "c" – portanto= consequentemente, logo, por conseguinte.

Alternativa "d" – conquanto = embora, se bem que.

Alternativa "e" – embora = ainda que, posto que, apesar de que.

30 **(Vunesp – Escrevente Técnico Judiciário – TJ – SP/2011)** Em – Tudo indica que 250 mil documentos secretos foram copiados por um jovem soldado num CD **enquanto** fingia ouvir Lady Gaga. – a palavra destacada exprime ideia de

a) hipótese.
b) condição.
c) concessão
d) causa.
e) tempo.

COMENTÁRIOS:

Alternativa "e": correta – Pergunta à oração principal (sem conjunção): documentos secretos foram copiados por um jovem soldado **quando?** Enquanto fingia ouvir Lady Gaga.

Conjunções mais utilizadas para as outras opções:

Alternativa "a" – Se, caso.

Alternativa "b" – Se, caso.

Alternativa "c" – Embora, apesar de.

Alternativa "d" – Já que, porque.

31 **(Vunesp – Escrevente Técnico Judiciário – TJ – SP/2011)** Em "A falta de modos dos homens da Casa de Windsor é proverbial, mas o príncipe Edward dizendo bobagens para estranhos no Quirguistão incomodou a embaixadora americana" a conjunção destacada pode ser substituída por

a) portanto.
b) como.
c) no entanto
d) porque.
e) ou.

COMENTÁRIOS:

Alternativa "c": correta – *Mas* é conjunção adversativa e pode ser substituída por *no entanto.*

Alternativa "a" – Conclusão.

Alternativa "b" – Conformidade, comparação, modo e seguido de *já* indica causa. Depende do contexto.

Alternativa "d" – Explicação.

Alternativa "e" – Alternância ou adição.

32 **(Vunesp – Escrevente Técnico Judiciário – TJM – SP/2011)** Sem que haja alteração de sentido, unindo-se em um só período as frases do trecho:

I. O moço israelense está morto.

II. Todavia, ele ainda pode gerar uma vida. – obtém-se:

a) Se o moço israelense está morto, ele ainda pode gerar uma vida.

b) O moço israelense está morto, portanto ele ainda pode gerar uma vida.

c) Apesar de o moço israelense estar morto, ele ainda pode gerar uma vida.

d) Quando o moço israelense estiver morto, ele ainda poderá gerar uma vida.

e) O moço israelense está morto, pois ele ainda pode gerar uma vida.

COMENTÁRIOS:

Alternativa "c": correta – O período "*apesar de … estar …*" está no presente (infinitivo) assim como "*ele ainda pode …*" exatamente como as frases enunciadas. Indicam concessão: ideias opostas.

Alternativa "a" – O "*se*" indica uma condição que denota facilitação, o que não traduz a mesma ideia.

Alternativa "b" – Aqui é o "*portanto*" que exprime a ideia de conclusão.

Alternativa "d" – *Quando* muda o sentido do trecho anunciado, pois indica tempo.

Alternativa "e" – Afirmação errada, pois diz que o moço está morto porque pode gerar uma vida.

33 **(Vunesp – Escrevente Técnico Judiciário – TJM – SP/2011)** Considere as informações textuais e as versões da frase: A Ciência permite, mas a lei não endossa.

I. A Ciência permite a inseminação, mas a lei não a endossa.

II. A Ciência permite que seja feita a inseminação, mas a lei não endossa-a.

III. A Ciência permite que se realize a inseminação, mas a lei não lhe endossa.

De acordo com a norma padrão está correto apenas o contido em

a) I.

b) II.

c) III.

d) I e II.

e) I e III.

COMENTÁRIOS:

Alternativa "a": correta – *Permite* = dá poder, condição, capacidade; *não endossa* = *não apoia*, "não defende". O conteúdo está correto, de acordo com a informação inicial.

I. O sentido das palavras transmite exatamente a mensagem original.

II. *Permite*, aqui, está no sentido de autorizar, (permitir que…) o que não corresponde à verdade, o *não* pede a posição do pronome oblíquo "**a**" antes do verbo = *não a endossa*. (objeto direto).

III. O uso de *lhe* é errado nesta frase porque endossar é verbo transitivo direto e lhe se usa em trans. Indireto.

Texto:

Mas o futebol tem importância por mexer com outras dimensões da nossa natureza, como o instinto de competição física e a inclinação para o ritual simbólico. Como ao ler as lendas da mitologia ou os romances de aventura, projetamos no futebol um gosto pela façanha, uma curiosidade sobre o limite.

34 **(Vunesp – Escrevente Técnico Judiciário – TJ – SP/ 2010)** Assinale a alternativa que reescreve, sem alteração de sentido, a frase – Mas o futebol tem importância por mexer com outras dimensões da nossa natureza,...

a) Pois o futebol tem importância por mexer com outras dimensões da nossa natureza, ...

b) Porém o futebol tem importância por mexer com outras dimensões da nossa natureza, ...

c) Logo, o futebol tem importância por mexer com outras dimensões da nossa natureza, ...

d) Assim, o futebol tem importância por mexer com outras dimensões da nossa natureza, ...

e) E o futebol tem importância por mexer com outras dimensões da nossa natureza, ...

COMENTÁRIOS:

Alternativa "b": correta – A frase original e a reescrita são iniciadas por conjunções adversativas: mas, porém, ligando pensamentos que contrastam entre si.

Alternativa "a" – Pois = porque: explicação; pois = logo: conclusão.

Alternativa "c" – Logo: conjunção conclusiva.

Alternativa "d" – Assim: conclusão.

Alternativa "e" – E: adição.

35 **(Vunesp – Escrevente Técnico Judiciário – TJ – SP/ 2010)** A alternativa que reescreve corretamente o período – É preciso ensaiar para não fazer em campo apenas as jogadas ensaiadas. – iniciando-o com a ideia de finalidade, é:

a) Para que não se façam em campo apenas jogadas ensaiadas, é preciso ensaiar.

b) Embora não se façam em campo apenas jogadas ensaiadas, é preciso ensaiar.

c) Ainda que não se façam em campo apenas jogadas ensaiadas, é preciso ensaiar.

d) Por mais que não se façam em campo apenas jogadas ensaiadas, é preciso ensaiar.

e) Contanto que não se façam em campo apenas jogadas ensaiadas, é preciso ensaiar.

COMENTÁRIOS:

Alternativa "a": correta – Para que – conjunção subordinativa final: ideia de finalidade.

Alternativa "b" – Embora: conjunção subordinativa concessiva = liga duas orações em que a segunda contém um fato contrário à ideia da oração principal mas não a nega, admite a ideia contrária = mesmo que, se bem que, por mais que, etc.

Alternativa "c" – Ainda que: conjunção subordinativa concessiva= ideia de concessão.

Alternativa "d" – Por mais que: conjunção subordinativa concessiva.

Alternativa "e" – Contanto que – não contém ideia de afirmação: conjunção subordinativa condicional: ideia de condição = se, salvo se, desde que, etc.

Texto:

Conta-se que, um dia, Sócrates parou diante de uma tenda do mercado em que estavam expostas diversas mercadorias. Depois de algum tempo, ele exclamou: "Vejam quantas coisas o ateniense precisa para viver." Naturalmente ele queria dizer com isto que ele próprio não precisava de nada daquilo.

Esta postura de Sócrates foi o ponto de partida para a filosofia cínica, fundada em Atenas por Antístenes – um discípulo de Sócrates, por volta de 400 a. C. Os cínicos diziam que a verdadeira felicidade não depende de fatores externos, como o luxo, o poder político e a boa saúde. Para eles, a verdadeira felicidade consistia em se libertar dessas coisas casuais e efêmeras. E justamente porque a felicidade não estava nessas coisas, ela podia ser alcançada por todos. E, uma vez alcançada, não podia mais ser perdida.

(Jostein Gaarden, O Mundo de Sofia. São Paulo, Cia. das Letras, 1995)

36 **(Vunesp – Escrevente Técnico Judiciário – TJ – SP/ 2010)** Assinale a alternativa que introduz, corretamente, de acordo com o sentido do texto, uma conjunção na frase: E, uma vez alcançada, não podia mais ser perdida.

a) E, por mais que alcançada, não podia mais ser perdida.

b) E, ainda que alcançada, não podia mais ser perdida.

c) E, quando alcançada, não podia mais ser perdida.

d) E, para que alcançada, não podia mais ser perdida.

e) E, nem alcançada, não podia mais ser perdida.

COMENTÁRIOS:

Alternativa "c": correta – Uma vez alcançada equivale a quando alcançada. Indicam tempo.

Alternativa "a" – Por mais que: conjunção subordinativa adverbial concessiva: (ainda que, mesmo que) expressa ideias contrárias.

Alternativa "b" – Ainda que: conjunção subordinativa adverbial concessiva.

Alternativa "d" – Para que: conjunção subordinativa adverbial final (para que, a fim de que, etc.).

Alternativa "e" – Nem: conjunção coordenativa aditiva: liga ideias semelhantes (e, nem, mas também).

37 **(Vunesp – Escrevente Técnico Judiciário – TJ – SP/ 2010)** Assinale a alternativa que substitui corretamente, sem alteração de sentido, as expressões em destaque nas frases:

I. Conta-se que, um dia, Sócrates parou diante de uma tenda do mercado **em que** estavam expostas diversas mercadorias.

II. E **porque** a felicidade não estava nessas coisas, ela podia ser alcançada por todos.

a) onde, visto que

b) na qual, por mais que

c) aonde, contanto que

d) de onde, embora

e) por onde, logo que

COMENTÁRIOS:

Alternativa "a": correta

▸ estavam expostas mercadorias **na** tenda: **em que, na qual** ou **onde** (retoma lugar e pede a preposição em). Eliminadas *c, d* e *e.*

▸ Porque e visto que indicam causa da oração principal. Eliminada *b.*

Trecho para a próxima questão.

Se o réu é culpado, a pena foi pouca. Se o réu é inocente, a pena foi muita.

(A justiça como é feita. Folha de S.Paulo, 05.03.2009)

38 **(Vunesp – Agente de Segurança Penitenciária – SP/2009)** As orações iniciadas pela conjunção se expressam sentido de

a) conclusão.

b) consequência.

c) conformidade.

d) condição.

e) concessão.

COMENTÁRIOS:

Alternativa "d": correta – **Se** equivale a **caso** = condição.

Alternativa "a" – Não cabe **logo.**

Alternativa "b" – Não cabe **de modo que.**

Alternativa "c" – Não indica **regra.**

Alternativa "e" – Não cabe **apesar de.**

39 **(Vunesp – Escrevente Técnico Judiciário – TJ – SP/2008)** Assinale a alternativa correta sobre o período – *Dispensa teorias, mas é a base de qualquer convívio e ordem social.*

a) É um período composto por coordenação, e a segunda oração é aditiva.
b) É um período composto por subordinação, e a segunda oração é concessiva.
c) É um período composto por coordenação, e a segunda oração é adversativa.
d) É um período composto por subordinação, e a segunda oração é causal.
e) É um período composto por coordenação, e a segunda oração é alternativa.

COMENTÁRIOS:

Alternativa "c": correta – O período é composto por coordenação e a segunda oração, iniciada pela conjunção mas, é adversativa ligando ideias opostas.

Alternativa "a" – Orações coordenadas aditivas contêm ideias similares de soma, adição e são iniciadas por nem, e, mas também, mas ainda, etc.

Alternativa "b" – Não há subordinação e a segunda oração não apresenta ideia concessiva.

Alternativa "d" – Não há subordinação nem há ideia adverbial causal.

Alternativa "e" – A segunda oração não contém ideia alternativa (ou... ou; ora... ora; quer... quer, etc.).

Charge:

(Quino, *Toda Mafalda*)

40 **(Vunesp – Escrevente Técnico Judiciário – TJ – SP/2008)** As orações "Quando eu era adolescente" e "Se a gente não se esforçar" estabelecem, respectivamente, relações de

a) tempo e condição.
b) consequência e dúvida.
c) tempo e finalidade.
d) finalidade e condição.
e) causa e finalidade.

COMENTÁRIOS:

Alternativa "a": correta – Quando: conjunção subordinativa adverbial indicando circunstância temporal. Se = caso: conjunção subordinativa condicional.

Alguns exemplos para fixar:

Alternativa "b" – de modo que, talvez.

Alternativa "c" – quando, para quê?

Alternativa "d" – para quê? e caso, se.

Alternativa "e" – por quê? e para quê?

41 **(Vunesp – Escrevente Técnico Judiciário – TJ – SP/2008)** Em – *É necessário discutir* que tipo de profissionalização devemos promover – a oração substantiva em destaque funciona sintaticamente como

a) aposto.
b) predicativo.
c) complemento nominal.
d) sujeito.
e) objeto direto.

COMENTÁRIOS:

Alternativa "e": correta – É necessário discutir algo (verbo transitivo direto): objeto direto.

Alternativa "a" – Na oração apositiva, há pontuação.

Alternativa "b" – A oração principal deveria terminar em verbo de ligação.

Alternativa "c" – A oração principal termina em nome (predicativo ou adjunto adverbial).

Alternativa "d" – Exemplo de oração subordinada substantiva subjetiva: É certo que serei aprovado. O que é certo? Que serei aprovado.

42 **(Vunesp – Escrevente Técnico Judiciário – TJ SP/ 2008)** No período – *São tantas as carências,* que a formação profissionalizante deve ir além da capacitação técnica – a oração destacada apresenta informações que, em relação às precedentes, devem ser consideradas como

a) causa.
b) consequência.

c) comparação.
d) finalidade.
e) concessão.

COMENTÁRIOS:

Alternativa "b": correta – Consequência: de modo que = São tantas as carências, ***de modo que*** *a formação profissionalizante deve ir além da capacitação técnica.*

Alternativa "a" – já que.

Alternativa "c" – como.

Alternativa "d" – para quê?

Alternativa "e" – embora, apesar de.

43 **(Vunesp – Escrevente Técnico Judiciário – TJ – SP/2007)** Observa-se na legenda da foto uma relação de causa e consequência entre os fatos. Assinale a alternativa que estabelece essa relação e reescreve a legenda, de acordo com a norma culta.

Pressão - Aridez no Nordeste pode levar a uma migração em massa e redistribuição de doenças.

(O Estado de S.Paulo, 07.04.2007)

a) Quando houver aridez no Nordeste, poderá haver migração em massa e redistribuição de doenças.
b) Como há aridez no Nordeste, poderá haver migração em massa e redistribuição de doenças.
c) Há aridez no Nordeste com migração em massa e redistribuição de doenças.
d) Sempre houve aridez no Nordeste, mas não havia migração em massa e redistribuição de doenças.
e) À medida que houver aridez no Nordeste, haverá também migração em massa e redistribuição de doenças.

COMENTÁRIOS:

Alternativa "b": correta

➲ **Nota da autora:** encaixe a expressão **porque** ou **já que**.

▸ **Já que** há aridez no Nordeste, (causa) poderá haver migração em massa e redistribuição de doenças, (consequência).

Alternativa "a" – Condição.

Alternativa "c" – Modo.

Alternativa "d" – Adversidade.

Alternativa "e" – Proporcionalidade.

44 **(Vunesp – Escrevente Técnico Judiciário – TJ – SP/2007)** Assinale a alternativa em que se repete o tipo de oração introduzida pela conjunção *se*, empregado na frase – *Questionamos também se uma corporação profissional deve ter carta-branca para determinar a dificuldade das provas,...*

a) A sociedade não chega a saber *se* os advogados são muito corporativos.
b) *Se* os advogados aprendem pouco, a culpa é da fragilidade do ensino básico.
c) O advogado afirma que *se* trata de uma questão secundária.
d) É um curso no qual *se* exercita lógica rigorosa.
e) No curso de direito, lê-*se* bastante.

COMENTÁRIOS:

Alternativa "a": correta – A conjunção **se** é subordinativa integrante.

➲ **Dica** – Encaixe o pronome demonstrativo catafórico (cita ideias) antes da conjunção para se certificar.

▸ *Questionamos também* **isto**. Feito! A ideia que temos é de que haverá algo a ser explicado posteriormente. Coube o pronome, temos uma conjunção integrante e a oração posterior é subordinada substantiva.

▸ O mesmo ocorre em: A sociedade não chega a saber **isto.**

Alternativa "b" – Conjunção condicional = caso.

Alternativa "c" – Índice de indeterminação do sujeito. Tratar é transitivo indireto.

Alternativa "d" – Pronome apassivador: exercitar é transitivo direto + se = V.P. (voz passiva). Equivale a *a lógica é exercitada.*

Alternativa "e" – Índice de indeterminação do sujeito. Ler é intransitivo.

45 **(Vunesp – Escrevente Técnico Judiciário – TJ – SP/2007)** Assinale a alternativa em que o período formado com as frases I, II e III estabelece as relações de condição entre I e II e de adição entre I e III.

I. O advogado é aprovado na OAB.
II. O advogado raciocina com lógica.
III. O advogado defende o cliente no tribunal.

a) Se o advogado raciocinar com lógica, ele será aprovado na OAB e defenderá o cliente no tribunal com sucesso.

b) O advogado defenderá o cliente no tribunal com sucesso, mas terá de raciocinar com lógica e ser aprovado na OAB.

c) Como raciocinou com lógica, o advogado será aprovado na OAB e defenderá o cliente no tribunal com sucesso.

d) O advogado defenderá o cliente no tribunal com sucesso porque raciocinou com lógica e foi aprovado na OAB.

e) Uma vez que o advogado raciocinou com lógica e foi aprovado na OAB, ele poderá defender o cliente no tribunal com sucesso.

COMENTÁRIOS:

Alternativa "a": correta – Se o advogado raciocinar com lógica (II) será aprovado na OAB (I)= relação de condição determinada pela conjunção se condicional = será aprovado na OAB se raciocinar com lógica. Relação de adição = o advogado aprovado na OAB (I) defenderá o cliente no tribunal com sucesso (III).

Alternativa "b" – Apresenta relação de adversidade e adição (conjunção adversativa mas).

Alternativa "c" – Apresenta relação de causa, consequência e adição.

Alternativa "d" – Apresenta relação de explicação e adição.

Alternativa "e" – Apresenta relação de causa e adição.

46 **(Vunesp – Escrevente Técnico Judiciário – TJ SP/2007)** Assinale a alternativa que reescreve, corretamente, de acordo com o sentido do período, o trecho em destaque em: *Não há dúvidas de que haverá esse impacto na população,* mas quando, onde e como não se sabe.

a) Não há dúvida de que haverá esse impacto na população, entretanto não se sabe quando, onde e como.

b) Não há dúvida de que haverá esse impacto na população porque não se sabe quando, onde e como.

c) Não há dúvida de que haverá esse impacto na população e com isso não se sabe quando, onde e como.

d) Não há dúvida de que haverá esse impacto na população, dessa forma não se sabe quando, onde e como.

e) Não há dúvida de que haverá esse impacto na população, logo que se souber quando, onde e como.

COMENTÁRIOS:

Alternativa "a": correta – As conjunções adversativas **entretanto** e **mas** têm a mesma significação, ligando ideias opostas entre as orações. A alternativa reescreve, corretamente, o período, de acordo com o sentido.

Alternativa "b" – A conjunção porque muda o sentido para **explicação.**

Alternativa "c" – A locução aditiva e com isso muda o sentido.

Alternativa "d" – Dessa forma muda o sentido para **consequência.**

Alternativa "e" – Logo muda o sentido para **conclusão.**

Texto:

Palavra da semana: vaidade. Excessivo orgulho por algo que uma pessoa enxerga nela mesma, mas que os demais não conseguem admirar com igual intensidade. A palavra veio do latim vanus, *"vazio". Ao se espremer uma pessoa com alto teor de vaidade, obtém-se um suco de nada.*

(Época, 15.03.2007).

47 **(Vunesp – Escrevente Técnico Judiciário – TJ – SP/2007)** Assinale a alternativa que reescreve, corretamente, a oração em destaque, de acordo com o sentido do contexto: – Ao se espremer uma pessoa com alto teor de vaidade, obtém-se um suco de nada.

a) Por ter se espremido uma pessoa com alto teor de vaidade, obtém-se um suco de nada.

b) Assim que se espremeu uma pessoa com alto teor de vaidade, obter-se-á um suco de nada.

c) Quando se espreme uma pessoa com alto teor de vaidade, obtém-se um suco de nada.

d) Por mais que se espremeu uma pessoa com alto teor de vaidade, obter-se-á um suco de nada.

e) Quanto mais se espremer uma pessoa com alto teor de vaidade, mais se obteve um suco de nada.

COMENTÁRIOS:

Alternativa "c": correta – A conjunção subordinada está indicando circunstância de tempo: no momento em que se espreme, ao se espremer. A preposição a + o artigo o = ao e indica circunstância temporal. O mesmo ocorre em **quando** se espreme.

Alternativa "a" – Causa.

Alternativa "b" – Tempo.

Alternativa "d" – Concessão = embora.

Alternativa "e" – Proporcionalidade.

48 **(Vunesp – Escrevente Técnico Judiciário – TJ – SP/2007)** Assinale a alternativa em que o conectivo em destaque estabelece entre as orações o mesmo sentido expresso pelo conectivo *mas* em – *Excessivo orgulho por algo que uma pessoa enxerga nela mesma,* mas que os demais não conseguem admirar com igual intensidade.

a) O ambicioso não enxerga o cume *nem* quando o atinge.

b) A pessoa ambiciosa move o mundo, *a fim de* conseguir o poder.

c) Há pessoas e pessoas, *porém* todas podem aprender a acender a chama interior do sucesso.

d) *Quando* alguém é tomado por uma ambição desmedida, acaba tornando-se infeliz.

e) A ambição não é uma qualidade superior, *portanto*, não há mérito no ambicioso.

COMENTÁRIOS:

Alternativa "c": correta – O conectivo **mas** é conjunção coordenada adversativa: estabelece relação de oposição, contraste entre as orações. **Porém** estabelece a mesma relação de oposição, contraste entre as orações, prevalecendo o mesmo sentido do período original.

Alternativa "a" – Não há oposição.

Alternativa "b" – Finalidade.

Alternativa "d" – Tempo.

Alternativa "e" – Conclusão.

CAPÍTULO 3

Concordância

» **Nos editais:** Concordância nominal e verbal. Sintaxe de concordância verbal e nominal.

Charge para responder à questão.

(Fernando Gonsales. Níquel Náusea. Disponível em https://www1.folha.uol.com.br/ilustrada. 03.11.2018)

01 **(Vunesp – Oficial Administrativo – SEDUC SP/2019)** Alterando-se a expressão "o caramujo" para o plural (os caramujos), o texto do último quadrinho assumirá, em conformidade com a norma-padrão de concordância da língua portuguesa, a seguinte redação:

a) Por mais que tentem, os caramujos adolescente não consegue sair de casa.

b) Por mais que tente, os caramujos adolescentes não consegue sair de casa.
c) Por mais que tente, os caramujos adolescente não conseguem sair de casa.
d) Por mais que tentem, os caramujos adolescentes não consegue sair de casa.
e) Por mais que tentem, os caramujos adolescentes não conseguem sair de casa.

COMENTÁRIOS:

Alternativa "a" – Concordância nominal: o adjetivo deve concordar com o substantivo = caramujos **adolescentes**; concordância verbal: o verbo deve concordar com o sujeito = os caramujos não **conseguem**.

Alternativa "b" – Concordância verbal: o verbo deve concordar com o sujeito = por mais que (os caramujos) **tentem**; os caramujos não **conseguem**.

Alternativa "c" – Concordância verbal: o verbo deve concordar com o sujeito = por mais que (os caramujos) **tentem**; concordância nominal: o adjetivo deve concordar com o substantivo = caramujos **adolescentes.**

Alternativa "d" – Concordância verbal: o verbo deve concordar com o sujeito = os caramujos não **conseguem**.

Alternativa "e" – Concordância nominal: o adjetivo deve concordar com o substantivo = caramujos **adolescentes**; concordância verbal: o verbo deve concordar com o sujeito = os caramujos não **conseguem.**

ALTERNATIVA CORRETA: E

02 **(Vunesp – Assistente em Administração – UFABC/2019)** Quanto à concordância da norma-padrão da língua, a frase redigida corretamente é:

a) Os nascidos entre 1981 e 1997 não dispõe de tantas particularidades assim na análise dos gastos com automóveis, alimentação e moradia.
b) A matança cultural promovida pela juventude americana deixaram de afetar apenas poucos setores.
c) Encontraram-se pouca evidência de que gostos e preferências de millennials sejam inferiores aos de gerações passadas.
d) A análise granular dos gastos com automóveis, alimentação e moradia revelou que os *millennials* não têm tantas particularidades.
e) Gastos, renda, endividamento, patrimônio líquido e fatores demográficos de várias gerações, tudo isso foram considerados no estudo.

COMENTÁRIOS:

Alternativa "a" – Os nascidos (sujeito) **dispõem.**

Alternativa "b" – A matança (sujeito) **deixa.**

Alternativa "c" – Pouca evidência (sujeito) **encontrou-se.** A oração está na voz passiva sintética (verbo transitivo direto + se) e equivale, na passiva analítica (verbo ser + particípio) a *Pouca evidência foi encontrada.* Sujeito no singular = verbo no singular.

Alternativa "d" – A análise (sujeito) revelou.

Alternativa "e" – Tudo isso (sujeito) **foi considerado.**

ALTERNATIVA CORRETA: D

03 (Vunesp – Contador Judiciário – TJ SP/2019) ______ dúvidas sobre a continuidade do crescimento do Produto Interno Bruto global. Como se ________ as suas projeções nos últimos meses, o FMI cortou a previsão para 2018 e 2019 em 0,2 ponto percentual. Em alguns países, os juros cobrados para o financiamento de suas dívidas __________.

De acordo com a norma-padrão, as lacunas dos enunciados devem ser preenchidas, respectivamente, com:

a) Surgem ... reduziram ... têm sido exagerados
b) Ocorre ... reduziram ... têm sido exagerados
c) Existem ... reduziu ... tem sido exagerado
d) Aparece ... reduziu ... tem sido exagerados
e) Há ... reduziram ... têm sido exagerado

COMENTÁRIOS:

Alternativa "a" – Dúvidas (sujeito) surgem; reduziram-se as suas projeções (sujeito): as suas projeções foram reduzidas – na voz passiva analítica; os juros (sujeito) têm sido exagerados.

Alternativa "b" – Dúvidas (sujeito) **ocorrem.**

Alternativa "c" – Reduziram-se as suas projeções (sujeito); os juros (sujeito) **têm sido exagerados.**

Alternativa "d" – Dúvidas (sujeito) **aparecem; reduziram-se** as suas projeções (sujeito); os juros (sujeito) **têm sido exagerados.**

Alternativa "e" – Os juros (sujeito) têm sido **exagerados.**

ALTERNATIVA CORRETA: A

04 (Vunesp – Analista em Gestão Municipal – Prefeitura de São José dos Campos SP/2018) Assinale a alternativa em que a frase reescrita a partir das informações textuais atende à norma-padrão de concordância.

a) Com as caminhadas é que os estudantes argentinos identificaram problemas em sua comunidade.
b) Na Escola Estadual Alan Pinho Tabosa, não acontece as aulas da forma como as conhecemos.
c) Reinventa-se, nos centros locais de produção e cultura, as estruturas, os processos e as metodologias.
d) A relevância das experiências inovadoras são importantes para o debate sobre a transformação do sistema educacional.
e) O banheiro seco e o aplicativo para os turistas mostra como os alunos enfrentaram os problemas locais.

COMENTÁRIOS:

Alternativa "a" – Os estudantes argentinos (sujeito) identificaram.

Alternativa "b" – Aulas (sujeito) não **acontecem.**

Alternativa "c" – **Reinventam-se** as estruturas (sujeito): as estruturas são reinventadas.

Alternativa "d" – A relevância (sujeito) **é importante.**

Alternativa "e" – O banheiro e o aplicativo (sujeito) **mostram.**

ALTERNATIVA CORRETA: A

05 **(Vunesp – Assistente em Administração – UFTM/2018)** De acordo com a norma-padrão, quanto à concordância nominal e verbal, assinale a alternativa correta.

a) Pessoas de alta escolaridade tende a usar os pronomes de forma abrasileirada, algumas dela informal.

b) Embora hajam várias regras de colocação pronominal, Faraco e Tezza afirmam que resta praticamente uma única.

c) Pode ser que ainda exista vários tabus normativos a ser quebrado que não apenas o da colocação pronominal.

d) As línguas brasileira e portuguesa parecem diferir no que diz respeito à colocação dos pronomes átonos na sentença.

e) As consequências decorrente da intenção de marcar uma posição está relacionado com a ideia do último tabu.

COMENTÁRIOS:

Alternativa "a" – Pessoas (sujeito) **tendem**; algumas **delas.**

Alternativa "b" – **Haja** - verbo *haver* no sentido de existir (impessoal) = singular.

Alternativa "c" – Tabus (sujeito) **existam.**

Alternativa "d" – As línguas (sujeito) parecem diferir.

Alternativa "e" – As consequências (sujeito) **decorrentes estão relacionadas.**

ALTERNATIVA CORRETA: D

06 **(VUNESP - TJ SP – Escrevente Técnico Judiciário - 2018)** Assinale a alternativa em que, ao contrário da construção "aquela rapaz", segue-se a lei fundamental da concordância, de acordo com a norma-padrão.

a) Quando o despacho chegou, a primeira coisa que o advogado fez foi conferir os documentos anexos.

b) Era um dia ensolarado, e não se sabe como foi atropelado aquela mulher em uma avenida tranquila.

c) Parece-me que este ano está chovendo muito, mas ainda assim há menas chuvas do que em anos anteriores.

d) As crianças brincavam no jardim, colhendo flores colorida e presenteando-se num gesto emocionante.

e) Quando entraram na casa abandonada, uma cobra estava escondido ali. Assustaram-se, pois era um bichos perigoso.

COMENTÁRIOS:

Alternativa "a" – Concordância verbal correta: o despacho (sujeito) chegou (verbo); concordância nominal correta: os documentos (substantivo) anexos (adjetivo).

Alternativa "b" – Ordem direta: não se sabe como aquela mulher foi **atropelada.**

Alternativa "c" – Há **menos** chuvas: o vocábulo "menas" não existe na língua portuguesa.

Alternativa "d" – Concordância nominal: flores (substantivo) **coloridas** (adjetivo).

Alternativa "e" – Uma cobra estava **escondida**; **eram** bichos **perigosos.**

Observação: a maioria dos gramáticos aceita o plural de "um" como "alguns".

ALTERNATIVA CORRETA: A

07 **(VUNESP - TJ SP – Escrevente Técnico Judiciário - 2018)** Assinale a alternativa correta quanto à concordância verbal, de acordo com a norma-padrão.

a) A página do livro cheia de linhas apertadas e negros parágrafos deixam o adolescente com falta de ar.

b) O adolescente está no quarto, sentado diante da janela. Passou as horas, e ele não tem coragem de contá-las.

c) Ao encontrar um diálogo, o adolescente espera que hajam longas conversas entre as personagens.

d) O livro tem exatamente 486 páginas. É quase 500 páginas de leitura, e praticamente não existe diálogos.

e) O bloco de doze páginas provoca os xingamentos do adolescente, e logo são proferidas as desculpas.

COMENTÁRIOS:

Alternativa "a" – A página (sujeito) **deixa.**

Alternativa "b" – As horas (sujeito) **passaram.**

Alternativa "c" – O verbo *haver*, quando impessoal (sentido de *existir, ocorrer)*, não pode ser pluralizado: **haja** longas conversas = existam longas conversas.

Observação: o complemento do "haver" é objeto direto; ao lado de "existir", o termo possui função de sujeito e por isso o verbo deve com ele concordar.

Alternativa "d" – **São** quase 500 páginas; diálogos (sujeito) não **existem.**

Alternativa "e" – O bloco (sujeito) provoca; as desculpas (sujeito paciente) são proferidas.

ALTERNATIVA CORRETA: E

08 **(Vunesp – Delegado de Polícia – PC – BA/2018)** A concordância está em conformidade com a norma-padrão na seguinte frase:

a) São comuns que a adaptação de livros para o cinema suscitem reações negativas nos fãs do texto escrito.

b) Cabem aos leitores completar, com a imaginação, as lacunas que fazem parte da estrutura significativa do texto literário.

c) Aos esforços envolvidos na leitura soma-se a imaginação, a que a linguagem literária apela constantemente.

d) Algumas pessoas mantém o hábito de só assistirem à adaptação de uma obra depois de as terem lido, para não ser influenciadas.

e) Há livros que dispõe de uma infinidade de adaptações para o cinema, as quais tende a compor seu repertório de leituras.

COMENTÁRIOS:

Alternativa "a" – É comum (sujeito oracional – possui verbo: *que a adaptação de livros para o cinema* *<u>suscite</u>* *reações negativas nos fãs do texto escrito*); a adaptação **suscite.**

Alternativa "b" – Cabe (sujeito oracional: completar, com a imaginação, as lacunas).

Alternativa "c" – Ordem direta: A imaginação (sujeito) soma-se aos esforços.

Alternativa "d" – Algumas pessoas (sujeito) **mantêm**; depois de **a** terem lido (terem lido <u>a adaptação</u>); para (as pessoas) não **serem** influenciadas.

Alternativa "e" – Livros (sujeito) **dispõem**; (as adaptações) as quais **tendem**.

ALTERNATIVA CORRETA: C

09 **(Vunesp – Escrevente Técnico Judiciário – TJ – SP/2017)** Assinale a alternativa em que a nova redação dada ao trecho a seguir apresenta concordância de acordo com a norma-padrão: *Há quatro anos, Chris Nagele fez o que muitos executivos no setor de tecnologia já tinham feito.*

a) Muitos executivos já havia transferido suas equipes para o chamado escritório aberto, como feito por Chris Nagele.

b) Mais de um executivo já tinham transferido suas equipes para escritórios abertos, o que só aconteceu com Chris Nagele fazem mais de quatro anos.

c) O que muitos executivos fizeram, transferindo suas equipes para escritórios abertos, também foi feito por Chris Nagele, faz cerca de quatro anos.

d) Devem fazer uns quatro anos que Chris Nagele transferiu sua equipe para escritórios abertos, tais como foi transferido por muitos executivos.

e) Faz exatamente quatro anos que Chris Nagele fez o que já tinham sido feitos por outros executivos do setor.

COMENTÁRIOS:

Alternativa correta: letra "c" – Concordância verbal: **<u>executivos</u>** fizeram; **<u>o que muitos executivos fizeram</u>** foi feito; **<u>faz</u>** cerca de quatro anos (tempo decorrido).

DICA - O verbo *fazer*, quando impessoal, não admite pluralização.

Alternativa "a" – O verbo *haver*, neste caso, não é impessoal – sentido de *existir, ocorrer*. Trata-se de verbo auxiliar (a expressão equivale a *transferiram*) e pede a pluralização: muitos executivos já **haviam** transferido.

Alternativa "b" – Na expressão "mais de um" seguida de substantivo, o verbo deve concordar com o substantivo: mais de um executivo **tinha** transferido. Tempo decorrido: **faz** mais de quatro anos.

Alternativa "d" – Se o verbo *fazer* não admite pluralização quando indica tempo decorrido, o verbo auxiliar também não admitirá: **Deve** fazer uns quatro anos. A equipe foi **transferida**.

Alternativa "e" – *Chris Nagele fez o que tinham sido feitos* equivale a *fez* aquilo (o) o qual (que) **tinha sido feito.** O pronome relativo retoma o pronome demonstrativo "o" e possui função de sujeito. O verbo deve concordar com o sujeito singular.

10 **(Vunesp – Escrevente Técnico Judiciário – TJ – SP/2017)** Assinale a alternativa que dá nova redação à passagem - O paulistano, contudo, não é de jogar a toalha - prefere estendê-la e se deitar em cima, caso lhe concedam dois metros quadrados de chão. - atendendo à norma-padrão de concordância.

a) Cem por cento dos paulistanos não joga a toalha - acha preferível estendê-la para que se deite sobre elas, caso seja dado a eles dois metros quadrados de chão.

b) Os paulistanos não jogam a toalha - acham preferíveis estendê-la e se deitar em cima, caso lhes deem dois metros quadrados de chão.

c) Mais de um paulistano não são de jogar a toalha - acham preferíveis estendê-la e se deitarem em cima, caso se dê a eles dois metros de chão.

d) Para os paulistanos, não se joga a toalha - é preferível que seja estendida, para que possam deitar-se sobre ela, caso lhes sejam dados dois metros quadrados de chão.

e) A maior parte dos paulistanos, contudo, não são de jogarem a toalha - acha preferível elas serem estendidas e deitar-se em cima, caso lhe seja dado dois metros de chão.

COMENTÁRIOS:

Alternativa correta: letra "d"

1. O verbo *jogar* é transitivo direto seguido do pronome apassivador "se" = voz passiva sintética. Equivale a *a toalha não é jogada* – na passiva analítica. Forma correta: não **se joga**;
2. ... para que (os paulistanos) possam deitar-se;
3. Caso dois metros **sejam** dados a eles (**lhes**).

Alternativa "a" - Cem por cento dos paulistanos não **jogam;** (Cem por cento dos paulistanos) **acham**; para que **se deitem** (cem por cento dos paulistanos); dois metros quadrados **sejam dados.**

Alternativa "b" – Os paulistanos acham **preferível** estendê-la; (os paulistanos) **se deitarem.**

Alternativa "c" – Ao usar a expressão "mais de um" seguida de substantivo, o verbo deve concordar com o substantivo: mais de um paulistano não **é** de jogar a toalha; **acha preferível**; e **se deitar**; o verbo *dar* é transitivo direto seguido do pronome apassivador "se" = voz passiva sintética – possui sujeito e o verbo deve com ele concordar: caso **se deem** a eles dois metros de chão. Na passiva analítica: caso sejam dados a eles dois metros de chão.

Alternativa "e" – Há duas opções de concordância: ou todos os verbos concordam com a expressão partitiva "a maior parte" (singular), ou com o substantivo plural "paulistanos" (plural).

1. A maior parte dos paulistanos, contudo, não **é** de **jogar** a toalha - acha preferível elas serem estendidas e deitar-se em cima, caso lhe **sejam dados** dois metros de chão.
2. A maior parte dos paulistanos, contudo, não **são** de **jogar** a toalha - **acham** preferível elas serem estendidas e **deitarem**-se em cima, caso lhe **sejam dados** dois metros de chão.

11 (Vunesp – Escrevente Técnico Judiciário – TJ-SP/2015) No trecho - **Há** teorias evolucionistas que defendem que as sociedades com maior número de pessoas altruístas sobreviveram por mais tempo por serem mais capazes de manter a coesão -, a substituição do verbo destacado está de acordo com a norma-padrão de concordância em:

a) Deve existir.

b) Vão haver.

c) Podem haver.

d) Existem.

e) Podem existirem.

COMENTÁRIOS:

Alternativa correta: letra "d" – O verbo *haver*, quando impessoal (sentido de *existir* ou *ocorrer*), não admite pluralização. Indicando tempo também não admite, pois continua sendo impessoal – sem sujeito.

O verbo *existir* admite pluralização por possuir sujeito e o verbo deve concordar com o sujeito:

Há	teorias	verbo impessoal
V.T.D.	O.D.	= singular

Existem	teorias	possui sujeito
Intransitivo	sujeito	= admite plural

Alternativa "a" – **Devem** existir.

Alternativa "b" – **Vai** haver.

Alternativa "c" – **Pode** haver.

Alternativa "e" – Podem **existir.** Não pode pluralizar os dois verbos, apenas o auxiliar. **EXCEÇÃO:** locução formada com o verbo *parecer* = Eles **parecem estar** felizes. Eles **parece estarem** felizes. Admite-se pluralizar o verbo auxiliar (parecer) ou o verbo principal (estar).

12 **(Vunesp – Escrevente Técnico Judiciário – TJ-SP/2015)** Assinale a alternativa que preenche, respectivamente, as lacunas do enunciado a seguir, observando a concordância nominal e verbal de acordo com a norma-padrão.

Mais de um conhecido meu não ______ gentilezas, infelizmente. Para alguns, certos gestos ______ coisa de idiota, de gente ______ fora de moda. Com esses, é ______ paciência.

a) praticam ... constituem ... meia ... necessária
b) pratica ... constitui ... meia ... necessário
c) pratica ... constitui ... meio ... necessária
d) praticam ... constitui ... meio ... necessário
e) pratica ... constituem ... meio ... necessário

COMENTÁRIOS:

Alternativa correta: letra "e"

1. Na expressão "mais de um" seguido de substantivo, o verbo deve concordar com o substantivo: mais de um conhecido não **pratica**. Eliminadas A e D;
2. O verbo deve concordar com o substantivo plural: certos gestos **constituem**. Eliminadas B e C. Resposta encontrada;
3. **Meio**: advérbio = invariável. Sentido de "um pouco";
4. É **necessário** paciência: sem termo modificador, o predicativo permanece no masculino.

DICA - Se houvesse qualquer termo modificador, o predicativo admitiria feminino: É necessária a paciência, ou é necessária muita paciência.

13 **(Vunesp - Delegado de Polícia - CE/2015)** Luiz Felipe Pondé afirma não mais ______ vovôs e vovós como antigamente, já que ______ cada vez mais ______ em copiar seus netos.

Assinale a alternativa que preenche, correta e respectivamente, as lacunas, de acordo com a norma-padrão da língua portuguesa.

a) haver ... encontra-se ... empenhados
b) haver ... se encontram ... empenhados
c) haverem ... se encontra ... empenhado
d) haverem ... encontram-se ... empenhados
e) haver ... encontra-se ... empenhado

COMENTÁRIOS:

Alternativa correta: letra "b"

1. Afirma não mais **haver** vovôs e vovós: verbo impessoal (sentido de existir) = singular. Eliminadas C e D;
2. Já que **se encontram**: o verbo concorda com o sujeito composto e a locução conjuntiva atrai o pronome oblíquo. Eliminadas A e E;
3. vovôs e vovós **empenhados**: o adjetivo concorda com os substantivos.

14 **(Vunesp – Escrevente Técnico Judiciário – TJ-SP/2014)** Os dados do Sistema de Seleção Unificada comprovam que a diferença de percentual entre os candidatos à medicina egressos tanto de escolas particulares quanto de escola públicas foi quase ________, pois eles tiveram desempenho ________.

Em conformidade com a norma-padrão da língua portuguesa, as lacunas devem ser preenchidas, respectivamente, com:

a) nula ... bastantes semelhantes
b) nulo ... bastante semelhante
c) nula ... bastante semelhante
d) nula ... bastante semelhantes
e) nulo ... bastante semelhantes

COMENTÁRIOS:

Nota da autora: É aconselhável trabalhar por eliminação para ganhar tempo. Questão de concordância nominal.

Alternativa correta: letra "c"

1. a diferença de percentual entre os candidatos à medicina egressos tanto de escolas particulares quanto de escola públicas foi quase **nula**. Eliminadas B e E;
2. desempenho **bastante** semelhante: muito semelhante = advérbio de intensidade (invariável). Eliminada A;
3. desempenho bastante **semelhante**: o desempenho é semelhante = o adjetivo deve concordar com o substantivo. Eliminada D.

15 **(Vunesp – Escrevente Técnico Judiciário – TJ-SP/2014)** Pato manco. O termo da política norte-americana é usado para classificar executivos eleitos cuja aprovação popular e minoria no Legislativo os ________ incapacitados de alterar significativamente a vida dos governados. Se tudo correr como ________ as pesquisas de intenção de voto, as eleições de novembro nos EUA, com renovação completa da Casa dos Representantes e um terço do Senado, ________ o presidente Barack Obama refém de um Congresso dominado pela oposição.

(www.cartacapital.com.br, 06.10.2014. Adaptado)

Em conformidade com a norma-padrão da língua portuguesa, as lacunas do texto devem ser preenchidas, respectivamente, com:

a) deixam ... indica ... deixarão
b) deixa ... indica ... deixará

c) deixam ... indicam ... deixará

d) deixam ... indicam ... deixarão

e) deixa ... indicam ... deixarão

COMENTÁRIOS:

Alternativa correta: letra "d"

1. Sujeito composto = verbo no plural: aprovação popular e minoria no Legislativo **deixam**. Eliminadas B e E;
2. O verbo deve concordar com o sujeito plural: as pesquisas **indicam** (na ordem direta). Eliminada A;
3. Verbo concordando com o sujeito plural: as eleições **deixarão**. Eliminada C.

Charge.

Concursino **OTA**

(*Folha Dirigida*, 13 a 19 de agosto de 2012. Adaptado)

16 **(VUNESP – Agente Penitenciário - ES/2013)** As lacunas da tirinha devem ser preenchidas, correta e respectivamente, com:

a) Fazem ... fazem ... conseguirei... eram

b) Faz ... fazem ... conseguisse ... eram

c) Havia ... faz ... conseguia ... era

d) Há ... faz ... consigo ... eram

e) Fazem ... fazem ... conseguiria ... era

COMENTÁRIOS:

Alternativa correta: letra "b" – Trabalhemos por eliminação para ganhar tempo e não correr risco algum de errar:

- FAZ nove dias: o verbo fazer indicando tempo decorrido permanece no singular; outra opção é utilizar o verbo haver no presente do indicativo porque também pode se referir a tempo decorrido. Eliminadas alternativas a, c e e.

- Encontrando o sujeito para fazer a correta concordância: o que não fazem efeito? Os remédios (sujeito). Sujeito no plural = verbo no plural: FAZEM. Eliminada alternativa d. Note que já chegamos à resposta.

- Se (conjunção condicional) eu não conseguisse = verbo no pretérito imperfeito do subjuntivo que se refere à condição.

- O verbo deve concordar com o numeral: nem ERAM 4 da manhã. Se fosse 1 da manhã, usaríamos ERA. Questão muito fácil.

Trecho para a questão.

O tango, que pode ser tanto a música quanto a dança, ________ o drama, a paixão, a sexualidade, a agressividade; é sempre e totalmente triste. Como dança, é "duro", masculino, sem meneios femininos; a mulher é sempre submissa. Nas letras, é quase sempre o homem quem sofre por amor, ___________ a culpa é sempre da mulher.

(Verbete "Tango", Wikipédia. Disponível em <HTTP:// PT.wikipédia.org>. Adaptado)

17 **(VUNESP – Agente Penitenciário - ES/2013)** Respeitando a concordância verbal e a coesão do texto, as lacunas devem ser preenchidas, correta e respectivamente, com:

a) mesclam ... isto é

b) mesclam ... contanto que

c) mescla... se

d) mesclam ... mas também

e) mescla... porém

COMENTÁRIOS:

Alternativa correta: letra "e"

Nota da autora: Questão de concordância e período composto.

- Trabalhar por eliminação para facilitar:

1. Retire a intercalação (o que está entre vírgulas) para melhor entender: O tango mescla o drama, a paixão, a sexualidade, a agressividade; é sempre e totalmente triste. = o verbo deve concordar com o sujeito simples e singular. Eliminadas alternativas a, b e d.

2. O homem sofre por amor, porém a culpa é sempre da mulher = ideia de adversidade (oposição). A conjunção se, na alternativa c, denota condição e não cabe no contexto.

Leia trecho da crônica de Marina Colasanti para responder à questão.

A gente se acostuma a coisas demais para não sofrer. Se o cinema está cheio, a gente se senta na primeira fila e torce um pouco o pescoço. Se a praia está contaminada, a gente molha só o pé e sua no resto do corpo.

18 **(VUNESP – Agente Penitenciário - SP/2013)** Mantendo-se inalterados os tempos verbais e o sentido do trecho, ao serem substituídos os termos a gente nas expressões em destaque, tem-se, correta e respectivamente, e de acordo com a norma-padrão da língua portuguesa:

a) Nós nos acostumamos ... nós nos sentamos ... nós molhamos
b) Nós se acostumamos ... nós se sentamos ... nós se molhamos
c) Nós nos acostumávamos ... nós nos sentávamos ... nós molhávamos
d) Eu se acostumo ... eu me sento ... eu se molho
e) Nós nos acostumávamos ... nós nos sentamos ... nós nos molhamos

COMENTÁRIOS:

Alternativa correta: letra "a" – Nós nos acostumamos: trata-se de verbo pronominal e o pronome deve ser conjugado junto com o verbo; outra opção seria eu me acostumo.

- Nós nos sentamos ou eu me sento.

- Nós molhamos ou eu molho.

Alternativa "b" – Se é usado para a terceira pessoa.

Alternativa "c" – Alterou o tempo verbal.

Alternativa "d" – Se é usado para a terceira pessoa.

Alternativa "e" – Altera tempo e foi acrescentado pronome indevido ao verbo molhar. No enunciado, não pede alteração.

19 **(VUNESP – Agente Penitenciário - SP/2013)** Assinale a alternativa que preenche, correta e respectivamente, as lacunas do texto apresentado.

Metade dos presos das penitenciárias federais faz visitas _______. "Se a gente não ______ o melhor (por eles), com certeza o prejuízo final será de toda a sociedade", diz a pedagoga Jocemara Rodrigues. De acordo como Departamento Penitenciário Nacional (Depen), ______ dificuldades operacionais em algumas unidades da Defensoria Pública da União (DPU), mas a contratação de uma banda maior de transmissão de dados já ________.

(O Estado de S.Paulo, 31 de março de 2013. Adaptado)

a) virtual ... fizer ... houveram ... foram providenciados

b) virtual ... fazer ... houveram ... foram providenciados
c) virtual ... fizer ... houveram ... foi providenciado
d) virtuais ... fazer ... houve ... foram providenciados
e) virtuais ... fizer ... houve ... foi providenciada

COMENTÁRIOS:

Alternativa correta: letra "e" – Eliminando para ganhar tempo e não errar:

- O adjetivo deve concordar com o substantivo plural: visitas virtuais. Eliminadas três alternativas = a, b e c.

- Se (condição) = verbo no pretérito imperfeito do subjuntivo: fizer. Encontrada a resposta!

- Houve: verbo impessoal no sentido de existir = singular.

- O que foi providenciada? A contratação de uma banda maior de transmissão = sujeito feminino e singular.

20 **(Vunesp – Escrevente Técnico Judiciário – TJ SP/2013)** Assinale a alternativa contendo frase com redação de acordo com a norma-padrão de concordância.

a) Pensava na necessidade de ser substituído de imediato os métodos existentes.
b) Substitui-se os métodos de recuperação de informações que se ligava especialmente à pesquisa acadêmica.
c) No hipertexto, a textualidade funciona por sequências fixas que se estabeleceram previamente.
d) O inventor pensava em textos que já deveria estar disponíveis em rede.
e) Era procurado por ele máquinas com as quais pudesse capturar o brilhantismo anárquico da imaginação humana.

COMENTÁRIOS:

Alternativa "c": correta – A textualidade funciona; sequências fixas foram estabelecidas: passa-se para a voz passiva analítica (verbo ser + particípio) para facilitar = sequências fixas que se estabeleceram (voz passiva sintética: V.T.D. + SE).

Alternativa "a" – Pensava na necessidade de **serem substituíd**os de imediato <u>os métodos existentes</u>.

Alternativa "b" – Substituem-se <u>os métodos</u>; <u>informações</u> que **se ligavam.**

Alternativa "d" – <u>textos</u> que já **deveriam estar** disponíveis.

Alternativa "e" – Eram procuradas por ele <u>máquinas</u>.

21 **(Vunesp – Escrivão de Polícia – SP/2013)** Assinale a alternativa em que a concordância se dá em conformidade com a norma-padrão.

a) Fazem anos que me mudei para este apartamento com minhas filhas, que havia acabado de voltar do exterior.

b) Os amigos que acreditavam no desaparecimento do livro teve de rever suas convicções diante das vendas de livros, que continua aumentando.

c) Apesar de ter criticado as estantes, os amigos do autor concluiu que era muito cômodo dispor de uma grande variedade de livros e CDs.

d) Já existe muitos jovens que tem baixado músicas pela internet e já se desfez de seus leitores de CDs tradicionais.

e) Um casal de amigos questionou a utilidade das estantes que haviam sido compradas para o apartamento novo.

COMENTÁRIOS:

Alternativa "e": correta – Haviam sido compradas concorda com as estantes.

Alternativa "a" – Faz = tempo decorrido; haviam acabado = voltaram: concorda com as filhas.

Alternativa "b" – tiveram e continuam.

Alternativa "c" – terem criticado e concluíram.

Alternativa "d" – existem, têm e desfizeram.

22 **(Vunesp – Escrivão de Polícia – SP/2013)** Considerando a norma-padrão, assinale a alternativa correta quanto à concordância nominal.

a) Foi formada, graças a Niemeyer, uma geração de novos arquitetos dedicados a dar continuidade a seus projetos.

b) Já foram realizado, em diferentes universidades, vários estudos sobre a produção do arquiteto brasileiro.

c) Considerado uma das criações mais inovadoras do século XX, a arquitetura de Niemeyer é singular.

d) Seria celebrado, no Rio de Janeiro, uma grande festa em comemoração aos 105 anos de Oscar Niemeyer.

e) As visitas a Brasília se tornaram frequente, em especial para se apreciar a arquitetura de Niemeyer.

COMENTÁRIOS:

Alternativa "a": correta – Uma geração foi formada.

Alternativa "b" – realizados.

Alternativa "c" – considerada.

Alternativa "d" – celebrada.

Alternativa "e" – frequentes (predicativo do sujeito deve concordar com o sujeito)

Texto:

SÃO PAULO – Se você leu Cândido, de Voltaire, e achou o dr. Pangloss um sujeito muito otimista, é porque não abriu Abundance, de Peter Diamandis e Steven Kotler.

Os autores, um milionário com formação em engenharia espacial, genética e medicina e um jornalista científico, dizem com todas as letras que a humanidade está para entrar numa era de superabundância, na qual tecnologias tornarão itens essenciais tão baratos que todos os habitantes da Terra terão acesso a bens e serviços até há pouco ao alcance apenas dos muito ricos. E tudo isso no horizonte de uma geração.

Os autores têm até explicação para o fato de não acreditarmos muito nessas promessas. Como fomos programados para ver o mundo como um lugar ameaçador, nutrimos um inescapável pessimismo global, que não nos deixa perceber as revoluções silenciosas de que participamos.

Talvez sim, talvez não. Abundance é definitivamente um livro ousado, e mesmo que lhe apliquemos um deságio cético de, vá lá, 80%, ainda _____ coisas surpreendentes.

(Hélio Schwartsman, Abundância e otimismo. Folha de S.Paulo, 16.09.2012. Adaptado)

23 **(Vunesp – Escrevente Técnico Judiciário – TJ – SP/2012)** De acordo com a norma-padrão da língua portuguesa, a lacuna da última frase do texto pode ser preenchida indiferentemente com

a) sobra ou tem

b) existe ou há

c) sobram ou há

d) existe ou têm

e) sobram ou se vê

COMENTÁRIOS:

Alternativa "c": correta – Verbos em tempo e concordância corretos e sentido preciso: **sobram** concorda com coisas e **há** deve ficar no singular por ser verbo impessoal (pode ser substituído por existir).

Alternativa "a" – Concordância dos verbos errada, verbo deveriam estar no plural.

Alternativa "b" – Existem.

Alternativa "d" – Existem.

Alternativa "e" – Veem.

Texto:

_____ dúvidas sobre o crescimento verde. Primeiro, não está claro até onde pode realmente chegar uma política baseada em melhorar a eficiência sem preços adequados para o carbono, a água e (na maioria dos países pobres) a terra. É verdade que mesmo que a ameaça dos preços do carbono e da água em si _____ diferença, as companhias não podem suportar ter de pagar, de repente, digamos, 40 dólares por tonelada de carbono, sem qualquer preparação. Portanto, elas começam a usar preços-sombra. Ainda assim, ninguém encontrou até agora uma maneira de quantificar adequadamente os insumos básicos. E sem eles a maioria das políticas de crescimento verde sempre _____ a segunda opção. (Carta Capital, 27.06.2012. Adaptado)

24 **(Vunesp – Escrevente Técnico Judiciário – TJ – SP/2012)** De acordo com a norma-padrão da língua portuguesa, as lacunas do texto devem ser preenchidas, correta e respectivamente, com:

a) Restam / ... faça ... será
b) Resta ... / faz ... será
c) Resta ... / fazem ... será
d) Restam / ... façam ... serão
e) Restam / ... faz ... serão

COMENTÁRIOS:

Alternativa "a": correta

- *Restam* concorda em tempo, número e modo com *dúvidas*. Eliminadas *b* e *c*.
- *faça* concorda com *ameaça* e deve ser conjugado no presente do subjuntivo por indicar dúvida. Eliminadas *d* e *e*.
- *será* concorda com *maioria*

25 **(Vunesp – Escrevente Técnico Judiciário – TJ – SP/2012)** Assinale a alternativa em que o trecho – Ainda assim, ninguém encontrou até agora uma maneira de quantificar adequadamente os insumos básicos. – está corretamente reescrito, de acordo com a norma-padrão da língua portuguesa.

a) Ainda assim, temos certeza de que ninguém encontrou até agora uma maneira adequada para que os insumos básicos seja quantificado.
b) Ainda assim, temos certeza que ninguém encontrou até agora uma maneira adequada para que os insumos básicos sejam quantificado.
c) Ainda assim, temos certeza de que ninguém encontrou até agora uma maneira adequada de se quantificarem os insumos básicos.
d) Ainda assim, temos certeza que ninguém encontrou até agora uma maneira adequada de se quantificar os insumos básicos.
e) Ainda assim, temos certeza de que ninguém encontrou até agora uma maneira adequada de os insumos básicos ser quantificados.

COMENTÁRIOS:

Alternativa "c": correta – Mensagem transmite exatamente a ideia do enunciado, mudando apenas os modos de alguns verbos, observando concordâncias verbal e nominal e pontuação.

Alternativa "a" – Sejam qualificados.

Alternativa "b" – O certo é *de* que: *temos certeza de que*; sejam qualificados.

Alternativa "d" – *temos certeza de que; de se quantificarem* é os insumos = voz passiva sintética (V.T.D. + SE).

Alternativa "e" – serem quantificados = voz passiva analítica (ser + particípio).

26 **(Vunesp – Agente de Segurança Penitenciária – SP/2012)** Leia as frases a seguir.

I. A punição aos motoristas que dirige embriagados inibem as pessoas de dirigir depois de beber.

II. Nos últimos meses, muitos acidentes têm chocado a opinião pública.

III. Os maiores problemas da eficácia da Lei Seca são a fiscalização e a educação das pessoas.

Quanto à concordância verbal, está(ão) correta(s), de acordo com a norma-padrão, apenas

a) I.

b) II.

c) III.

e) I e II.

d) II e III.

COMENTÁRIOS:

Alternativa "e": correta

I. Dirigem; inibe.

II. Correto.

III. Correto.

27 **(Vunesp – Agente de Escolta e Vigilância Penitenciária – SP/2012)** Assinale a alternativa correta em relação à norma culta da língua.

a) Ocorreu quinze faltas no último jogo.

b) Fomos nós que compramos os ingressos.

c) Foi rebaixado mais de cinco times no último campeonato.

d) Faltou uns cinco jogadores no último amistoso.

e) Aconteceu dois incidentes com a torcida.

COMENTÁRIOS:

Alternativa "b": correta – O verbo concorda com o pronome pessoal: nós compramos.

Alternativa "a" – Ocorreram.

Alternativa "c" – Foram rebaixados.

Alternativa "d" – Faltaram.

Alternativa "e" – Aconteceram.

28 **(Vunesp – Agente de Escolta e Vigilância Penitenciária – SP/2012)** Assinale a alternativa que apresenta concordância nominal de acordo com a norma culta.

a) Ela está meia nervosa com o resultado da prova.

b) Os torcedores estão bastantes tensos neste ano.

c) Ele comprou duzentas gramas de mozarela.

d) Alguns alunos esperavam menas questões no exame final.

e) É proibido entrada de animais no clube de campo.

COMENTÁRIOS:

Alternativa "e": correta – Sem artigo, predicativo no masculino: proibido.

Alternativa "a" – Meio: um pouco = advérbio.

Alternativa "b" – Bastante: muito = advérbio.

Alternativa "c" – Duzentos gramas.

Alternativa "d" – Menos. Não existe variação para essa forma.

29 **(Vunesp – Escrevente Técnico Judiciário – TJ – SP/2011)** Leia o que segue.

I. Há bastante motivos para se preocupar com o vazamento de informações.

II. O assessor de Karzai trouxe anexo as encomendas solicitadas.

III. A embaixadora americana apresentou um relatório aos diplomatas e ela mesmo criticou o príncipe Edward.

IV. Winston Churchill e outros líderes que marcaram seus nomes na história venceram bastantes batalhas.

De acordo com a norma padrão da língua, está correto apenas o contido em

a) I.

b) II.

c) III.

d) IV.

e) II e IV.

COMENTÁRIOS:

Alternativa "d": correta

I. Errado: **bastantes** motivos: o adjetivo deve concordar com o substantivo plural.

II. Errado: trouxe **anexas** as encomendas.

III. Errado: ela **mesma**.

IV. Certo: Winston Churchill e outros líderes que marcaram (...) venceram bastantes (muitas) batalhas.

Leia a tira.

(Folha de S.Paulo, 03.06.2011)

30 **(Vunesp – Escrevente Técnico Judiciário – TJM – SP/2011)** As lacunas das frases devem ser preenchidas, correta e respectivamente, com

a) vazia ... há ... condição
b) vazia ... existe ... medo
c) vazias ... há ... limitação
d) vazias ... existem ... sinônimo
e) vazias ... existe ... ícone

COMENTÁRIOS:

Alternativa "d": correta – Concordância nominal (*vazia)* correta; verbos conjugados (*há)* corretamente e significado das palavras coerente.

Alternativa "a" – No singular, primeira lacuna errada; os dois verbos seguintes não expressam a intenção da mensagem e não há concordância.

Alternativa "b" – Idem *vazia*, verbo no singular. Medo não combina com o contexto.

Alternativa "c" – Segunda lacuna, verbo inconveniente; *limitação* não se encaixa no contexto.

Alternativa "e" – Segundo verbo no singular; *ícone* não se encaixa no contexto.

31 **(Vunesp – Escrevente Técnico Judiciário – TJ – SP/2011)** Assinale a alternativa correta quanto à concordância verbal.

a) Começaram as investigações pelas ações do jovem soldado.
b) Um jovem soldado e a WikiLeaks divulgou informações secretas.
c) Mais de um relatório diplomático vazaram na internet.
d) Repartições, investimentos, pessoas, nada impediram o jovem soldado.
e) Os telegramas relacionados com o Brasil foi, para o ministro Jobim, muito negativos.

COMENTÁRIOS:

Alternativa "a": correta – A forma verbal *começaram* tem como sujeito *as investigações pelas ações do jovem soldado* cujo núcleo é *investigações* e o verbo concorda corretamente com esse núcleo do plural. As investigações começaram.

Alternativa "b" – A forma verbal *divulgou* deve concordar com os núcleos do sujeito composto: soldado e Wikileaks: um jovem soldado e a wikileaks divulgaram.

Alternativa "c" – O sujeito contém a expressão *mais de um* mais o substantivo relatório: o verbo fica no singular, com o núcleo relatório: mais de um relatório diplomático vazou.

Dica – Se a expressão mais de um se repetir ou se houver ideia de reciprocidade, o verbo vai para o plural.

Exemplos: Mais de um soldado e mais de tenente compareceram à cerimônia. Mais de um aluno se engalfinharam no pátio da escola.

Alternativa "d" – O pronome indefinido *nada* resume todos os núcleos do sujeito e o verbo concorda com o núcleo nada no singular: repartições, investimentos, pessoas, nada impediu.

Alternativa "e" – A forma verbal deve concordar com o núcleo do sujeito simples, no plural: os telegramas relacionados com o Brasil (sujeito) foram para o ministro Jobim, muito negativos. Núcleo do sujeito: telegramas foram.

32 **(Vunesp – Escrevente Técnico Judiciário – TJ – SP/2011)** Assinale a alternativa que completa, correta e respectivamente, as lacunas do trecho.

I. _____ 103 toneladas de lixo reciclável diariamente.

II. _____ 16 centrais de triagem em São Paulo...

a) Coleta-se ... Têm-se
b) Coleta-se ... Hoje tem
c) Coletam-se ... Existe
d) Coleta-se ... São
e) Coletam-se ... Hoje existem

COMENTÁRIOS:

Alternativa "e": correta

- Coletar é transitivo direto + se = voz passiva sintética e equivale a 103 toneladas são coletadas. Correto: **coletam-se**. Eliminadas *a, b* e *d*.
- O sujeito da segunda oração é plural: 16 centrais de triagem, ou seja, o verbo deve estar, também no plural: **têm-se**. Eliminada *c*, pois deveria ser *existem*.

33 **(Vunesp – Escrevente Técnico Judiciário – TJ – SP/2011)**Assinale a alternativa em que a concordância verbal está correta.

a) Haviam cooperativas de catadores na cidade de São Paulo.
b) O lixo de casas e condomínios vão para aterros.
c) O tratamento e a destinação corretos do lixo evitaria que 35% deles fosse despejado em aterros.
d) Fazem dois anos que a prefeitura adia a questão do lixo.
e) Somos nós quem paga a conta pelo descaso com a coleta de lixo.

COMENTÁRIOS:

Alternativa "e": correta – Correto, *somos nós quem paga* ou somos nós quem pagamos.

Alternativa "a" – Verbo impessoal, não tem plural = havia.

Alternativa "b" – Núcleo do sujeito: lixo = vai.

Alternativa "c" – Sujeito plural, verbo plural: O tratamento e a destinação corretos do lixo **evitariam** que 35% deles **fossem despejados** em aterros.

Alternativa "d" – No sentido de tempo, *faz* só usa no singular.

34 **(Vunesp – Escrevente Técnico Judiciário – TJ – SP/ 2010)** O trecho "*... era produto de um trabalho mental, consciente, forjado em tentativa e erro, repetidas vezes. O craque não é o que pensa mais rápido e, assim, aplica o que faz com a bola dentro da narrativa da partida*" está correto quanto ao plural das formas em:

a) ... eram produtos de trabalho mentais, conscientes, forjados em tentativa e erro, repetidas vezes. Os craques não são os que pensa mais rápido e, assim, aplicam o que fazem com a bola dentro da narrativa da partida.

b) ... eram produtos de trabalhos mentais, conscientes, forjado em tentativa e erro, repetidas vezes. O craque não são os que pensam mais rápido e, assim, aplica o que fazem com a bola dentro da narrativa da partida.

c) ... eram produtos de trabalhos mentais, conscientes, forjados em tentativa e erro, repetidas vezes. Os craques não são os que pensam mais rápido e, assim, aplicam o que fazem com a bola dentro da narrativa da partida.

d) ... eram produtos de trabalhos mentais, conscientes, forjados em tentativa e erro, repetidas vezes. Os craques não é o que pensam mais rápidos e, assim, aplicam o que faz com a bola dentro da narrativa da partida.

e) ... eram produtos de trabalho mentais, consciente, forjado em tentativa e erro, repetidas vezes. O craque não são o que pensam mais rápidos e, assim, aplicam o que faz com a bola dentro da narrativa da partida.

COMENTÁRIOS:

Alternativa "c": correta

- era produto de um trabalho mental, consciente = eram produtos de trabalhos mentais, conscientes. Eliminada *e*.
- forjado em tentativa e erro = forjados em tentativa e erro. Eliminada *b*.
- O craque não é o que pensa mais rápido = Os craques não são os que pensam mais rápido. Eliminadas *a* e *d*.
- aplica o que faz com a bola dentro da narrativa da partida = aplicam o que fazem com a bola dentro da narrativa da partida.

35 **(Vunesp – Escrevente Técnico Judiciário – TJ – SP/ 2010)** Assinale a alternativa correta, quanto à concordância verbal, na alteração da frase: O craque não é o que faz isso ou aquilo.

a) Não se tratam de craques que fazem isso ou aquilo.

b) Isso ou aquilo não são coisas que deve ser feitas pelo craque.

c) Isso ou aquilo não são o que deve fazer craques.

d) O craque talvez não seja o que faz isso ou aquilo.

e) Não podem existir craque que façam isso ou aquilo.

COMENTÁRIOS:

Alternativa "d": correta – O verbo ser (seja) concorda com o sujeito *craque*.

Alternativa "a" – Tratar é transitivo indireto seguido de se (índice de indeterminação do sujeito) e não admite plural: não se trata.

Alternativa "b" – devem ser feitas.

Alternativa "c" – não é o que deve fazer os craques.

Alternativa "e" – não podem existir craques.

36 **(Vunesp – Escrevente Técnico Judiciário – TJ – SP/ 2010)** De acordo com a norma culta, a frase correta para legenda da foto é:

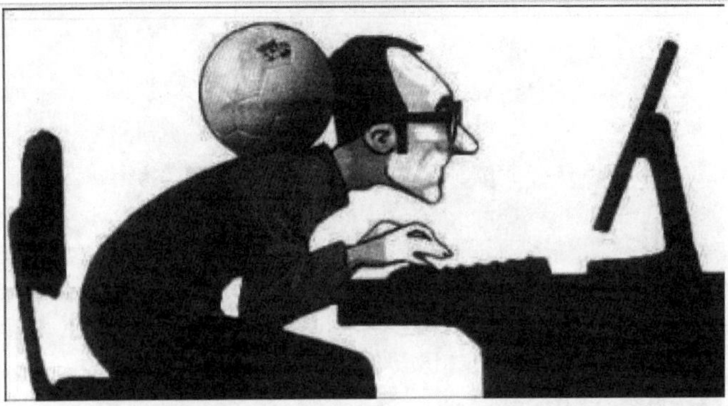

(Daniel Piza, *O Estado de S.Paulo*, 13.06.2010. Adaptado)

a) Os observadores culturais, qualquer que sejam eles, devem ser sensíveis às aptidãos lúdicas do povo.

b) Vocês, leitores não impeçam o autor do texto de dedicar-se as inclinações esportivas.

c) Apto à discorrer sobre futebol, o autor revelou-se um esímio especialista no assunto.

d) O autor reage às inflexíveis provocações advinda de pessoas que lhe são próxima, por conta de seu interesse por futebol.

e) Simulacro de nossas mais íntimas potencialidades lúdicas, até de nossas idiossincrasias, o futebol imuniza a todos contra a barbárie.

COMENTÁRIOS:

Alternativa "e": correta – A frase está correta, de acordo com a norma culta, tanto na escolha do vocabulário como nas concordâncias verbal e nominal, numa interpretação também lúdica da caricatura apresentada na foto.

1) Simulacro = simulação, aparência.

2) Potencialidades lúdicas = capacidade para diversões, jogos, brincadeiras.

3) Idiossincrasias = comportamento peculiar (próprio, específico) do indivíduo.

4) Imuniza (v. imunizar) = defender, livrar da barbárie (selvageria).

Alternativa "a" – Erro de concordância nominal: quaisquer que sejam eles; aptidões.

Alternativa "b" – Faltou vírgula após o substantivo leitores, que deve ser isolado entre vírgulas; faltou o sinal indicativo de crase em as inclinações: dedicar-se a (preposição) + as inclinações = às inclinações esportivas. Substituindo: Dedicar-se **aos projetos.**

Alternativa "c" – Não há o sinal indicativo de crase diante dos verbos: a discorrer; exímio: eficiente, habilidoso.

Alternativa "d" – Erro de concordância em: inflexíveis provocações advindas; pessoas próximas.

Regência

» **Nos editais:** Transitividade e regência de nomes e verbos. Regência verbal e nominal.

01 **(Vunesp – Médico Judiciário – TJ SP/2019)** Os resultados da atuação dos clubes de leitura, ____________, apresentaram ganhos mais concretos do que se pode imaginar.

Para estar de acordo com a norma-padrão de regência, a lacuna dessa frase deve ser preenchida por:

a) a que os pesquisadores realizaram um detalhamento
b) a que os pesquisadores deram realce
c) com que os pesquisadores centraram a atenção
d) de que os pesquisadores pormenorizaram
e) com que os pesquisadores se debruçaram

COMENTÁRIOS:

Alternativa "a" – de que: realizaram um detalhamento **dos** resultados.

Alternativa "b" – a que: deram realce **aos** resultados.

Alternativa "c" – em que: centraram a atenção **nos** resultados.

Alternativa "d" – que: pormenorizaram os resultados.

Alternativa "e" – em que: debruçaram-se **nos** resultados.

ALTERNATIVA CORRETA: B

02 **(Vunesp – Analista Técnico Científico – MPE SP – SP/2019)** Muitas das vezes, os investidores vão à procura de opiniões que corroborem __________ sua, quando o que deviam era procurar, sobretudo, opiniões contrárias. Quando encontram opiniões que divergem __________ sua, os investidores tendem a descredibilizá-las ou a lê-las na diagonal, processo exatamente oposto __________ que ocorre quando descobrem opiniões coincidentes __________ deles, que leem com muita atenção, veneração, quase que procurando um reforço positivo que lhes dê o empurrão que faltava para validar a sua posição. (www.jornaldenegocios.pt. Adaptado)

Em conformidade com a norma-padrão, as lacunas do enunciado devem ser preenchidas, respectivamente, com:

a) na ... à ... à ... às
b) com a ... da ... a ... à
c) na ... com a ... o ... das
d) a ... da ... ao ... com as
e) com a ... com a ... com o ... com as

COMENTÁRIOS:

Alternativa "a" – O verbo *corroborar* é transitivo direto, isto é, não admite preposição; divergem **de** algo (da sua); oposto **a algo** (ao que ocorre); coincidentes **com** algo (com as deles).

Alternativa "b" – Verbo transitivo direto; divergem **de** algo (da sua); oposto **a algo** (ao que ocorre); coincidentes **com** algo (com as deles).

Alternativa "c" – Verbo transitivo direto; divergem **de** algo (da sua); oposto **a algo** (ao que ocorre); coincidentes **com** algo (com as deles).

Alternativa "d" – O verbo *corroborar* é transitivo direto e o "a" é um artigo, não é uma preposição, pois varia – a preposição é invariável; divergem **de** algo (da sua); oposto **a algo** (ao que ocorre); coincidentes **com** algo (com as deles).

Alternativa "e" – Verbo transitivo direto; divergem **de** algo (da sua); oposto **a algo** (ao que ocorre); coincidentes **com** algo (com as deles).

ALTERNATIVA CORRETA: D

Texto para responder à questão.

Após 15 anos do Estatuto do Idoso, desafio é cumprir a lei

Quinze anos após ter sido criada, a principal lei de defesa dos direitos do idoso ainda tem sua aplicação completa como desafio. Em outubro de 2003, quando o chamado Estatuto do Idoso entrou em vigor, 8,5% da população tinha 60 anos ou mais – 15 milhões de pessoas. Hoje, esse grupo já representa 13% do total e supera 27 milhões, segundo o IBGE.

O envelhecimento da população não tem sido acompanhado por medidas que garantam todos os direitos desse público, dizem especialistas. A baixa oferta de políticas de cuidado para idosos que precisam de apoio, como os chamados centros-dia, é um dos gargalos apontados. Outros problemas são dificuldade no ____________ saúde, ____________ abordagem nas escolas sobre ____________ idoso e falta de políticas de emprego.

"Existe uma cultura de que envelheceu e acabou: você ganha um pijama, um chinelo e uma poltrona. Queremos mostrar que o idoso continua sendo sujeito de direitos", diz Delton Pastore, promotor que atua na defesa do idoso no Ministério

Público de São Paulo. Para ele, falta integração de serviços ao idoso, como na saúde e na assistência social.

Desde que entrou em vigor, o estatuto já foi alterado em mais de 20 pontos, por 11 leis. Uma das mais recentes, de 2017, deu prioridade especial no atendimento a quem tem a partir de 80 anos.

Pesquisa Datafolha mostra que a maioria dos idosos têm visão pessimista sobre as condições do país: 69% deles avaliam que o Brasil está pior hoje do que na sua juventude. Saúde pública e condições de trabalho têm as piores avaliações.

(Natália Cancian e Laís Alegretti. Disponível em: <https://www1.folha.uol.com.br/>. 10.07.2018. Adaptado)

03 **(Vunesp – Engenheiro Civil – Prefeitura de São Paulo SP/2018)** A alternativa que preenche, respectivamente, as lacunas do 2º parágrafo de acordo com a norma-padrão de regência nominal é:

a) acesso da … ausência de … respeito com
b) acesso para … falhas na … respeito do
c) acesso à … ausência de … respeito ao
d) atendimento da … falhas de … consideração para com o
e) atendimento na … falhas com … consideração da

COMENTÁRIOS:

Alternativa "a" – no acesso **a** algo: **à saúde**; ausência **de** algo; respeito **a** alguém: **ao idoso.**

Alternativa "b" – no acesso **a** algo: **à saúde**; falhas **na**; respeito **a** alguém: **ao idoso.**

Alternativa "c" – no acesso **a** algo: **à saúde**; ausência de algo: **de abordagem;** respeito **a** alguém: **ao idoso.**

Alternativa "d" – no atendimento **a** algo: **à saúde**; falhas **na**; consideração **com.**

Alternativa "e" – no atendimento **a** algo: **à saúde**; falhas **na**; consideração **com.**

ALTERNATIVA CORRETA: C

04 **(Vunesp – Escrevente Técnico Judiciário – TJ – SP/2017)** Assinale a alternativa em que a substituição dos trechos destacados na passagem - O paulistano, contudo, não é de jogar a toalha - **prefere estendê-la e se deitar em cima**, caso lhe **concedam** dois metros quadrados de chão. - está de acordo com a norma-padrão de crase, regência e conjugação verbal.

a) prefere mais estendê-la do que desistir - põe à disposição.
b) prefere estendê-la à desistir - ponham a disposição.
c) prefere estendê-la a desistir - põe a disposição.
d) prefere estendê-la do que desistir - põem a disposição.
e) prefere estendê-la a desistir - ponham à disposição.

COMENTÁRIOS:

Nota da autora: Questão de regência, crase e verbo.

Alternativa correta: letra "e"

1. O verbo *preferir* é transitivo direto (algo) e indireto (a algo): prefere estendê-la a desistir;
2. O verbo *estender* é transitivo direto (estende algo): estendê-la;
3. A conjunção *caso* exige que o verbo *pôr* seja conjugado no presente do subjuntivo: ponham;
4. Crase obrigatória: "à disposição" é locução adverbial formada por palavra feminina (disposição).

Alternativa "a" – O verbo *preferir* não admite termo que intensifica (mais); a regência está incorreta - comentário no item 1; o verbo *pôr* deve ser conjugado no subjuntivo -item 3.

Alternativa "b" – Não há crase antes de verbo; faltou crase na locução adverbial de modo.

Alternativa "c" – Conjugação do verbo *pôr* está errada e faltou crase na locução adverbial.

Alternativa "d" – O verbo preferir não admite, como objeto indireto, a forma "do que" e, mais uma vez, faltou a crase na locução adverbial.

05 **(Vunesp – Escrevente Técnico Judiciário – TJ-SP/2015)** Na passagem - Outras são promíscuas (embora prefiram a palavra "gregária"): estão sempre cercadas de muitas outras: Que. **De. Por.** -, as palavras destacadas são preposições. Assinale a alternativa em que elas estão empregadas de acordo com a norma-padrão de regência verbal e nominal.

a) Persiste **de** falar conosco, que somos os responsáveis **por** tudo.
b) Ele insiste **de** negar tudo, mas é suspeito **por** ter recebido propina.
c) Há um que hesita **de** fazer o negócio; os demais são favoráveis **por** comprar o terreno.
d) Recusa-se **de** ajudar, ficando indiferente **por** nosso problema.
e) Eles se admiram **de** que tenhamos preferência **por** funcionários mais experientes.

COMENTÁRIOS:

Alternativa correta: letra "e" – Regência verbal: o verbo pronominal *admirar-se* rege a preposição "de". Admiram-se **disto** – a oração subsequente é substantiva objetiva indireta; regência nominal: tem preferência **por** algo – o termo regido possui função sintática de complemento nominal.

Confira os erros a seguir para evitar erros.

Alternativa "a" – Persiste **em** falar.

Alternativa "b" – Insiste **em** negar; é suspeito **de** ter recebido.

Alternativa "c" – Hesita **em** fazer; são favoráveis **a** comprar.

Alternativa "d" – Recusa-se **a** ajudar; ficando indiferente **a** nosso problema.

06 (Vunesp – Escrevente Técnico Judiciário – TJ-SP/2015) Leia o texto da tira.

(Pryscila. Disponível em:<http://www1.folha.uol.com.br/>. Acesso em: 02 fev 2015. Adaptado)

Assinale a alternativa que preenche, correta e respectivamente, as lacunas da tira.

a) veio em ... houvesse ... o
b) foi em ... houvessem ... o
c) foi a ... houvesse ... o
d) veio a ... houvessem ... lhe
e) foi à ... houvessem ... lhe

COMENTÁRIOS:

Nota da autora: Questão de regência, pronome e concordância. Mais uma vez, vamos trabalhar por eliminação.

Alternativa correta: letra "c"

1. **Foi a Curitiba** = voltou de Curitiba (foi a, voltou de, crase para quê?) ou **veio a Curitiba**. O verbo *ir* pede a preposição "a". Eliminadas A, B e E;
2. **Houvesse** os velhos = o verbo *haver*, quando impessoal, não admite pluralização. Eliminada D e encontrada a resposta;

3. O verbo *ver* é transitivo direto (viu-o), como o advérbio de negação atrai o pronome oblíquo, a próclise é obrigatória: não o viu.

➲ **DICA** – Se o verbo não pede preposição, usam-se os oblíquos *o, a, os, as*. Pedindo preposição, usam-se *lhe, lhes*. Exemplo: Entregou-lhe a prova. Entregou algo **a alguém**.

(*Folha de S.Paulo*, 08.10.2014)

07 **(Vunesp – Escrevente Técnico Judiciário – TJ-SP/2014)** A fala da personagem oculta, no segundo quadrinho, está formulada, em um enunciado completo, segundo a norma-padrão da língua portuguesa, em:

a) É melhor seguir nos caminhos da verdade, distanciando-se pela alienação.
b) É melhor seguir pelos caminhos da verdade, distanciando-se da alienação.
c) É melhor seguir com os caminhos da verdade, distanciando-se à alienação.
d) É melhor seguir os caminhos da verdade, distanciando-se sob a alienação.
e) É melhor seguir aos caminhos da verdade, distanciando-se sobre a alienação.

COMENTÁRIOS:

➲ **Nota da autora:** Elimine as descabidas para ganhar tempo.

Alternativa correta: letra "b"

1. Seguir **por** algum lugar: seguir pelos caminhos. Outra possibilidade seria o verbo transitivo direto: seguir algo = seguir os caminhos da verdade.
2. Distanciando-se **de** algo: distanciando-se da alienação.

Eliminadas A, C, D e E. Fica mais fácil, não é?

08 **(Vunesp – Escrevente Técnico Judiciário – TJ-SP/2014)** Apesar das previsões ______________ os próximos meses deverão ter chuvas dentro da média em São Paulo, isso não garante ____________ o sistema Cantareira volte a ter níveis confortáveis de reserva de água até abril, segundo especialistas. Ainda que chova bem acima do esperado, a superfície seca e exposta do Cantareira terá maior dificuldade __________ reter a água.

(www.folha.uol.com.br.08.10.2014. Adaptado)

De acordo com a norma-padrão da língua portuguesa, as lacunas do texto devem ser preenchidas, respectivamente, com:

a) de que ... que ... em
b) em que ... de que ... a
c) de que ... de que ... de
d) que ... em que ... para
e) que ... de que ... para

COMENTÁRIOS:

Nota da autora: Vamos trabalhar eliminando as alternativas descabidas, exatamente como deve ser feito na prova.

Alternativa correta: letra "a"

1. Regência nominal. Previsões **de** algo: **de que**. Eliminadas B, D e E;
2. Regência verbal. O verbo *garantir* é transitivo direto (garante algo): garante **que**. Eliminada C;
3. Regência nominal. Terá dificuldade **em** algo: **em** reter.

09 (VUNESP – Agente Penitenciário – ES/2013) Leia o texto (horóscopo) a seguir e assinale a alternativa que completa, correta e respectivamente, as lacunas.

A mente precisa _____ nutrição, tal qual o corpo físico. A nutrição da mente se dá através de uma boa leitura, talvez um filme, ou por meio de conversas que sirvam _____ propósito _____ viajar para lugares desconhecidos.

a) de ... ao ... de
b) de ... o ... de
c) a ... ao ... de
d) por... o ... a
e) a ... o ... para

COMENTÁRIOS:

Alternativa correta: letra "a" – Questão fácil, basta prestar muita atenção.

– Quem precisa, precisa **de** algo. Eliminadas *c*, *d* e *e*.

– ...que sirvam **a** algo: ao propósito. Eliminada *b* e encontrada a resposta.

– há propósito **de** algo: de viajar.

10 **(VUNESP – Agente Penitenciário – SP/2013)** As lacunas das frases a seguir devem ser preenchidas, correta e respectivamente, com:

Crianças que foram humilhadas são vulneráveis ____ doença da violência.

As crianças devem ter limites de disciplina impostos ____ pais.

a) pela ... de

b) de ... com os

c) à ... pelos

d) com ... aos

e) por ... em

COMENTÁRIOS:

Alternativa correta: letra "c" – Por eliminação:

– se são vulneráveis, são vulneráveis **a** algo = resposta encontrada, que sem graça!

– se é imposto, é imposto **por** alguém: por + os = pelos.

Texto:

Desde o surgimento da ideia de hipertexto, esse conceito está ligado a uma nova concepção de textualidade, na qual a informação é disposta em um ambiente no qual pode ser acessada de forma não linear. Isso acarreta uma textualidade que funciona por associação, e não mais por sequências fixas previamente estabelecidas.

Quando o cientista Vannevar Bush, na década de 40, concebeu a ideia de hipertexto, pensava, na verdade, na necessidade de substituir os métodos existentes de disponibilização e recuperação de informações ligadas especialmente à pesquisa acadêmica, que eram lineares, por sistemas de indexação e arquivamento que funcionassem por associação de ideias, seguindo o modelo de funcionamento da mente humana. O cientista, ao que parece, importava-se com a criação de um sistema que fosse como uma "máquina poética", algo que funcionasse por analogia e associação, máquinas que capturassem o brilhantismo anárquico da imaginação humana.

Parece não ser obra do acaso que a ideia inicial de Bush tenha sido conceituada como hipertexto 20 anos depois de seu artigo fundador, exatamente ligada à concepção de um grande sistema de textos que pudessem estar disponíveis em rede. Na década de 60, o cientista Theodor Nelson sonhava com um sistema capaz de disponibilizar um grande número de obras literárias, com a possibilidade de interconexão entre elas. Criou, então, o "Xanadu", um projeto para disponibilizar toda a literatura do mundo, numa rede de publicação hipertextual universal e instantânea. Funcionando como um imenso sistema de informação e arquivamento, o hipertexto deveria ser um enorme arquivo virtual.

(Disponível em: http://www.pucsp.br/~cimid/4lit/longhi/hipertexto.htm. Acesso em: 05 fev 2013. Adaptado)

11 **(Vunesp – Escrevente Técnico Judiciário – TJ – SP/2013)** Assinale a alternativa em que a forma verbal destacada, que substitui a original nos parágrafos indicados entre parênteses, apresenta regência de acordo com a norma-padrão.

a) ... **planejava** também na criação de um sistema... (2.º)

b) Isso **ocasiona** em uma textualidade que funciona por associação... (1.º)

c) ... Vannevar Bush, na década de 40, **idealizou** pela ideia de hipertexto... (2.º)

d) ... o cientista Theodor Nelson **ansiava** em um sistema... (3.º)

e) ... o cientista Vannevar Bush [...] **cogitava**, na verdade, sobre a necessidade de substituir os métodos existentes... (2.º)

COMENTÁRIOS:

Alternativa "e": correta – O verbo *cogitar* é intransitivo. Sobre a necessidade de substituir os métodos existentes indica assunto. Cogitava-se sobre algo.

Alternativa "a" – Planejava algo: planejava também a criação de um sistema.

Alternativa "b" – Ocasiona algo: isso ocasiona uma textualidade.

Alternativa "c" – Idealizou algo: idealizou a ideia de hipertexto.

Alternativa "d" – Ansiava por algo: ansiava por um sistema.

12 **(Vunesp – Escrevente Técnico Judiciário – TJ – SP/2013)** Assinale a alternativa em que a expressão entre parênteses substitui, com correção, a expressão destacada na frase.

a) ... a informação é disposta em um ambiente **no qual** pode ser acessada de forma não linear. **(em que)**

b) ... textos **que** pudessem estar disponíveis em rede. **(cujos)**

c) ... recuperação de informações ligadas especialmente à pesquisa acadêmica, **que** eram lineares... **(aonde)**

d) Isso acarreta uma textualidade **que** funciona por associação... **(na qual)**

e) ... esse conceito está ligado a uma nova concepção de textualidade, **na qual** a informação é disposta em um ambiente... **(em cuja)**

COMENTÁRIOS:

Alternativa "a": correta – Pode ser acessada de forma não linear **no ambiente** = em que ou no qual.

Alternativa "b" – O pronome relativo cujo nunca poderá ser substituído, pois se refere a termo posposto. O que pudessem estar disponíveis em rede? Os textos = que ou os quais.

Alternativa "c" – O pronome relativo onde só pode ser usado para se referir a lugar. O que eram lineares? Informações = que ou as quais.

Alternativa "d" – O que funciona por associação? Uma textualidade = que ou a qual.

Alternativa "e" – O pronome relativo cujo nunca poderá ser substituído, pois se refere a termo posposto. Poderia ser substituído por *em que*.

13 **(Vunesp – Investigador de Polícia – SP/2013)** Leia a charge.

(*Gazeta do Povo*, 01.11.2012. Adaptado)

Em norma-padrão da língua portuguesa, a fala do funcionário demitido é completada com:

a) … prefiro ser demitido a ser demetido.
b) … prefiro antes ser demitido que ser demetido.
c) … prefiro mais ser demitido do que ser demetido.
d) … prefiro ser demitido do que ser demetido.
e) … prefiro mais ser demitido a ser demetido.

COMENTÁRIOS:

Alternativa "a": correta.

- Prefiro algo = ser demitido. Eliminadas *b, c* e *e.*
- Prefiro algo A ALGO = a ser demetido. Eliminada *d.*

14 **(Vunesp – Escrivão de Polícia – SP/2013)** No que se refere às regras de regência nominal, assinale a alternativa que substitui corretamente a expressão destacada em – **Buscando** compreender o que considerou ser uma tendência para o século 21, Michael Ellsberg realizou seu estudo […].

a) Determinado a
b) Empenhado sob
c) Resolvido de
d) Propenso em
e) Disposto com

COMENTÁRIOS:

Alternativa "a": correta – Buscando algo (compreender) e determinado a algo (a compreender).

Alternativa "b" – em.

Alternativa "c" – a.

Alternativa "d" – a.

Alternativa "e" – a.

15 **(Vunesp – Escrivão de Polícia – SP/2013)** Assinale a alternativa em que a expressão em destaque está empregada de acordo com a norma-padrão da língua.

a) Imagino o futuro desse universo digital, **cujo** parece ser cheio de riscos e incertezas.

b) Sugeri sairmos do apartamento para deixar de ouvir as críticas, **o qual** estavam me incomodando.

c) Um colapso na nuvem trará graves consequências, **as quais** podem envolver todo o tipo de usuário.

d) Meu amigo criticou as estantes, **as quais** os espaços vazios seriam ocupados por livros e CDs.

e) Eu separei algumas estantes para guardar os CDs **cujo** havia trazido da casa de meus pais.

COMENTÁRIOS:

Alternativa "c": correta – O relativo retoma o sujeito. Ordem direta: Graves consequências podem envolver todo tipo de usuário sem preposição anteposta ao relativo.

Alternativa "a" – que ou o qual = universo digital.

Alternativa "b" – as quais ou que = as críticas.

Alternativa "d" – cujos = espaços vazios. Cujo(a) referem-se a termos pospostos.

Alternativa "e" – que ou quais = CDs.

16 **(Vunesp – Escrivão de Polícia – SP/2013)** Considerando as regras de regência verbal, assinale a alternativa correta.

a) Ao ver a quantidade excessiva de prateleiras, o amigo comentou de que o livro estava acabando.

b) Enquanto seu amigo continua encomendando livros de papel, o autor aderiu o livro digital.

c) Álvaro convenceu-se de que o melhor a fazer seria sair para jantar.

d) As estantes que o autor aludiu foram projetadas para armazenar livros e CDs.

e) O único detalhe do apartamento que o amigo se ateve foi o número de estantes.

COMENTÁRIOS:

Alternativa "c": correta – Convencer alguém de algo.

Alternativa "a" – comentou que = V.T.D.

Alternativa "b" – aderir a algo: aderiu ao livro.

Alternativa "d" – aludir a algo: a que.

Alternativa "e" – ater-se a algo: a que se ateve.

17 (Vunesp – Escrevente Técnico Judiciário – TJ – SP/2012) Examine a imagem.

(*UOL*, 17.01.2012)

Na frase, há um erro de regência que se corrige com a seguinte redação:

a) Será interessante correr na equipe a qual meu tio pilotou.
b) Será interessante correr na equipe de que meu tio pilotou.
c) Será interessante correr na equipe em cuja meu tio pilotou.
d) Será interessante correr na equipe aonde meu tio pilotou.
e) Será interessante correr na equipe em que meu tio pilotou.

COMENTÁRIOS:

Alternativa "e": correta – Ordem direta: meu tio pilotou na equipe: **em que** ou **na qual.**

Alternativa "a" – Aqui a equipe se tornou objeto direto, o que muda o sentido da frase.

Alternativa "b" – Preposição *de* mal colocada, não faz sentido.

Alternativa "c" – *Cuja* é pronome possessivo que, além de mal utilizado aqui, não exprime a mensagem original.

Alternativa "d" – Dá ideia de movimento, para onde.

18 (Vunesp – Escrevente Técnico Judiciário – TJ – SP/2012) Em conformidade com a norma-padrão da língua portuguesa, o trecho – Os atuais mecanismos de busca na rede já estão ultrapassados por projetos inovadores... – está corretamente reescrito em:

a) Os atuais mecanismos de busca na rede, projetos inovadores já ultrapassaram-lhes.
b) Os atuais mecanismos de busca na rede, projetos inovadores já ultrapassaram-nos.
c) Os atuais mecanismos de busca na rede, projetos inovadores já ultrapassaram eles.

d) Os atuais mecanismos de busca na rede, projetos inovadores já os ultrapassaram...

e) Os atuais mecanismos de busca na rede, projetos inovadores já lhes ultrapassaram.

COMENTÁRIOS:

Alternativa "d": correta – Tal qual o enunciado, período simples, uso correto de pronome oblíquo, apenas deslocados sujeito, objeto direto e verbo.

▸ Ultrapassar é transitivo direto, admite **os** e advérbio de tempo **já** atrai o pronome oblíquo.

Alternativa "a" – Pronome pessoal oblíquo *lhe* usado após o verbo (ênclise) = errado.

Alternativa "b" – pronome oblíquo após o verbo (ênclise): errado. O advérbio atrai o pronome para antes do verbo (próclise).

Alternativa "c" – Erro crasso, usar pronome no caso reto em lugar do oblíquo.

Alternativa "e" – Objeto direto não admite **lhe**.

19 **(Vunesp – Escrevente Técnico Judiciário – TJ – SP/2012)** Assinale a alternativa em que o período, adaptado da revista Pesquisa Fapesp de junho de 2012, está correto quanto à regência nominal e à pontuação.

a) Não há dúvida que as mulheres ampliam, rapidamente, seu espaço na carreira científica ainda que o avanço seja mais notável em alguns países, o Brasil é um exemplo, do que em outros.

b) Não há dúvida que as mulheres ampliam rapidamente, seu espaço na carreira científica, ainda que, o avanço seja mais notável em alguns países (o Brasil é um exemplo) do que em outros.

c) Não há dúvida de que, as mulheres, ampliam rapidamente seu espaço na carreira científica; ainda que o avanço seja mais notável, em alguns países, o Brasil é um exemplo!, do que em outros.

d) Não há dúvida de que as mulheres, ampliam rapidamente seu espaço, na carreira científica, ainda que o avanço seja mais notável, em alguns países: o Brasil é um exemplo, do que em outros.

e) Não há dúvida de que as mulheres ampliam rapidamente seu espaço na carreira científica, ainda que o avanço seja mais notável em alguns países – o Brasil é um exemplo – do que em outros.

COMENTÁRIOS:

Alternativa "e": correta

➔ **Nota da autora:** questão de regência e pontuação.

▸ Não há dúvida **de** que. Eliminadas *a* e *b*.

▸ Intercalação: **Não há dúvida que as mulheres ampliam**, rapidamente, **seu espaço na carreira científica.** Eliminadas *c* e *d*.

- ampliam rapidamente seu espaço na carreira científica**, ainda que** o avanço seja mais notável em alguns países: a vírgula separa oração subordinada adverbial concessiva.

  - Intercalação: **ainda que o avanço seja mais notável em alguns países** – o Brasil é um exemplo – **do que em outros.**

20 **(Vunesp – Agente de Escolta e Vigilância Penitenciária – SP/2012)** Leia as orações a seguir:

I. Dizem que José está apto com essa função.

II. Ele está muito acostumado de tomar cerveja.

III. A secretária é muito atenciosa para com a família.

A regência nominal está correta apenas em

a) I.

b) II.

c) III.

d) I e III.

e) II e III.

COMENTÁRIOS:

Alternativa "c": correta

I. Apto para essa função.

II. Acostumado a tomar cerveja.

III. Correta: atenciosa para com alguém.

Frase para a próxima questão.

É assim que campanhas de segurança no trânsito mundo afora tiveram sucesso.

(Como evitar que motoristas bêbados fiquem impunes e continuem a matar no trânsito, Rodrigo Cardoso, Paula Rocha, Michel Alecrim e Luciani Gomes. ISTOÉ, nov. 2011. Adaptado)

21 **(Vunesp – Agente de Segurança Penitenciária – SP/2012)** Se o início dessa frase for modificado para – O sucesso no mundo afora se deveu. – deverá ser completada, corretamente, com

a) À campanhas de segurança no trânsito.

b) as campanhas de segurança no trânsito.

c) às campanhas de segurança no trânsito.

d) as programações de segurança no trânsito.

e) à programas de segurança no trânsito.

COMENTÁRIOS:

Alternativa "c": correta

➲ **Nota da autora:** Questão de regência e crase.

▸ O sucesso no mundo afora se deveu **às** campanhas de segurança no trânsito = deveu-se **a** algo + artigo feminino plural: deveu-se *às*.

Facilitando: substitua o substantivo feminino por um masculino e veja se resulta em **ao(s)**. Se resultar, há crase = ...se deveu **aos projetos**.

Alternativa "a" – a campanhas: não há crase em singular + plural.

Alternativa "b" – às: plural + plural, nesse caso = crase.

Alternativa "d" – às: plural + plural, nesse caso = crase.

Alternativa "e" – a programas: não há crase antes de palavra masculina (o programa).

22 (Vunesp – Escrevente Técnico Judiciário – TJ – SP/2011) Leia o que segue.

I. Muitos dos que assistiram o simpósio sobre reciclagem saíram desapontados.
II. Muitos catadores antipatizam com os projetos da prefeitura.
III. A comunidade visa uma política mais eficiente para a destinação do lixo.
IV. Alguns moradores aspiram uma cidade mais limpa.

De acordo com a norma padrão da língua, a regência verbal está correta em

a) I.
b) II.
c) III.
d) I e III.
e) II e IV.

COMENTÁRIOS:

Alternativa "b": correta – Única frase correta na regência verbal v. trans. Indireto.

I. *assistir* nesse caso é transitivo indireto assistir *ao*.

II. É a correta: antipatizar com.

III. Visa a algo, sentido de almejar.

IV. Aspira a algo, sentido de almejar.

➲ **Dica** – Verbos no sentido de **almejar** pedem a preposição **a**, mas o verbo almejar é transitivo direto. Muito cuidado! → *Almejamos o cargo.*

23 (Vunesp – Escrevente Técnico Judiciário – TJ – SP/ 2010) A nova versão da frase – *"... eu digo sempre que o futebol me ensinou mais sobre o Brasil do que muitos livros de história"* – está correta, quanto à regência, de acordo com a norma culta, em

a) O autor disse: recorro sempre sobre o futebol onde me ensina mais sobre o Brasil que muitos livros de história.

b) O futebol franqueou-me mais conhecimentos sobre o Brasil que os livros de história.

c) Ele referiu-se com o fato que aprendeu mais sobre o Brasil com o futebol que com os livros de história.

d) Supõe-se de que o futebol ensine mais sobre o Brasil que os livros de história.

e) Os livros de história não são propensos de ensinamentos sobre o Brasil quanto o futebol.

COMENTÁRIOS:

Alternativa "b": correta – A forma verbal franquear-me está empregada como transitiva direta e indireta: franqueou algo a alguém objeto direto = me e objeto indireto = mais conhecimentos sobre o Brasil.

Alternativa "a" – A forma verbal recorrer (a) está no sentido de lançar mão de, valer-se de: sempre **ao** futebol. Está incorreto o uso do advérbio onde. O correto seria o pronome relativo que = recorro sempre ao futebol **que** me ensina mais sobre.

Alternativa "c" – Referir-se: fez menção a, aludiu-a (preposição a) = ele referiu-se **ao** fato = preposição a + artigo o = ao. Ele referiu-se ao fato de que aprendeu mais sobre o Brasil com o futebol que com os livros de história.

Alternativa "d" – Supõe-se: verbo supor (T.D.) = presumiu= supõe algo. Supõe-se **que** o futebol (O.D.).

Alternativa "e" – Propenso (adjetivo): ser favorável a algo. Não são propensos **a** ensinamentos sobre o Brasil. Quanto (adv. de intensidade no sentido comparativo). Propensa a … (tanto) quanto ao futebol (o é).

24 **(Vunesp – Escrevente Técnico Judiciário – TJ – SP/ 2010)** As frases do trecho – Concordo que o futebol não é importante, que as pessoas lhe dão muita importância, que um time de 11 marmanjos serve como modelo para uma nação. – estão corretamente reescritas em:

a) Atenho-me à ideia de que o futebol não é importante, de que as pessoas supervalorizam-no, de que um time de 11 marmanjos presta-se a modelo para uma nação.

b) Atenho-me a ideia de que o futebol não é importante, de que as pessoas supervalorizam-lo, de que um time de 11 marmanjos presta-se a modelo para uma nação.

c) Atenho-me à ideia de que o futebol não é importante, de que as pessoas supervalorizam-lhe, de que um time de 11 marmanjos presta-se à modelo para uma nação.

d) Atenho-me a ideia de que o futebol não é importante, de que as pessoas supervalorizam-no, de que um time de 11 marmanjos presta-se a modelo para uma nação.

e) Atenho-me a ideia de que o futebol não é importante, de que as pessoas supervalorizam ele, de que um time de 11 marmanjos presta-se à modelo para uma nação.

COMENTÁRIOS:

Alternativa "a": correta.

▸ Atenho-me **à** ideia = atenho-me **ao** valor. Eliminadas alternativas *b, d* e *e*.

▸ Supervalorizar é transitivo direto (admite o pronome oblíquo o), como o verbo está no plural e termina em *m*, a forma correta é supervalorizam-no. Eliminada alternativa *c*.

25 (Vunesp – Escrevente Técnico Judiciário – TJ – SP/ 2010) Assinale a alternativa que completa corretamente a frase dada.

Uma final de Copa do Mundo é um evento

a) de que um observador cultural não pode ficar indiferente.

b) sob o qual um observador cultural não pode ficar indiferente.

c) ao qual um observador cultural não pode ficar indiferente.

d) ao que um observador cultural não pode ficar indiferente.

e) do qual um observador cultural não pode ficar indiferente.

COMENTÁRIOS:

Alternativa "c": correta – Ordem direta: Um observador cultural não pode ficar indiferente **ao evento**. Quem fica indiferente, fica indiferente a algo = ao qual.

Apenas a alternativa *d* poderia gerar dúvida, mas a eliminamos porque não existe pronome relativo **o que**, apenas **que**. Eliminadas, também, as alternativas *a* (de que), *b* (sob o qual) e *e* (do qual).

26 (Vunesp – Escrevente Técnico Judiciário – TJ – SP/ 2010) Assinale a alternativa que reescreve, corretamente, de acordo com a norma culta, os segmentos frasais:

As pessoas sabem que pratico futebol .../O futebol tem mais importância que as artes. / ... algo que me dá prazer.

a) As pessoas sabem que adiro o futebol ... / O futebol sobrepõem-se às artes. / ... algo que me apraz.

b) As pessoas sabem que adero ao futebol ... / O futebol sobrepõe-se as artes./... algo que apraza-me.

c) As pessoas sabem que adiro ao futebol ... / O futebol sobrepõe-se as artes. / ... algo que me apraz.

d) As pessoas sabem que vou aderir ao futebol... / O futebol sobrepõe-se as artes. / ... algo que me aprazerá.

e) As pessoas sabem que adiro ao futebol ... / O futebol sobrepõe-se às artes./... algo que me apraz.

COMENTÁRIOS:

Alternativa "e": correta.

➲ **Nota da autora:** Questão de regência, concordância e verbo.

1) Verbo aderir no presente do indicativo: eu **adiro**. Eliminada *b*.

2) Quem adere, adere **a** algo: adiro **ao** futebol. Eliminada *a*.

3) O futebol **sobrepõe**-se: o verbo deve concordar com o sujeito.

4) Sobrepõe-se **às** artes. Substituindo: sobrepõe-se **aos** estudos (com acento indicativo crase). Eliminadas *c* e *d*.

5) Verbo aprazer no presente do indicativo: apraz (terceira pessoa do singular).

27 **(Vunesp – Escrevente Técnico Judiciário – TJ – SP/ 2010)** Una as frases por meio de um pronome relativo e assinale a alternativa com formas gramaticais corretas, de acordo com a norma culta: Pelé fazia muito em campo./As brincadeiras de infância de Pelé ficaram guardadas na memória corporal.

a) Pelé, cujas brincadeiras de infância provinham da memória corporal, fazia muito em campo.

b) Pelé, quem as brincadeiras de infância procedia da memória corporal, fazia muito em campo.

c) Pelé, que as brincadeiras de infância proviam da memória corporal, fazia muito em campo.

d) Pelé, cujas as brincadeiras de infância se extraia da memória corporal, fazia muito em campo.

e) Pelé, cujas brincadeiras de infância se fabricava da memória corporal, fazia muito em campo.

COMENTÁRIOS:

Alternativa "a": correta – Ordem direta: As brincadeiras de infância de Pelé provinham da memória corporal.

Observações importantes:

1) O pronome relativo *cujas* concorda com o termo posterior *brincadeiras* e indica posse do anterior *Pelé*.

2) O verbo correto é provir: originar-se de.

Alternativa "b" – quem as = cujas; procedia = procediam.

Alternativa "c" – que = cujas; proviam = provinham: terceira pessoa do plural.

Alternativa "d" – Cujas as = cujas: não existe artigo definido após o pronome relativo cujo(s) e cuja(s); extraia = extraiam.

Alternativa "e" – fabricava = fabricavam. Verbo transitivo direto + se é voz passiva. Brincadeiras = sujeito plural.

28 **(Vunesp – Agente de Segurança Penitenciária – SP/2009)** Analise as afirmações.

I. Em – ... *localizada no bairro do Pacaembu*... – se o termo *localizada* for substituído por *próxima,* haverá alteração da regência, devendo-se empregar *ao* no lugar de *no.*

II. Em – ... *que atendia crianças do sexo masculino e feminino*...– a forma verbal pode ser substituída por *cuidava,* sem alteração da regência verbal.

III. Em – ... *que atendia crianças do sexo masculino e feminino...*– *atendia* pode ser substituído, sem prejuízo de sentido, por *assistia*, devendo-se substituir *crianças* por *à crianças*.

Está correto apenas o que se afirma em

a) I.
b) II.
c) III.
d) I e II.
e) I e III.

COMENTÁRIOS:

Alternativa "a": correta

I. Localizada no bairro e próxima **do** bairro.

II. Errado: atendia crianças e cuidava **de** crianças.

III. Errado: assistia crianças – sentido de cuidar, atender = verbo transitivo direto, isto é, não pede preposição e não pode haver o acento indicativo crase.

29 **(Vunesp – Oficial de Justiça – TJ – SP/2009)** Eliminando-se o sinal de dois-pontos do trecho – Por fim, constata: a cultura da violência e da impunidade reina no País. – obtém-se:

a) Por fim, constata de que a cultura da violência e da impunidade reina no País.
b) Por fim, constata que a cultura da violência e da impunidade reina no País.
c) Por fim, constata em que a cultura da violência e da impunidade reina no País.
d) Por fim, constata a que a cultura da violência e da impunidade reina no País.
e) Por fim, constata para que a cultura da violência e da impunidade reina no País.

COMENTÁRIOS:

Alternativa "b": correta – *Constata que* ligação de oração subordinada substantiva direta. O verbo constar é transitivo direto e não admite preposição.

Alternativa "a" – *de que* é usado quando o verbo é transitivo indireto.

Alternativa "c" – *em que* denota lugar onde.

Alternativa "d" – *a que* é usado quando o verbo é transitivo indireto.

Alternativa "e" – *para que* denota finalidade.

30 **(Vunesp – Escrevente Técnico Judiciário – TJ – SP/2008)** Assinale a alternativa correta quanto ao emprego de pronomes e à regência.

a) Não esqueça os dados de seu currículo para que possa sempre manter-lhe em dia.
b) Não se esqueça dos dados de seu currículo para que possa sempre mantê-lo em dia.

c) Lembre-se sempre os dados de seu currículo para que possa manter-no em dia.
d) Lembre dos dados de seu currículo para que possa manter-lhe em dia sempre.
e) Lembre-se dos dados de seu currículo para que possa sempre manter-lhe em dia.

COMENTÁRIOS:

Alternativa "b": correta – Esquecer é verbo transitivo indireto quando pronominal: não se esqueça **de**. A negativa (não) traz o pronome se, integrante da forma verbal, para antes do verbo, formando a próclise. Verbo *manter*: transitivo direto: mantê-lo.

Alternativa "a" – Não esqueça: sem pronome, sem preposição = correto. Erro: o verbo *manter* é transitivo direto: mantê-lo.

Alternativa "c" – Lembre-**se de** algo e, mais uma vez, erro na regência do verbo manter.

Alternativa "d" – **Lembre-se dos dados** ou **lembre os dados**. Verbo *manter* é transitivo direto

Alternativa "e" – para que possa mantê-lo (o currículo) em dia.

31 **(Vunesp – Escrevente Técnico Judiciário – TJ – SP/2007)** Assinale a alternativa que reescreve a frase de acordo com a norma culta.

a) Os graduados apenas ocasionalmente exercem a profissão. / Os graduados apenas ocasionalmente se dedicam a profissão.
b) Os advogados devem demonstrar nessa prova um mínimo de conhecimento. / Os advogados devem primar nessa prova por um mínimo de conhecimento.
c) Ele não fez o exame da OAB. / Ele não procedeu o exame da OAB.
d) As corporações deviam promover o interesse da sociedade. / As corporações deviam almejar do interesse da sociedade.
e) Essa é uma forma de limitar a concorrência. / Essa é uma forma de restringir à concorrência.

COMENTÁRIOS:

Alternativa "b": correta – demonstrar algo; primar **por** algo.

Alternativa "a" – Os graduados apenas ocasionalmente se dedicam **à profissão**. Substituindo: ... se dedicam **aos** estudos.

Alternativa "c" – O verbo *proceder* é transitivo indireto. Na segunda frase – não procedeu (a + o) exame: não **procedeu ao exame**.

Alternativa "d" – O verbo almejar, neste contexto, é transitivo direto= **almejar** (desejar) **o interesse** (objeto direto).

Alternativa "e" – No contexto, o verbo *restringir* está no sentido de limitar, diminuir= transitivo direto – **restringir a concorrência** = objeto direto.

CAPÍTULO 5

Crase

» **Nos editais:** Emprego do sinal indicativo de crase.

01 **(Vunesp – Oficial Administrativo – SEDUC SP/2019)** Assinale a alternativa em que, na redação que completa a frase a seguir, o emprego do acento indicativo da crase está de acordo com a norma-padrão da língua.

Nas raras vezes em que desgruda da tela, recorre

a) **à** toda forma de entretenimento veiculado pela televisão.
b) **à** qualquer mídia ou tecnologia digital de comunicação.
c) **à** outros tipos de tecnologia digital de entretenimento.
d) **à** busca por entretenimento em outros canais de comunicação.
e) **à** alguns programas de variedades transmitidos pela televisão.

COMENTÁRIOS:

Nota da autora: Além de saber as regras, é viável substituir a palavra feminina por uma palavra masculina que seja da mesma classe gramatical. Caso resulte em "ao", haverá crase.

Alternativa "a" – a todo conteúdo (não resultou em "ao" = sem crase); não há crase antes de pronome indefinido. Exceto antes de "outra" e "outras".

Alternativa "b" – a qualquer problema; não há crase antes de pronome indefinido.

Alternativa "c" – a outros: não há crase antes de palavra masculina.

Alternativa "d" – recorre **ao** fato (resultou em "ao" = com crase); a preposição "a" foi exigida pelo verbo *recorrer* + o artigo definido "a" que acompanha o substantivo feminino *busca* = à busca.

Alternativa "e" – a alguns: não há crase antes de palavra masculina.

ALTERNATIVA CORRETA: D

02 **(Vunesp – Analista Técnico Científico – MPE SP – SP/2019)** Considere o trecho final do texto: Por exemplo, o artigo definido feminino "a" não pode ser usado em determinadas situações, o que, por exclusão, nos leva ao raciocínio de que o "a" da construção é apenas a preposição "a". Assinale a alternativa em que a primeira frase confirma e a segunda frase nega o contido na passagem final do texto.

a) Quando cheguei **à** repartição, percebi que ali foram feitas algumas mudanças. / A nova funcionária foi encaminhada **à** direção do setor.

b) Durante a reunião do departamento, lemos, com atenção, **a** ata da anterior. / Emprestei o livro importado **a** quem não deveria.

c) Oferecemos **a** todos os participantes do evento um exemplar do livro. / Na reunião, eles se referiram **a** essa nova lei.

d) Analisando **a** documentação, conclui-se que está tudo em ordem. / Pedimos atenção **à** nova legislação do condomínio.

e) Encontrei o autor **a** cujo livro nos referimos na última bienal. / A foto do acidente **à** qual tive acesso me deixou chocada.

COMENTÁRIOS:

Alternativa "a" – Nega: preposição + artigo (cheguei a algum lugar). / Nega: preposição + artigo (encaminhada a algum lugar).

Alternativa "b" – Nega: é apenas um artigo e admite pluralização (lemos a ata). / Confirma: é uma preposição exigida pelo verbo *emprestar* (emprestei a alguém).

Alternativa "c" – Confirma: é uma preposição exigida pelo verbo *oferecer* (oferecemos a alguém). / Confirma: é uma preposição exigida pelo verbo pronominal *referir-se* (referimo-nos a algo).

Alternativa "d" – Nega: é apenas um artigo e admite pluralização (analisando a documentação). / Nega: preposição + artigo (pedimos a algo).

Alternativa "e" – Confirma: não pode haver artigo ao lado dos pronomes relativos *cujo* e *quem,* ou seja, é uma preposição regida pelo termo posposto = referimo-nos **a**o livro do autor. / Nega: ocorre junção do artigo definido feminino (a) + pronome relativo (a qual). Equivale a tive acesso **à** foto.

ALTERNATIVA CORRETA: E

03 (Vunesp – Assistente em Administração – UFABC/2019) Assinale a alternativa que preenche correta e respectivamente as lacunas da frase a seguir, no que se refere à ocorrência da crase, conforme a norma-padrão da língua.

O operador de câmera quis confirmar se estava correta _____ informação de que o número de pessoas dispostas _____ dedicar-se _____ aulas de matemática havia aumentado.

a) a ... a ... às

b) à ... à ... as

c) a ... à ... à

d) à ... a ... a

e) a ... à ... as

COMENTÁRIOS:

Nota da autora: Sempre coloque a oração na ordem direta – iniciando com o sujeito – para não haver engano.

Alternativa "a" – A informação (sujeito) estava correta: não pode haver crase no sujeito; não pode haver crase antes de verbo; dedica-se **a** algo: às aulas.

Alternativa "b" – Não pode haver crase no sujeito; não pode haver crase antes de verbo; dedica-se **a** algo: às aulas.

Alternativa "c" – A informação estava correta não pode haver crase antes de verbo; dedica-se **a** algo: às aulas.

Alternativa "d" – Não pode haver crase no sujeito; não pode haver crase antes de verbo; dedica-se **a** algo: às aulas.

Alternativa "e" – A informação estava correta; não pode haver crase antes de verbo; dedica-se **a** algo: às aulas.

ALTERNATIVA CORRETA: A

Texto para responder à questão.

Evitar campanhas de desinformação no Whatsapp pode ser uma tarefa hercúlea, principalmente em razão da criptografia que impede que terceiros acessem as mensagens. É o que explica Fabrício Benevenuto, professor de ciência da computação da Universidade Federal de Minas Gerais (UFMG). ________ frente do projeto Eleições Sem Fake, o acadêmico reconhece que mentiras podem ser espalhadas em qualquer meio, mas alguns fatores tornam o Whatsapp um terreno especialmente fértil ao boato.

Aliadas ________ descrença generalizada, as facilidades que acompanham o Whatsapp enchem os olhos de muita gente. Benevenuto comentou que diversas operadoras oferecem pacotes em que o uso do aplicativo é gratuito, mesmo que as pessoas não tenham internet para acessar outras plataformas. "Isso é perigoso no sentido de que a pessoa passa ________ ver notícia através do Whatsapp. O acesso ________ grande mídia é menor. A checagem de fatos também é menor. Para ler alguns sites, é preciso pagar; mas no aplicativo, a informação de má qualidade chega gratuita e incluída no plano."

(https://epoca.globo.com. Adaptado)

04 (Vunesp – Analista em Gestão Municipal – Prefeitura de São José dos Campos SP/2018) Em conformidade com a norma-padrão, as lacunas do texto devem ser preenchidas, respectivamente, com:

a) À ... à ... a ... à

b) A ... a ... à ... a

c) Há ... a ... a ... à

d) À ... à ... à ... à

e) A ... à ... à ... a

COMENTÁRIOS:

Alternativa "a" – À frente: locução adverbial formada por palavra feminina; aliadas **a** algo: **à descrença**; não pode haver crase antes de verbo: passa **a** ver; acesso **a** algo: **à** grande mídia.

Alternativa "b" – À frente: locução adverbial formada por palavra feminina; aliadas **a** algo: **à descrença**; não pode haver crase antes de verbo: passa **a** ver; acesso **a** algo: **à** grande mídia.

Alternativa "c" – À frente: locução adverbial formada por palavra feminina; aliadas **a** algo: **à descrença**; não pode haver crase antes de verbo: passa **a** ver; acesso **a** algo: **à** grande mídia.

Alternativa "d" – À frente: locução adverbial formada por palavra feminina; aliadas **a** algo: **à descrença**; não pode haver crase antes de verbo: passa **a** ver; acesso **a** algo: **à** grande mídia.

Alternativa "e" – À frente: locução adverbial formada por palavra feminina; aliadas **a** algo: **à descrença**; não pode haver crase antes de verbo: passa **a** ver; acesso **a** algo: **à** grande mídia.

ALTERNATIVA CORRETA: A

Texto para responder à questão.

Ei-lo agora, adolescente recluso em seu quarto, diante de um livro que não lê. Todos os seus desejos de estar longe erguem, entre ele e as páginas abertas, uma tela esverdeada que perturba ________ linhas. Ele está sentado diante da janela, a porta fechada ________ costas. Página 48. Ele não tem coragem de contar as horas passadas para chegar ________ essa quadragésima oitava página. O livro tem exatamente quatrocentas e quarenta e seis. Pode-se dizer 500 páginas! Se ao menos tivesse uns diálogos, vai. Mas não! Páginas completamente cheias de linhas apertadas entre margens minúsculas, negros parágrafos comprimidos uns sobre os outros e, aqui e acolá, a caridade de um diálogo – um travessão, como um oásis, que indica que um personagem fala ________ outro personagem. Mas o outro não responde. E segue-se um bloco de doze páginas! Doze páginas de tinta preta! Falta de ar! Ufa, que falta de ar! Ele xinga. Muitas desculpas, mas ele xinga. Página quarenta e oito... Se ao menos conseguisse lembrar do conteúdo dessas primeiras quarenta e oito páginas!

(Daniel Pennac. *Como um romance*, 1993. Adaptado)

05 **(VUNESP - TJ SP – Escrevente Técnico Judiciário - 2018)** Em conformidade com a norma-padrão, as lacunas do texto devem ser preenchidas, respectivamente, com:

a) as ... às ... a ... a
b) às ... às ... à ... à
c) as ... às ... à ... à
d) às ... as ... a ... a
e) as ... as ... à ... à

COMENTÁRIOS:

Nota da autora: Questão de crase e regência. Trabalhe por eliminação para ganhar tempo e evitar erro.

1. perturba **as** linhas = o verbo *perturbar* é transitivo direto (perturba algo). Dica de substituição por palavra masculina da mesma classe gramatical: perturba **os** homens. Não resultou em "ao", não há crase, pois não há preposição (a) + artigo (o). Eliminadas B e D;
2. a porta fechada **às** costas = locução adverbial formada por palavra feminina: crase obrigatória. Eliminada E;
3. chegar **a** essa quadragésima oitava página = não há crase antes de pronome demonstrativo (exceto antes de "mesma"). Dica de substituição: chegar **a** esse quadragésimo oitavo capítulo. Eliminada C e já foi encontrada a resposta;
4. um personagem fala **a** outro personagem = não há crase antes de palavra masculina e nem antes de pronome indefinido (exceto antes de *outra*).

ALTERNATIVA CORRETA: A

Leia o texto dos quadrinhos, para responder à questão.

(Charles M. Schulz. Snoopy- Feliz dia dos namorados!)

06 **(Vunesp – Escrevente Técnico Judiciário – TJ – SP/2017)** Assinale a alternativa que dá outra redação à fala dos quadrinhos, seguindo a norma-padrão de regência, conjugação de verbos e emprego do sinal indicativo de crase.

a) Espero que você nomeie à alguém que trata disso melhor do que seu advogado.
b) Se você não se dispor em ajudar à fazer a lição de casa, vou processar você.

c) Vou acionar à polícia se você não vir me ajudar com à lição de casa.

d) Caso você não me acuda quando eu fizer a lição de casa, apelarei à justiça.

e) Pergunto à você onde está seu advogado; não creio que ele resolva ao caso.

COMENTÁRIOS:

Nota da autora: Questão de crase, verbo e regência.

Alternativa correta: letra "d"

1. Verbo: no presente do subjuntivo por indicar ação duvidosa: caso acuda; no futuro do subjuntivo por se referir à ação futura também duvidosa: quando eu fizer; verbo no futuro do presente do indicativo indicando ação futura certa: apelarei;
2. Regência: o verbo *acudir* é transitivo direto e o advérbio atrai o pronome oblíquo: não me acuda; *fazer* é transitivo direto (sem preposição): fizer a lição; *apelar* é transitivo indireto (a algo): à justiça;
3. Crase: Substituindo por uma palavra masculina da mesma classe gramatical, resulta em "ao" e por isso há crase: apelarei **ao** juiz.

Alternativa "a" – Regência: *nomear* alguém (verbo transitivo direto) = **nomeie alguém** – não tem preposição nem crase; verbo: que **trate** disso = verbo no presente do subjuntivo – ação duvidosa.

Alternativa "b" – Verbo: se você não se **dispuser** = futuro do subjuntivo – conjugado como o verbo *pôr*; crase: não há crase antes de verbo.

Alternativa "c" – Regência: acionar é transitivo direto (se preposição e sem crase) = acionar **a polícia**; verbo: **vier** = verbo *vir* no futuro do subjuntivo; crase: não há antes de *lição*. Substituindo: se você não me ajudar com o processo.

Alternativa "e" – Crase: não pode haver antes de pronome pessoal de tratamento se não estiver explícito que se trata de uma mulher = pergunto **a** você; regência: que ele resolva **o caso** = verbo transitivo direto.

07 **(Vunesp – Escrevente Técnico Judiciário – TJ-SP/2015)** O sinal indicativo de crase está empregado de acordo com a norma-padrão em:

a) Todos os documentos serão encaminhados às partes à partir da próxima semana.

b) Todos tiveram de comparecer perante à autoridade, prestando contas à ela.

c) Recusa-se à entregar às certidões antes do final do expediente.

d) Encaminhamos à V.Exª os documentos à que se refere o Edital.

e) O caso exige tratamento igual às partes, sem fazer exceção à ré.

COMENTÁRIOS:

Nota da autora: Vamos trabalhar substituindo as palavras?

Alternativa correta: letra "e" – exige tratamento igual **aos** homens (substantivo masculino – resultou em "ao", há crase – igual às partes); sem fazer exceção **ao** homem (substantivo masculino – resultou em "ao", há crase – exceção à ré).

Alternativa "a" – 1. Às partes: certo = aos homens – certo; 2. **a** partir: não pode haver crase antes de verbo.

Alternativa "b" – 1. Perante o juiz: errado – sem crase antes de autoridade; 2. Prestando conta a ele: errado – sem crase antes do pronome pessoal.

Alternativa "c" – 1. a entregar: não pode haver crase antes de verbo; 2. Entregar as certidões = entregar os documentos – sem "ao", sem crase.

Alternativa "d" – 1. Não há crase antes de pronome de tratamento (exceção: antes de senhora, senhorita, dona e madame pode haver); 2. O pronome relativo retoma o substantivo masculino plural "documentos" e não admite crase.

08 **(Vunesp - Delegado de Polícia - CE/2015)** Leia os quadrinhos.

(André Dahmer, *Malvados*, 17.04.2014. www1.folha.uol.com.br)

Assinale a alternativa em que fala do palestrante está corretamente reescrita, com o sentido preservado, em linhas gerais, e em conformidade com as normas de regência e de ocorrência da crase.

a) Vovôs idealistas, as pessoas com menos de trinta anos não se deve dar confiança.
b) Vovôs idealistas, desconfiem a qualquer um com menos de trinta anos.
c) Vovôs idealistas, recusem-se à confiar em quem tiver menos de trinta anos.
d) Vovôs idealistas, à indivíduos com menos de trinta anos não se deve confiar.
e) Vovôs idealistas, não deem confiança àqueles com menos de trinta anos.

COMENTÁRIOS:

Alternativa correta: letra "e" – Crase sempre é fácil.

Pensando na regência (não indico, tenho receio de que erre): dá confiança **a** alguém: a + aqueles = àqueles.

Substituindo (indico): não deem confiança **aos** homens. Resultou em **ao** = crase (àqueles).

Alternativa "a" – Ordem direta: não se deve dar confiança **às** pessoas (**aos** meninos).

Alternativa "b" – desconfie **de** alguém = de qualquer um.

Alternativa "c" – não há crase antes de verbo = a confiar.

Alternativa "d" – não há crase antes de palavra masculina; mais: em singular (a) + plural (indivíduos), também não há crase.

09 **(Vunesp – Escrevente Técnico Judiciário – TJ-SP/2014)** ________ quebra do compromisso entre Hong Kong e China, que atinge ________ eleições marcadas para 2017, seguiram-se manifestações, pois, com o controle da cidade, haveria ameaça__________ garantia de plenas liberdades.

As lacunas devem ser preenchidas, correta e respectivamente, com:

a) A ... as ... à
b) À ... às ... à
c) A ... às ... a
d) A ... às ... à
e) À ... as ... à

COMENTÁRIOS:

Nota da autora: É preciso ter muita atenção pelo fato de a oração estar na ordem inversa, ou seja, não é iniciada com o sujeito.

Alternativa correta: letra "e"

1. Ordem direta: Manifestações seguiram-se **à** quebra do compromisso. Regência: seguiram-se **a** algo; mais o artigo definido feminino singular *a* = **à**. Substituindo por uma palavra masculina que pertence à mesma classe gramatical, resulta em "ao" e por isso há certeza de que haverá crase antes da palavra feminina. Veja: Manifestações seguiram-se **ao** impulso (substantivo masculino). Eliminadas A, C e D;
2. O verbo *atingir* é transitivo direto (atinge algo) e não pode haver crase sem preposição: atinge **as** eleições. Substitua e não resultará em "ao": atinge o progresso (substantivo masculino). Eliminada B e encontrada a resposta;
3. Regência: haveria ameaça **a** algo. Substituindo: haveria ameaça **ao** cargo (substantivo masculino). Resultou em "ao", há crase.

10 **(VUNESP – Agente Penitenciário – ES/2013)** Leia a tirinha para responder à questão.

(*10 anos de Mafalda*, Adaptado)

As lacunas da tirinha devem ser preenchidas, correta e respectivamente, com:

a) à ... a ... à ... à
b) a ... à ... à ... a
c) a ... a ... à ... a
d) a ... à ... a ... a
e) a ... a ... à ... à

COMENTÁRIOS:

Alternativa correta: letra "c" – Por eliminação e substituição:

– Daqui **a** alguns dias = tempo futuro e não admite crase por ser apenas uma preposição. Eliminada *a*.

– Começar **a** ir = além de ser apenas uma preposição (sem junção de artigo), não se usa crase antes de verbo. Eliminadas *b* e *d*.

– Ir **à** escola = substituindo por um substantivo masculino, resulta em **ao**, assim sendo, há crase: ir ao cinema.

– Aprender **a** ler = não se usa crase antes de verbo. Eliminada *e*.

11 (VUNESP – Agente Penitenciário – SP/2013) O acento indicativo de crase está corretamente empregado em:

a) Tendências agressivas começam à ser relacionadas com as dificuldades para lidar com as frustrações de seus desejos.
b) A agressividade impulsiva deve-se à perturbações nos mecanismos biológicos de controle emocional.
c) A violência urbana é comparada à uma enfermidade.
d) Condições de risco aliadas à exemplo de impunidade alimentam a violência crescente nas cidades.
e) Um ambiente desfavorável à formação da personalidade atinge os mais vulneráveis.

COMENTÁRIOS:

Alternativa correta: letra "e" – Substituindo: desfavorável à formação = desfavorável **ao** problema. Resultou em **ao** = crase.

Alternativa "a" – Não se usa crase antes de verbo.

Alternativa "b" – Não se usa crase em singular + plural, pois indica que existe apenas uma preposição: a (singular) + perturbações (plural).

Alternativa "c" – Não se usa crase antes de artigo indefinido.

Alternativa "d" – Não se usa crase antes de palavra masculina (a não ser que indique à moda de, ao estilo de).

12 (Vunesp – Escrevente Técnico Judiciário – TJ – SP/2013) Assinale a alternativa que completa as lacunas do trecho a seguir, empregando o sinal indicativo de crase de acordo com a norma-padrão. *"Não nos sujeitamos _____ corrupção; tampouco cederemos espaço _____ nenhuma ação que se proponha _____ prejudicar nossas instituições".*

a) à / à / à
b) a / à / à
c) à / a / a
d) à / à / a
e) a / a / à

COMENTÁRIOS:

Alternativa "c": correta – Basta trabalhar por substituição do termo feminino por um masculino que pertença à mesma classe gramatical. Resultando em **ao**, haverá crase.

- Não nos sujeitamos **ao corrupto** = **à** corrupção. Eliminadas alternativas *b* e *e*.
- cederemos espaço **a nenhum** = **a** nenhuma. Não há crase antes de pronome indefinido e não resultou em **ao.** Eliminadas *a* e *d*. Chegamos à resposta sem preenchermos o terceiro espaço. Perfeito, não é?
- proponha **a** prejudicar = não há crase antes de verbo.

13 (Vunesp – Escrevente Técnico Judiciário – TJ – SP/2012) *No Brasil, as discussões sobre drogas parecem limitar-se _____ aspectos jurídicos ou policiais. É como se suas únicas consequências estivessem em legalismos, tecnicalidades e estatísticas criminais. Raro ler _____ respeito envolvendo questões de saúde pública como programas de esclarecimento e prevenção, de tratamento para dependentes e de reintegração desses _____ vida. Quantos de nós sabemos o nome de um médico ou clínica _____ quem tentar encaminhar um drogado da nossa própria família? (Ruy Castro, Da nossa própria família. Folha de S.Paulo, 17.09.2012. Adaptado)*

As lacunas do texto devem ser preenchidas, correta e respectivamente, com:

a) aos / à / a / a
b) aos / a / à / a
c) a / a / a / a
d) a / a / à / à
e) à / à / à / à

COMENTÁRIOS:

Alternativa "b": correta

- Limitar-se **a** algo: **a** ou **aos.**
- **a** respeito: não se usa crase antes de palavra masculina. Eliminadas *a* e *e*.
- reintegração desses **à** vida = **ao** mundo. Eliminadas *c* e *d*.
- **a** quem = não se usa crase antes dos pronomes relativos quem e cujo por não admitirem artigo.

14 (Vunesp – Agente de Escolta e Vigilância Penitenciária – SP/2012) Leia as orações a seguir:

I. Entreguei o livro à aluna.

II. Assistimos à novela.

III. Comprei um automóvel à gasolina.

Está(ão) de acordo com a norma culta

a) apenas a oração I.

b) apenas a oração II.

c) as orações I e II, apenas.

d) as orações I e III, apenas.

e) as orações I, II e III.

COMENTÁRIOS:

Alternativa "c": correta – Substitua a palavra feminina por uma masculina que pertença à mesma classe gramatical. Se resultar em **ao(s),** significa que há o acento indicativo de crase.

I. Entreguei o livro **ao rapaz** = à aluna.

II. Assistimos **ao filme** = à novela.

III. Não se usa crase neste caso, embora seja polêmica a regra: alguns gramáticos aceitam e outros não. Caberia recurso.

Outros casos polêmicos:

1) Ensino a distância

2) Filé a cavalo e frango a passarinho.

3) Só faz vendas a vista.

4) Fez a redação a máquina.

5) Foi recebido a bala.

6) Ataque a bomba.

7) Baile a fantasia.

8) Sujeito a multa.

9) Todos os itens estão sujeitos a inspeção.

15 (Vunesp – Escrevente Técnico Judiciário – TJ – SP/2011) Assinale a alternativa que completa, correta e respectivamente, as lacunas das frases.

I. _____ situações insustentáveis do lixo na capital.

II. Esse problema chega _____ autoridades que deverão tomar _____ providências cabíveis.

a) As / as / as

b) Há / às / as

c) Há / as / às

d) Às / as / às

e) As / hás / as

COMENTÁRIOS:

Alternativa "b": correta.

- **Há** situações = existem situações. O verbo haver é impessoal e deve permanecer no singular. Eliminadas *a, d* e *e*.
- Chega **às** autoridades = chega **aos** juízes. Substituiu por substantivo masculino e resultou em **ao** = crase. Eliminada *c*.
- deverão tomar **as** providências = **os** cuidados.

16 **(Vunesp – Escrevente Técnico Judiciário – TJ – SP/2011)** Assinale a alternativa correta quanto ao uso do acento indicativo da crase.

a) Os catadores andam à pé e coletam lixo reciclável pelas ruas da cidade.
b) O lixo reciclável é destinado à aterros sanitários em municípios vizinhos.
c) Os especialistas estão à procura de soluções para o tratamento do lixo.
d) A prefeitura tem muito à fazer antes de implantar a coleta seletiva do lixo.
e) A notícia do lixo em São Paulo chegou à Vossa Excelência pelo jornal.

COMENTÁRIOS:

Alternativa "c": correta – *à procura de* é locução, por isso há crase e pelo fato e ser formada por palavra feminina, claro.

Dica – Cuidado para não confundir com *a procurar por*, pois não há crase antes de verbo, embora a expressão seja, também, uma locução.

Alternativa "a" – Palavra masculina: não há crase.

Alternativa "b" – Palavra masculina: não há crase.

Alternativa "d" – Não se usa crase antes de verbos;

Alternativa "e" – Não se usa crase antes de pronomes que repelem artigo. Admitem artigo apenas os pronomes de tratamento: Dona, Senhora, Senhorita e Madame.

17 **(Vunesp – Escrevente Técnico Judiciário – TJ – SP/ 2010)**

I. A Fúria se rende ____ vuvuzelas.
II. Caim é o último livro de José Saramago, que morreu _____ uma semana.
III. Sujeito _____ crises de humor, ele não vive em paz.
IV. As vizinhas do andar de cima? Não _____ vejo faz tempo.

a) às / há / às / as
b) as / há / as / às
c) às / a / as / às
d) às / a / às / as
e) as / há / às / as

COMENTÁRIOS:

Alternativa "a": correta.

- As fúrias se rendem **às** vuvuzelas = **aos** barulhos. Eliminadas *b* e *e*.
- Morreu **há** uma semana: tempo decorrido. Eliminadas *c* e *d*. Encontrada a resposta.
- Sujeito **às** crises: sujeito **aos** problemas.
- Não **as** vejo: não vejo as vizinhas = pronome pessoal oblíquo.

Dica - Não há crase em pronome pessoal oblíquo.

Texto:

Conta-se que, um dia, Sócrates parou diante de uma tenda do mercado em que estavam expostas diversas mercadorias. Depois de algum tempo, ele exclamou: "Vejam quantas coisas o ateniense precisa para viver." Naturalmente ele queria dizer com isto que ele próprio não precisava de nada daquilo.

Esta postura de Sócrates foi o ponto de partida para a filosofia cínica, fundada em Atenas por Antístenes - um discípulo de Sócrates, por volta de 400 a. C. Os cínicos diziam que a verdadeira felicidade não depende de fatores externos, como o luxo, o poder político e a boa saúde. Para eles, a verdadeira felicidade consistia em se libertar dessas coisas casuais e efêmeras. E justamente porque a felicidade não estava nessas coisas, ela podia ser alcançada por todos. E, uma vez alcançada, não podia mais ser perdida.

(Jostein Gaarden, O Mundo de Sofia. São Paulo, Cia. das Letras, 1995)

18 **(Vunesp - Escrevente Técnico Judiciário - TJ - SP/ 2010)** Assinale a alternativa que reescreve, corretamente, uma frase do texto.

a) Fatores externos não conduzem para à verdadeira felicidade.
b) A verdadeira felicidade não se reduz as coisas efêmeras.
c) Os atenienses não vislumbram à verdadeira felicidade.
d) Os sábios almejam e alcançam a verdadeira felicidade.
e) O luxo, o poder político não constroem à verdadeira felicidade.

COMENTÁRIOS:

Alternativa "d": correta - A frase está reescrita corretamente. Substituindo: Os sábios almejam e alcançam o verdadeiro valor = sem crase, pois não resultou em **ao**.

Alternativa "a" - Fatores externos não conduzem para **a** verdadeira felicidade = não conduzem para o verdadeiro amor = sem crase.

Alternativa "b" - A verdadeira felicidade não se reduz **às** coisas efêmeras. = não se reduz **aos** fatos efêmeros = com crase.

Alternativa "c" - Os atenienses não vislumbram **a** verdadeira felicidade. = não vislumbram **o** verdadeiro sucesso = sem crase.

Alternativa "e" - O luxo, o poder político não constroem **a** verdadeira felicidade. = não constroem **o** verdadeiro amor.

19 **(Vunesp – Oficial de Justiça – TJ – SP/2009)** Leia a frase e assinale a alternativa que contém os termos que preenchem, correta e respectivamente, as lacunas.

Entre os brasileiros _____ frente de negócios próprios abertos _____ menos de quatro anos, a porcentagem dos que _____ de 45 _____ 54 anos dobrou nesta década – de 7% em 2001 para 15% hoje. (Veja, 15.07.2009)

a) à / à / têm /à

b) a / a / tem / à

c) à / há / têm / a

d) a / a / tem / a

e) a / há / têm / à

COMENTÁRIOS:

Alternativa "c": correta

▸ *à frente:* expressão adverbial feminina. Eliminadas *b, d* e *e.*

▸ *há menos* (v. haver): tempo decorrido. Eliminada *a.* Chegamos à resposta sem lermos o terceiro item. Ganhou tempo!

▸ *têm*: 3ª pessoa plural do verbo ter.

Dica – O (a) + que = pronome demonstrativo + pronome relativo. Substituindo: porcentagem daqueles os quais. Sujeito no plural, verbo no plural.

▸ *a*: entre numerais não se usa crase e aqui não há artigo.

20 **(Vunesp – Agente de Segurança Penitenciária – SP/2009)**

O marido se pôs _____ comer as coxinhas, sentiu um gosto estranho e disse _____ mulher que elas estavam fora de seu padrão culinário. Ela, então, respondeu que era devido _____ pimenta do reino".

a) à / a / a

b) a / a / a

c) a / à / à

d) à / à / à

e) a / a / à

COMENTÁRIOS:

Alternativa "c": correta

▸ **a** comer = não se usa crase antes de verbo. Eliminadas alternativas *a* e *d.*

▸ disse **à** mulher que elas... = disse **aos** homens que... Eliminadas *b* e *e.*

▸ devido à pimenta = devido **ao** gosto.

21 **(Vunesp – Escrevente Técnico Judiciário – TJ – SP/2008)** Assinale a alternativa correta quanto à crase.

a) No Brasil, a rota não se parece com nada à que se viu percorrer em outros países.
b) No Brasil, a rota não equivale à nenhuma daquelas percorridas em outros países.
c) No Brasil, a rota não tem à ver com aquela percorrida em outros países.
d) No Brasil, a rota não se assemelha à nenhum caso percorrido em outros países.
e) No Brasil, a rota não é igual àquela percorrida em outros países.

COMENTÁRIOS:

Alternativa "e": correta – Houve contração da preposição a com o a inicial do pronome demonstrativo aquela: igual (a) preposição + aquela= àquela. Substituindo para facilitar: a rota não é igual a rota: o destino não é igual **ao** destino.

Alternativa "a" – O acento indicativo de crase antes do pronome relativo *que* só pode ser usado em comparação: Sua caneta é igual à que comprei = seu lápis é igual **ao** que comprei.

Alternativa "b" – Não se usa crase diante do pronome indefinido *nenhuma*, pois não há o artigo *a*.

Alternativa "c" – Não se usa crase antes de verbos.

Alternativa "d" – Nenhum: pronome indefinido e masculino = não há crase.

22 (Vunesp – Escrevente Técnico Judiciário – TJ – SP/2008) Assinale a alternativa correta quanto à crase.

a) É consenso que o acesso à muitas informações é fator fundamental para inclusão e transformação social.
b) É consenso que o acesso às informações é fator fundamental para inclusão e transformação social.
c) É consenso que o acesso a todas às informações é fator fundamental para inclusão e transformação social.
d) É consenso que o acesso à uma grande quantidade de informações é fator fundamental para inclusão e transformação social.
e) É consenso que o acesso à todo tipo de informações é fator fundamental para inclusão e transformação social.

COMENTÁRIOS:

Alternativa "b": correta – Que o acesso a (preposição) + as (artigo definido plural) informações= às. Facilitando: o acesso **aos** lugares = **às** informações.

Alternativa "a" – Não há crase antes de pronome indefinido, além disso, a palavra posposta está no plural, ou seja, fácil notar que há apenas uma preposição.

Alternativa "c" – Não há crase antes de pronome indefinido, além disso, a palavra posposta está no plural, ou seja, fácil notar que há apenas uma preposição.

Alternativa "d" – Não há crase antes de artigo indefinido.

Alternativa "e" – Não há crase antes de palavra masculina (e pronome indefinido).

23 **(Vunesp – Escrevente Técnico Judiciário – TJ – SP/2007)** Assinale a alternativa que preenche, correta e respectivamente, as lacunas das frases, quanto ao sinal indicativo da crase.

1) Para fazer vatapá, tutu _____ mineira e todas as comidas favoritas dos brasileiros.
2) O papa quer interagir com a multidão, mas o risco será analisado caso _____ caso.
3) Ajudar empresas _____ transformar seu ambiente de trabalho.

a) a / a / a
b) à / à / a
c) à / a / a
d) a / à / à
e) à / à / à

COMENTÁRIOS:

Alternativa "c": correta

1) Tutu à mineira= à (moda) mineira. Eliminadas alternativas *a* e *d*.
2) Caso a caso= não se usa o sinal indicativo da crase em expressões formadas de palavras repetidas. Eliminadas alternativas *b* e *e*. Encontramos a resposta!
3) Ajudar empresas a transformar= não se usa crase antes de verbo.

24 **(Vunesp – Escrevente Técnico Judiciário – TJ – SP/2007)** Atente para as afirmações:

I. A frase – *As projeções sobre qual impacto o aquecimento global terá em relação à saúde das pessoas ainda são pouco precisas ...* – está corretamente reescrita em: As projeções sobre qual impacto o aquecimento global terá no que tange a saúde das pessoas ainda são pouco precisas.

II. Os dois pontos em – *Mas uma coisa é certa: a maior frequência de eventos climáticos extremos, como secas e inundações, vai deixar populações* – indicam explicação de ideia anteriormente enunciada.

III. Em – *O problema é que os estudos são pouco específicos...* – a palavra *pouco* expressa ideia de intensidade.

Está correto apenas o contido em

a) I.
b) II.
c) III.
d) I e II.
e) II e III.

COMENTÁRIOS:

Alternativa "e": correta

➲ **Nota da autora:** Questão de crase, pontuação e semântica.

I. Errado. A frase não está corretamente reescrita: a forma verbal tange (verbo tanger), no sentido de referir-se a é verbo transitivo indireto e pede complemento indireto (preposição). O correto seria: no que tange à saúde: tange a (preposição) a (artigo) saúde= à.

II. Correto. Os dois pontos estão explicando uma ideia, uma situação anterior, o que fica claro pela conjugação adversativa mas no início do período.

III. Correto. A palavra pouco (advérbio) expresso a ideia de intensidade, está indicando estudos em pequena quantidade (intensidade), não aprofundado no assunto.

CAPÍTULO 6

Pontuação

» **Nos editais:** Pontuação.

Charge para responder à questão.

(Fernando Gonsales. Níquel Náusea. Disponível em https://www1.folha.uol.com.br/ilustrada. 03.11.2018)

01 **(Vunesp – Oficial Administrativo – SEDUC SP/2019)** Assinale a alternativa em que, na reescrita do texto do último quadrinho, o emprego das vírgulas está de acordo com a norma-padrão de pontuação.

a) O caramujo adolescente por, mais que tente, não consegue sair de casa.

b) O caramujo adolescente, por mais que tente, não consegue sair de casa.
c) O caramujo adolescente por mais, que tente, não consegue sair de casa.
d) O caramujo adolescente por mais, que tente não consegue, sair de casa.
e) O caramujo adolescente por mais que tente, não consegue, sair de casa.

COMENTÁRIOS:

Alternativa "a" – As vírgulas deveriam intercalar os termos entre o sujeito e o verbo.

Alternativa "b" – Ocorre intercalação entre o sujeito e o verbo. Leia apenas o que está negritado: **O caramujo adolescente**, por mais que tente, **não consegue sair de casa.**

Alternativa "c" – As vírgulas deveriam intercalar os termos entre o sujeito e o verbo.

Alternativa "d" – As vírgulas deveriam intercalar os termos entre o sujeito e o verbo.

Alternativa "e" – As vírgulas deveriam intercalar os termos entre o sujeito e o verbo.

ALTERNATIVA CORRETA: B

02 **(Vunesp – Analista Técnico Científico – MPE SP – SP/2019 - adaptada)** Assinale a alternativa em que o período está correto quanto à norma-padrão de pontuação.

a) O Brasil, segundo a boa notícia, subiu 16 posições no ranking do Banco Mundial; se bem que, ainda está na 109ª colocação, num total de 190 nações consideradas.
b) Quanto ao pagamento de impostos em particular, o Brasil, conforme o documento do Banco Mundial, ocupa o 184º lugar no ranking, que abrange 190 nações.
c) México, Chile e Colômbia, apresentaram pouca ou nenhuma melhora mas são os países mais bem posicionados da América Latina.
d) Considerando-se: a carga elevada e o emaranhado de regras dos tributos incidentes sobre o consumo; o ranking do Banco Mundial deixa claro, que o maior atraso relativo do Brasil se dá no pagamento de impostos.
e) O progresso brasileiro ocorreu, em quatro indicadores; fornecimento de energia elétrica, prazo para abertura de empresa com registro eletrônico, acesso à informação de crédito e certificação eletrônica de origem para importações.

COMENTÁRIOS:

Alternativa "a" – Correção: O Brasil, segundo a boa notícia, subiu 16 posições no ranking do Banco Mundial**. Se bem que** ainda está na 109ª colocação, num total de 190 nações consideradas.

Alternativa "b" – A primeira vírgula indica inversão; a segunda e a terceira intercalam termos entre sujeito e verbo; a última vírgula separa a oração adjetiva (possui pronome relativo) explicativa – sentido genérico.

Alternativa "c" – Correção: México, Chile e Colômbia **apresentaram** pouca ou nenhuma melhora**, mas** são os países mais bem posicionados da América Latina.

Alternativa "d" – Correção: Considerando-**se a** carga elevada e o emaranhado de regras dos tributos incidentes sobre o **consumo,** o ranking do Banco Mundial deixa **claro que** o maior atraso relativo do Brasil se dá no pagamento de impostos.

Alternativa "e" – Correção: O progresso brasileiro **ocorreu** em quatro **indicadores:** fornecimento de energia elétrica, prazo para abertura de empresa com registro eletrônico, acesso à informação de crédito e certificação eletrônica de origem para importações.

ALTERNATIVA CORRETA: B

03 **(Vunesp – Assistente em Administração – UFABC/2019 - adaptada)** Atente para os trechos enumerados a seguir:

1. Um novo estudo do banco central dos EUA (*Federal Reserve*) afirma que a turma nascida entre 1981 e 1997 — famosa por adorar aplicativos — não é tão diferente dos pais.
2. As conclusões deles se baseiam em uma análise de gastos, renda, endividamento, patrimônio líquido e fatores demográficos de várias gerações.
3. "São principalmente as diferenças de idade média e então as diferenças de renda média que explicam grande parte da diferença de consumo entre os *millennials* e outros grupos", segundo o estudo.

Os travessões, em 1, as vírgulas, em 2, e as aspas, em 3, servem, respectivamente, aos propósitos de

a) destacar um exemplo, de contrastar termos com sentidos opostos e de marcar uma recapitulação.
b) circunscrever uma definição, de organizar uma sequência e de evidenciar uma crítica do autor.
c) intercalar uma expressão resumitiva, de enfatizar uma ressalva e de frisar uma reprovação.
d) anunciar uma explicação, de encadear termos sinônimos e de demarcar um comentário técnico.
e) isolar uma especificação, de separar itens de uma lista e de sinalizar uma citação.

COMENTÁRIOS:

Alternativa "a" – A turma era famosa por adorar aplicativos (especifica a turma); as análises eram de gastos **e** renda **e** endividamento **e** patrimônio líquido (cabe a conjunção *e* no lugar da vírgula – separa itens da lista); segundo o estudo (citação).

Alternativa "b" – A turma era famosa por adorar aplicativos (especifica a turma); as análises eram de gastos **e** renda **e** endividamento **e** patrimônio líquido (separa itens da lista); segundo o estudo (citação).

Alternativa "c" – A turma era famosa por adorar aplicativos (especifica a turma); as análises eram de gastos **e** renda **e** endividamento **e** patrimônio líquido (separa itens da lista); segundo o estudo (citação).

Alternativa "d" – A turma era famosa por adorar aplicativos (especifica a turma); as análises eram de gastos **e** renda **e** endividamento **e** patrimônio líquido (separa itens da lista); segundo o estudo (citação).

Alternativa "e" – A turma era famosa por adorar aplicativos (especifica a turma); as análises eram de gastos **e** renda **e** endividamento **e** patrimônio líquido (cabe a conjunção *e* no lugar da vírgula – separa itens da lista); segundo o estudo (citação).

ALTERNATIVA CORRETA: E

04 **(Vunesp – Analista em Gestão Municipal – Prefeitura de São José dos Campos SP/2018)** Assinale a alternativa em que o enunciado atende à pontuação de acordo com a norma-padrão.

a) Em Bariloche, a QMark High School, decidiu inovar observando sua paisagem quando acontecem longas caminhadas dos estudantes na montanha.

b) Os estudantes, durante as caminhadas, têm oportunidade de identificar os problemas em sua comunidade que, posteriormente, serão solucionados.

c) Os estudantes, organizam-se em células de aprendizagem e colaboram para resolver problemas e dessa forma, reconhecem-se como agentes de mudança.

d) Novos conceitos, processos, estruturas e metodologias, que podem indicar as mudanças necessárias são criados a partir das experiências inovadoras.

e) As aprendizagens mais importantes para produzir mudanças positivas como demonstram as iniciativas, só podem acontecer em organizações educativas.

COMENTÁRIOS:

Alternativa "a" – Não pode haver pontuação entre sujeito e verbo: a QMark High School decidiu.

Alternativa "b" – As vírgulas iniciais intercalam o adjunto adverbial de tempo; as posteriores também. Leia apenas o que está negritado: **Os estudantes**, durante as caminhadas, **têm oportunidade de identificar os problemas em sua comunidade que**, posteriormente, **serão solucionados.**

Alternativa "c" – Não pode haver pontuação entre sujeito e verbo: os estudantes organizam-se; é preciso intercalar o adjunto adverbial: colaboram para resolver problemas e, dessa forma, reconhecem-se como agentes de mudança.

Alternativa "d" – A oração é adjetiva, logo a vírgula anteposta ao pronome relativo *que* deve ser retirada.

Alternativa "e" – É necessário intercalar a oração conformativa. Leia o que está negritado: **As aprendizagens mais importantes para produzir mudanças positivas,** como demonstram as iniciativas, **só podem acontecer em organizações educativas**.

ALTERNATIVA CORRETA: B

05 **(Vunesp – Delegado de Polícia – PC – BA/2018 - adaptada)** Considerando as regras de pontuação de acordo com a norma-padrão, assinale a alternativa em que o trecho está corretamente reescrito.

a) Essa potência vem - entre outros aspectos - do tanto que a literatura exige, de nós leitores.

b) Não falo do esforço de compreender um texto nem da atenção, que as histórias e os poemas, exigem de nós. Embora sejam incontornáveis, também.
c) A literatura para além do prazer intelectual (inegável); oferece algo diferente.
d) A resposta está (como já evoquei mais acima) na potência guardada pela ficção, e pela poesia, para disparar a imaginação.
e) Mas afinal o que é, a imaginação? Essa noção tão corriqueira, e sobre a qual refletimos, tão pouco?

COMENTÁRIOS:

Alternativa "a" – Não pode haver vírgula entre verbo e complemento: **exige de** nós; vírgula obrigatória para separar o aposto explicativo: nós, **leitores**.

Alternativa "b" – A ideia da oração adjetiva – iniciada pelo relativo "que" – é de restrição e a vírgula deve ser retirada: atenção **que** as histórias e os poemas; retirar a vírgula entre sujeito e verbo: as histórias e os poemas **exigem** de nós.

Alternativa "c" – Retirar a pontuação entre sujeito e verbo: A literatura para além do prazer intelectual (inegável) **oferece**.

Alternativa "d" – Os parênteses intercalam a oração subordinada adverbial conformativa; a vírgula anteposta à conjunção "e" marca paralelismo sintático: guardada → pela ficção e (guardada) → pela poesia; a última vírgula separa a oração subordinada adverbial final. Como a oração está na ordem direta, essa vírgula é facultativa, isto é, pode ser mantida, ou pode ser retirada. As duas formas estão corretas.

Alternativa "e" – Não pode haver vírgula posposta ao verbo: o que **é** a imaginação; a vírgula entre o verbo e o adjunto adverbial de intensidade deve ser retirada: **refletimos** tão pouco.

ALTERNATIVA CORRETA: D

06 **(Vunesp – Escrevente Técnico Judiciário – TJ – SP/2017 - adaptada)** A frase que apresenta emprego da vírgula de acordo com a norma-padrão é:

a) No meio da balbúrdia dos amigos, a concentração no sentir era difícil.
b) Antes tão boa a brisa fina, tornara-se quente e árida ao sol do meio-dia.
c) Do chafariz de pedra entre arbustos brotava num filete, a água sonhada.
d) Ele conseguiu ser, o primeiro a chegar antes de todos ao chafariz de pedra.
e) Sentia-se intrigado intuitivamente confuso, na sua inocência.

COMENTÁRIOS:

Alternativa correta: letra "a" – A vírgula foi empregada corretamente por indicar inversão da locução adverbial de lugar extensa - seis palavras. Na ordem direta (começando com o sujeito): A concentração no sentir era difícil no meio da balbúrdia dos amigos.

Alternativa "b" – Não pode separara o sujeito do verbo - ou do predicado.

Alternativa "c" – É necessário inserir vírgula após "arbustos" para separar a inversão da locução adverbial extensa; a vírgula após "filete" pode permanecer desde que insira outra antes de "num" para intercalar a expressão "num filete". Outra opção é retirar a vírgula.

Alternativa "d" – Oração na ordem direta não exige pontuação: sujeito (ele) + verbo (conseguiu ser) + predicativo (o primeiro a chegar).

Alternativa "e" – Falta uma vírgula para indicar a coordenação entre os termos (note que cabe a conjunção "e": Sentia-se intrigado **e** intuitivamente confuso = Sentia-se intrigado, intuitivamente confuso; como a oração está na ordem direta, a vírgula que separa a expressão "na sua inocência" pode ser retirada.

07 **(Vunesp – Escrevente Técnico Judiciário – TJ-SP/2015)** Assinale a alternativa em que uma das vírgulas foi empregada para sinalizar a omissão de um verbo, tal como ocorre na passagem - A espada sem a balança é a força bruta, a balança sem a espada, a impotência do direito.

a) O direito, no sentido objetivo, compreende os princípios jurídicos manipulados pelo Estado.
b) Todavia, não pretendo entrar em minúcias, pois nunca chegaria ao fim.
c) Do autor exige-se que prove, até o último centavo, o interesse pecuniário.
d) É que, conforme já ressaltei várias vezes, a essência do direito está na ação.
e) A cabeça de Jano tem face dupla: a uns volta uma das faces, aos demais, a outra.

COMENTÁRIOS:

Alternativa correta: letra "e"

Nota da autora: Zeugma é o uso da vírgula para substituir um termo omisso que já foi mencionado no contexto. Elipse é a omissão de um termo ou de uma oração inteira, sendo que tal omissão fica subentendida pelo contexto, ou seja, não foi mencionada anteriormente. Exemplo: Na estante, livros de Língua Portuguesa. Omissão o verbo "haver": Na estante havia livros.

Vejamos os dois casos de zeugma exigidos na questão:

1. No comando da questão: A espada sem a balança é a força bruta, a balança sem a espada (é) a impotência do direito.
2. Na alternativa E: a uns volta uma das faces, aos demais (volta) a outra.

Alternativa "a" – As vírgulas demarcam intercalação. Lê-se: O direito compreende os princípios jurídicos manipulados pelo Estado.

Alternativa "b" – A vírgula separa a conjunção coordenada adversativa.

Alternativa "c" – As vírgulas demarcam intercalação entre o verbo transitivo direto e seu complemento – o objeto direto. Lê-se: Do autor exige-se que prove o interesse pecuniário.

Alternativa "d" – As vírgulas intercalam a oração subordinada adverbial conformativa. Lê-se: É que a essência do direito está na ação.

DICA - A expressão "é que" é de realce – pode ser retirada.

08 **(Vunesp – Escrevente Técnico Judiciário – TJ-SP/2014)** Assinale a alternativa em que a vírgula foi empregada para separar oração introduzida por pronome relativo, a exemplo do que ocorre em: ...um coeficiente de apenas 3% separa os privilegiados, que estudaram em colégios privados...

a) Ela estava pensando em que lugar estaria, que dia seria, que pessoas eram aquelas ao seu redor.

b) Ficou encantada com a história, acabara de ler o livro, que já tinha sido traduzido para o inglês.

c) Ele observou o local, sabia, com certeza, que ali já estivera em outra ocasião, mas quando?

d) Era possível, àquela altura da vida, que todos os seus maiores desejos se realizassem enfim.

e) Estou vendo essa tempestade se formar, entre, que aqui estaremos bem mais protegidos dela.

COMENTÁRIOS:

Nota da autora: Questão de pontuação e período composto.

A oração introduzida por pronome relativo é chamada de subordinada adjetiva. Se possuir pontuação (é o caso), será explicativa; sem pontuação: restritiva.

Alternativa correta: letra "b" – No comando da questão: privilegiados, que (os quais) estudaram; na alternativa correta: o livro, que (o qual) já tinha sido traduzido.

DICA - O "que" será pronome relativo quando equivaler a *o(a) qual, os(as) quais*.

Alternativa "a" – Nos três casos, possuem função de conjunção integrante, pois cabe a inserção do pronome catafórico (cita ideia) *isto:* estava pensando **nisto.** As orações são subordinadas substantivas objetivas indiretas - pensa **em** algo.

Alternativa "c" – Conjunção integrante. Retirando a intercalação para facilitar: sabia que ali já estiveram = sabia *isto.* A oração iniciada com a conjunção integrante é subordinada substantiva objetiva direta - sabia algo.

Alternativa "d" – Conjunção integrante. Retirando a intercalação para facilitar: era possível que todos os seus maiores desejos = era possível *isto.* A oração iniciada com a conjunção integrante é subordinada substantiva subjetiva (sujeito oracional) – o que era possível?

Alternativa "e" – Entre **porque** aqui estaremos protegidos: conjunção coordenada explicativa.

09 **(Vunesp – Escrevente Técnico Judiciário – TJ-SP/2014)** Assinale a alternativa correta quanto à pontuação, de acordo com a norma-padrão da língua portuguesa.

a) Um amigo declarou: que meu pé de milho era capim. Outro amigo, que era cana. O leitor já viu um pé de milho?

b) Um amigo declarou, que meu pé de milho, era capim. Outro amigo que era cana. O leitor, já viu um pé de milho?

c) Um amigo declarou: meu pé de milho era capim. Outro amigo: que era cana. Já viu leitor um pé de milho?

d) Um amigo, declarou que meu pé de milho era capim. Outro amigo que era cana. Já viu leitor, um pé de milho?

e) Um amigo declarou que meu pé de milho era capim. Outro amigo, que era cana. Já viu, leitor, um pé de milho?

COMENTÁRIOS:

Alternativa correta: letra "e"

1. A primeira vírgula é zeugma: ocorre a omissão de um termo ou expressão anteriormente mencionada = Um amigo declarou que meu pé de milho era capim. Outro amigo **declarou** que era cana.
2. As vírgulas posteriores intercalam o vocativo "leitor" – a quem se dirige.

Alternativa "a" – Não pode separar o verbo do complemento – oração objetiva direta, no caso (declarou que meu pé de milho). Outra opção seria passar para o discurso direto: Um amigo declarou: meu pé de milho era capim. Outro amigo: era cana.

Alternativa "b" – Não pode separar o verbo do complemento – oração objetiva direta, no caso (declarou que meu pé de milho); não pode separar o sujeito do verbo (o leitor já viu).

Alternativa "c" – Outro amigo, que era cana (zeugma); falta intercalar o vocativo "leitor".

Alternativa "d" – Não pode separar o sujeito do verbo (Um amigo declarou); faltou a vírgula para demarcar zeugma; faltou, também, a intercalação do vocativo.

Leia o trecho da canção Chão de Estrelas, de Orestes Barbosa e Silvio Caldas, para responder à questão.

Nossas roupas comuns dependuradas
Na corda qual bandeiras agitadas
Pareciam um estranho festival
Festa dos nossos trapos coloridos
A mostrar que nos morros mal vestidos
É sempre feriado nacional
A porta do barraco era sem trinco
Mas a lua furando nosso zinco
Salpicava de estrelas nosso chão
Tu pisavas nos astros distraída
Sem saber que a alegria desta vida
É a cabrocha, o luar e o violão.

10 **(Vunesp – Procurador Município – Prefeitura São José do Rio Preto – SP/2014)** Assinale a alternativa cuja frase está correta quanto à pontuação.

a) Cabrocha, a lua furava nosso zinco, salpicava de estrelas nosso chão; saiba, pois, o que é a alegria dessa vida: você, o luar e o violão.
b) Cabrocha a lua furava, nosso zinco, salpicava de estrelas, nosso chão; saiba, pois, o que é, a alegria dessa vida: você, o luar e o violão.
c) Cabrocha a lua furava, nosso zinco, salpicava de estrelas nosso chão; saiba, pois, o que é a alegria dessa vida, você, o luar e o violão.
d) Cabrocha, a lua, furava nosso zinco, salpicava de estrelas, nosso chão; saiba pois o que é a alegria dessa vida: você, o luar e o violão.
e) Cabrocha, a lua, furava nosso zinco, salpicava, de estrelas, nosso chão; saiba, pois o que é a alegria, dessa vida; você, o luar e o violão.

COMENTÁRIOS:

Alternativa correta: letra "a"

Nota da autora: Faz-se necessário ler a canção para saber o sentido do período.

1. Intercalação: Cabrocha, a lua furava nosso zinco, salpicava de estrelas nosso chão. Eliminadas B, C, D e E. Fácil demais a questão;
2. O uso de ponto-e-vírgula é indicado porque a conjunção "pois" vem em seguida intercalada (deixa o texto claro);
3. Os dois-pontos separam o aposto explicativo.

Trecho para a próxima questão.

Casamento

(...) ele fala coisas como "este foi difícil"
"prateou no ar dando rabanadas"
e faz o gesto com a mão. (...)

(Adélia Prado, Poesia Reunida)

11 (VUNESP – Agente Penitenciário – ES/2013) As aspas empregadas nos versos servem para

a) indicar uma citação do autor.
b) explicar uma expressão.
c) salientar expressão de outra língua.
d) isolar falas de personagem do restante do texto.
e) intercalar ideia complementar ao texto.

COMENTÁRIOS:

Alternativa correta: letra "d" – As aspas, nesse caso, isolam falas da personagem. Podem ser usadas também para abrir e fechar citações; exprimir ironia ou destacar uma palavra ou expressão usada fora do contexto habitual; palavras ou expressões populares, gírias, neologismos ou arcaísmos; para marcar estrangeirismo (quando não há opção de itálico); delimitar o título de uma obra.

Alternativa "a" - Não é citação.

Alternativa "b" - Não explica.

Alternativa "c" - Não se trata de estrangeirismo.

Alternativa "e" - Não intercala.

12 **(VUNESP - Agente Penitenciário - ES/2013)** Assinale a alternativa em que a pontuação permanece correta.

a) Este peixe, foi difícil, e prateou no ar dando rabanadas.

b) Os peixes, foram colocados, na travessa.

c) Porque somos noivo e noiva, coisas prateadas espocam.

d) Meu marido, pesca, e limpa, os peixes.

e) Na primeira vez que nos vimos houve, profundo silêncio.

COMENTÁRIOS:

Alternativa correta: letra "c" - A vírgula indica inversão da oração explicativa. A oração coordenada assindética (sem conjunção) é: Coisas prateadas espocam.

Alternativa "a" - Não se separa sujeito do verbo: Este peixe foi difícil. A segunda vírgula pode ser mantida, embora muitos acreditem que não. Pode indicar ênfase.

Alternativa "b" - Não se separa sujeito do verbo e em oração na ordem direta (sujeito + verbo + complemento) não se usa vírgula: Os peixes foram colocados na travessa.

Alternativa "d" - O mesmo que ocorreu na alternativa b: Meu marido pesca e limpa os peixes.

Alternativa "e" - A vírgula está colocada no lugar errado. Há inversão do adjunto adverbial de tempo: Na primeira vez que nos vimos, houve profundo silêncio.

13 **(VUNESP - Agente Penitenciário - SP/2013)** Assinale a alternativa em cujas frases do texto, que foram alteradas, o emprego da vírgula está correto.

a) A violência urbana, enfermidade contagiosa acomete indivíduos, de todas as classes sociais.

b) Os fatores de risco, associados à falta de acesso, aos recursos materiais, alimentam a violência nas cidades.

c) Entre as cidades de um mesmo país e de um país para outro, a prevalência da violência varia muito.

d) Crianças que apanharam e foram vítimas de abusos, têm maior inclinação, ao comportamento violento.

e) A sociedade, responde com o aprisionamento à criminalidade mas o criminoso fica impedido de delinquir apenas, enquanto estiver preso.

COMENTÁRIOS:

Alternativa correta: letra "c" - A vírgula indica inversão do adjunto adverbial. A oração não se inicia com o sujeito.

Correções:

Alternativa "a" – A violência urbana, enfermidade **contagiosa,** acomete **indivíduos de** todas as classes sociais.

Alternativa "b" – Os fatores de risco, associados à falta de **acesso aos** recursos materiais, alimentam a violência nas cidades.

Alternativa "d" – Não se separa sujeito do verbo: Crianças que apanharam **e** foram vítimas de **abusos têm** maior **inclinação ao** comportamento violento.

Alternativa "e" – Não se separa sujeito do verbo: A **sociedade responde** com o aprisionamento à **criminalidade, mas** o criminoso fica impedido de **delinquir, apenas**, enquanto estiver preso.

Texto:

A disseminação do conceito de boas práticas corporativas, que ganhou força nos últimos anos, fez surgir uma estrada sem volta no cenário global e, consequentemente, no Brasil. Nesse contexto, governos e empresas estão fechando o cerco contra a corrupção e a fraude, valendo-se dos mais variados mecanismos: leis severas, normas de mercado e boas práticas de gestão de riscos. Isso porque se cristalizou a compreensão de que atos ilícitos vão além de comprometer relações comerciais e o próprio caixa das empresas. Eles representam dano efetivo à reputação empresarial frente ao mercado e aos investidores, que exigem cada vez mais transparência e, em casos extremos, acabam em investigações e litígios judiciais que podem levar executivos à cadeia.

(Fernando Porfírio, Pela solidez nas organizações. Em Mundo corporativo n.º 28, abril-junho 2010)

14 **(Vunesp – Escrevente Técnico Judiciário – TJ – SP/2013)** No trecho – Nesse contexto, governos e empresas estão fechando o cerco contra a corrupção e a fraude, valendo-se dos mais variados mecanismos: leis severas, normas de mercado e boas práticas de gestão de riscos. – o emprego de dois-pontos cumpre a função de

a) enumerar dados novos, que desmentem uma afirmação precedente.
b) expor um ponto de vista contrário àquele adotado pelo autor.
c) apresentar ideias contrastantes, para instalar uma polêmica.
d) deslocar a atenção do leitor para informações não pertinentes ao texto.
e) introduzir informações que especificam uma afirmação anterior.

COMENTÁRIOS:

Alternativa "e": correta – Os dois pontos especificam os mais variados mecanismos.

Alternativa "a" – Não desmentem.

Alternativa "b" – Não é contrário.

Alternativa "c" – Não há ideias contrastantes.

Alternativa "d" – Não desloca a atenção.

15 **(Vunesp – Investigador de Polícia – SP/2013)** Assinale a alternativa correta quanto à pontuação e à colocação pronominal.

a) Infelizmente, se transformou, o ímpeto de Hagar, num passo lento depois que casamos.
b) Depois que casamos, infelizmente se transformou, o ímpeto de Hagar num passo lento.
c) Infelizmente se transformou o ímpeto de Hagar num passo lento, depois que casamos.
d) Se transformou num passo lento, infelizmente, o ímpeto de Hagar depois que casamos.
e) Depois que casamos infelizmente transformou-se num passo lento o ímpeto de Hagar.

COMENTÁRIOS:

Alternativa "c": correta

Nota da autora: Questão de pontuação e pronome.

Alternativa "c": pontuação correta e a colocação do pronome também está certa: o advérbio atrai o oblíquo.

Correções:

Alternativa "a" – Infelizmente, transformou-se o ímpeto de Hagar num passo lento depois que casamos.

Alternativa "b" – Depois que casamos, infelizmente se transformou o ímpeto de Hagar num passo lento.

Alternativa "d" – Transformou-se, num passo lento, infelizmente, o ímpeto de Hagar depois que casamos.

Alternativa "e" – Depois que casamos, infelizmente se transformou num passo lento o ímpeto de Hagar.

Leia o cartum.

– Dando continuidade à série "Culinária Saudável", vamos fazer hoje um leitão à pururuca, sem utilizar a carne de porco.

(Zero, http://www.cartuns.com.br, 08.12.2012)

16 **(Vunesp – Escrivão de Polícia – SP/2013)** Assinale a alternativa em que a frase do cartum está reescrita corretamente, no que se refere à pontuação.

– Dando continuidade à série "Culinária Saudável",

a) vamos fazer um leitão à pururuca, hoje, sem utilizar a carne de porco.
b) vamos fazer, um leitão à pururuca hoje, sem utilizar a carne de porco.
c) vamos fazer um leitão à pururuca, sem utilizar hoje, a carne de porco.
d) vamos fazer, um leitão à pururuca, sem utilizar a carne de porco hoje.
e) vamos fazer um leitão à pururuca, sem utilizar, hoje a carne de porco.

COMENTÁRIOS:

Alternativa "a": correta – Houve intercalação do adjunto adverbial de modo.

Alternativa "b" – Faltou vírgula para intercalar.

Alternativa "c" – Intercalação errada.

Alternativa "d" – Não se separa verbo do complemento.

Alternativa "e" – Intercalação errada.

Texto:

Restam dúvidas sobre o crescimento verde. Primeiro, não está claro até onde pode realmente chegar uma política baseada em melhorar a eficiência sem preços adequados para o carbono, a água e (na maioria dos países pobres) a terra. É verdade que mesmo que a ameaça dos preços do carbono e da água em si faça diferença, as companhias não podem suportar ter de pagar, de repente, digamos, 40 dólares por tonelada de carbono, sem qualquer preparação. Portanto, elas começam a usar preços-sombra. Ainda assim, ninguém encontrou até agora uma maneira de quantificar adequadamente os insumos básicos. E sem eles a maioria das políticas de crescimento verde sempre será a segunda opção.

(Carta Capital, 27.06.2012. Adaptado)

17 **(Vunesp – Escrevente Técnico Judiciário – TJ – SP/2012)** Na passagem – ... e (na maioria dos países pobres) a terra. –, o uso dos parênteses indica uma informação

a) comum aos termos/ *carbono, água* e *terra*. Nesse contexto, eles poderiam ser substituídos por reticências.
b) específica relacionada ao termo "terra". Nesse contexto, eles poderiam ser substituídos por travessões.
c) principalmente relativa ao termo "terra". Nesse contexto, eles poderiam ser eliminados.
d) relativa aos termos "carbono", "água" e "terra". Nesse contexto, eles poderiam ser substituídos por vírgulas.
e) excluída da referência ao termo "terra". Nesse contexto, eles poderiam ser substituídos por dois pontos ou ponto e vírgula.

COMENTÁRIOS:

Alternativa "b": correta – Parênteses são usados para um comentário acessório. Aqui especifica *terra* é o elemento imediato, seguinte dos três mencionados no período e poderiam (os parênteses) serem substituídos por travessões.

Alternativa "a" – Não se referem aos termos *carbono* e *água* só a *terra*. Reticências, não têm lugar neste contexto.

Alternativa "c" – Não poderiam ser eliminados – somente substituídos.

Alternativa "d" – Não indica informação relativa aos termos *Carbono* e *água*, somente a *terra* embora pudessem ser substituídos por vírgulas.

Alternativa "e" – Afirmativa duplamente absurda.

18 **(Vunesp – Agente de Escolta e Vigilância Penitenciária – SP/2012)** Assinale a alternativa que apresenta o correto emprego da vírgula.

a) Caso haja, interesse, procure-nos, amanhã.
b) Machado de Assis, escritor brasileiro, escreveu contos e romances.
c) Peguei, comprei mas não consegui montar.
d) Foi até a banca, comprou o jornal leu e dormiu.
e) Maria comprou muitas coisas: frutas, chocolate, balas, e, sorvete.

COMENTÁRIOS:

Alternativa "b": correta – As vírgulas separam aposto explicativo de Machado de Assis.

Alternativa "a" – Caso haja interesse, procure-nos amanhã.

Alternativa "c" – Peguei, comprei, mas não consegui montar.

Alternativa "d" – Foi até a banca, comprou o jornal, leu e dormiu.

Alternativa "e" – Maria comprou muitas coisas: frutas, chocolate, balas e sorvete.

19 **(Vunesp – Agente de Segurança Penitenciária – SP/2012)**

As garras do Judiciário, na maioria dos casos, não têm alcançado esses motoristas porque a lei é falha."

(Como evitar que motoristas bêbados fiquem impunes e continuem a matar no trânsito, Rodrigo Cardoso, Paula Rocha, Michel Alecrim e Luciani Gomes. ISTOÉ, nov. 2011. Adaptado).

Assinale a alternativa em que, alterando-se a ordem das palavras, a frase permanece com a pontuação correta.

a) Na maioria dos casos as garras do Judiciário, não têm alcançado esses motoristas porque a lei é falha.
b) As garras do Judiciário, não têm alcançado esses motoristas, na maioria dos casos porque a lei é falha.
c) Porque a lei é falha, as garras do Judiciário, na maioria dos casos, não têm alcançado esses motoristas.

d) Não têm alcançado, esses motoristas as garras do Judiciário na maioria dos casos, porque a lei é falha.

e) As garras do Judiciário, porque a lei é falha não têm alcançado na maioria dos casos, esses motoristas.

COMENTÁRIOS:

Alternativa "c": correta

▸ Inversão: Porque a lei é falha

– Intercalação – leia a parte em negrito: **as garras do Judiciário**, na maioria dos casos, **não têm alcançado esses motoristas.**

Alternativa "a" – Na maioria dos casos, as garras do Judiciário não têm alcançado esses motoristas porque a lei é falha.

Alternativa "b" – As garras do Judiciário não têm alcançado esses motoristas, na maioria dos casos, porque a lei é falha.

Alternativa "d" – Não têm alcançado, esses motoristas, as garras do Judiciário na maioria dos casos, porque a lei é falha.

Alternativa "e" – As garras do Judiciário, porque a lei é falha, não têm alcançado, na maioria dos casos, esses motoristas.

Texto – trecho:

WikiLeaks contra o Império

(...)

A vergonha americana pede que se relembre o trabalho de 10 mil ingleses, entre eles alguns dos maiores matemáticos do século, que trabalharam em Bletchley Park durante a Segunda Guerra, quebrando os códigos alemães. O serviço dessa turma influenciou a ocasião do desembarque na Normandia e permitiu o êxito dos soviéticos na batalha de Kursk.

Terminada a guerra, Winston Churchill mandou apagar todos os vestígios da operação, mantendo o episódio sob um manto de segredo. Ele só foi quebrado, oficialmente, nos anos 70. Com a palavra Catherine Caughey, que tinha 20 anos quando trabalhou em Bletchley Park: "Minha grande tristeza foi ver que meu amado marido morreu em 1975 sem saber o que eu fiz durante a guerra". Alan Turing, um dos matemáticos do parque, matou-se em 1954. Mesmo condenado pela Justiça por conta de sua homossexualidade, nunca falou do caso. (Ele comeu uma maçã envenenada. Conta a lenda que, em sua homenagem, esse é o símbolo da Apple).

(Elio Gaspari, WikiLeaks contra o Império. Folha de S.Paulo. Adaptado)

20 **(Vunesp – Escrevente Técnico Judiciário – TJ – SP/2011)** Em – (Ele comeu uma maçã envenenada. Conta a lenda que, em sua homenagem, esse é o símbolo da Apple.) – o uso dos parênteses justifica-se porque

a) menciona uma lenda.

b) isola indicação acessória, explicativa.
c) enfatiza o final de uma frase declarativa.
d) indica a mudança de interlocutor.
e) separa os elementos de uma enumeração.

COMENTÁRIOS:

Alternativa "b": correta – Explica o fato e o isola.

Alternativa "a" – Não é para mencionar a lenda.

Alternativa "c" – Não enfatiza.

Alternativa "d" – Não muda o interlocutor.

Alternativa "e" – Não separa elementos.

Dica – Os parênteses servem:

- para separar qualquer indicação de ordem explicativa, comentário ou reflexão.
- para incluir dados informativos sobre bibliografia (autor, ano de publicação, página etc.)
- para isolar orações intercaladas com verbos declarativos, em substituição à vírgula e aos travessões.
- para delimitar o período de vida de uma pessoa.
- para indicar possibilidades alternativas de leitura.
- para indicar marcações cênicas numa peça de teatro.

21 **(Vunesp – Escrevente Técnico Judiciário – TJ – SP/2011)** Considere os enunciados.

I. O embaixador Clifford Sobel, fez declarações sobre o presidente boliviano.
II. Aquela declaração, foi dada ao jornal, por Catherine Caughey.
III. Muammar Gaddafi, presidente da Líbia, possui arsenal nuclear sob seu controle.

O emprego da vírgula está correto apenas em

a) I.
b) II.
c) III.
d) I e III.
e) II e III.

COMENTÁRIOS:

Alternativa "c": correta

I. Não se usa vírgula separando o sujeito do predicado: o embaixador Clifford (sujeito) fez declarações… (predicado) ou intercalar: O embaixador, Clifford Sobel, fez declarações sobre o presidente boliviano.

II. Não se separa sujeito do verbo ou do predicado: Aquela declaração foi dada ao jornal por Catherine Caughey. Note que a oração está na ordem direta.

III. Correto: As vírgulas estão isolando corretamente o aposto: presidente da Líbia.

Texto:

Quando algumas pessoas que só acompanham meu trabalho como jornalista cultural sabem que admiro, pratico e comento futebol, isso sem falar de quando declaro o time para o qual torço, soltam frases como "Isso não é importante", "Que perda de tempo" ou "Todo mundo tem seu lado irracional". São frases engraçadamente preconceituosas. Sugerem que os livros e as artes são sempre importantes, nunca desperdiçam nosso tempo e agem como veículos da nossa razão. E está claro que não é assim... E sugerem, por outro lado, que do futebol nada se aprende. Bem, muitos intelectuais aprenderam dele, como de outros esportes, e eu digo sempre que o futebol me ensinou mais sobre o Brasil do que muitos livros de história. Também me ensinou sobre a natureza humana.

Concordo que o futebol não é "importante"; mais ainda, que as pessoas lhe dão muita importância, desde o torcedor que briga com a mulher ou com o vizinho porque o time perdeu até o professor que decide defender a tese de que um time de 11 marmanjos de calções serve como modelo para o que uma nação deve fazer com sua economia, educação, etc. Mas o futebol tem importância por mexer com outras dimensões da nossa natureza, como o instinto de competição física e a inclinação para o ritual simbólico. Como ao ler as lendas da mitologia ou os romances de aventura, projetamos no futebol um gosto pela façanha, uma curiosidade sobre o limite. Viver é mover.

Se 2 bilhões de pessoas param para ver uma final de Copa do Mundo, um observador cultural não pode ficar indiferente a isso. Logo, ver algo que me dá prazer como simulação de nossas possibilidades motoras e lúdicas, não precisa ser perda de tempo. (...)

Sobre o lado irracional, uma das coisas que o futebol mostra é que racionalidade e irracionalidade não são duas instâncias lado a lado, mas que se mesclam e muitas vezes com resultados positivos. O que Pelé fazia em campo podia partir de uma memória corporal vinda desde as brincadeiras de infância – e quantos prazeres da vida não têm a mesma relação com o jogo? – e, no entanto, era produto de um trabalho mental, consciente, forjado em tentativa e erro, repetidas vezes. O craque não é o que pensa mais rápido e, assim, aplica o que faz com a bola dentro da narrativa da partida. Como nas artes, na política ou na paquera, o grande segredo mora no "timing". É preciso ensaiar para não fazer em campo apenas as jogadas ensaiadas.

(Daniel Piza, O Estado de S. Paulo, 13.06.2010. Adaptado)

22 **(Vunesp – Escrevente Técnico Judiciário – TJ – SP/–2010)** A oração ... isso sem falar de quando declaro o time para o qual torço..., no contexto do primeiro parágrafo,

a) indica redundância de ideias e torna o trecho ininteligível.
b) apresenta pontuação inadequada, por estar entre vírgulas.
c) contém estrutura sintática sem nexo lógico.
d) deveria estar no final do período para garantir-lhe a coesão.
e) poderia vir entre travessões, pois trata-se de oração intercalada.

COMENTÁRIOS:

Alternativa "e": correta – Poderia vir entre travessões, pois trata-se de uma intervenção do autor no meio da própria fala. As vírgulas podem ser substituídas por travessões ou parênteses.

Alternativa "a" – Não há redundância (pleonasmo) de ideias.

Alternativa "b" – O emprego das vírgulas está correto.

Alternativa "c" – A estrutura sintática está correta e compatível.

Alternativa "d" – A oração está bem colocada no meio do período, mas se estivesse colocada no final, não mudaria o sentido.

23 **(Vunesp – Escrevente Técnico Judiciário – TJ – SP/–2010)** Assinale a alternativa correta quanto à pontuação.

a) Participe do 21Curso Estado de Jornalismo. Lá estarão presentes, alguns dos mais importantes profissionais da área do jornalismo, no Brasil e no mundo. E bom lembrar esse é o último curso no gênero reconhecido, como extensão universitária. Por isso, atenção focas o curso oferece 30 vagas gratuitas.

b) Participe, do 21Curso Estado de Jornalismo. Lá estarão presentes alguns dos mais importantes profissionais da área do jornalismo no Brasil e, no mundo. É bom lembrar; esse é o último curso no gênero, reconhecido como extensão universitária. Por isso atenção focas, o curso oferece 30 vagas gratuitas.

c) Participe do 21Curso Estado de Jornalismo. Lá, estarão presentes alguns dos mais importantes profissionais da área do jornalismo, no Brasil e no mundo. É bom lembrar esse é o último curso, no gênero reconhecido, como extensão universitária. Por isso atenção, focas o curso oferece 30 vagas gratuitas.

d) Participe do 21Curso Estado de Jornalismo. Lá estarão presentes, alguns dos mais importantes profissionais da área do jornalismo no Brasil e no mundo. É bom lembrar: esse é o último curso no gênero reconhecido como extensão universitária. Por isso atenção, focas o curso oferece, 30 vagas gratuitas.

e) Participe do 21Curso Estado de Jornalismo. Lá estarão presentes alguns dos mais importantes profissionais da área do jornalismo, no Brasil e no mundo. É bom lembrar: esse é o último curso no gênero reconhecido como extensão universitária. Por isso, atenção, focas, o curso oferece 30 vagas gratuitas.

COMENTÁRIOS:

Alternativa "e": correta.

- Participe do 21Curso Estado de Jornalismo. Eliminada *b*.
- Lá estarão presentes alguns dos mais importantes profissionais da área do jornalismo, no Brasil e no mundo. = a vírgula separa o adjunto adverbial de lugar. Eliminada *a*, *c* e *d*. Encontrada a resposta.
- É bom lembrar: esse é o último curso no gênero reconhecido como extensão universitária. = os dois pontos explicam.
- Por isso, atenção, focas, o curso oferece 30 vagas gratuitas. = intercalações.

Texto:

Conta-se que, um dia, Sócrates parou diante de uma tenda do mercado em que estavam expostas diversas mercadorias. Depois de algum tempo, ele exclamou: "Vejam quantas coisas o ateniense precisa para viver." Naturalmente ele queria dizer com isto que ele próprio não precisava de nada daquilo.

Esta postura de Sócrates foi o ponto de partida para a filosofia cínica, fundada em Atenas por Antístenes – um discípulo de Sócrates, por volta de 400 a.C. Os cínicos diziam que a verdadeira felicidade não depende de fatores externos, como o luxo, o poder político e a boa saúde. Para eles, a verdadeira felicidade consistia em se libertar dessas coisas casuais e efêmeras. E justamente porque a felicidade não estava nessas coisas, ela podia ser alcançada por todos. E, uma vez alcançada, não podia mais ser perdida.

(Jostein Gaarden, O Mundo de Sofia. São Paulo, Cia. das Letras, 1995)

24 **(Vunesp – Escrevente Técnico Judiciário – TJ – SP/–2010)** A frase de Sócrates, em nova versão, está correta, de acordo com a norma culta, em

a) Vejam, atenienses, quantas coisas vocês precisam, para viver.
b) Vejam atenienses quantas coisas vocês precisam para viver.
c) Vejam, atenienses, de quantas coisas vocês precisam para viver.
d) Vejam atenienses quantas coisas, vocês, precisam para viver.
e) Vejam, atenienses, de quantas, coisas vocês, precisam para viver.

COMENTÁRIOS:

Alternativa "c": correta – Alternativa em nova versão, correta, de acordo com a norma culta.

Alternativa "a" – Quem precisa, precisa de algo: de quantas coisas; está incorreto o emprego da vírgula antes de oração subordinada reduzida de infinitivo.

Alternativa "b" – Faltam as vírgulas isolando o vocativo *atenienses.*

Alternativa "d" – Não há vírgulas isolando o pronome *você*; as vírgulas deveriam isolar o vocativo *atenienses.*

Alternativa "e" – Emprego incorreto das vírgulas isolando *coisas vocês.*

25 **(Vunesp – Oficial de Justiça – TJ – SP/2009)** Considerando que o termo *Cristina* é sujeito de oração, assinale a alternativa correta quanto à pontuação.

a) Cristina, encontra o caminho e, recompõe, a Argentina.
b) Cristina, encontra o caminho e recompõe a Argentina.
c) Cristina encontra o caminho, e recompõe, a Argentina.
d) Cristina, encontra o caminho, e recompõe a Argentina.
e) Cristina encontra o caminho e recompõe a Argentina.

COMENTÁRIOS:

Alternativa "e": correta – É uma utopia, mas a frase está correta apenas com o ponto final.

Alternativa "a" – Não se separa com vírgula o sujeito e o verbo; há mais duas vírgulas desnecessárias e incorretas.

Alternativa "b" – Idem alternativa "a" quanto ao sujeito e o verbo.

Alternativa "c" – Não se usa vírgula antes da conjunção *e* (exceto para enfatizar, ou seja, indicar efeito cascata de ações = isso + isso + isso); não se usa vírgula entre verbo e complemento.

Alternativa "d" – Idem alternativas "a" e "c" quanto ao sujeito e o verbo, e a conjunção *e*, respectivamente.

26 **(Vunesp – Agente de Segurança Penitenciária – SP/2009)** Assinale a alternativa correta quanto à pontuação.

a) A Casa de Expostos de São Paulo a partir de 1935, passou a ser conhecida como Asilo Sampaio Vieira.

b) A Casa de Expostos de São Paulo, passou a ser conhecida como Asilo Sampaio Vieira a partir de 1935.

c) A Casa de Expostos de São Paulo, passou a ser conhecida como Asilo Sampaio Vieira, a partir de 1935.

d) A Casa de Expostos de São Paulo, a partir de 1935, passou a ser conhecida como Asilo Sampaio Vieira.

e) A Casa de Expostos de São Paulo passou a partir de 1935, a ser conhecida como Asilo Sampaio Vieira.

COMENTÁRIOS:

Alternativa "d": correta – Intercalação do adjunto adverbial de tempo – leia o que está em negrito: **A Casa de Expostos de São Paulo**, a partir de 1935, **passou a ser conhecida como Asilo Sampaio Vieira.**

Alternativa "a" – A Casa de Expostos de São Paulo, a partir de 1935, **passou a ser conhecida como Asilo Sampaio Vieira.**

Alternativa "b" – A Casa de Expostos de São Paulo passou a ser conhecida como Asilo Sampaio Vieira a partir de 1935.

Alternativa "c" – A Casa de Expostos de São Paulo passou a ser conhecida como Asilo Sampaio Vieira a partir de 1935.

Alternativa "e" – A Casa de Expostos de São Paulo passou, a partir de 1935, a ser conhecida como Asilo Sampaio Vieira.

27 **(Vunesp – Escrevente Técnico Judiciário – TJ – SP/2008)** Assinale a alternativa em que a frase está correta quanto à pontuação.

a) A crise de autoridade na vida pública, resulta do casamento da corrupção com cumplicidade.

b) Fazem parte da decência humana fundamental, a ética e a moralidade.

c) As leis, que são mal cumpridas no país têm em si, a moralidade.

d) Quando a tentação nos assedia, é preciso coragem – e muita – para dizer não.

e) A crise de autoridade, verificada na vida pública também se reflete, na família.

COMENTÁRIOS:

Alternativa "d": correta

- A primeira vírgula indica inversão da oração subordinada adverbial temporal (está antes da oração principal);
- Os duplos travessões intercalam a expressão *e muita*. Leia o negrito: **é preciso coragem** – e muita – **para dizer não.**

Alternativa "a" – Não se separa o sujeito do verbo: A crise de autoridade na vida pública resulta do casamento da corrupção com cumplicidade.

Alternativa "b" – Não se separa o sujeito do verbo: Fazem parte da decência humana fundamental a ética e a moralidade.

Alternativa "c" – A vírgula antes do pronome relativo QUE está separando oração adjetiva restritiva e só podemos usar pontuação anteposta ao relativo se a oração for explicativa: As leis que são mal cumpridas no país têm em si a moralidade.

Alternativa "e" – Intercalação errada: A crise de autoridade, verificada na vida pública, também se reflete na família.

28 **(Vunesp – Escrevente Técnico Judiciário – TJ – SP/2007)** Das manchetes jornalísticas foram retirados os sinais de pontuação. Assinale a alternativa com pontuação correta das frases.

Sobremesa a R$ 0,84 Doceiras badaladas dão a receita

A nova febre em São Paulo fumar narguilé

Só é preciso uma coisa para viver bem saúde

Para você profissional de RH

(O Estado de S. Paulo, 07.04.2007)

a) Sobremesa a R$ 0,84? Doceiras badaladas dão a receita
A nova febre em São Paulo: fumar narguilé
Só é preciso uma coisa: para viver bem saúde
Para você profissional de RH:

b) Sobremesa a R$ 0,84? Doceiras badaladas dão a receita
A nova febre em São Paulo: fumar narguilé
Só é preciso uma coisa para viver bem: saúde
Para você, profissional de RH

c) Sobremesa a R$ 0,84; Doceiras badaladas dão a receita
A nova febre: em São Paulo fumar; narguilé
Só é preciso uma coisa? para viver bem saúde
Para você, profissional de RH

d) Sobremesa a R$ 0,84? Doceiras badaladas dão a receita;
A nova febre em São Paulo fumar: narguilé
Só é preciso uma coisa para viver bem, saúde
Para você; profissional de RH

e) Sobremesa a R$ 0,84; Doceiras badaladas dão a receita
A nova febre; em São Paulo fumar narguilé
Só é preciso uma coisa para viver; bem saúde
Para você profissional de RH?

COMENTÁRIOS:

Alternativa "b": correta

- Sobremesa a R$ 0,84? Doceiras badaladas dão a receita = pergunta e resposta. Eliminadas alternativas *c* e *e;*
- A nova febre em São Paulo: fumar narguilé = os dois pontos explicam (aposto explicativo a nova febre). Eliminada alternativa *d;*
- Só é preciso uma coisa para viver bem: saúde = os dois pontos explicam (aposto explicativo uma coisa para viver bem). Eliminada *a.*
- Para você, profissional de RH = a vírgula separa o aposto explicativo você.

Observar que a proposta é escrita em versos, formando uma estrofe, por isso não o ponto no final dos versos e estes são iniciados com letra maiúscula.

29 **(Vunesp – Escrevente Técnico Judiciário – TJ – SP/2007)** Na frase – *Se aprendem pouco, paciência, a culpa é mais da fragilidade do ensino básico do que das faculdades.* – a palavra *paciência* vem entre vírgulas para, no contexto,

a) garantir a atenção do leitor.
b) separar o sujeito do predicado.
c) intercalar uma reflexão do autor.
d) corrigir uma afirmação indevida.
e) retificar a ordem dos termos.

COMENTÁRIOS:

Alternativa "c": correta – *Paciência* possui valor subjetivo: reflexão do autor.

Alternativa "a" – Na frase, a palavra *paciência* não expressa esse valor.

Alternativa "b" – Não atende à questão.

Alternativa "d" – Não há essa correção.

Alternativa "e" – Não há retificação nos termos.

PARTE V

Coesão, coerência e reescritura de frases

CAPÍTULO 1

Coesão, coerência e reescritura de frases

» **Nos editais:** Mecanismos de coesão textual. Reescrita de frases: substituição, deslocamento, paralelismo; variação linguística: norma culta. Estruturação do texto: relações entre ideias; recursos de coesão. Significação contextual de palavras e expressões. Ortografia, acentuação, pronome, verbo, análise sintática, período composto, concordância, regência, crase e pontuação.

Observação: Em 2018, a banca começou a exigir este assunto, embora muitas vezes não esteja explícito no edital. Motivo: trata-se de uma revisão do que estudamos até aqui, como visto *nos editais* acima.

01 **(Vunesp – Analista Técnico Científico – MPE SP – SP/2019)** Assinale a alternativa em que as formas destacadas expressam, correta e respectivamente, ideia de progressão e de hipótese.

a) ... o ambiente de negócios **vai se tornando** mais amigável na maior parte do mundo. / ... a simplificação já **traria** ganhos substanciais em eficiência ao setor produtivo.

b) O caminho óbvio **a seguir** nesse caso é uma reforma ambiciosa... / Os países mais bem posicionados da região [...] **apresentaram** pouca ou nenhuma melhora.

c) ... o Brasil tem **obtido** avanços em uma agenda que... / **Trata-se** de objetivos tão diferentes quanto facilitar a criação de empresas...

d) O progresso **ocorreu**, basicamente, em quatro indicadores... / ... o maior atraso relativo do Brasil **se dá** no pagamento de impostos...

e) Nesse quesito em particular, o país **ocupa** um trágico 184º lugar no ranking. / Grande parte dessas providências não **depende** de votações no Congresso...

COMENTÁRIOS:

Nota da autora: Questão de coerência textual e tempo verbal.

Alternativa "a" – Progressão (desenvolvimento continuado): vai se tornando; hipótese: verbo no futuro do pretérito do indicativo = traria.

Alternativa "b" – Sentido de "caminho para seguir", não está no sentido de progressão; o verbo no pretérito perfeito do indicativo refere-se a uma ação certa e concluída.

Alternativa "c" – Os dois verbos indicam ações repetitivas.

Alternativa "d" – O verbo no pretérito perfeito do indicativo refere-se a uma ação certa e concluída. O verbo no presente do indicativo refere-se a uma ação que acontece no momento da escrita (ou da fala) e que é certa.

Alternativa "e" – Os dois verbos indicam ações repetitivas – conjugados no presente do indicativo.

ALTERNATIVA CORRETA: A

02 (Vunesp – Oficial Administrativo – SEDUC SP/2019) Na frase "... sendo obrigadas a excluir contas **por** suspeita de fraude.", o termo em destaque forma uma expressão indicativa de

a) finalidade.
b) oposição.
c) modo.
d) origem.
e) causa.

COMENTÁRIOS:

Alternativa "a" – Não cabe *a fim de.*

Alternativa "b" – Não possui ideia de *mas.*

Alternativa "c" – Não se faz a pergunta "como?".

Alternativa "d" – Para indicar origem, deveria referir-se a lugar.

Alternativa "e" – **Por que** foram obrigadas a excluir contas? **Porque** havia suspeitas. = causa.

ALTERNATIVA CORRETA: E

03 (Vunesp – Oficial Administrativo – SEDUC SP/2019) A reescrita do trecho "Nas raras vezes em que desgruda da tela, recorre a outro vício: a televisão." preserva o sentido original e atende à norma-padrão de pontuação e de regência verbal, em:

a) A televisão é, outro vício com o qual recorre nas raras vezes em que desgruda da tela.

b) A televisão é outro vício ao qual recorre, nas raras vezes em que desgruda da tela.

c) A televisão é outro vício no qual recorre nas raras vezes em que, desgruda da tela.

d) A televisão é outro vício pelo qual, recorre nas raras vezes em que desgruda da tela.

e) A televisão é outro vício do qual recorre nas raras vezes, em que desgruda da tela.

COMENTÁRIOS:

Nota da autora: Questão de coesão, pontuação e regência.

Alternativa "a" – Não pode haver vírgula entre sujeito e verbo: **A televisão é outro vício**; recorre **a** outro vício: **ao qual** recorre.

Alternativa "b" – Construção correta.

Alternativa "c" – Recorre **a** outro vício: **ao qual** recorre; sem vírgula anteposta ao verbo: nas raras vezes em **que desgruda.**

Alternativa "d" – Recorre **a** outro vício: **ao qual** recorre; sem vírgula após o pronome relativo: **ao qual recorre**.

Alternativa "e" – Recorre **a** outro vício: **ao qual** recorre; sem vírgula antes do pronome relativo, pois não se trata de oração adjetiva explicativa: raras vezes **em que** desgruda.

ALTERNATIVA CORRETA: B

04 **(Vunesp – Oficial Administrativo – SEDUC SP/2019 - adaptada)** Na frase "... é o uso da internet **como** antidepressivo", o termo em destaque expressa

a) uma negação sobre a internet.

b) o modo como a internet é usada.

c) uma dúvida relacionada à internet.

d) o lugar de uso da internet.

e) intensificação do sentido da internet.

COMENTÁRIOS:

Alternativa "a" – Não há negação.

Alternativa "b" – De que maneira a internet é usada? Como antidepressivo: modo.

Alternativa "c" – Não há dúvida.

Alternativa "d" – Não cabe a pergunta "onde?", logo não indica lugar.

Alternativa "e" – Não intensifica sentido algum.

ALTERNATIVA CORRETA: B

Charge para responder à questão.

(Bill Watterson. *Existem tesouros em todo lugar*: as aventuras de Calvin e Haroldo. São Paulo, Conrad Editora do Brasil, 2013)

05 **(Vunesp – Oficial Administrativo – SEDUC SP/2019)** Assinale a alternativa cujo termo em destaque intensifica o sentido da informação a que se refere.

a) do **mesmo** jeito.

b) **tudo** no computador.

c) **depois** digitar.

d) **um** computador.

e) **tanto** barulho.

COMENTÁRIOS:

Alternativa "a" – Mesmo = igual.

Alternativa "b" – Tudo = pronome indefinido.

Alternativa "c" – Depois = tempo.

Alternativa "d" – Um = artigo indefinido – generaliza.

Alternativa "e" – Equivale a **muito** barulho e intensifica o substantivo *barulho*.

ALTERNATIVA CORRETA: E

06 **(VUNESP - TJ SP – Escrevente Técnico Judiciário - 2018)** Sem prejuízo de sentido ao texto, as passagens "Quem assiste a 'Tempo de Amar' já reparou no português extremamente culto..." e "Aos poucos, a escrita foi ficando mais fácil" ... estão corretamente reescritas em:

a) Quem assiste a "Tempo de Amar" já corrigiu o português excepcionalmente culto... / Seguramente, a escrita foi ficando mais fácil.

b) Quem assiste a "Tempo de Amar" já se deu conta do português agudamente culto... / Rapidamente, a escrita foi ficando mais fácil.

c) Quem assiste a "Tempo de Amar" já percebeu o português muitíssimo culto... / Paulatinamente, a escrita foi ficando mais fácil.

d) Quem assiste a "Tempo de Amar" já reconheceu o português ocasionalmente culto... / Curiosamente, a escrita foi ficando mais fácil.

e) Quem assiste a "Tempo de Amar" já se aborreceu com o português sagazmente culto... / Lentamente, a escrita foi ficando mais fácil.

COMENTÁRIOS:

Nota da autora: Questão de reescritura de frases e ortografia.

Alternativa "a" – excepcionalmente = excentricamente, anormalmente, diferentemente, excelentemente, incomumente; **seguramente** = decerto, evidentemente.

Alternativa "b" – agudamente = vivamente, engenhosamente, sensivelmente, sutilmente; **rapidamente** = apressadamente, velozmente, superficialmente.

Alternativa "d" – ocasionalmente = eventualmente, esporadicamente; **curiosamente** = atrevidamente, insolentemente.

Alternativa "c" – Extremamente = muitíssimo; **aos poucos** = paulatinamente.

Entenda melhor: extremamente = *excessivamente, extraordinariamente, **muitíssimo**, agudamente;* paulatinamente = *lentamente, vagarosamente, de modo lento, em que há lentidão.*

Alternativa "e" – sagazmente = astuciosamente, espertamente; lentamente = devagar, vagarosamente.

ALTERNATIVA CORRETA: C

Fragmento do texto *Ai, Gramática. Ai, vida*[3] para responder à questão.

O que a gente deve aos professores!

Este pouco de gramática que eu sei, por exemplo, foram Dona Maria de Lourdes e Dona Nair Freitas que me ensinaram. E vocês querem coisa mais importante do que gramática? *La grammaire qui sait régenter jusqu'aux rois* – dizia Molière: a gramática que sabe reger até os reis, e Montaigne: *La plus part des ocasions des troubles du monde sont grammairiens* – a maior parte de confusão no mundo vem da gramática.

Há quem discorde. Oscar Wilde, por exemplo, dizia de George Moore: *escreveu excelente inglês, até que descobriu a gramática*. (A propósito, de onde é que eu tirei tantas citações? Simples: tenho em minha biblioteca três livros contendo exclusivamente citações. **Para enfeitar uma crônica, não tem coisa melhor**. Pena que os livros são em inglês. Aliás, inglês eu não aprendi na escola. Foi lendo as revistas *MAD* e outras que vocês podem imaginar).

Discordâncias à parte, gramática é um negócio importante e gramática se ensina na escola – mas quem, professoras, nos ensina a viver? Porque, como dizia o Irmão Lourenço, *no schola sed vita* – é preciso aprender não para a escola, mas para a vida.

Ora, dirão os professores, vida é gramática. De acordo. **Vou até mais longe: vida é pontuação.** A vida de uma pessoa balizada por sinais ortográficos. Podemos acompanhar a vida de uma criatura, do nascimento ao túmulo, marcando as diferentes etapas por sinais de pontuação. (...)

(Moacyr Scliar. *Minha mãe não dorme enquanto eu não chegar*, 1996. Adaptado)

3. Moacyr Scliar. *Minha mãe não dorme enquanto eu não chegar*, 1996. Adaptado

07 **(VUNESP - TJ SP – Escrevente Técnico Judiciário - 2018)** Considere os trechos do texto:

- Há quem discorde. (3º parágrafo)
- Para enfeitar uma crônica, não tem coisa melhor. (3º parágrafo)
- Vou até mais longe: vida é pontuação. (5º parágrafo)

De acordo com o sentido do texto e com a norma-padrão, os enunciados podem ser ampliados, respectivamente, com as reescritas:

a) Há quem discorde dessas opiniões. / Para enfeitar uma crônica, não tem coisa melhor do que uma citação. / Vou até mais longe, afirmando que vida é pontuação.

b) Há quem discorde com essas opiniões. / Para enfeitar uma crônica, não tem coisa melhor como uma citação. / Vou até mais longe, afirmando de que vida é pontuação.

c) Há quem discorde ante essas opiniões. / Para enfeitar uma crônica, não tem coisa melhor do que uma citação. / Vou até mais longe, afirmando em que vida é pontuação.

d) Há quem discorde contra essas opiniões. / Para enfeitar uma crônica, não tem coisa melhor de que uma citação. / Vou até mais longe, afirmando que vida é pontuação.

e) Há quem discorde nessas opiniões. / Para enfeitar uma crônica, não tem coisa melhor que uma citação. / Vou até mais longe, afirmando de que vida é pontuação.

COMENTÁRIOS:

Alternativa "a" – 1. Regência: discorde **de** algo; coesão e pronome: para ideia já mencionada, usa-se **essa**; 2. Não tem coisa melhor que uma citação. Refere-se ao trecho "de onde é que eu tirei tantas citações?"; 3. *Vida é pontuação* = afirmando que a vida é pontuação.

Alternativa "b" – discorde **dessas**; não cabe o vocábulo "como"; o verbo é *afirmar* não pede a preposição "de".

Alternativa "c" – discorde **de**; não tem coisa melhor **que**; o verbo é *afirmar* não pede a preposição "em".

Alternativa "d" – discorde **dessas**; não tem coisa melhor **que**.

Alternativa "e" – discorde **dessas**; o verbo é *afirmar* não pede a preposição "de".

ALTERNATIVA CORRETA: A

08 **(VUNESP - TJ SP – Escrevente Técnico Judiciário - 2018)** Nas frases "Simples: tenho em minha biblioteca três livros contendo **exclusivamente** citações.", "Vou **até mais longe**: vida é pontuação." e "A vida de uma pessoa é **balizada** por sinais ortográficos.", as expressões em destaque podem ser substituídas, sem prejuízo de sentido ao texto, correta e respectivamente, por:

a) também; bem além; distinguida.

b) somente; bem além; limitada.

c) inclusive; bem adiante; orientada.

d) apenas; bem aquém; restrita.

e) unicamente; bem afora; orientada.

COMENTÁRIOS:

Alternativa "a" – Distinguida: diferenciada.

Alternativa "b" – 1. *Exclusivamente* é sinônimo de ***também**, somente, apenas*; 2. *Até mais longe:* **bem além**; 3. *Balizada:* **limitada**, demarcada, delimitada.

Alternativa "c" – Limitada: curta, restringida; orientada: conduzida, transportada.

Alternativa "d" – Bem aquém: bem abaixo, bem inferior.

Alternativa "e" – Bem afora: bem menos; orientada: conduzida, transportada.

ALTERNATIVA CORRETA: B

09 **(VUNESP - TJ SP – Escrevente Técnico Judiciário - 2018)** De acordo com a norma-padrão, o trecho "... gramática é um negócio importante e gramática se ensina na escola..." está corretamente reescrito em:

a) Se ensina gramática na escola devido à sua importância.
b) Gramática é um negócio importante cujo ensina-se na escola.
c) Se ensina gramática na escola, devido a sua importância.
d) Como a gramática é um negócio importante, a escola lhe ensina.
e) Gramática é um negócio importante que se ensina na escola.

COMENTÁRIOS:

Alternativa "a" – Não pode iniciar oração com pronome oblíquo: **ensina-se.**

Alternativa "b" – O pronome relativo "cujo" concorda com o termo posterior e não pode vir anteposto a verbo, óbvio. O pronome relativo atrai o oblíquo. Correção: um negócio importante **que se ensina** na escola.

Alternativa "c" – Não pode iniciar oração com pronome oblíquo: **ensina-se.**

Alternativa "d" – O verbo *ensinar* é transitivo direto e admite o oblíquo "a" como complemento: **a escola a ensina**. Embora não haja fator de próclise, a fonética (o som) a exige para que não haja repetição do "a" (ensina-a).

Alternativa "e" – Não é preciso repetir o substantivo "gramática" e por isso pode-se utilizar o pronome relativo "que" ou "o qual" que retoma "negócio importante" que se refere à gramática. Coesão perfeita.

ALTERNATIVA CORRETA: E

Fragmento de texto para responder à questão.

Vamos partir de uma situação que grande parte de nós já vivenciou. Estamos saindo do cinema, depois de termos visto uma adaptação de um livro do qual gostamos muito. Na verdade, até que gostamos do filme também: o sentido foi mantido, a escolha do elenco foi adequada, e a trilha sonora reforçou a camada afetiva da narrativa. Por que então sentimos que algo está fora do lugar? Que está faltando alguma coisa? (...)[4]

---

4. (Ligia G. Diniz. https://brasil.elpais.com. 22.02.2018. Adaptado)

10 **(Vunesp – Delegado de Polícia – PC – BA/2018 - adaptada)** O trecho permanecerá redigido conforme a norma-padrão e com o sentido preservado, caso o sinal de dois-pontos seja substituído pela vírgula seguida da seguinte expressão:

a) porquanto
b) ainda que
c) em contrapartida
d) por conseguinte
e) a fim de que

COMENTÁRIOS:

Nota da autora: Questão de coesão textual e período composto.

Alternativa "a" – No contexto, a conjunção indica causa, pois é subordinada, e possui sentido de *já que, visto que, pois.* Poderia ser explicativa se aa oração fosse coordenada, ou seja, se fosse independente sintaticamente.

Alternativa "b" – Indica concessão – oposição.

Alternativa "c" – Indica concessão – oposição.

Alternativa "d" – Indica conclusão – equivale a *logo.*

Alternativa "e" – Indica finalidade – caberia a pergunta "para quê?".

ALTERNATIVA CORRETA: A

11 **(Vunesp – Procurador Município – Prefeitura São José do Rio Preto – SP/2014)** Assinale a alternativa que completa, correta e respectivamente, de acordo com a norma-padrão, as lacunas das frases a seguir.

I. Nas tribulações do dia a dia, enquanto não ______.
II. Mas por trás disso tudo existe um planeta extremamente complexo ______.
III. Basta olhar para o planeta e ______.

a) houve uma crise maior, esquecemos o planeta ... sem o qual não viveríamos ... conscientizar-se a distribuição de água.
b) haver uma crise maior, esquecemos o planeta ... sem que não viveríamos ... conscientizar-se a distribuição de água.
c) houvesse uma crise maior, esquecemos o planeta ... sem o que não viveríamos ... conscientizar-se com a distribuição de água.
d) houver uma crise maior, esquecemos o planeta ... sem qual não viveríamos ... conscientizar-se pela distribuição de água.
e) houver uma crise maior, esquecemos o planeta ... sem o qual não viveríamos ... conscientizar-se da distribuição de água.

COMENTÁRIOS:

Alternativa correta: letra "e"

Nota das autoras: Questão de verbo e regência. Trabalhe por eliminação para evitar erro.

I. ...enquanto não **houver** = o verbo indica dúvida – futuro do subjuntivo. Eliminadas A, B e C facilmente. Note que para usar *houvesse*, o verbo *esquecer* deveria estar no futuro do pretérito do indicativo (esqueceríamos), pois são os dois tempos condicionais.

II. O pronome relativo retoma "um planeta extremamente complexo"; na ordem direta: não viveríamos sem um planeta. A preposição "sem" foi exigida e deve preceder o pronome: **sem o qual**. Eliminada D. Encontrada a resposta.

III. Basta olhar para o planeta e *conscientizar-se **da** distribuição de água* ou Basta olhar para o planeta e *se conscientizar **da** distribuição de água.*

12 (Vunesp – Procurador Município – Prefeitura São José do Rio Preto – SP/2014) Reescrevendo-se as frases – Eis algumas das razões para protegermos a Terra ... O clima é agradável e perfeito, para que possamos sobreviver ... Sem a lua, o clima não poderia ser estável. – obtém-se versão correta, de acordo com a norma-padrão, em:

a) Listam-se as razões para protegermos a Terra ... O clima é agradável e perfeito, benéfico a sobrevivência das pessoas ... Sem a lua, o clima não se estabilizaria.

b) Lista-se as razões para protegermos a Terra ... O clima é agradável e perfeito, benéfico a sobrevivência das pessoas ... Sem a lua, o clima não estabilizaria-se.

c) Listam-se as razões para protegermos a Terra ... O clima é agradável e perfeito, benéfico à sobrevivência das pessoas ... Sem a lua, o clima não se estabilizaria.

d) Lista-se as razões para protegermos a Terra ... O clima é agradável e perfeito, benéfico à sobrevivência das pessoas ... Sem a lua, o clima não estabilizar-se-ia.

e) Listam-se as razões para protegermos a Terra ... O clima é agradável e perfeito, benéfico a sobrevivência das pessoas ... Sem a lua, o clima não estabilizaria-se.

COMENTÁRIOS:

Alternativa correta: letra "c"

Nota da autora: Questão de concordância (voz verbal), crase (regência) e colocação pronominal, respectivamente.

1. *Listar* é transitivo direto seguido de pronome apassivador *se* = voz passiva sintética. Transpondo para a passiva analítica: As razões para protegermos a terra são listadas. O verbo deve concordar com o sujeito = **listam-se.** Eliminadas alternativas B e D.
2. ...benéfico **à** sobrevivência das pessoas. Substitua o substantivo feminino por um substantivo masculino qualquer, resultando em **ao**, há crase = benéfico **ao** homem. Eliminadas A e E. Reposta encontrada sem analisar o último trecho (se fosse em sua prova, já poderia ir para a próxima questão).
3. ...o clima não **se estabilizaria**: o advérbio de negação "não" atrai o pronome oblíquo.

Charge.

Concursino **OTA**

(*Folha Dirigida*, 13 a 19 de agosto de 2012. Adaptado)

13 **(VUNESP – Agente Penitenciário – ES/2013)** A expressão "papelão", no terceiro quadrinho, refere-se ao seguinte comportamento do rapaz:

a) ter levado duas horas para dormir de novo.

b) ter acordado antes das quatro da manhã.

c) ter dormido antes das quatro da manhã.

d) não conseguir dormir no dia do concurso.

e) ter dormido sob o efeito dos remédios.

COMENTÁRIOS:

Alternativa correta: letra "c" – Ter dormido antes das quatro da manhã foi um papelão: sentido de sentir-se ridículo, pois dormiu quando deveria estudar.

Alternativa "a" – Não é um papelão.

Alternativa "b" – O erro foi não estudar.

Alternativa "d" – Não se pode inferir.

Alternativa "e" – Não se refere a papelão.

Texto para a próxima questão.

Casamento

Há mulheres que dizem:
Meu marido, se quiser pescar, pesque,
mas que limpe os peixes.
Eu não. A qualquer hora da noite me levanto,
ajudo a escamar, abrir, retalhar e salgar.
É tão bom, só a gente sozinhos na cozinha,
de vez em quando os cotovelos se esbarram,
ele fala coisas como "este foi difícil"
"prateou no ar dando rabanadas"
e faz o gesto com a mão.
O silêncio de quando nos vimos a primeira vez
atravessa a cozinha como um rio profundo.
Por fim, os peixes na travessa,
vamos dormir.
Coisas prateadas espocam:
somos noivo e noiva.

(Adélia Prado, Poesia Reunida)

14 (VUNESP – Agente Penitenciário – ES/2013) Leia as afirmações seguintes.

I. Em – Há mulheres que dizem ... – substituindo-se a forma verbal em destaque pelo verbo existir, tem-se, de acordo com a norma-padrão da Língua Portuguesa: Existem mulheres que dizem...

II. A expressão "por fim" (13.° verso) pode ser substituída, sem alteração de sentido, por "finalmente".

III. Conservando-se o mesmo tempo verbal de – ... se quiser pescar, pesque, ... – e substituindo-se por outros verbos, a forma correta será – se querer navegar, navegue.

Está correto apenas o que se afirma em

a) I e II.
b) I e III.
c) II e III.
d) II.
e) I.

COMENTÁRIOS:

Alternativa correta: letra "a"

Nota da autora: Questão de concordância, semântica (significado das palavras) e verbo.

I. Correto: O verbo *haver* no sentido de existir é impessoal e deve permanecer no singular. O verbo *existir* admite plural se o sujeito for plural, pois o verbo deve concordar com o sujeito. Há (V.T.D.) mulheres (O.D.) equivale a existem (V.I.) mulheres (sujeito).

II. Correto. *Finalmente* é sinônimo de **por fim, enfim, por último, em conclusão.**

III. Errado: se **quiser** navegar, ou seja, caso queira navegar. O verbo querer no futuro do pretérito assume a forma quiser.

15 **(VUNESP – Agente Penitenciário – ES/2013)** Assinale a alternativa cuja frase emprega expressões com sentido figurado.

a) ... de vez em quando os cotovelos se esbarram,...

b) Por fim, os peixes na travessa,...

c) O silêncio ... atravessa a cozinha como um rio profundo.

d) ... ele fala coisas como "este foi difícil".

e) ... ajudo a escamar, abrir, retalhar e salgar.

COMENTÁRIOS:

Alternativa correta: letra "c"

Nota da autora: vale recordar a diferença entre denotação e conotação.

Denotação: sentido do dicionário, sentido real; conotação: sentido figurado, metafórico.

Na alternativa *c*: "o silêncio atravessa a cozinha" indica que não há barulho no espaço; "como um rio profundo" remete-nos a ideia de que é silêncio é imenso, é grande.

Alternativa "a" – Esbarrar cotovelos é sentido real.

Alternativa "b" – Peixe na travessa refere-se à comida.

Alternativa "d" – Falar foi difícil oi foi fácil é denotação.

Alternativa "e" – Ações reais.

16 **(VUNESP – Agente Penitenciário – SP/2013)** Assinale a alternativa em cuja frase foi empregada palavra ou expressão com sentido figurado.

a) Tendências agressivas surgem em indivíduos com dificuldades adaptativas ...

b) A revisão de estudos científicos permite identificar três fatores principais na formação das personalidades com maior inclinação ao comportamento violento...

c) As estratégias que as sociedades adotam para combater a violência variam...

d) ... esses fatores de risco criam o caldo de cultura que alimenta a violência crescente nas cidades.

e) Os mais vulneráveis são os que tiveram a personalidade formada num ambiente desfavorável ao desenvolvimento psicológico pleno.

COMENTÁRIOS:

Alternativa correta: letra "d"

➲ **Nota da autora:** questão de semântica (denotação e conotação).

– Caldo de cultura (expressão encontrada no dicionário): 1 Biol. Nutriente us. em uma cultura (de micro-organismos, células, tecidos etc.) para suscitar seu crescimento; 2 Mistura de elementos culturais que compõem meio propício para a formação de fatos, tendências, visões de um indivíduo, grupo ou sociedade. /**Alimenta** a violência: sentido figurado.

Alternativa "a" – Agressivas está no sentido denotativo: que tem ou manifesta agressividade; que é inclinado ou predisposto a agredir, hostilizar ou provocar.

Alternativa "b" – Sentido denotativo, ou seja, do dicionário.

Alternativa "c" – Combater (denotação): Tomar medidas, pugnar por, esforçar-se para dominar, vencer, eliminar, extinguir, suprimir.

Alternativa "e" – Sentido denotativo.

17 **(Vunesp – Investigador de Polícia – SP/2013)** Assinale a alternativa em que a reescrita altera o sentido.

a) Examinei a rua = Olhei atentamente a rua.

b) ... o caminhar tranquilo, muito suave, na calçada larga. = o caminhar tranquilo, muito suave, na amplitude da calçada.

c) Nenhuma farmácia aberta = Farmácia nenhuma aberta.

d) Duas horas da manhã = Naquela madrugada, o relógio marcava duas horas da manhã.

e) Alguma farmácia haveria de plantão... = Farmácia alguma estaria de plantão...

COMENTÁRIOS:

Alternativa "e": correta – Alguma farmácia: afirmação; farmácia alguma: negação.

Alternativa "a" – Examinar e olhar são sinônimos.

Alternativa "b" – Calçada larga e amplitude da calçada são sinônimos.

Alternativa "c" – Nenhuma farmácia e farmácia nenhuma = negação.

Alternativa "d" – O horário é mantido.

18 **(Vunesp – Investigador de Polícia – SP/2013)** Assinale a alternativa em que o trecho, reescrito com base nas informações textuais, está de acordo com a norma-padrão da língua portuguesa.

a) Já tinha dado duas horas da manhã e, às sete, eu devia estar no aeroporto. Lembrei-me, então, de que estava sem creme dental, pois, na pressa daquela manhã, ao sair do hotel, tinha deixado-o no banheiro.

b) Já era duas horas da manhã e, às sete, eu devia estar no aeroporto. Me lembrei, então, de que estava sem creme dental, pois, na pressa daquela manhã, ao sair do hotel, o tinha deixado no banheiro.

c) Já era duas horas da manhã e, às sete, eu devia estar no aeroporto. Lembrei, então, de que estava sem creme dental, pois, na pressa daquela manhã, ao sair do hotel, tinha lhe deixado no banheiro.

d) Já eram duas horas da manhã e, às sete, eu devia estar no aeroporto. Lembrei, então, que estava sem creme dental, pois, na pressa daquela manhã, ao sair do hotel, tinha-o deixado no banheiro.

e) Já tinham dado duas horas da manhã e, às sete, eu devia estar no aeroporto. Me lembrei, então, que estava sem creme dental, pois, na pressa daquela manhã, ao sair do hotel, tinha-o deixado no banheiro.

COMENTÁRIOS:

Alternativa "d": correta

- Eram duas horas. Eliminadas *a, b, c* e *e* (tinham dado: linguagem coloquial)
- às sete = substituindo por meio-dia, resulta em: **ao** meio-dia. Se há **ao**, há crase.
- Então, na pressa daquela manhã e ao sair do hotel: intercalação.

Para responder à próxima questão, considere a seguinte passagem: Já o Código Civil, em seu artigo 20, faz com que não apenas o protagonista tenha amparo na lei para se insurgir contra um livro e exigir sua retirada do mercado, como estende essa possibilidade a coadjuvantes de quarta grandeza ou a seus herdeiros.

19 **(Vunesp – Investigador de Polícia – SP/2013)** Mantendo o sentido, o início do trecho está corretamente reescrito em:

a) O Código Civil, inclusive, em seu artigo 20…

b) Nos tempos de hoje, o Código Civil em seu artigo 20…

c) O Código Civil, por sua vez, em seu artigo 20…

d) Neste momento, o Código Civil, em seu artigo 20…

e) O Código Civil, no entanto, em seu artigo 20…

COMENTÁRIOS:

Alternativa "c": correta – Já o Código Civil = Por sua vez, o Código Civil.

Alternativa "a" – Não cabe inclusive.

Alternativa "b" – Não possui ideia de tempo.

Alternativa "d" – Não possui ideia de tempo.

Alternativa "e" – Não indica adversidade.

Trecho para a próxima questão.

Está disseminado no país o sentimento de que é possível combinar a bebida com a direção sem que haja punição.

(Como evitar que motoristas bêbados fiquem impunes e continuem a matar no trânsito, Rodrigo Cardoso, Paula Rocha, Michel Alecrim e Luciani Gomes. ISTOÉ, nov. 2011. Adaptado).

20 **(Vunesp – Agente de Segurança Penitenciária – SP/2012)** O trecho foi reescrito corretamente, sem alterar o sentido, em:

a) A bebida combinada com a direção disseminou no país o sentimento de que não há punição possível.

b) No país, é possível disseminar a ideia de que a punição combina com bebida e direção.

c) A punição à bebida com a direção disseminou o sentimento de que é possível essa combinação.

d) O sentimento disseminado no país é de que não há punição para a combinação de bebida com direção.

e) A ideia de punição disseminada no país combinou bebida com direção.

COMENTÁRIOS:

Alternativa "d": correta – Apenas houve alteração na ordem. A informação foi mantida.

Alternativa "a" – Alterou a informação.

Alternativa "b" – Altera a ideia: a punição combina com bebida?

Alternativa "c" – Falta informação.

Alternativa "e" – Período incoerente.

Trecho para a próxima questão.

Em – "... um português de bigodes e sotaque fartos, [...]"

(SeuFirmino e o STF, José Datena. Diário de São Paulo, 06 de novembro de 2011. Adaptado)

21 **(Vunesp – Agente de Segurança Penitenciária – SP/2012)** O adjetivo **fartos** refere-se

a) apenas a bigodes e sotaque.

b) apenas a sotaque.

c) apenas a bigodes.

d) apenas a português.

e) a português, bigodes e sotaque.

COMENTÁRIOS:

Alternativa "a": correta – Bigodes e sotaque fartos.

Alternativa "b" – Os bigodes são fartos também.

Alternativa "c" – O sotaque também é farto.

Alternativa "d" – Não se refere a português.

Alternativa "e" – Não se refere a português.

22 **(Vunesp – Agente de Segurança Penitenciária – SP/2012)** Considere os seguintes trechos do texto *"Como evitar que motoristas bêbados fiquem impunes e continuem a matar no trânsito. (Rodrigo Cardoso, Paula Rocha, Michel Alecrim e Luciani Gomes"* (ISTOÉ, nov. 2011. Adaptado)

a) Nem mesmo a Lei n.° 11.705, a chamada Lei Seca, que entrou em vigor em meados de 2008 para frear o ímpeto de brasileiros que insistem em guiar sob o efeito do álcool, tem conseguido conter o avanço desse tipo de tragédia.

b) O jurista Luiz Flávio Gomes acredita que o controle tem que ser implacável.

É correto afirmar que, em

a) I, **frear** e **conter** são antônimos.

b) **II, implacável é sinônimo de flexível.**

c) I, o antônimo de **frear** é **reprimir.**

d) I, **frear** e **conter** são sinônimos.

e) II, o antônimo de **implacável** é imperdoável.

COMENTÁRIOS:

Alternativa "d": correta – Frear (sentido figurado): Interromper, controlar ou diminuir o desenvolvimento de; CONTER (-SE); conter: conter o ímpeto de, impedir de avançar; REPRIMIR.

Alternativa "a" – São sinônimos.

Alternativa "b" – Implacável: Incapaz de se comover ou perdoar; INCLEMENTE; INFLEXÍVEL.

Alternativa "c" – Reprimir é sinônimo**:** conter (-se), refrear (-se); REALÇAR.

Alternativa "e" – Imperdoável: Que não tem perdão.

PARTE VI

Interpretação de texto

CAPÍTULO 1

Interpretação de texto

» **Nos editais:** Interpretação de textos. Elementos de construção do texto e seu sentido: gênero do texto (literário e não literário, narrativo, descritivo e argumentativo), interpretação e organização interna. Análise, compreensão e interpretação de diversos tipos de textos verbais, não verbais, literários e não literários. Informações literais e inferências possíveis. Ponto de vista do autor. Estruturação do texto: relações entre ideias.

Texto para responder à questão.

É muito comum o brasileiro sofrer com o acento grave, sinal que serve para indicar crase, ou seja, a fusão de "a + a". Ele é apenas um sinalzinho com inclinação à esquerda, tem seus encantos, porém deixa muita gente boa em situação delicada.

Quando alguém me pergunta como faz para aprender a "crasear", digo para começar pelo avesso: primeiro aprenda a não colocar o acento em lugar proibido. Há certas construções em que ele não cabe, pois falta metade: um dos "a + a" não comparece. Por exemplo, o artigo definido feminino "a" não pode ser usado em determinadas situações, o que, por exclusão, nos leva ao raciocínio de que o "a" da construção é apenas a preposição "a".

(Dica do professor João Bolognesi, texto editado por Talita Abrantes. Em: https://exame.abril.com.br)

01 **(Vunesp – Analista Técnico Científico – MPE SP – SP/2019)** Analisando as informações textuais, é correto afirmar que

a) o uso do sinal grave para indicar a crase, que gera dúvidas até para bons conhecedores da língua, ocorre em um contexto marcado pela presença obrigatória de preposição e artigo definido.

b) o conhecimento para usar ou não o acento grave, que indica a crase, está mais relacionado à percepção subjetiva dos encantos desse sinal do que à própria sintaxe da língua.

c) o emprego do sinal grave decorre de um aprendizado pelo avesso, ou seja, que ocorre quando se aprendem as situações em que há a presença obrigatória de artigo definido e preposição.

d) o fato de muitas pessoas com bons conhecimentos da língua ficarem constrangidas em algumas situações devido ao mau emprego do sinal grave tem feito com que ele seja abolido.

e) a utilização do sinal grave é marcada por determinadas construções reguladas pelos encantos do sinal, e isso comprova que, em mais da metade dos usos, esse acento é facultativo.

COMENTÁRIOS:

Alternativa "a" – O sinal gera dúvidas para bons conhecedores da língua: *deixa muita gente boa em situação delicada;* presença obrigatória de preposição e artigo definido: *fusão de "a + a".*

Alternativa "b" – O emprego do sinal não é subjetivo, depende de várias regras.

Alternativa "c" – O avesso é primeiro aprender o que não se pode "crasear".

Alternativa "d" – Não cita constrangimento e muito menos afirma que o sinal será abolido.

Alternativa "e" – O sinal não depende de encantos, depende de regras e o uso é facultativo em menos da metade dos usos. Ocorreu na alternativa uma extrapolação textual.

ALTERNATIVA CORRETA: A

Charge para responder à questão.

(Bill Watterson. *Existem tesouros em todo lugar*: as aventuras de Calvin e Haroldo. São Paulo, Conrad Editora do Brasil, 2013

02 **(Vunesp – Oficial Administrativo – SEDUC SP/2019)** É correto concluir, da leitura da tira, que a resposta do pai a respeito do computador

a) confunde o garoto, que passa a interrogar-se sobre a verdadeira razão para o pai omitir-se de comprar-lhe o aparelho.

b) contraria o garoto, que via no computador a esperança de ter menos trabalho na elaboração de suas atividades escolares.

c) aborrece o garoto, que continua acreditando que o computador é fundamental para melhorar seu rendimento escolar.

d) satisfaz o garoto, que se convence de que o computador poderá auxiliá-lo melhor ainda do que ele inicialmente imaginara.

e) atenua as preocupações do garoto, que se convence de que o computador facilita a elaboração dos trabalhos escolares.

COMENTÁRIOS:

Alternativa "a" – Não confunde e não menciona o fato de comprar – ou não – um computador.

Alternativa "b" – Contraria porque as pesquisas devem ser feitas no livro e o computador serve apenas para digitar.

Alternativa "c" – Faz o garoto indagar-se sobre o objetivo do computador. Ele chega à conclusão de que os computadores "não servem para nada".

Alternativa "d" – Além de não satisfazer, ele acredita que o computador não tenha utilidade.

Alternativa "e" – A preocupação permanece e ele não acredita que o computador possa facilitar.

ALTERNATIVA CORRETA: B

Texto para responder às questões.

Quem assiste a "Tempo de Amar" já reparou no português extremamente culto e correto que é falado pelos personagens da novela. Com frases que parecem retiradas de um romance antigo, mesmo nos momentos mais banais, os personagens se expressam de maneira correta e erudita.

Ao *UOL*, o autor da novela, Alcides Nogueira, diz que o linguajar de seus personagens é um ponto que leva a novela a se destacar. "Não tenho nada contra a linguagem coloquial, ao contrário. Acho que a língua deve ser viva e usada em sintonia com o nosso tempo. Mas colocar um português bastante culto torna a narrativa mais coerente com a época da trama. Fora isso, é uma oportunidade de o público conhecer um pouco mais dessa sintaxe poucas vezes usada atualmente".

O escritor, que assina o texto da novela das 18h ao lado de Bia Corrêa do Lago, conta que a decisão de imprimir um português erudito à trama foi tomada por ele e apoiada pelo diretor artístico, Jayme Monjardim. Ele revela que toma diversos cuidados na hora de escrever o texto, utilizando, inclusive, o dicionário. "Muitas vezes é preciso recorrer às gramáticas. No início, o uso do coloquial era tentador. Aos poucos, a escrita foi ficando mais fácil", afirma Nogueira, que também diz se inspirar em grandes escritores da literatura brasileira e portuguesa, como Machado de Assis e Eça de Queiroz.

Para o autor, escutar os personagens falando dessa forma ajuda o público a mergulhar na época da trama de modo profundo e agradável. Compartilhou-lhe o sentimento Jayme Monjardim, que também explica que a estética delicada da novela foi pensada para casar com o texto. "É uma novela que se passa no fim dos anos 1920, então tudo foi pensado para que o público entrasse junto com a gente nesse túnel do tempo. Acho que isso é importante para que o telespectador consiga se sentir em outra época", diz.

(Guilherme Machado. *UOL*. https://tvefamosos.uol.com.br. 15.11.2017. Adaptado)

03 **(VUNESP - TJ SP – Escrevente Técnico Judiciário - 2018)** De acordo com o texto, entende-se que as formas linguísticas empregadas na novela

a) correspondem a um linguajar que, apesar de ser antigo, continua em amplo uso na linguagem atual.
b) divergem dos usos linguísticos atuais, caracterizados pela adoção de formas mais coloquiais.
c) estão associadas ao coloquial, o que dá mais vivacidade à linguagem e desperta o interesse do público.
d) harmonizam-se com a linguagem dos dias atuais porque deixam de lado os usos corretos e formais.
e) constituem usos comuns na linguagem moderna, porém a maior parte das pessoas não os entende.

COMENTÁRIOS:

Alternativa "a" – A linguagem não é usada amplamente: *é uma oportunidade de o público conhecer um pouco mais dessa* ***sintaxe poucas vezes usada atualmente***.

Alternativa "b" – As **novelas atuais** utilizam a linguagem coloquial demonstrando que a língua *deve ser viva e usada em sintonia com o nosso tempo*. Já, **na trama das 18h**, o autor opta pela linguagem culta pelo fato de a história se passar no fim dos anos 1920.

Alternativa "c" – Não se trata de coloquialismo (linguagem falada), mas sim do uso da norma culta.

Alternativa "d" – Nos dias atuais, usa-se a linguagem coloquial; na novela citada, o uso é da linguagem culta, erudita.

Alternativa "e" – Duas afirmações incorretas: 1. não é linguagem moderna, pois era usada em 1920; 2. as pessoas entendem-na.

ALTERNATIVA CORRETA: B

04 **(VUNESP - TJ SP – Escrevente Técnico Judiciário - 2018)** As informações textuais permitem afirmar corretamente que

a) a proximidade entre a literatura e as novelas exige que haja um senso estético aguçado em relação à linguagem, por isso essas artes primam pelo erudito.

b) a linguagem coloquial atrai sobremaneira os autores de novelas, como é o caso de Alcides Nogueira, que desconhecia o emprego de formas eruditas.

c) a linguagem erudita deixa de ser empregada na novela quando há necessidade de retratar os momentos mais banais vividos pelas personagens.

d) a opção por escrever uma novela de época implica a transposição de elementos visuais e linguísticos para o tempo presente, modernizando-os.

e) a harmonização entre a linguagem e a estética da novela contribui para que a caracterização de uma época seja mais bem entendida pelo público.

COMENTÁRIOS:

Alternativa "a" – Não primam pelo erudito atualmente.

Alternativa "b" – Não desconhecia, apenas precisou pesquisar: *Muitas vezes é preciso recorrer às gramáticas.*

Alternativa "c" – A linguagem usada é, sempre, a erudita.

Alternativa "d" – Não modernizou, isso está claro no texto, nesta questão e na questão anterior.

Alternativa "e" – Trechos em que se esclarece a afirmação: 1. *Para o autor, escutar os personagens falando dessa forma ajuda o público a mergulhar na época da trama de modo profundo e agradável;* 2. *Acho que isso é importante para que o telespectador consiga se sentir em outra época.*

ALTERNATIVA CORRETA: E

05 **(VUNESP - TJ SP – Escrevente Técnico Judiciário - 2018)** No texto, há exemplo de uso coloquial da linguagem na passagem:

a) ... então tudo foi pensado para que o público entrasse junto com a gente nesse túnel do tempo.

b) Com frases que parecem retiradas de um romance antigo, [...] os personagens se expressam de maneira correta e erudita.

c) Quem assiste a "Tempo de Amar" já reparou no português extremamente culto e correto...

d) ... o autor da novela [...] diz que o linguajar de seus personagens é um ponto que leva a novela a se destacar.

e) Ele revela que toma diversos cuidados na hora de escrever o texto, utilizando, inclusive, o dicionário.

COMENTÁRIOS:

➔ **Nota da autora:** Vamos relembrar a diferença entre as duas linguagens?

Linguagem culta: usada em situações formais e em documentos oficiais; maior preocupação com a pronúncia das palavras; uso da norma culta; ausência do uso de gírias; variante prestigiada.

Linguagem coloquial: variante espontânea; utilizada em relações informais; não há preocupações com as regras da gramática normativa; presença de coloquialismos (expressões próprias da fala), tais como: *pega leve, se toca, tá rolando* etc.; uso de gírias; uso de formas reduzidas ou contraídas (*pra, cê, peraí* etc.); uso de "a gente" no lugar de *nós;* uso frequente de palavras para articular ideias (*tipo assim, ai, então* etc.).

Alternativa "a" – Linguagem coloquial: junto **com a gente**; erudita: junto **conosco**.

Alternativa "b" – Linguagem culta.

Alternativa "c" – Linguagem culta.

Alternativa "d" – Linguagem culta.

Alternativa "e"– Linguagem culta.

ALTERNATIVA CORRETA: A

Texto para responder à questão.

Vamos partir de uma situação que grande parte de nós já vivenciou. Estamos saindo do cinema, depois de termos visto uma adaptação de um livro do qual gostamos muito. Na verdade, até que gostamos do filme também: o sentido foi mantido, a escolha do elenco foi adequada, e a trilha sonora reforçou a camada afetiva da narrativa. Por que então sentimos que algo está fora do lugar? Que está faltando alguma coisa?

O que sempre falta em um filme sou eu. Parto dessa ideia simples e poderosa, sugerida pelo teórico Wolfgang Iser em um de seus livros, para afirmar que nunca precisamos tanto ler ficção e poesia quanto hoje, porque nunca precisamos tanto de faíscas que ponham em movimento o mecanismo livre da nossa imaginação. Nenhuma forma de arte ou objeto cultural guarda a potência escondida por aquele monte de palavras impressas na página.

Essa potência vem, entre outros aspectos, do tanto que a literatura exige de nós, leitores. Não falo do esforço de compreender um texto, nem da atenção que as histórias e os poemas exigem de nós - embora sejam incontornáveis também. Penso no tanto que precisamos investir de nós, como sujeitos afetivos e como corpos sensíveis, para que as palavras se tornem um mundo no qual penetramos.

Somos bombardeados todo dia, o dia inteiro, por informações. Estamos saturados de dados e de interpretações. A literatura - para além do prazer intelectual, inegável - oferece algo diferente. Trata-se de uma energia que o teórico Hans Ulrich Gumbrecht chama de "presença" e que remete a um contato com o mundo que afeta o corpo do indivíduo para além e para aquém do pensamento racional.

Muitos eventos produzem presença, é claro: jogos e exercícios esportivos, shows de música, encontros com amigos, cerimônias religiosas e relações amorosas e sexuais são exemplos óbvios. Por que, então, defender uma prática eminentemente intelectual, como a experiência literária, com o objetivo de "produzir presença", isto é, de despertar sensações corpóreas e afetos? A resposta está, como já evoquei mais acima, na potência guardada pela ficção e pela poesia para disparar a imaginação. Mas o que é, afinal, a imaginação, essa noção tão corriqueira e sobre a qual refletimos tão pouco?

Proponho pensar a imaginação como um espaço de liberdade ilimitada, no qual, a partir de estímulos do mundo exterior, somos confrontados (mas também despertados) a responder com memórias, sentimentos, crenças e conhecimentos para forjar, em última instância, aquilo que faz de cada um de nós diferente dos demais. A leitura de textos literários é uma forma privilegiada de disparar esse mecanismo imenso, porque demanda de nós todas essas reações de modo ininterrupto, exige que nosso corpo esteja ele próprio presente no espaço ficcional com que nos deparamos, sob pena de não existir espaço ficcional algum.

(Ligia G. Diniz. https://brasil.elpais.com. *22.02.2018. Adaptado)*

06 **(Vunesp – Delegado de Polícia – PC – BA/2018)** Uma frase em consonância com o que se argumenta no texto é:

a) Essencialmente racional, a literatura diferencia-se das demais manifestações artísticas por ser ela incapaz de despertar reações corpóreas.

b) Um texto literário exige mais concentração e esforço intelectual para ser compreendido, em comparação com outros tipos de texto.

c) A literatura é imprescindível para que o pensamento racional seja cultivado em detrimento de percepções motivadas pelo instinto.

d) Somos incapazes de ver aspectos positivos na adaptação de um filme do qual gostamos muito, pois nosso julgamento é puramente emocional.

e) Inseridos em um contexto impregnado de informação, precisamos da literatura mais do que nunca para aguçar nossa imaginação.

COMENTÁRIOS:

Alternativa "a" – A literatura, segundo o texto, **desperta** reações corpóreas. No segundo parágrafo: *A literatura - para além do prazer intelectual, inegável - oferece algo diferente. Trata-se de uma energia que o teórico Hans Ulrich Gumbrecht chama de "presença" e que remete a um contato com o mundo que afeta o corpo do indivíduo para além e para aquém do pensamento racional.*

Alternativa "b" – Não exige mais concentração. No terceiro parágrafo: *Não falo do **esforço de compreender um texto**, nem da atenção que as histórias e os poemas exigem de nós.*

Alternativa "c" – A literatura nos leva para além do racional, ou seja, para a imaginação. No texto: *Trata-se de uma energia que o teórico Hans Ulrich Gumbrecht chama de "presença" e que **remete a um contato com o mundo que afeta o corpo do indivíduo para além e para aquém do pensamento racional.***

Alternativa "d" – Extrapolação textual. A autora apenas menciona que sentimos algo fora do lugar, não cita que somos incapazes de ver aspectos positivos.

Alternativa "e" – Trechos que confirmam a informação: 1. *precisamos investir de nós, como sujeitos afetivos e como corpos sensíveis, para que as palavras se tornem um mundo no qual penetramos;* 2. *A literatura - para além do prazer intelectual, inegável - oferece algo diferente; remete a um contato com o mundo que afeta o corpo do indivíduo para além e para aquém do pensamento racional;* 3. *A leitura de textos literários é uma forma* *privilegiada de disparar esse mecanismo imenso, porque demanda de nós todas essas reações de modo ininterrupto, exige que nosso corpo esteja ele próprio presente no espaço ficcional com que nos deparamos, sob pena de não existir espaço ficcional algum.*

ALTERNATIVA CORRETA: E

Texto para responder às questões.

Há quatro anos, Chris Nagele fez o que muitos executivos no setor de tecnologia já tinham feito - ele transferiu sua equipe para um chamado escritório aberto, sem paredes e divisórias.

Os funcionários, **até então**, trabalhavam de casa, mas ele queria que todos estivessem juntos, para se conectarem e colaborarem mais facilmente. Mas em pouco tempo ficou claro que Nagele tinha cometido um grande erro. Todos estavam distraídos, a produtividade caiu, e os nove empregados estavam insatisfeitos, sem falar do próprio chefe.

Em abril de 2015, quase três anos após a mudança para o escritório aberto, Nagele transferiu a empresa para um espaço de 900 m^2 onde hoje todos têm seu próprio espaço, com portas e tudo.

Inúmeras empresas adotaram o conceito de escritório aberto - cerca de 70% dos escritórios nos Estados Unidos são assim - e até onde se sabe poucos retornaram ao modelo de espaços tradicionais com salas e portas.

Pesquisas, contudo, mostram que podemos perder até 15% da produtividade, desenvolver problemas graves de concentração e até ter o dobro de chances de ficar doentes em espaços de trabalho abertos - fatores que estão contribuindo para uma reação contra esse tipo de organização.

Desde que se mudou para o formato tradicional, Nagele já ouviu colegas do setor de tecnologia dizerem sentir falta do estilo de trabalho do escritório fechado. "Muita gente concorda - simplesmente não aguentam o escritório aberto. Nunca se consegue terminar as coisas e é preciso levar mais trabalho para casa", diz ele.

É improvável que o conceito de escritório aberto caia em desuso, mas algumas firmas estão seguindo o exemplo de Nagele e voltando aos espaços privados.

Há uma boa razão que explica por que todos adoram um espaço com quatro paredes e uma porta: foco. A verdade é que não conseguimos cumprir várias tarefas ao mesmo tempo, e pequenas distrações podem desviar nosso foco por até 20 minutos.

Retemos mais informações quando nos sentamos em um local fixo, afirma Sally Augustin, psicóloga ambiental e de design de interiores.

(Bryan Borzykowski, "Por que escritórios abertos podem ser ruins para funcionários." Disponível em:<www1.folha.uol.com.br>. Acesso em: 04.04.2017. Adaptado)

07 (Vunesp – Escrevente Técnico Judiciário – TJ – SP/2017) Segundo o texto, são aspectos desfavoráveis ao trabalho em espaços abertos compartilhados

a) a impossibilidade de cumprir várias tarefas e a restrição à criatividade.

b) a dificuldade de propor soluções tecnológicas e a transferência de atividades para o lar.
c) a dispersão e a menor capacidade de conservar conteúdos.
d) a distração e a possibilidade de haver colaboração de colegas e chefes.
e) o isolamento na realização das tarefas e a vigilância constante dos chefes.

COMENTÁRIOS:

Nota da autora: Questão de interpretação e de semântica (sinônimos).

Alternativa correta: letra "c" – Dispersão = distração; a menor capacidade de conservar conteúdos = retemos mais informações.

No final do texto: *A verdade é que não conseguimos cumprir várias tarefas ao mesmo tempo, e* ***pequenas distrações podem desviar nosso foco*** *por até 20 minutos.* ***Retemos mais informações*** *quando nos sentamos em um local fixo, afirma Sally Augustin, psicóloga ambiental e de design de interiores.*

Alternativa "a" – Não menciona que ocorra *restrição à criatividade.*

Alternativa "b" – Não é um aspecto desfavorável, segundo o texto, a dificuldade de propor soluções tecnológicas.

Alternativa "d" – Caso houvesse colaboração de colegas e chefes, seria algo positivo e não desfavorável.

Alternativa "e" – Vigilância dos chefes é também algo favorável.

08 (Vunesp – Escrevente Técnico Judiciário – TJ – SP/2017) É correto afirmar que a expressão - até então -, em destaque no início do segundo parágrafo, expressa um limite, com referência

a) temporal ao momento em que se deu a transferência da equipe de Nagele para o escritório aberto.
b) espacial aos escritórios fechados onde trabalhava a equipe de Nagele antes da mudança para locais abertos.
c) temporal ao dia em que Nagele decidiu seguir o exemplo de outros executivos, e espacial ao tipo de escritório que adotou.
d) espacial ao caso de sucesso de outros executivos do setor de tecnologia que aboliram paredes e divisórias.
e) espacial ao novo tipo de ambiente de trabalho, e temporal às mudanças favoráveis à integração.

COMENTÁRIOS:

Nota da autora: Questão de interpretação e semântica – significados das palavras.

Alternativa correta: letra "a" – *Até então* significa **até agora** e, óbvio, possui valor temporal.

Alternativa "b" – Não se refere a espaço.

Alternativa "c" – Temporal sim, mas não há relação com o dia em que decidiu seguir o exemplo de outros executivos; espacial: não.

Alternativa "d" – Como já mencionado, não se refere a lugar, a espaço.

Alternativa "e" – Além de não possuir referência espacial, o tempo refere-se ao momento em que a equipe foi transferida para o escritório aberto.

09 **(Vunesp – Escrevente Técnico Judiciário – TJ – SP/2017)** Assinale a frase do texto em que se identifica expressão do ponto de vista do próprio autor acerca do assunto de que trata.

a) "Nunca se consegue terminar as coisas e é preciso levar mais trabalho para casa", diz ele. (6º parágrafo).

b) Inúmeras empresas adotaram o conceito de escritório aberto... (4º parágrafo).

c) Retemos mais informações quando nos sentamos em um local fixo, afirma Sally Augustin... (último parágrafo).

d) Os funcionários, até então, trabalhavam de casa, mas ele queria que todos estivessem juntos... (2º parágrafo).

e) É improvável que o conceito de escritório aberto caia em desuso... (7º parágrafo).

COMENTÁRIOS:

Alternativa correta: letra "e" – Há ponto de vista do autor, quando há opinião, apreciação, juízo, julgamento. A expressão *é improvável* indica tal ideia.

Alternativa "a" – Trata-se de uma citação apenas.

Alternativa "b" – Ocorre uma afirmação de um fato, sem que haja opinião.

Alternativa "c" – Mais uma vez, é citação.

Alternativa "d" – Afirmação de um fato.

Leia o texto dos quadrinhos, para responder à questão.

(Charles M. Schulz. Snoopy- Feliz dia dos namorados!)

10 (Vunesp – Escrevente Técnico Judiciário – TJ – SP/2017) É correto afirmar que, na fala da personagem, no último quadrinho, está implícita a ideia de que

a) é irrelevante que seu advogado tenha a competência reconhecida.

b) sua causa está perdida de antemão, graças à ameaça que fez.

c) a garota se convence da opinião de quem ela quer processar.

d) a representação de seu advogado é garantia de sucesso na ação.

e) o processo, para ela, não passa de um artifício para ganhar tempo.

COMENTÁRIOS:

Alternativa correta: letra "a" – Se não irá incomodá-lo, é irrelevante, ou seja, é sem importância, insignificante.

Alternativa "b" – Não se pode inferir que a ameaça tenha sido a razão de algo.

Alternativa "c" – Não houve convencimento de parte alguma.

Alternativa "d" – Se ele não vai compreender o caso e não ficará incomodado com isso, não possui garantia de sucesso.

Alternativa "e" – O objetivo da garota é apenas amedrontar; não existe relação com ganhar ou perder tempo.

Texto para responder à questão.

O ônibus da excursão subia lentamente a serra. Ele, um dos garotos no meio da garotada em algazarra, deixava a brisa fresca bater-lhe no rosto e entrar-lhe pelos cabelos com dedos longos, finos e sem peso como os de uma mãe. Ficar às vezes quieto, sem quase pensar, e apenas sentir - era tão bom. A concentração no sentir era difícil no meio da balbúrdia dos companheiros.

E mesmo a sede começara: brincar com a turma, falar bem alto, mais alto que o barulho do motor, rir, gritar, pensar, sentir, puxa vida! Como deixava a garganta seca.

A brisa fina, antes tão boa, agora ao sol do meio-dia tornara-se quente e árida e ao penetrar pelo nariz secava ainda mais a pouca saliva que pacientemente juntava.

Não sabia como e por que mas agora se sentia mais perto da água, pressentia-a mais próxima, e seus olhos saltavam para fora da janela procurando a estrada, penetrando entre os arbustos, espreitando, farejando.

O instinto animal dentro dele não errara: na curva inesperada da estrada, entre arbustos estava... o chafariz de pedra, de onde brotava num filete a água sonhada.

O ônibus parou, todos estavam com sede mas ele conseguiu ser o primeiro a chegar ao chafariz de pedra, antes de todos.

De olhos fechados entreabriu os lábios e colou-os ferozmente no orifício de onde jorrava a água. O primeiro gole fresco desceu, escorrendo pelo peito até a barriga.

Era a vida voltando, e com esta encharcou todo o seu interior arenoso até se saciar. Agora podia abrir os olhos.

Abriu-os e viu bem junto de sua cara dois olhos de estátua fitando-o e viu que era a estátua de uma mulher e que era da boca da mulher que saía a água.

E soube então que havia colado sua boca na boca da estátua da mulher de pedra. A vida havia jorrado dessa boca, de uma boca para outra.

Intuitivamente, confuso na sua inocência, sentia-se intrigado. Olhou a estátua nua. Ele a havia beijado.

Sofreu um tremor que não se via por fora e que se iniciou bem dentro dele e tomou-lhe o corpo todo estourando pelo rosto em brasa viva.

(Clarice Lispector, "O primeiro beijo". Felicidade clandestina. Adaptado)

11 **(Vunesp – Escrevente Técnico Judiciário – TJ – SP/2017)** É correto afirmar que o texto tem como personagem um garoto, descrevendo

a) a confusão mental ocasionada pela sede não saciada.
b) o trajeto percorrido pela alma infantil em busca de amizade.
c) experiências sensoriais que o levam a provar a sensualidade.
d) a perda da inocência provocada pela gritaria dos companheiros.
e) uma viagem de ônibus em que ele ficou indiferente ao que acontecia.

COMENTÁRIOS:

Alternativa correta: letra "c" – Experiências sensoriais mencionadas no **primeiro parágrafo**: *deixava a brisa fresca bater-lhe no rosto e entrar-lhe pelos cabelos com dedos longos, finos e sem peso como os de uma mãe; apenas sentir;* no **terceiro parágrafo**: *A brisa fina, antes tão boa, agora ao sol do meio-dia tornara-se quente e árida e ao penetrar pelo nariz secava ainda mais a pouca saliva que pacientemente juntava;* no **quarto parágrafo**: *Não sabia como e por que mas agora se sentia mais perto da água, pressentia-a mais próxima.* A **sensualidade** está explícita no **último parágrafo**: *Sofreu um tremor que não se via por fora e que se iniciou bem dentro dele e tomou-lhe o corpo todo estourando pelo rosto em brasa viva.*

Alternativa "a" – Não há confusão mental. Lembre-se de que o texto é de Clarice Lispector e a autora descreve sobre o lado psicológico de duas personagens.

Alternativa "b" – Não descreve sobre a busca de amizade.

Alternativa "d" – Nada indica que a gritaria seja a causa da perda da inocência.

Alternativa "e" – Indiferente? Ele não ficou!

Para responder às questões, observe a charge que retrata uma cena em que uma família faz selfie ao lado de um corpo caído no chão.

(João Montanaro. Disponível em: <https://www.facebook.com>. Acesso em 21.04.2017)

12 (Vunesp – Escrevente Técnico Judiciário – TJ – SP/2017) Assinale a alternativa que expressa ideia compatível com a situação representada na charge.

a) Hoje, a tecnologia leva a uma compreensão mais ética da realidade circundante.

b) Não se pode condenar a postura ética das pessoas que se deixam encantar com os modismos.

c) O verdadeiro sentido da solidariedade está em comover-se com o semelhante desamparado.

d) A novidade tecnológica reforça a individualidade, levando as pessoas a ficar alheias à realidade que as cerca.

e) Um fato violento corriqueiro não justifica a preocupação com a desgraça alheia.

COMENTÁRIOS:

Alternativa correta: letra "d" – Perceba que as três pessoas estão sorridentes e isso demonstra que o ser humano só pensa em si, não vê, ou sente o que acontece ao seu redor. Puro individualismo!

Alternativa "a" – Se houvesse compreensão, não seria capaz de tirar selfie com essa imagem ao fundo. Não existe ética.

Alternativa "b" – É necessário condenar. A charge foi feita para demonstrar o absurdo que está acontecendo em nossa sociedade em decorrência do avanço da tecnologia.

Alternativa "c" – Não há solidariedade, muito menos comoção. Eles estão sorrindo.

Alternativa "e" – Claro que justifica a preocupação.

13 (Vunesp – Escrevente Técnico Judiciário – TJ – SP/2017) Assinale a alternativa contendo uma ideia implícita a partir dos fatos retratados na charge.

a) As pessoas sorriem para a câmera.

b) O corpo está estendido no chão.

c) A violência está banalizada.

d) O pau de selfie permite fotografar várias pessoas.

e) O grupo familiar posa unido.

COMENTÁRIOS:

Alternativa correta: letra "c" – O fato de tirar selfie ao lado de um corpo caído e ensanguentado demonstra a vulgarização da violência, isto é, o desprezo.

Alternativa "a" – A imagem está explícita.

Alternativa "b" – Explícita, também, a ideia.

Alternativa "d" – Imagem explícita.

Alternativa "e" – São três pessoas apenas e a imagem, mais uma vez, está explícita.

Texto para responder à questão.

O problema de São Paulo, dizia o Vinicius, "é que você anda, anda, anda e nunca chega a Ipanema". Se tomarmos "Ipanema" ao pé da letra, a frase é absurda e cômica. Tomando "Ipanema" como um símbolo, no entanto, como um exemplo de alívio, promessa de alegria em meio à vida dura da cidade, a frase passa a ser de um triste realismo: o problema de São Paulo é que você anda, anda, anda e nunca chega a alívio algum. O Ibirapuera, o parque do Estado, o Jardim da Luz são uns raros respiros perdidos entre o mar de asfalto, a floresta de lajes batidas e os Corcovados de concreto armado.

O paulistano, contudo, não é de jogar a toalha - prefere estendê-la e se deitar em cima, caso lhe concedam dois metros quadrados de chão. É o que vemos nas avenidas abertas aos pedestres, nos fins de semana: basta liberarem um pedacinho do cinza e surgem revoadas de patinadores, maracatus, big bands, corredores evangélicos, góticos satanistas, praticantes de ioga, dançarinos de tango, barraquinhas de yakissoba e barris de cerveja artesanal.

Tenho estado atento às agruras e oportunidades da cidade porque, depois de cinco anos vivendo na Granja Viana, vim morar em Higienópolis. Lá em Cotia, no fim da tarde, eu corria em volta de um lago, desviando de patos e assustando jacus. Agora, aos domingos, corro pela Paulista ou Minhocão e, durante a semana, venho testando diferentes percursos. Corri em volta do parque Buenos Aires e do cemitério da Consolação, ziguezagueei por Santa Cecília e pelas encostas do Sumaré, até que, na última terça, sem querer, descobri um insuspeito parque noturno com bastante gente, quase nenhum carro e propício a todo tipo de atividades: o estacionamento do estádio do Pacaembu.

(Antonio Prata. "O paulistano não é de jogar a toalha. Prefere estendê-la e deitar em cima." Disponível em:<http://www1.folha.uol.com.br/colunas>. Acesso em: 13.04.2017. Adaptado)

14 **(Vunesp – Escrevente Técnico Judiciário – TJ – SP/2017)** É correto afirmar que, do ponto de vista do autor, o paulistano

a) busca em Ipanema o contato com a natureza exuberante que não consegue achar em sua cidade.

b) sabe como vencer a rudeza da paisagem de São Paulo, encontrando nesta espaços para o lazer.

c) se vê impedido de realizar atividades esportivas, no mar de asfalto que é São Paulo.

d) tem feito críticas à cidade, porque ela não oferece atividades recreativas a seus habitantes.

e) toma Ipanema como um símbolo daquilo que se pode alcançar, apesar de muito andar e andar.

COMENTÁRIOS:

Alternativa correta: letra "b" – Basta reler o título, inserido na referência, e retomado no segundo parágrafo, para se certificar: ***O paulistano***, *contudo*, ***não é de jogar a toalha - prefere estendê-la e se deitar em cima***, *caso lhe concedam dois metros quadrados de chão. É o que vemos nas avenidas abertas aos pedestres, nos fins de semana.* É evidente que a aspereza e a rispidez são vencidas em pequenos espaços para o lazer, para o descanso.

Alternativa "a" – Ao mencionar *Ipanema,* Vinícius de Moraes não a usou "ao pé da letra", pois se refere ao Rio de Janeiro e não a São Paulo. A ideia é que você pode andar, andar, andar e nunca chegar à praia.

Alternativa "c" – Ocorre extrapolação textual, pois em momento algum o autor afirma que o paulistano é impedido de realizar atividades físicas. Cita que existem patinadores, corredores evangélicos, praticantes de ioga e dançarinos de tango.

Alternativa "d" – Não menciona que não ofereça atividades recreativas, conforme se vê no segundo parágrafo.

Alternativa "e" – Em São Paulo, não há praia, mas existe lazer, como visto no comentário da alternativa correta.

Texto para responder às questões.

Ser gentil é um ato de rebeldia. Você sai às ruas e insiste, briga, luta para se manter gentil. O motorista quase te mata de susto buzinando e te xingando porque você usou a faixa de pedestres quando o sinal estava fechado para ele. Você posta um pensamento gentil nas redes sociais apesar de ler dezenas de comentários xenofóbicos, homofóbicos, irônicos e maldosos sobre tudo e todos. Inclusive você. Afinal, você é obviamente um idiota gentil.

Há teorias evolucionistas que defendem que as sociedades com maior número de pessoas altruístas sobreviveram por mais tempo por serem mais capazes de manter a coesão. Pesquisadores da atualidade dizem, baseados em estudos, que gestos de gentileza liberam substâncias que proporcionam prazer e felicidade.

Mas gentileza virou fraqueza. É preciso ser macho pacas para ser gentil nos dias de hoje. Só consigo associar a aversão à gentileza à profunda necessidade de ser - ou parecer ser - invencível e bem-sucedido. Nossas fragilidades seriam uma vergonha social. Um empecilho à carreira, ao acúmulo de dinheiro.

Não ter tempo para gentilezas é bonito. É justificável diante da eterna ambivalência humana: queremos ser bons, mas temos medo. Não dizer bom-dia significa que você é muito importante. Ou muito ocupado. Humilhar os que não concordam com suas ideias é coisa de gente forte. E que está do lado certo. Como se houvesse um lado errado. Porque, se nenhum de nós abrir a boca, ninguém vai reparar que no nosso modelo de felicidade tem alguém chorando ali no canto. Porque ser gentil abala sua autonomia. Enfim, ser gentil está fora de moda. Estou sempre fora de moda. Querendo falar de gentileza, imaginem vocês! Pura rebeldia. Sair por aí exibindo minhas vulnerabilidades e, em ato de pura desobediência civil, esperar alguma cumplicidade. Deve ser a idade.

(Ana Paula Padrão, Gentileza virou fraqueza.
Disponível em: <http://www.istoe.com.br>. Acesso em: 27 jan 2015. Adaptado)

15 **(Vunesp – Escrevente Técnico Judiciário – TJ-SP/2015)** É correto inferir que, do ponto de vista da autora, a gentileza

a) é prerrogativa dos que querem ter sua importância reconhecida socialmente.

b) é uma via de mão dupla, por isso não deve ser praticada se não houver reciprocidade.

c) representa um hábito primitivo, que pouco afeta as relações interpessoais.

d) restringe-se ao gênero masculino, pois este representa os mais fortes.

e) é uma qualidade desvalorizada em nossa sociedade nos dias atuais.

COMENTÁRIOS:

Alternativa correta: letra "e" – Exatamente. Trechos no texto que confirmam a ideia: ***Mas gentileza virou fraqueza.*** *É preciso ser macho pacas para ser gentil nos dias de hoje.* ***Só consigo associar a aversão à gentileza à profunda necessidade de ser – ou parecer ser – invencível e bem sucedido. Não ter tempo para gentilezas é bonito.*** *É justificável diante da eterna ambivalência humana: queremos ser bons, mas temos medo. Não dizer bom dia significa que você é muito importante. Ou muito ocupado. Humilhar os que não concordam com suas ideias é coisa de gente forte. E que está do lado certo. Como se houvesse um lado errado.* ***Porque, se nenhum de nós abrir a boca, ninguém vai reparar que no nosso modelo de felicidade tem alguém chorando ali no canto.*** *Porque ser gentil abala sua autonomia.* ***Enfim, ser gentil está fora de moda.*** *Estou sempre fora de moda.* ***Querendo falar de gentileza, imaginem vocês! Pura rebeldia.***

Alternativa "a" – Não se trata de privilégio ou vantagem. Há crítica em relação a tais pessoas: *Não dizer bom-dia significa que você é muito importante. Ou muito ocupado. Humilhar os que não concordam com suas ideias é coisa de gente forte.*

Alternativa "b" – A gentiliza, segundo o texto, deve ser praticada e independe de reciprocidade. Não menciona se é preciso haver reciprocidade.

Alternativa "c" – A ideia é contrária à do texto e está muito longe de ser considerada como um hábito primitivo.

Alternativa "d" – Esta resposta geraria uma imensa polêmica, além de ter extrapolado a ideia do texto.

16 **(Vunesp – Escrevente Técnico Judiciário – TJ-SP/2015)** No final do último parágrafo, a autora caracteriza a gentileza como "ato de pura desobediência civil"; isso permite deduzir que

a) assumir a prática da gentileza é rebelar-se contra códigos de comportamento vigentes, mesmo que não declarados.

b) é inviável, em qualquer época, opor-se às práticas e aos protocolos sociais de relacionamento humano.

c) é possível ao sujeito aderir às ideias dos mais fortes, sem medo de ver atingida sua individualidade, no contexto geral.

d) há, nas sociedades modernas, a constatação de que a vulnerabilidade de alguns está em ver a felicidade como ato de rebeldia.

e) obedecer às normas sociais gera prazer, ainda que isso signifique seguir rituais de incivilidade e praticar a intolerância.

COMENTÁRIOS:

Alternativa correta: letra "a"

1. Pode-se deduzir = chegar à conclusão utilizando somente o raciocínio; fazer inferências; inferir.
2. Trecho em que se pode deduzir: *Enfim, ser gentil está fora de moda. Estou sempre fora de moda. Querendo falar de gentileza, imaginem vocês! Pura rebeldia. Sair por aí exibindo minhas vulnerabilidades e, em ato de pura desobediência civil, esperar alguma cumplicidade. Deve ser a idade.*

Alternativa "b" – Nada indica que seja inviável. Afirma que deve acontecer ao afirmar que é *pura rebeldia*.

Alternativa "c" – O sujeito não deve aderir às ideias comuns, já que a maioria age errado.

Alternativa "d" – Extrapolação textual – ideia não citada.

Alternativa "e" – Segundo pesquisadores da atualidade, o que gera prazer são os gestos de gentileza. Praticar a intolerância? Isso não.

17 **(Vunesp – Escrevente Técnico Judiciário – TJ-SP/2015)** Para responder à questão, considere a seguinte passagem, no contexto geral da crônica:

Não ter tempo para gentilezas é bonito. [...] Não dizer bom-dia significa que você é muito importante. Ou muito ocupado. Humilhar os que não concordam com suas ideias é coisa de gente forte. E que está do lado certo.

Com essas afirmações, a autora

a) informa literalmente efeitos positivos que vê na falta de gentileza.

b) revela que também tolera atitudes não gentis e grosseiras.

c) aponta, ironicamente, o ponto de vista de pessoas não adeptas da gentileza.

d) expõe o que realmente pensa de quem é gentil com os semelhantes.

e) adere às ideias dos não corteses, com os quais acaba se identificando.

COMENTÁRIOS:

Alternativa correta: letra "c"

1. **Ironia**: figura de linguagem através da qual se **expressa exatamente o oposto** daquilo que se diz; utilização de uma expressão, vocábulo ou frase de significação contrário ao que supostamente deveria ser expresso, usado para caracterizar ou nomear alguma coisa: a ironia valoriza certos discursos.
2. **Ideias opostas**:
   2.1 Não ter tempo para gentilezas é bonito. = é horrível;
   2.2 Não dizer bom dia significa que você é muito importante. Ou muito ocupado. = você é mal-educado e arrogante;
   2.3 Humilhar os que não concordam com suas ideias é coisa de gente forte. = gente fraca;
   2.4 E que está do lado certo. = está do lado errado.

Alternativa "a" – Só há efeitos negativos, como visto na resposta.

Alternativa "b" – Não pode haver tolerância, mas sim indignação e rebeldia.

Alternativa "d" – Expõe o contrário do que pensa, ironicamente.

Alternativa "e" – Não adere e não se identifica.

18 **(Vunesp – Escrevente Técnico Judiciário – TJ-SP/2015)** Observa-se que, no 1º parágrafo, a autora emprega os pronomes *te* e *você* para se referir a um virtual leitor e, no 3º parágrafo, emprega a expressão pacas (É preciso ser macho pacas). Essas duas escolhas permitem inferir que ela

a) rejeita um linguajar jovem, embora formal, contando com a adesão dos leitores mais habituados a ler.
b) escreve para um público leitor de textos nas redes sociais, razão pela qual é obrigada a deixar de lado a norma culta do português.
c) evita atrair a atenção do público mais escolarizado e menos exigente em relação à informalidade da língua.
d) pode conseguir maior identificação com seu público leitor, optando por soluções de linguagem de feição mais informal.
e) despreza convenções da língua-padrão, por crer na inaptidão do leitor para compreender estruturas complexas.

COMENTÁRIOS:

Alternativa correta: letra "d" – São características da linguagem informal, ou coloquial, a não uniformidade de tratamento e o uso de gírias.

Alternativa "a" – Além de não haver rejeição, na linguagem jovem não há formalidade alguma.

Alternativa "b" – Escrever nas redes sociais não obriga a desobedecer às normas gramaticais.

Alternativa "c" – Procura atrair o público em geral por usar uma linguagem semelhante à do dia a dia.

Alternativa "e" – Não ocorre desprezo, pois não há erros gramaticais. A autora apenas é informal ao escrever como se estivesse falando, ou seja, sem uniformidade de tratamento e utilizando gíria.

Texto para responder à questão.

O fim do direito é a paz, o meio de que se serve para consegui-lo é a luta. Enquanto o direito estiver sujeito às ameaças da injustiça - e isso perdurará enquanto o mundo for mundo -, ele não poderá prescindir da luta. A vida do direito é a luta: luta dos povos, dos governos, das classes sociais, dos indivíduos.

Todos os direitos da humanidade foram conquistados pela luta; seus princípios mais importantes tiveram de enfrentar os ataques daqueles que a ele se opunham; todo e qualquer direito, seja o direito de um povo, seja o direito do indivíduo, só se afirma por uma disposição ininterrupta para a luta. O direito não é uma simples ideia, é uma força viva. Por isso a justiça sustenta numa das mãos a balança com que pesa o direito, enquanto na outra segura a espada por meio da qual o defende. A espada sem a balança é a força bruta, a balança sem a espada, a impotência do direito. Uma completa a outra, e o verdadeiro estado de direito só pode existir quando a justiça sabe brandir a espada com a mesma habilidade com que manipula a balança.

O direito é um trabalho sem tréguas, não só do Poder Público, mas de toda a população. A vida do direito nos oferece, num simples relance de olhos, o espetáculo de um esforço e de uma luta incessante, como o despendido na produção econômica e espiritual. Qualquer pessoa que se veja na contingência de ter de sustentar seu direito participa dessa tarefa de âmbito nacional e contribui para a realização da ideia do direito.

É verdade que nem todos enfrentam o mesmo desafio. A vida de milhares de indivíduos desenvolve-se tranquilamente e sem obstáculos dentro dos limites fixados pelo direito. Se lhes disséssemos que o direito é a luta, não nos compreenderiam, pois só veem nele um estado de paz e de ordem.

(Rudolf von Ihering, A luta pelo direito)

19 **(Vunesp – Escrevente Técnico Judiciário – TJ-SP/2015)** É correto concluir que, do ponto de vista do autor,

a) toda luta é uma forma de injustiça.

b) a luta é indispensável para o direito.

c) o direito termina quando há paz.

d) as injustiças perdurarão enquanto os povos lutarem.

e) nada justifica a luta, nem mesmo a paz.

COMENTÁRIOS:

Alternativa correta: letra "b" – Na tese (primeiro parágrafo), afirma: *O fim do direito é a paz, **o meio de que se serve para consegui-lo é a luta**.* Se é o meio para conseguir a paz, a luta é indispensável. Mais exemplos: (o direito) *não poderá prescindir da luta.* ***A vida do direito é a luta**: luta dos povos, dos governos, das classes sociais, dos indivíduos.*

Alternativa "a" – Toda luta é uma forma de chegar à paz.

Alternativa "c" – O fim do direito é a paz, afirma o autor.

Alternativa "d" – As lutas servem para acabar com as injustiças.

Alternativa "e" – Há justificativa: alcançar a paz.

20 **(Vunesp – Escrevente Técnico Judiciário – TJ-SP/2015)** Deve-se concluir, com base nas ideias do autor, que a balança e a espada sustentadas pela justiça simbolizam, respectivamente,

a) mediação e brutalidade.
b) pacificação e insubordinação.
c) ponderação e proteção.
d) solenidade e coerção.
e) persuasão e perenidade.

COMENTÁRIOS:

Alternativa correta: letra "c" – No texto: *a justiça sustenta numa das mãos a balança com que **pesa o direito*** = ponderação; *na outra* (mão) *segura a espada por meio da qual o **defende*** = proteção.

Alternativa "a" – A balança não para mediar ou interceder e a espada não indica brutalidade.

Alternativa "b" – Não se refere a estabelecer a paz; não remete à rebelião e à desobediência.

Alternativa "d" – A balança não possui relação alguma com festividade; a espada não indica repressão, coibição.

Alternativa "e" – A balança não serve para convencer nem para instigar; a espada não se refere à continuidade.

21 **(Vunesp – Escrevente Técnico Judiciário – TJ-SP/2015)** Considere a tira.

(Orlandeli, Diário da Região, 10.01.2015)

Nessa tira, que tem Grump como personagem principal, um dos fatores responsáveis pelo efeito de humor está

a) na obediência de Grump às ordens do chefe.
b) na manifestação de curiosidade da interlocutora de Grump.
c) no duplo sentido da expressão "usar a cabeça".
d) nas palavras informais do diálogo entre Grump e a moça.
e) nas palavras grosseiras do chefe de Grump.

COMENTÁRIOS:

Alternativa correta: letra "c" – Ao citar que trabalha na estruturação de uma rede de comunicações, entende-se, a princípio, que usa a cabeça no sentido de raciocinar, pensar, refletir. No último quadro, há o real sentido de usar a cabeça: carregar materiais de construção sobre a cabeça.

Alternativa "a" – O fato de Grump obedecer não é a causa do humor.

Alternativa "b" – A interlocutora apenas quer saber em que área Grump trabalha.

Alternativa "d" – O uso da linguagem informal demonstra que se trata de um bate-papo.

Alternativa "e" – O uso de frase imperativa não causa humor.

Texto para responder às questões.

A morte do narrador

Recentemente recebi um e-mail de uma leitora perguntando a razão de eu ter, segundo ela, uma visão tão dura para com os idosos. O motivo da sua pergunta era eu ter dito, em uma de minhas colunas, que hoje em dia não existiam mais vovôs e vovós, porque estavam todos na academia querendo parecer com seus netos.

Claro, minha leitora me entendeu mal. Mas o fato de ela ter me entendido mal, o que acontece com frequência quando se discute o tema da velhice, é comum, principalmente porque o próprio termo "velhice" já pede sinônimos politicamente corretos, como "terceira idade", "melhor idade", "maturidade", entre outros.

Uma característica do politicamente correto é que, quando ele se manifesta num uso linguístico específico, é porque esse uso se refere a um conceito já considerado como algo ruim. A marca essencial do politicamente correto é a hipocrisia articulada como gesto falso, ideias bem comportadas.

Voltando à velhice. Minha leitora entendeu que eu dizia que idosos devem se afundar na doença, na solidão e no abandono, e não procurar ser felizes. Mas, quando eu dizia que eles estão fugindo da condição de avós, usava isso como metáfora da mentira (politicamente correta) quanto ao medo que temos de afundar na doença, antes de tudo psicológica, devido ao abandono e à solidão, típicos do mundo contemporâneo. Minha crítica era à nossa cultura, e não às vítimas dela. Ela cultua a juventude como padrão de vida e está intimamente associada ao medo do envelhecimento, da dor e da morte. Sua opção é pela "negação", traço de um dos sintomas neuróticos descritos por Freud.

Walter Benjamim, filósofo alemão do século XX, dizia que na modernidade o narrador da vida desapareceu. Isso quer dizer que as pessoas encarregadas, antigamente, de narrar a vida e propor sentido para ela perderam esse lugar. Hoje os mais velhos querem "aprender" com os mais jovens (aprender a amar, se relacionar, comprar, vestir, viajar, estar nas redes sociais). Esse fenômeno, além de cruel com o envelhecimento, é também desorganizador da própria juventude. Ouço cotidianamente, na sala de aula, os alunos demonstrarem seu desprezo por pais e mães que querem aprender a viver com eles.

Alguns elementos do mundo moderno não ajudam a combater essa desvalorização dos mais velhos. As ferramentas de informação, normalmente mais acessíveis aos jovens, aumentam a percepção negativa dos mais velhos diante do acúmulo de conhecimento posto a serviço dos consumidores, que questionam as "verdades constituídas do passado". A própria estrutura sobre a qual se funda a experiência moderna – ciência, técnica, superação de tradição – agrava a invisibilidade dos mais velhos. Em termos humanos, o passado (que "nada" serve ao mundo do progresso) tem um nome: idoso. Enfim, resta aos vovôs e vovós ir para a academia ou para as redes sociais.

(Luiz Felipe Pondé, Somma, agosto 2014, p. 31. Adaptado)

22 **(Vunesp – Delegado de Polícia – CE/2015)** Segundo o autor, sua leitora o interpretou mal ao supor que as críticas feitas em uma de suas colunas estavam direcionadas aos idosos, quando, na verdade, ele contestava

a) a noção de que o idoso pode estar sujeito ao surgimento de doenças.
b) o fato de a ciência moderna ainda se inspirar nos valores do passado.
c) o uso do termo "negação" para designar um dos sintomas neuróticos.
d) a sociedade que supervaloriza a juventude e nega o envelhecimento.
e) os valores do passado, os quais não se ajustam à ideia de progresso.

COMENTÁRIOS:

Alternativa correta: letra "d" – No quarto parágrafo: Minha crítica era à nossa cultura, e não às vítimas dela. Ela cultua a juventude como padrão de vida e está intimamente associada ao medo do envelhecimento, da dor e da morte. Sua opção é pela "negação", traço de um dos sintomas neuróticos descritos por Freud.

Erros:

Alternativa "a" – Não contesta, apenas se explica: eu dizia que eles estão fugindo da condição de avós, usava isso como metáfora da mentira (politicamente correta) quanto ao medo que temos de afundar na doença (...)

Alternativa "b" – Trata-se apenas da conclusão do texto: A própria estrutura sobre a qual se funda a experiência moderna – ciência, técnica, superação de tradição – agrava a invisibilidade dos mais velhos.

Alternativa "c" – A negação não é contestada. Cita que é "traço de um dos sintomas neuróticos descritos por Freud."

Alternativa "e" – A afirmação faz parte, também, da conclusão do texto: Em termos humanos, o passado (que "nada" serve ao mundo do progresso) tem um nome: idoso.

23 **(Vunesp – Delegado de Polícia – CE/2015)** Ao explicar por que os idosos "estão fugindo da condição de avós", o autor defende a tese de que o homem moderno tem

a) desejo de libertar-se por meio da morte.
b) medo de ser abandonado e ficar só.
c) pretensão de elevar-se pelo sofrimento.
d) nostalgia dos tempos da infância.
e) receio de perder os bens materiais.

COMENTÁRIOS:

Alternativa correta: letra "b" – A ideia é muito clara ao explicar a má interpretação da leitora: quando eu dizia que eles estão fugindo da condição de avós, usava isso como metáfora da mentira (politicamente correta) quanto ao medo que temos de afundar na doença, antes de tudo psicológica, devido ao abandono e à solidão, típicos do mundo contemporâneo. Minha crítica era à nossa cultura, e não às vítimas dela.

Alternativa "a" – Não querem morrer (têm medo de morrer) e nem cita libertação.

Alternativa "c" – Não querem sofrer.

Alternativa "d" – Não têm nostalgia.

Alternativa "e" – Não cita bens materiais no texto.

24 (Vunesp – Delegado de Polícia – CE/2015) De acordo com o texto, o que contribui para a desvalorização dos mais velhos na sociedade atual são
a) o culto à beleza e a falta de tratamento para doenças típicas da velhice.
b) o desprestígio da ciência e a dificuldade dos jovens em aprender com os adultos.
c) a estagnação do progresso e a popularização de termos politicamente corretos.
d) as ferramentas de informação e o questionamento do saber tradicional.
e) o consumismo exagerado e o número reduzido de idosos na sociedade.

COMENTÁRIOS:

Alternativa correta: letra "d" – Trechos que evidenciam a informação: "Alguns elementos do mundo moderno não ajudam a combater essa desvalorização dos mais velhos"; "As ferramentas de informação (...) aumentam a percepção negativa dos mais velhos"; "A própria estrutura sobre a qual se funda a experiência moderna – ciência, técnica, superação de tradição – agrava a invisibilidade dos mais velhos".

Alternativa "a" – O culto à beleza está associado à nossa cultura e não cita a falta de tratamento para doenças típicas da velhice.

Alternativa "b" – Desprestígio da ciência? Não mencionado no texto, apenas cita que "A própria estrutura sobre a qual se funda a experiência moderna – ciência, técnica, superação de tradição – agrava a invisibilidade dos mais velhos". Quanto ao aprendizado, houve, infelizmente, inversão: Hoje os mais velhos querem "aprender" com os mais jovens (aprender a amar, se relacionar, comprar, vestir, viajar, estar nas redes sociais).

Alternativa "c" – Quanto ao progresso, menciona que "Em termos humanos, o passado (que "nada" serve ao mundo do progresso) tem um nome: idoso.", ou seja, não há estagnação. Também não existe fundamento a segunda informação da alternativa.

Alternativa "e" – Nada de consumismo (no texto, cita o acúmulo de conhecimento) e muito menos número reduzido de idosos.

25 **(Vunesp – Delegado de Polícia – CE/2015)** A partir da leitura do quinto parágrafo, conclui-se corretamente que

a) o envelhecimento das gerações está cada vez mais precoce, o que se percebe ao se observarem os alunos em sala de aula.

b) a nova geração tem se vangloriado do fato de os mais velhos demonstrarem interesse em aprender com ela.

c) o fato de os mais velhos buscarem se parecer com os mais jovens acarreta um maior afastamento entre as gerações.

d) os jovens estão se transformando em indivíduos fúteis e alienados em virtude da falta de diálogo com os mais velhos.

e) a interação entre diferentes faixas etárias tem se mostrado profícua para a valorização do saber dos idosos.

COMENTÁRIOS:

Alternativa correta: letra "c" – No texto: Hoje os mais velhos querem "aprender" com os mais jovens (aprender a amar, se relacionar, comprar, vestir, viajar, estar nas redes sociais). Esse fenômeno, além de cruel com o envelhecimento, é também desorganizador da própria juventude. Ouço cotidianamente, na sala de aula, os alunos demonstrarem seu desprezo por pais e mães que querem aprender a viver com eles.

Alternativa "a" – Não se refere ao envelhecimento das gerações e ao observar alunos na sala de aula, esclarece: Ouço cotidianamente, na sala de aula, os alunos demonstrarem seu desprezo por pais e mães que querem aprender a viver com eles.

Alternativa "b" – Não se vangloriam: a nova geração despreza os mais velhos.

Alternativa "d" – Você, leitor(a), pode chegar a essa conclusão, mas no texto não menciona. Cuidado, já que interpretar é objetivo.

Alternativa "e" – Não há proveito e será que existe interação? Não há: os mais velhos querem "aprender" com os mais jovens, mas são desprezados.

26 **(Vunesp – Delegado de Polícia – CE/2015)** Conforme o autor, hoje em dia "resta aos vovôs e vovós ir para a academia ou para as redes sociais", porque

a) resolveram contribuir mais ativamente para a sociedade.

b) tendem a ignorar as regras da sociedade de consumo.

c) estão isentos dos sintomas neuróticos da sociedade atual.

d) optaram por negligenciar a convivência em família.

e) perderam seu papel de narrar e de interpretar a vida.

COMENTÁRIOS:

Alternativa correta: letra "e" – No texto: Walter Benjamim, filósofo alemão do século XX, dizia que na modernidade o narrador da vida desapareceu. Isso quer dizer que as pessoas encarregadas, antigamente, de narrar a vida e propor sentido para ela perderam esse lugar. Mais (no final do texto): Enfim, resta aos vovôs e vovós ir para a academia ou para as redes sociais.

Alternativa "a" – O que tem a ver com contribuir para a sociedade? Nada!

Alternativa "b" – Não cita as regras de consumo.

Alternativa "c" – Antes estivessem isentos; não estão.

Alternativa "d" – Tanto têm cuidado que tentam se adaptar ao mundo virtual.

27 (Vunesp – Delegado de Polícia – CE/2015) Considere o trecho do último parágrafo:

Em termos humanos, o passado (que "nada" serve ao mundo do progresso) tem um nome: idoso.

Apresentando entre aspas a palavra "nada", o autor

a) destaca a opinião de que o idoso já não tem utilidade, para negá-la.
b) mostra sua adesão a uma tese progressista, que não acolhe o idoso.
c) refuta a ideia de que o idoso ainda pode conviver com o progresso.
d) reafirma a opinião de que o idoso não traz novas contribuições.
e) põe em dúvida a ideia de que idosos possam se adaptar à modernidade.

COMENTÁRIOS:

Alternativa correta: letra "a" – No quarto parágrafo o autor afirma utilizar "metáfora da mentira". Há crítica ao mencionar que na sociedade moderna o idoso é sinônimo de passado. Óbvio que o passado serve ao mundo do progresso, ou seja, as aspas foram usadas para indicar ironia (negar a afirmação).

Alternativa "b" – Tese progressista? Não acolhe o idoso? Quantos absurdos!

Alternativa "c" – Não refuta a ideia.

Alternativa "d" – O texto deixa claro o contrário disso.

Alternativa "e" – Não há dúvida, o autor afirma que os idosos têm se adaptado à modernidade.

Texto para responder às questões.

As cotas raciais deram certo porque seus beneficiados são, sim, competentes. Merecem, sim, frequentar uma universidade pública e de qualidade. No vestibular, que é o princípio de tudo, os cotistas estão só um pouco atrás. Segundo dados do Sistema de Seleção Unificada, a nota de corte para os candidatos convencionais a vagas de medicina nas federais foi de 787,56 pontos. Para os cotistas, foi de 761,67 pontos. A diferença entre eles, portanto, ficou próxima de 3%. IstoÉ entrevistou educadores e todos disseram que essa distância é mais do que razoável. Na verdade, é quase nada. Se em uma disciplina tão concorrida quanto medicina um coeficiente de apenas 3% separa os privilegiados, que estudaram em colégios privados, dos negros e pobres, que frequentaram escolas públicas, então é justo supor que a diferença mínima pode, perfeitamente, ser igualada ou superada no decorrer dos cursos. Depende só da disposição do aluno. Na Universidade Federal do Rio de Janeiro (UFRJ), uma das mais conceituadas do País, os resultados do último vestibular surpreenderam. "A maior diferença entre as notas de ingresso de cotistas e não cotistas foi observada no curso de economia", diz Ângela Rocha, pró-reitora da UFRJ. "Mesmo assim, essa distância foi de 11%, o que, estatisticamente, não é significativo".

(www.istoe.com.br)

28 **(Vunesp – Escrevente Técnico Judiciário – TJ-SP/2014)** As informações iniciais do texto permitem inferir que pessoas contrárias ao sistema de cotas nas universidades públicas acreditam que

a) os cursos menos concorridos podem ser extintos por falta de candidatos.
b) os alunos beneficiados têm pouca qualificação para frequentar os cursos.
c) os resultados dos cotistas podem ser superiores aos dos demais estudantes.
d) os cursos, em geral, são beneficiados com alunos de perfis diferenciados.
e) o desempenho dos alunos beneficiados é similar ao de outros estudantes.

COMENTÁRIOS:

Nota da autora: Antes é preciso relembrar o que é *inferência* - processo intelectual segundo o qual é possível chegar a uma conclusão a partir de premissas.

Alternativa correta: letra "b" – No comando da questão, pede a inferência em relação às pessoas contrárias ao sistema de cotas. Trecho: *As cotas raciais deram certo porque seus beneficiados são, sim, competentes. Merecem, sim, frequentar uma universidade pública e de qualidade.* Opinião contrária: seus beneficiados não são competentes - os alunos beneficiados têm pouca qualificação - e não merecem frequentar uma universidade pública e de qualidade.

Alternativa "a" – Não se refere à extinção de cursos.

Alternativa "c" – Apenas cita que *é justo supor que a diferença mínima pode, perfeitamente, ser igualada ou superada no decorrer dos cursos.*

Alternativa "d" – A porcentagem das cotas é pouca, sendo assim, não se pode afirmar que os perfis sejam diferenciados nos cursos em geral.

Alternativa "e" – A afirmação refere-se a quem é a favor ao sistema de cotas e não contrário.

29 **(Vunesp – Escrevente Técnico Judiciário – TJ-SP/2014)** De acordo com o autor, o desempenho dos estudantes cotistas

a) ratifica a ideia de que as cotas lograram êxito no sistema educacional brasileiro.
b) reforça a ideia de que os cursos mais concorridos são difíceis de acompanhar.
c) sugere que a avaliação atual é menos democrática e mais difícil que no passado.
d) revela a necessidade de que seja feita uma ampla revisão no sistema de cotas.
e) sinaliza diferenças expressivas nas universidades públicas brasileiras.

COMENTÁRIOS:

Alternativa correta: letra "a" – Está claro no texto que **as cotas raciais deram certo**. Ratifica: *A diferença entre eles, portanto, ficou próxima de 3%. IstoÉ entrevistou educadores e todos disseram que essa distância é mais do que razoável. Na verdade, é quase nada. Se em uma disciplina tão concorrida quanto medicina um coeficiente de apenas 3% separa os privilegiados, que estudaram em colégios privados, dos negros e pobres, que frequentaram escolas públicas, então é justo supor que a diferença mínima pode, perfeitamente, ser igualada ou superada no decorrer dos cursos. Depende só da disposição do aluno.*

Alternativa "b" – Afirma que depende do aluno: *a diferença mínima pode, perfeitamente, ser igualada ou superada no decorrer dos cursos. Depende só da disposição do aluno.*

Alternativa "c" – Pelo contrário: é mais democrática e mais fácil, já que deu certo o sistema de cotas.

Alternativa "d" – Não cita revisão; menciona, como já visto, que depende do aluno.

Alternativa "e" – As diferenças são poucas, *ou quase nada*, conforme citado no texto.

Texto para responder às questões.

Um pé de milho

Aconteceu que no meu quintal, em um monte de terra trazido pelo jardineiro, nasceu alguma coisa que podia ser um pé de capim - mas descobri que era um pé de milho. Transplantei-o para o exíguo canteiro na frente da casa. Secaram as pequenas folhas, pensei que fosse morrer. Mas ele reagiu. Quando estava do tamanho de um palmo, veio um amigo e declarou desdenhosamente que na verdade aquilo era capim. Quando estava com dois palmos veio outro amigo e afirmou que era cana.

Sou um ignorante, um pobre homem da cidade. Mas eu tinha razão. Ele cresceu, está com dois metros, lança as suas folhas além do muro - e é um esplêndido pé de milho. Já viu o leitor um pé de milho? Eu nunca tinha visto. Tinha visto centenas de milharais - mas é diferente. Um pé de milho sozinho, em um canteiro, espremido, junto do portão, numa esquina de rua - não é um número numa lavoura, é um ser vivo e independente. Suas raízes roxas se agarram ao chão e suas folhas longas e verdes nunca estão imóveis.

Anteontem aconteceu o que era inevitável, mas que nos encantou como se fosse inesperado: meu pé de milho pendoou. Há muitas flores belas no mundo, e a flor do meu pé de milho não será a mais linda. Mas aquele pendão firme, vertical, beijado pelo vento do mar, veio enriquecer nosso canteirinho vulgar com uma força e uma alegria que fazem bem. É alguma coisa de vivo que se afirma com ímpeto e certeza. Meu pé de milho é um belo gesto da terra. E eu não sou mais um medíocre homem que vive atrás de uma chata máquina de escrever: sou um rico lavrador da Rua Júlio de Castilhos.

(Rubem Braga. 200 crônicas escolhidas, 2001. Adaptado)

30 **(Vunesp – Escrevente Técnico Judiciário – TJ-SP/2014)** Para o narrador, o surgimento de um pé de milho em seu quintal

a) obrigou-o a acabar com o jardim.

b) era interessante, mas não dava orgulho.

c) criou desavenças entre ele e seus amigos.

d) interessou mais ao jardineiro que a ele.

e) representou algo inusitado que o cativou.

COMENTÁRIOS:

Alternativa correta: letra "e" – No final do texto: *Meu pé de milho **é um belo gesto da terra**. E eu não sou mais um medíocre homem que vive atrás de uma chata máquina de escrever: **sou um rico lavrador da Rua Júlio de Castilhos**.*

Alternativa "a" - O jardim foi mantido por ele.

Alternativa "b" - Dava orgulho!

Alternativa "c" - Houve divergências, não houve desavenças. Cuidado com os significados das palavras.

Alternativa "d" - Não menciona interesse do jardineiro.

31 **(Vunesp – Escrevente Técnico Judiciário – TJ-SP/2014)** Pela descrição feita no texto, é correto afirmar que o pé de milho

a) manteve-se no jardim do narrador, que o desprezava, sendo incapaz de se render ao seu esplendor e à beleza dos seus pendões.

b) ganhou uma condição diferenciada dos pés de milho de uma lavoura, tanto que transformou significativamente a vida do narrador.

c) constitui uma parte expropriada de uma lavoura, razão pela qual o narrador, ainda que o estime, sente-se mal por não poder devolvê-lo.

d) passou a ter um lugar menos atrativo para crescer e, destituído de uma lavoura, tornou-se um número isolado em um jardim sem beleza.

e) continua a ser um simples número da lavoura, sem crédito na sua localização, tanto que fora confundido com pé de capim e pé de cana.

COMENTÁRIOS:

Alternativa correta: letra "b" – A transformação está explícita neste trecho: E eu não sou mais um medíocre homem que vive atrás de uma chata máquina de escrever: sou um rico lavrador da Rua Júlio de Castilhos.

Alternativa "a" – O narrador não o desprezava e se rendia a seus encantos.

Alternativa "c" – Não se sente mal, pelo contrário.

Alternativa "d" – Foi transplantado para um canteiro na frente da casa, ou seja, um lugar mais atrativo.

Alternativa "e" – Como visto na alternativa anterior, há crédito na localização.

Charge para responder à questão.

(Folha de S.Paulo, 08.10.2014)

32 **(Vunesp – Escrevente Técnico Judiciário – TJ-SP/2014)** Considerando as falas da personagem no primeiro e no terceiro quadrinhos, conclui-se que para ela

a) a felicidade é o caminho para a verdade.

b) a verdade é a forma real de se chegar à felicidade.

c) a verdade é o caminho mais fácil para a felicidade.

d) a busca pela verdade necessita de proteção.

e) a impossibilidade de ser feliz impede a alienação.

COMENTÁRIOS:

➲ **Nota da autora:** Antes, perceba que há distinção entre sonho (alienação) e realidade (verdade).

Alternativa correta: letra "d" – A dica é o uso do vocábulo **capacete** que significa chapéu de forma arredondada, de metal, couro, cortiça ou outro material resistente. **Sua finalidade básica é proteger** a cabeça. Claro que indica a necessidade de proteção.

Alternativa "a" – A fala é de outra personagem e não indica que a verdade esteja relacionada com a felicidade. A alienação é que está, conforme mencionado na resposta.

Alternativa "b" – O desvario e a alucinação (sonhos) é uma ponte para a felicidade, não a verdade (realidade).

Alternativa "c" – É o caminho mais difícil e por isso é necessário que haja proteção.

Alternativa "e" – A alienação leva à felicidade, isto é, há ligação e não impedimento.

Texto para responder à questão.

Em meio a insatisfações com a situação econômica, o principal alvo do movimento de milhares de manifestantes na China é a garantia de plenas liberdades, em observação aos princípios que presidiram a passagem de Hong Kong para a esfera desse país, em 1997.

O acordo de transição criou a fórmula "um país, dois sistemas". A submissão da economia ao Estado e a centralização da ditadura chinesa não seriam implantadas na região administrativa especial da ex-colônia por 50 anos, período em que se manteriam o arcabouço democrático e a livre-iniciativa.

O compromisso foi quebrado por recente decisão que afeta as eleições marcadas para 2017: o governo central arrogou-se o direito de aprovar previamente os candidatos que poderão participar do pleito.

A medida foi vista como um indício de que a China estaria disposta a intervir e ampliar seu controle sobre Hong Kong, uma importante praça financeira internacional.

(Folha de S.Paulo, 01.10.2014. Adaptado)

33 **(Vunesp – Escrevente Técnico Judiciário – TJ-SP/2014)** De acordo com o texto, quando Hong Kong passou para a esfera da China, compactuou-se que, durante 50 anos,

a) a centralização da ditadura seria incorporada à administração da cidade.
b) a livre-iniciativa seria substituída por outro sistema econômico.
c) a fórmula "um país, dois sistemas" deixaria de existir na cidade e no país.
d) a democracia e a livre-iniciativa seriam prerrogativas garantidas à cidade.
e) a estrutura democrática da cidade seria disseminada a toda a nação.

COMENTÁRIOS:

Alternativa correta: letra "d" – Afirmação mencionada no segundo parágrafo: *A submissão da economia ao Estado e a centralização da ditadura chinesa não seriam implantadas na região administrativa especial da ex-colônia por 50 anos, período em que se manteriam **o arcabouço democrático** e **a livre-iniciativa**.*

Alternativa "a" – Como visto acima, não seriam implantadas a submissão da economia ao Estado e a centralização da ditadura.

Alternativa "b" – Não, pois afirma-se que durante 50 anos se manteriam o arcabouço democrático e a livre-iniciativa.

Alternativa "c" - Não deixaria de existir, no texto diz *que o compromisso foi quebrado por recente decisão que afeta as eleições marcadas para 2017.*

Alternativa "e" – Ideia não mencionada no texto.

Texto para as questões.

Que a Terra é a nossa casa cósmica, todo mundo sabe, mas poucos prestam atenção a isso. Nas tribulações do dia a dia, enquanto não há uma crise maior, é fácil esquecer a nossa dependência completa e absoluta do nosso planeta. Afinal, está sempre aqui, o chão sob nossos pés, a luz do Sol filtrada pela atmosfera, o azul do céu, o clima agradável e perfeito, para que possamos sobreviver.

Mas por trás disso tudo existe um planeta extremamente complexo que, sem ele, sem sua estabilidade orbital e climática, não estaríamos aqui. Eis algumas das razões para protegermos a Terra, um planeta sem igual, ao menos dentro de um raio de centenas de anos-luz daqui.

I.Nossa atmosfera, rica em oxigênio, permite que seres com um metabolismo mais complexo sobrevivam. É incrível que esse oxigênio todo tenha vindo de bactérias, os únicos habitantes que existiam aqui no planeta durante quase 3 bilhões de anos. Foram elas que "descobriram" a fotossíntese, transformando a composição da atmosfera terrestre. Agradeçam às cianobactérias pelo ar de cada dia.

II. Nossa atmosfera, rica em ozônio, filtra a radiação ultravioleta que vem do Sol, que é extremamente nociva à vida. Interessante que esse ozônio é produto da vida e, ao mesmo tempo, permite que ela persista aqui na superfície.

III. A água que temos aqui é uma preciosidade; sem ela, não haveria vida. Não sabemos de onde veio essa água toda, se bem que parte dela é oriunda de cometas que se chocaram com a Terra ainda em sua infância. Esse é o século em que a água se tornará um fator predominante de conflito global. Basta olhar para o planeta e ver a distribuição de água. O que o petróleo fez com a geopolítica do século 20, a água fará com a dos séculos 21 e 22.

IV. Nossa lua também é essencial. Por ser única e bastante maciça, ela regula e estabiliza o eixo de rotação da Terra, mantendo sua inclinação de 23,5° com a vertical. Pense na Terra como um pião inclinado, girando em torno de si mesmo. Sem a lua, esse eixo de rotação mudaria de ângulo aleatoriamente, e o clima não poderia ser estável. E, sem um clima estável, a vida complexa acaba se tornando inviável.

A lista continua, mas já dá para entender por que precisamos proteger esse planeta. Somos produtos dele, das suas condições. Se elas mudam, nossa sobrevivência fica ameaçada.

(Marcelo Gleiser. Folha de S.Paulo, 14.09.2014/Adaptado)

34 (Vunesp - Procurador Município – Prefeitura São José do Rio Preto - SP/2014)
Lendo-se os dois primeiros parágrafos, é correto concluir que

a) as pessoas usufruem das benesses oferecidas pelo planeta, mas, presas às tarefas cotidianas, esquecem-se das condições estáveis e complexas que o caracterizam.

b) a complexidade do planeta contribui para que seus habitantes interajam com ele e adotem inúmeras estratégias para mantê-lo em completo equilíbrio.

c) a luz do Sol filtrada pela atmosfera, o azul do céu, o clima agradável e perfeito são preservados na Terra, graças ao empenho de seus habitantes.

d) a Terra é um planeta inigualável e assim vem se mantendo, mas, em centenas de anos-luz, pode perder a estabilidade orbital e climática.

e) quanto mais as pessoas se empenharem em preservar o planeta, maior a possibilidade de que se torne mais complexo e agradável aos habitantes.

COMENTÁRIOS:

Alternativa correta: letra "a" – Trechos que evidencia a afirmação: *Que a Terra é a nossa casa cósmica, todo mundo sabe, mas poucos prestam atenção a isso. Nas tribulações do dia a dia, enquanto não há uma crise maior, é fácil esquecer a nossa dependência completa e absoluta do nosso planeta.* (...) *sem ele* (um planeta extremamente complexo), *sem sua estabilidade orbital e climática, não estaríamos aqui.*

Alternativa "b" – Não se pode afirmar contribuição nem interação, muito menos adoção de inúmeras estratégias.

Alternativa "c" – Nós não estaríamos aqui se não existisse em planeta complexo com sua estabilidade orbital e climática. Razões pelas quais devemos protegê-lo. Isso não significa que seja graças ao empenho de seus habitantes.

Alternativa "d" – Em primeiro lugar, tal informação está no penúltimo parágrafo; em segundo, a lua regula e estabiliza o eixo de rotação da Terra, mantendo sua inclinação de 23,5° com a vertical. Sem ela, esse eixo de rotação mudaria de ângulo aleatoriamente, e o clima não poderia ser estável. E, sem um clima estável, a vida complexa acaba se tornando inviável. Não se pode afirmar que em centenas de anos-luz, pode perder a estabilidade.

Alternativa "e" – Ideia mencionada no último parágrafo (não nos dois primeiros). Não precisamos agir par que se torne mais complexo, mas sim porque precisamos proteger esse planeta para não ficar ameaçada nossa sobrevivência. Esse é o tema do texto.

35 (Vunesp - Procurador Município – Prefeitura São José do Rio Preto - SP/2014)
Interpretando-se o contido no item II, conclui-se que

a) a camada de ozônio inviabiliza as condições de vida no planeta.
b) a radiação ultravioleta do Sol filtra todo o ozônio produzido na atmosfera.
c) os raios de cor ultravioleta garantem a sobrevida de todos os tipos de seres.
d) a continuidade da vida na superfície do planeta se deve à camada de ozônio.
e) o Sol emite raios que alteram a vida dos seres na atmosfera terrestre.

COMENTÁRIOS:

Alternativa correta: letra "d"

➲ **Nota da autora:** Perceba o quanto é importante fazer todas as questões de interpretação antes de passar as respostas para o gabarito: um questionamento leva à ideia de outra questão.

Trecho que confirma a ideia mencionada na alternativa "d": o *ozônio* (existente na atmosfera) *é produto da vida e, ao mesmo tempo, permite que ela persista aqui na superfície.*

Alternativa "a" – O ozônio não inviabiliza as condições de vida no planeta; cita que a radiação ultravioleta que vem do Sol, que é extremamente nociva à vida.

Alternativa "b" – A radiação ultravioleta é filtrada pela atmosfera. Ideia contrária. Além de usar a palavra exagerada "todo" ozônio.

Alternativa "c" – Nada indica que os raios ultravioleta garantam sobrevida, pelo contrário: a radiação deles é extremamente nociva à vida.

Alternativa "e" – Os raios do sol não alteram a vida dos seres, alternativa facilmente eliminada.

36 (Vunesp - Procurador Município – Prefeitura São José do Rio Preto - SP/2014)
Assinale a alternativa com a afirmação correta sobre o texto.

a) A questão da água, nos séculos 21 e 22, resolver-se-á com possível choque de cometas.

b) O eixo de rotação da Terra altera-se porque ela se inclina verticalmente como um pião.

c) A distribuição desigual da água e as oscilações da lua poderão desestabilizar a rotação do planeta.

d) O clima se estabiliza quando se controla o consumo da água impedindo que ocorram conflitos globais.

e) As circunstâncias favoráveis à vida no planeta devem-se à existência da água e à densidade da lua.

COMENTÁRIOS:

Alternativa correta: letra "e" – Exato: A **água** que temos aqui é uma preciosidade; sem ela, não haveria vida. Sem a **lua**, esse eixo de rotação mudaria de ângulo aleatoriamente, e o clima não poderia ser estável. E, sem um clima estável, a vida complexa acaba se tornando inviável.

Alternativa "a" – Não se resolverá, cita que parte da água é oriunda de cometas que se chocaram com a Terra ainda em sua infância.

Alternativa "b" – Ela não se inclina como um pião, nem poderia, você não acha? No texto: a lua regula e estabiliza o eixo de rotação da Terra, mantendo sua inclinação de 23,5° com a vertical e sem ela esse eixo de rotação mudaria de ângulo aleatoriamente.

Alternativa "c" – Sem a lua, esse eixo de rotação mudaria de ângulo aleatoriamente. Quanto à água, ela é essencial à vida, mas não há relação com a desestabilização rotação do planeta.

Alternativa "d" – A estabilização do clima se deve à lua e não ao controle de água.

Charge para a questão.

(www.sandromeira12.wordpress.com)

37 **(Vunesp - Procurador Município – Prefeitura São José do Rio Preto - SP/2014)**

Sobre a charge, é correto afirmar:

a) a maior parte da Terra é coberta de águas, o que significa que, se os mares e os rios forem preservados, não haverá problemas com a falta de água.

b) os personagens da charge têm aparência de cientistas, razão pela qual fazem experimentos e tentam descobrir as propriedades da água.

c) as letras H_2O desenhadas na superfície do globo terrestre e a torneira de onde saem pingos de água indicam que a água no planeta é elemento inexaurível.

d) a porção de água nas taças e os comentários das personagens sinalizam cenário nada promissor do volume de água no planeta.

e) os personagens da charge examinam pequenas porções de água, mas não conseguem distinguir a água doce da água salgada.

COMENTÁRIOS:

Alternativa correta: letra "d" – A dica está no que foi escrito na figura (H_2O) e na fala do segundo personagem (salgado!?!). Lendo os comentários abaixo fica clara a resposta.

Alternativa "a" – Refere-se à água do mar apenas, que é salgada.

Alternativa "b" – Não podemos inferir que tenham aparência de cientistas, muito menos que fazem experimentos e tentam descobrir as propriedades da água.

Alternativa "c" – Se fosse inexaurível (inesgotável), não haveria motivo de ter a torneira.

Alternativa "e" – Eliminando a alternativa "a", consequentemente eliminamos esta alternativa: não há referência quanto à água doce.

Charge para a próxima questão.

38 (VUNESP– Investigador de Polícia – SP/2013) Segundo a esposa de Hagar, na juventude ele era

a) introspectivo.
b) calmo.
c) sensível.
d) entusiasmado.
e) carinhoso.

COMENTÁRIOS:

Alternativa correta: letra "d" – Impetuoso: Que se move com ímpeto; FORTE; INTENSO; POTENTE = entusiasmado.

Alternativa "a" – Nada indica isso.

Alternativa "b" – Que é ou está sereno, tranquilo, controlado, pouco tenso ou pouco agitado.

Alternativa "c" – Que se sensibiliza, se emociona ou se impressiona com facilidade; EMOTIVO.

Alternativa "e" – Nada diz sobre carinho.

Texto para as próximas questões.

Vovó cortesã

RIO DE JANEIRO – Parece uma queda travada pelos dois braços de uma só pessoa. De um lado da mesa, a Constituição, que garante a liberdade de expressão, de imprensa e de acesso à informação. Do outro, o Código Civil, que garante ao cidadão o direito à privacidade e o protege de agressões à sua honra e intimidade. Dito assim, parece perfeito – mas os copos e garrafas afastados para os lados, abrindo espaço para a luta, não param em cima da mesa.

A Constituição provê que os historiadores e biógrafos se voltem para a história do país e reconstituam seu passado ou presente em narrativas urdidas ao redor de protagonistas e coadjuvantes. Já o Código Civil, em seu artigo 20, faz com que não apenas o protagonista tenha amparo na lei para se insurgir contra um livro e exigir sua retirada do mercado, como estende essa possibilidade a coadjuvantes de quarta grandeza ou a seus herdeiros.

Significa que um livro sobre D. Pedro 1.° pode ser embargado por algum contraparente da família real que discorde de um possível tratamento menos nobre do imperador. Ou que uma tetra-tetra-tetraneta de qualquer amante secundária de D. Pedro não goste de ver sua remota avó sendo chamada de cortesã – mesmo que, na época, isso fosse de domínio público-, e parta para tentar proibir o livro.

Quando se comenta com estrangeiros sobre essa permanente ameaça às biografias no Brasil, a reação é: "Sério? Que ridículo!". E somos obrigados a ouvir. Nos EUA e na Europa, se alguém se sente ofendido por uma biografia, processa o autor se quiser, mas o livro segue em frente, à espera de outro que o desminta. A liberdade de expressão é soberana.

É a que se propõe a Associação Nacional dos Editores de Livros: arguir no Supremo Tribunal Federal a inconstitucionalidade do artigo 20 do Código Civil.

(Folha de S.Paulo, 17.08.2012. Adaptado)

39 **(VUNESP– Investigador de Polícia – SP/2013)** As informações textuais mostram que, em determinados contextos, os preceitos da Constituição e os do Código Civil

a) são deixados de lado, quando há o interesse em preservar personalidades políticas.
b) resguardam as biografias de contestações judiciais para preservar o direito de imprensa.
c) preservam o direito à liberdade de expressão para os historiadores e os biógrafos.
d) impedem que personalidades sejam destratadas publicamente por seus atos pretéritos.
e) entram em choque, opondo diferentes posicionamentos, como no caso das biografias.

COMENTÁRIOS:

Alternativa correta: letra "e" – Enquanto a constituição garante a liberdade de expressão, de imprensa e acesso à informação, o código civil prevê o direito à privacidade e protege o cidadão de agressões à sua honra e intimidade.

Alternativa "a" – Não há essa informação no texto.

Alternativa "b" – A opção não responde a questão. Duas informações sendo a primeira referente ao Código Civil e a segunda à Constituição.

Alternativa "c" – Informação referente à Constituição.

Alternativa "d" – Informação referente ao Código Civil.

40 **(VUNESP– Investigador de Polícia – SP/2013)** O título, em harmonia e coerência com as informações textuais, reporta à

a) liberdade de expressão nos EUA e na Europa.
b) falta de publicização da vida das figuras públicas no Brasil.
c) divulgação de fatos conhecidos, mas constrangedores.
d) arcaica liberdade de expressão prevista na Constituição.
e) soberania da liberdade de expressão no mundo.

COMENTÁRIOS:

Alternativa correta: letra "c" – Significa que um livro sobre D. Pedro 1.° pode ser embargado por algum contraparente da família real que discorde de um possível tratamento menos nobre do imperador. Ou que uma tetra-tetra-tetraneta de qualquer amante secundária de D. Pedro não goste de ver sua remota avó sendo chamada de cortesã – mesmo que, na época, isso fosse de domínio público-, e parta para tentar proibir o livro.

Alternativa "a" – A frase é uma informação sobre a liberdade de expressão nos E.U.A. e na Europa.

Alternativa "b" – Não reporta à falta de publicização, mas à polêmica gerada entre a liberdade de publicar (constituição) e não permitir publicar (código civil).

Alternativa "d" – Opção errônea; pelo que se pode concluir das informações do texto, arcaico seria o que prevê o Código Civil com relação à liberdade de expressão.

Alternativa "e" – Sugestão não coerente com as informações contidas no texto.

41 **(VUNESP– Investigador de Polícia – SP/2013)** A frase dos estrangeiros – "Sério? Que ridículo!" – indica que eles

a) discordam da proposta da Associação Nacional dos Editores de Livros.
b) discordam do artigo 20 do Código Civil.
c) concordam com a garantia ao cidadão do direito à privacidade.
d) discordam das garantias constitucionais brasileiras.
e) concordam com os embargos às publicações.

COMENTÁRIOS:

Alternativa correta: letra "b" – Já o Código Civil, em seu artigo 20, faz com que não apenas o protagonista tenha amparo na lei para se insurgir contra um livro e exigir sua retirada do mercado, como estende essa possibilidade a coadjuvantes de quarta grandeza ou a seus herdeiros.

Alternativa "a" – O texto não faz esta afirmação.

Alternativa "c" – Não é esta afirmativa que produz o espanto dos estrangeiros.

Alternativa "d" – Afirmativa inverídica.

Alternativa "e" – Afirmativa inverídica.

Texto para as próximas questões.

Madrugada

Duas horas da manhã. Às sete, devia estar no aeroporto. Foi quando me lembrei de que, na pressa daquela manhã, ao sair do hotel, deixara no banheiro o meu creme dental. Examinei a rua. Nenhuma farmácia aberta. Dei meia volta, rumei por uma avenida qualquer, o passo mole e sem pressa, no silêncio da noite. Alguma farmácia haveria de plantão... Rua deserta. Dois ou três quarteirões mais além, um guarda. Ele me daria indicação. Deu. Farmácia Metrópole, em rua cujo nome não guardei.

– O senhor vai por aqui, quebra ali, segue em frente.

Dez ou doze quarteirões. A noite era minha. Lá fui. Pouco além, dois tipos cambaleavam. Palavras vazias no espaço cansado. Atravessei, cauteloso, para a calçada fronteira. E já me esquecera dos companheiros eventuais da noite sem importância, quando estremeci, ao perceber, pelas pisadinhas leves, um cachorro atrás de mim. Tenho velho horror a cães desconhecidos. Quase igual ao horror pelos cães conhecidos, ou de conhecidos, cuja lambida fria, na intimidade que lhes tenho sido obrigado a conceder, tantas vezes, me provoca uma incontrolável repugnância.

Senti um frio no estômago. Confesso que me bambeou a perna. Que desejava de mim aquele cão ainda não visto, evidentemente à minha procura? Os meus bêbados haviam dobrado uma esquina. Estávamos na rua apenas eu e aqueles passos cada vez mais próximos. Minha primeira reação foi apressar a marcha. Mas desde criança me ensinaram que correr é pior. Cachorro é como gente: cresce para quem se revela o mais fraco. Dominei-me, portanto, só eu sei com que medo. O bicho estava perto. Ia atacar-me a barriga da perna? Passou-me pela cabeça o grave da situação. Que seria de mim, atacado por um cão feroz numa via deserta, em plena madrugada, na cidade estranha? Como me arranjaria? Como reagiria? Como lutar contra o monstro, sem pedra nem pau, duas coisas tão úteis banidas pela vida urbana?

Nunca me senti tão pequeno. Eu estava só, na rua e no mundo. Ou melhor, a rua e o mundo estavam cheios, cheios daqueles passos cada vez mais vizinhos. Sim, vinham chegando. Não fui atacado, porém. O animal já estava ao meu lado, teque-teque, os passinhos sutis. Bem... Era um desconhecido inofensivo. Nada queria comigo. Era um cão notívago, alma boêmia como tantos homens, cão sem teto que despertara numa soleira de porta e sentira fome. Com certeza, saindo em busca de latas de lixo e comida ao relento.

Um doce alívio me tomou. Logo ele estaria dois, três, dez, muitos passinhos miúdos e leves cada vez mais à frente, cada vez mais longe... Não se prolongou, porém, a repousante sensação. O animal continuava a meu lado, acertando o passo com o meu – teque-teque, nós dois sozinhos, cada vez mais sós... Apressei a marcha.

Lá foi ele comigo. Diminuí. O bichinho também. Não o olhara ainda. Sabia que ele estava a meu lado. Os passos o diziam. O vulto. Pelo canto do olho senti que ele não me olhava também, o focinho para a frente, o caminhar tranquilo, muito suave, na calçada larga.

(Orígenes Lessa. Balbino, Homem do Mar. Fragmento adaptado)

42 **(VUNESP– Investigador de Polícia – SP/2013)** O texto é uma narrativa em primeira pessoa na qual o narrador-personagem relata uma situação de

a) comicidade, ao encontrar um cachorro realmente perigoso, mas que por sorte não o atacou.
b) saudosismo, ao pensar nos cachorros assemelhados aos seres humanos.
c) delírio, ao relembrar os perigos vividos ao ser atacado por cachorros conhecidos e desconhecidos.
d) temor, ao sair de madrugada pelas ruas e ser acompanhado de um cachorro.
e) pavor, ao deparar-se com um cachorro violento que o persegue na madrugada.

COMENTÁRIOS:

Alternativa correta: letra "d" – O autor ficou apreensivo com a chegada do cão e ficou assustado ao ser acompanhado/seguido por ele.

Alternativa "a" – Não houve situação cômica no texto.

Alternativa "b" – Não há saudade. O autor apenas volta ao seu passado para explicar o motivo do medo de cães.

Alternativa "c" – O autor está lúcido.

Alternativa "e" – Exagero: pavor. Apesar do medo, não ficou apavorado, até porque o cao não apresentou risco algum.

43 **(VUNESP– Investigador de Polícia – SP/2013)** O sentimento do narrador, ao pressentir a companhia do cachorro, decorre de

a) sua ojeriza em relação a esse tipo de animal.
b) seu estado de leve embriaguez e cansaço.
c) seu mau humor por causa do creme dental que acabara.
d) sua sensação de insegurança com a presença dos bêbados.
e) sua saudade dos tempos de infância e de juventude.

COMENTÁRIOS:

Alternativa correta: letra "a" – Tenho velho horror a cães desconhecidos. Quase igual ao horror pelos cães conhecidos, ou de conhecidos, cuja lambida fria, na intimidade que lhes tenho sido obrigado a conceder, tantas vezes, me provoca uma incontrolável repugnância.

Alternativa "b" – Não há essa afirmativa no texto. Caminhando dentro da noite que afirma ser dele, o narrador cita dois tipos (humanos) que cambaleavam: palavras soltas, no espaço cansado, o que indica que estavam embriagados.

Alternativa "c" – Não há, no texto, declaração de que a falta do creme dental provocara nele o mau humor.

Alternativa "d" – Não houve insegurança pela presença dos dois tipos que cambaleavam: companheiros eventuais da noite.

Alternativa "e" – Não há referência à saudade, mas veio-lhe à lembrança o que aprendeu em criança: mas desde criança ensinaram-me que correr é pior: pensar em apressar a marcha por medo do cachorro.

44 **(VUNESP– Investigador de Polícia – SP/2013)** Na passagem – Ou melhor, a rua e o mundo estavam cheios, cheios daqueles passos cada vez mais vizinhos. –, o termo **vizinhos** significa que o narrador considerava que os passos

a) eram de alguma pessoa conhecida.
b) assemelhavam-se a de um turista.
c) estavam a uma pequena distância.
d) indicavam um morador do local.
e) se faziam ouvir bem além no quarteirão.

COMENTÁRIOS:

Alternativa correta: letra "c" – Vizinho: em dada ocasião, pessoa próxima de alguém.

Alternativa "a" – Vizinho não é necessariamente conhecido.

Alternativa "b" – Não há relação com turista.

Alternativa "d" – Nada indica que more no local, apenas dá ideia de proximidade.

Alternativa "e" – Não há relação com quarteirão.

Texto para as próximas questões.

"Educação de Futuros Milionários" descarta necessidade de curso superior

Dustin Moskovitz, cofundador do Facebook, Sean Parker, presidente fundador do Facebook, e Matt Mullenweg, criador do WordPress, são algumas das pessoas que não concluíram o ensino superior e se tornaram profissionais bem-sucedidos.

Buscando compreender o que considerou ser uma **tendência** para o século 21, Michael Ellsberg realizou seu estudo, que resultou no livro *Educação de Futuros Milionários*, agora publicado no Brasil.

Descartar a necessidade de cursar uma faculdade não quer dizer que o estudo se tornou obsoleto ou algo que pode ser negligenciado. Para Ellsberg, ser autodidata e continuar estudando são as chaves para o sucesso profissional.

(http://www1.folha.uol.com.br, 08.11.2012. Adaptado)

45 (VUNESP – Escrivão de Polícia – SP/2013) O termo **tendência**, em destaque no segundo parágrafo, refere-se ao fato de

a) o estudo formal ter se tornado uma condição premente para a conquista de altos salários no universo corporativo.
b) existir a possibilidade de aumentar o número de profissionais bem-sucedidos que não cursaram o ensino superior.
c) a seleção de profissionais para o trabalho em grandes multinacionais ignorar a formação escolar do candidato.
d) o enriquecimento precoce entre jovens graduados ter se tornado certo.
e) o sucesso profissional ser mais garantido àqueles jovens que não chegaram a ingressar na universidade.

COMENTÁRIOS:

Alternativa correta: letra "b" – Dustin Moskovitz, cofundador do Facebook, Sean Parker, presidente fundador do Facebook, e Matt Mullenweg, criador do WordPress, são algumas das pessoas que não concluíram o ensino superior e se tornaram profissionais bem-sucedidos.

Alternativa "a" – Não há essa informação no texto.

Alternativa "c" – Não cita seleção de trabalho.

Alternativa "d" – Não se pode deduzir: precoce e enriquecimento certo.

Alternativa "e" – Não é mais garantido.

46 **(VUNESP – Escrivão de Polícia – SP/2013)** De acordo com a leitura do texto, para quem deseja alcançar o sucesso profissional, permanecer estudando é

a) improfícuo.
b) supérfluo.
c) excessivo.
d) imprescindível.
e) antiquado.

COMENTÁRIOS:

Alternativa correta: letra "d" – Imprescindível: que não pode faltar. Trecho: Para Ellsberg, ser autodidata e continuar estudando são as chaves para o sucesso profissional.

Alternativa "a" – que não apresenta nenhum proveito.

Alternativa "b" – que é dispensável.

Alternativa "c" – em que há excesso, exagero, desmedida.

Alternativa "e" – que é ou ficou fora de moda.

Texto para as próximas questões.

Um mundo sem estantes

Um amigo entra na minha casa nova, vê as estantes ainda vazias e começa o bombardeio: "Para que espaço para tanto livro? Livro está acabando". Ele não quer saber da vista, de nenhum detalhe da obra, da arquitetura ou da decoração. O incômodo com as estantes é maior que tudo isso.

Para me safar do cerco, banco o moderno. "Claro que eu sei, os livros eletrônicos são o futuro. Mas isso aqui é para armazenar o que eu já tenho, entende?" Cascata, tática diversionista. Eu sabia que, se já estava sob tiroteio pesado, tudo iria piorar quando meu amigo visse a outra face do móvel. Ali, eu dava os primeiros passos para guardar meus CDs. Mas o sentimento só dura até o próximo balaço: "E esse monte de lugar para CDs? CD não vai existir mais". Em busca de trégua, sugiro sairmos para jantar. Encontramos a mulher dele. Como na faixa de Gaza, o cessar-fogo tem curta duração. "O Álvaro está maluco, botou um monte de estantes na casa nova, parece que não sabe que livros e CDs estão condenados."

Isso faz alguns anos. Nem preciso dizer que, tanto para livros quanto para CDs, o espaço naquelas estantes, que pareciam obsoletas, está no fim. E o mais irônico: meu amigo, profeta do apocalipse do plástico e do papel, nunca chegou a comprar um leitor eletrônico de livros. Continua encomendando seus volumes de papel. Já eu, dono do imóvel ultrapassado, adotei o livro digital. Caminho sem volta para um mundo sem estantes? Talvez não.

O futuro desse universo cada vez mais digital é cheio de riscos. Imagine: colapso na nuvem. *Crashes* de servidores, fibras ópticas rompidas, blecautes em série nos principais polos *hi-tech* da Terra. Nos primórdios da *web*, uma situação assim teria uma consequência grave: internet fora do ar. Grave, porém única. Músicas, filmes e demais arquivos baixados pela rede estariam a salvo, guardados nos computadores das casas das pessoas. Mas, hoje, tudo mudou. Um *crash* gigantesco seria muito mais devastador. Porque cada vez menos gente armazena em casa seus arquivos digitais. Está tudo em servidores poderosos, espalhados pelo mundo. Nessa nuvem, digital e amorfa.

Não é fora de propósito imaginar um cenário de perda de contato com essa nuvem. Sem livros físicos, sem CDs, os arquivos digitais ficariam perdidos na nuvem isolada. A desordem digital extrema. E o mundo das ideias salvo pelas estantes.

(Álvaro Pereira Júnior, *Folha de S.Paulo*, 08.12.2012. Adaptado)

Glossário

crash: quebra, colapso

hi-tech: de tecnologia avançada

web: rede, internet

47 (VUNESP – Escrivão de Polícia – SP/2013) Na opinião do autor, os

a) livros eletrônicos têm qualidade superior à dos livros físicos.
b) CDs e os livros de papel devem ser descartados por ocuparem muito espaço.
c) livros eletrônicos não deixarão lugar para os livros de papel.
d) livros físicos podem continuar existindo ao lado dos eletrônicos.
e) CDs, assim como os livros físicos, são antiquados e inúteis.

COMENTÁRIOS:

Alternativa correta: letra "d" – Para o autor o universo digital corre o risco de perder-se diante de um possível colapso e, livros físicos, os CDs devem continuar existindo como uma garantia.

Alternativa "a" – O autor não se refere à qualidade desse ou daquele tipo de livros, mas sim à importância da manutenção dos livros físicos.

Alternativa "b" – Não é a opinião do autor.

Alternativa "c" – O autor encerra o texto com a frase: "e o mundo das ideias salvo pelas estantes". Estantes, no caso, representam os livros físicos e os CDs, portanto, para ele, sempre haverá lugar para os livros de papel.

Alternativa "e" – Essa não é a opinião do autor.

48 (VUNESP – Escrivão de Polícia – SP/2013) No segundo parágrafo, ao descrever a maneira como o amigo o abordou a respeito de suas estantes para livros e CDs, o autor remete a um cenário de

a) sonho, o que se evidencia pelo uso dos termos **sentimento** e **maluco**.
b) guerra, o que se evidencia pelo uso dos termos **tiroteio** e **cessar-fogo**.
c) festa, o que se evidencia pelo uso dos termos **tática** e **jantar**.
d) comemoração, o que se evidencia pelo uso dos termos **trégua** e **mulher**.
e) dança, o que se evidencia pelo uso dos termos **móvel** e **passos**.

COMENTÁRIOS:

Alternativa correta: letra "b" – Termos usados pelo autor: bombardeio, cerco, tiroteio pesado, balaço, trégua, faixa de Gaza e cessar-fogo.

Alternativa "a" – Não remete a sonho.

Alternativa "c" – Não é festa

Alternativa "d" – Não há comemoração.

Alternativa "e" – Não há dança.

49 **(VUNESP – Escrivão de Polícia – SP/2013)** Na expressão do terceiro parágrafo – profeta do apocalipse do plástico e do papel –, o termo **apocalipse** tem sentido equivalente a

a) descoberta.
b) êxito.
c) fim.
d) justiça.
e) resistência.

COMENTÁRIOS:

Alternativa correta: letra "c" – Acontecimento catastrófico ou desastre de grandes proporções = fim. Eliminam-se as outras alternativas, tranquilamente.

50 **(VUNESP – Escrivão de Polícia – SP/2013)** De acordo com o autor, o futuro digital é "cheio de riscos" porque

a) o armazenamento de dados em servidores potentes é muito caro e inacessível ao usuário comum.
b) os servidores existentes são precários, com capacidade muito limitada para armazenar informações.
c) as pessoas continuam guardando os arquivos em papel nas suas casas, onde há pouca segurança.
d) os indivíduos perdem a liberdade de expressão ao permitirem que o governo monitore seus dados.
e) os usuários comuns não têm controle sobre o local em que seus dados são armazenados.

COMENTÁRIOS:

Alternativa correta: letra "e" – No quarto parágrafo lê-se: "Mas, hoje, tudo mudou. Um crash gigantesco seria muito mais devastador. Porque cada vez menos gente armazena em casa seus arquivos digitais. Está tudo em servidores poderosos, espalhados pelo mundo. Nessa nuvem digital e amorfa."

Alternativa "a" – A afirmativa não responde a questão.

Alternativa "b" – Afirmativa contrária. Leia o quarto parágrafo.

Alternativa "c" – Ao contrário: cada vez menos pessoas fazem isso.

Alternativa "d" – O autor não faz essa afirmativa.

Leia a charge.

(Duke, http://www.chargeonline.com.br, 08.12.2012)

51 **(VUNESP – Escrivão de Polícia – SP/2013)** O efeito cômico da charge liga-se ao fato de serem empregados com duplo sentido os termos

a) governo e bom.

b) mais e barata.

c) luz e bom.

d) governo e prometeu.

e) prometeu e luz.

COMENTÁRIOS:

Alternativa correta: letra "b" – Mais (quantidade) barata (adjetivo que se transforma em substantivo).

Alternativa "a" – Não há comicidade.

Alternativa "c" – É apenas a resposta da segunda personagem.

Alternativa "d" – Afirmação sem comicidade.

Alternativa "e" – Prometeu algo: sem comicidade.

Texto

Veja, aí estão eles, a bailar seu diabólico "pas de deux" (*): sentado, ao fundo do restaurante, o cliente paulista acena, assovia, agita os braços num agônico polichinelo; encostado à parede, marmóreo e impassível, o garçom carioca o ignora com redobrada atenção. O paulista estrebucha: "Amigô?!", "Chefê?!", "Parceirô?!"; o garçom boceja, tira um fiapo do ombro, olha pro lustre.

Eu disse "cliente paulista", percebo a redundância: o paulista é sempre cliente. Sem querer estereotipar, mas já estereotipando: trata-se de um ser cujas interações sociais terminam, 99% das vezes, diante da pergunta "débito ou crédito?".[...] Como pode ele entender que o fato de estar pagando não garantirá a atenção do garçom carioca? Como pode o ignóbil paulista, nascido e criado na crua batalha entre burgueses e proletários, compreender o discreto charme da aristocracia?

Sim, meu caro paulista: o garçom carioca é antes de tudo um nobre. Um antigo membro da corte que esconde, por trás da carapinha entediada, do descaso e da gravata borboleta, saudades do imperador. [...] Se deixou de bajular os príncipes e princesas do século 19, passou a servir reis e rainhas do 20: levou gim tônicas para Vinicius e caipirinhas para Sinatra, uísques para Tom e leites para Nelson, recebeu gordas gorjetas de Orson Welles e autógrafos de Rockfeller; ainda hoje fala de futebol com Roberto Carlos e ouve conselhos de João Gilberto. Continua tão nobre quanto sempre foi, seu orgulho permanece intacto.

Até que chega esse paulista, esse homem bidimensional e sem poesia, de camisa polo, meia soquete e sapatênis, achando que o jacarezinho de sua Lacoste é um crachá universal, capaz de abrir todas as portas. Ah, paulishhhhta otáááário, nenhum emblema preencherá o vazio que carregas no peito – pensa o garçom, antes de conduzi-lo à última mesa do restaurante, a caminho do banheiro, e ali esquecê-lo para todo o sempre.

Veja, veja como ele se debate, como se debaterá amanhã, depois de amanhã e até a Quarta-Feira de Cinzas, maldizendo a Guanabara, saudoso das várzeas do Tietê, onde a desigualdade é tão mais organizada: "Ô, companheirô, faz meia hora que eu cheguei, dava pra ver um cardápio?!". Acalme-se, conterrâneo. Acostume--se com sua existência plebeia. O garçom carioca não está aí para servi-lo, você é que foi ao restaurante para homenageá-lo.

(Antonio Prata, Cliente paulista, garçom carioca. Folha de S.Paulo, 06.02.2013)

(*) Um tipo de coreografia, de dança.

52 **(VUNESP – Escrevente Técnico Judiciário – TJ-SP/2013)** Assinale a alternativa contendo passagem em que o autor simula dialogar com o leitor.

a) Acalme-se, conterrâneo. Acostume-se com sua existência plebeia.
b) Ô, companheiro, faz meia hora que eu cheguei...
c) Veja, aí estão eles, a bailar seu diabólico "pas de deux".
d) Sim, meu caro paulista...
e) Ah, paulishhhhta otáááário...

COMENTÁRIOS:

Alternativa correta: letra "c"- O autor inicia o texto simulando o diálogo.

Alternativa "a" – *Conterrâneo* é vocativo (com quem se fala).

Alternativa "b" – *Companheiro* é vocativo.

Alternativa "d" – *Meu caro paulista* é vocativo.

Alternativa "e" –*Paulishhhhta otáááário* é vocativo.

53 **(VUNESP – Escrevente Técnico Judiciário – TJ-SP/2013)** No primeiro parágrafo, para reforçar a ideia que quer transmitir, o autor se expressa por meio de uma incoerência. Assinale a alternativa com a passagem que demonstra essa afirmação.

a) .... encostado à parede, marmóreo e impassível...
b) ... o garçom boceja, tira um fiapo do ombro...
c) .... o cliente paulista acena, assovia, agita os braços...
d) ... o garçom carioca o ignora com redobrada atenção.
e) .... aí estão eles, a bailar seu diabólico "pas de deux"...

COMENTÁRIOS:

Alternativa correta: letra "d" – Ignorar: não saber, desconhecer; atenção: cuidado, dedicação, zelo. Incoerente é ignorar com redobrada atenção – ocorre ênfase no uso do adjetivo *redobrada*.

Alternativa "a" – Não é incoerente (sem sentido). Marmóreo no sentido figurado: duro e insensível; impassível: imperturbável, sereno.

Alternativa "b" – As duas ações indicam desprezo.

Alternativa "c" – O cliente tenta chamar a atenção do paulista.

Alternativa "e" – Não há incoerência.

54 **(VUNESP – Escrevente Técnico Judiciário – TJ-SP/2013)** É correto afirmar que, no primeiro parágrafo, o autor traça um contraste entre as posturas do cliente e do garçom, contrapondo a

a) agitação insistente do primeiro à estaticidade do segundo.
b) informalidade do primeiro ao profissionalismo impassível do segundo.
c) falta de polidez do primeiro à eficiência do segundo.
d) negligência do primeiro à falta de educação do segundo.
e) grosseria do primeiro ao cavalheirismo nobre do segundo.

COMENTÁRIOS:

Alternativa correta: letra "a" – Ao longo do texto, continua diferenciando as personagens. No primeiro parágrafo: o cliente paulista acena, assovia, agita os braços num agônico polichinelo (...),o paulista estrebucha: "Amigô?!", "Chefê?!", "Parceirô?!"; o garçom carioca o ignora com redobrada atenção (...),o garçom boceja, tira um fiapo do ombro, olha pro lustre.

Alternativa "b" – Não há informalidade nem profissionalismo.

Alternativa "c" – Não há gentileza do primeiro nem eficiência do segundo.

Alternativa "d" – Não há desleixo nem falta de educação (apenas estaticidade).

Alternativa "e" – Nem grosseria nem cavalheirismo.

55 (VUNESP – Escrevente Técnico Judiciário – TJ-SP/2013) Infere-se, da exposição de ideias, que o autor compõe retratos bem-humorados de dois tipos,

a) apoiando as atitudes de ambos, cujas qualidades morais destaca.

b) prestigiando o garçom, cuja atitude classifica de inadequada, em diversas passagens.

c) identificando-se com as atitudes do cliente, apesar de expressar antipatia por aquele.

d) tomando partido do garçom, pois, como este, o autor também é carioca.

e) ironizando os comportamentos de ambos, embora ele também seja paulista.

COMENTÁRIOS:

Alternativa correta: letra "e" – Embora em todo texto a ideia fique clara (garçom plebeu e paulista burguês), no último parágrafo há a conclusão:

- Paulista: Veja, veja como ele se debate, como se debaterá amanhã, depois de amanhã e até a Quarta-Feira de Cinzas, maldizendo a Guanabara, saudoso das várzeas do Tietê, onde a desigualdade é tão mais organizada.
- Carioca: O garçom carioca não está aí para servi-lo, você é que foi ao restaurante para homenageá-lo.

Alternativa "a" – O autor não apoia as atitudes.

Alternativa "b" – Não prestigia o garçom.

Alternativa "c" – Não se identifica e não expressa antipatia.

Alternativa "d" – Não toma partido.

56 (VUNESP – Escrevente Técnico Judiciário – TJ-SP/2013) O contexto em que se encontra a passagem – Se deixou de bajular os príncipes e princesas do século 19, passou a servir reis e rainhas do 20: (2.º parágrafo) – leva a concluir, corretamente, que a menção a

a) príncipes e princesas constitui uma referência em sentido não literal.

b) reis e rainhas constitui uma referência em sentido não literal.

c) príncipes, princesas, reis e rainhas constitui uma referência em sentido não literal.

d) príncipes, princesas, reis e rainhas constitui uma referência em sentido literal.

e) reis e rainhas constitui uma referência em sentido literal.

COMENTÁRIOS:

Alternativa correta: letra "b" – Sentido literal: diz-se do sentido, do significado primeiro, genuíno de uma palavra, aquele que lhe é próprio, que não é fruto de evoluções semânticas nem resulta de combinações textuais. Reis e rainhas: pessoas importantes (Vinicius, Sinatra, Tom, Nelson).

Alternativa "a" – Sentido literal porque menciona o século 19.

Alternativa "c" – Reis e rainhas: sentido não literal; príncipes e princesas: sentido literal.

Alternativa "d" – Reis e rainhas: sentido não literal; príncipes e princesas: sentido literal.

Alternativa "e" – Sentido não literal.

Texto

Desde o surgimento da ideia de hipertexto, esse conceito está ligado a uma nova concepção de textualidade, na qual a informação é disposta em um ambiente no qual pode ser acessada de forma não linear. Isso acarreta uma textualidade que funciona por associação, e não mais por sequências fixas previamente estabelecidas.

Quando o cientista Vannevar Bush, na década de 40, concebeu a ideia de hipertexto, pensava, na verdade, na necessidade de substituir os métodos existentes de disponibilização e recuperação de informações ligadas especialmente à pesquisa acadêmica, que eram lineares, por sistemas de indexação e arquivamento que funcionassem por associação de ideias, seguindo o modelo de funcionamento da mente humana. O cientista, ao que parece, importava-se com a criação de um sistema que fosse como uma "máquina poética", algo que funcionasse por analogia e associação, máquinas que capturassem o brilhantismo anárquico da imaginação humana.

Parece não ser obra do acaso que a ideia inicial de Bush tenha sido conceituada como hipertexto 20 anos depois de seu artigo fundador, exatamente ligada à concepção de um grande sistema de textos que pudessem estar disponíveis em rede. Na década de 60, o cientista Theodor Nelson sonhava com um sistema capaz de disponibilizar um grande número de obras literárias, com a possibilidade de interconexão entre elas. Criou, então, o "Xanadu", um projeto para disponibilizar toda a literatura do mundo, numa rede de publicação hipertextual universal e instantânea. Funcionando como um imenso sistema de informação e arquivamento, o hipertexto deveria ser um enorme arquivo virtual.

(Disponível em: http://www.pucsp.br/~cimid/4lit/longhi/hipertexto.htm . Acesso em: 05 fev 2013. Adaptado)

57 **(VUNESP – Escrevente Técnico Judiciário – TJ-SP/2013)** Embora se trate de um texto predominantemente informativo, é correto afirmar que o autor faz uma inferência, expressando sua opinião, ao dizer:

a) O cientista, ao que parece, importava-se com a criação de um sistema que fosse como uma "máquina poética".

b) Criou, então, o "Xanadu", um projeto para disponibilizar toda a literatura do mundo, numa rede.

c) Isso acarreta uma textualidade que funciona por associação.

d) A informação é disposta em um ambiente no qual pode ser acessada de forma não linear.

e) Desde o surgimento da ideia de hipertexto, esse conceito está ligado a uma nova concepção de textualidade.

COMENTÁRIOS:

Alternativa correta: letra "a" – Através da expressão *ao que parece*, chegamos à resposta correta.

DICA[5]

Os textos informativos têm o objetivo de abordar algum tema e transmitir conhecimento a respeito desse tema, transmitir dados e conceitos.

Isso é o que acontece em reportagens de revistas e jornais, verbetes de dicionários e enciclopédias, artigos de divulgação cientifica e livros didáticos.

A maioria dos leitores, quando tem em mãos um texto informativo, tem a expectativa de aprender alguma coisa com a leitura.

Incluímos neste tipo de textos todos os compreendidos no jornalismo: jornais, revistas, folhetos, com suas diferentes variedades (notícias, reportagens, artigos diversos, anúncios etc.). Incluímos também a correspondência, embora possa haver cartas que se encaixariam melhor num modelo literário. No entanto, a maior parte de correspondência que recebemos e enviamos tem como finalidade informar algo concreto.

Características de um texto informativos

– Função

Conhecer ou transmitir explicações e informações de caráter geral.

Seu objetivo é compreender ou comunicar as características principais do tema, sem maior aprofundamento.

– Modelos

Jornais e revistas.

Livros de divulgação, folhetos.

Notícias.

Artigos e reportagens.

Anúncios e propaganda.

Avisos, anúncios públicos.

Correspondência pessoal ou comercial.

Convites.

Entrevistas.

– Conteúdo

Muito diverso, em função do tema (notícias, anúncios, cartas etc.).

– Formato

Texto em prosa, com características específicas de cada modelo.

– Procedimentos de leitura

Uso de indicadores de aproximação ao conteúdo (títulos, fotos, imagens, tipografia, seções do jornal etc.).

Identificação do tema da informação.

Identificação da ideia principal.

Identificação dos detalhes principais.

5. *Fonte: http://diaadia-doprofessor.blogspot.com.br/*

Alternativa "b" – Informação objetiva.

Alternativa "c" – Informação objetiva.

Alternativa "d" – Informação objetiva.

Alternativa "e" – Informação objetiva.

CHARGE

(Orlandeli, "Grump", *Diário da Região*, 06.02.2013)

58 **(VUNESP – Escrevente Técnico Judiciário – TJ-SP/2013)** O pensamento da personagem Vândalo, no último quadrinho,

a) põe em dúvida a ideia de que o intercâmbio terá sucesso.

b) não admite as verdadeiras qualidades do garoto que morará com Grump.

c) contradiz a ideia de que o garoto será bem recebido por Grump.

d) expressa o reconhecimento de características negativas em quem receberá o garoto.

e) reconhece a dificuldade de Grump adequar-se ao perfil traçado pelo projeto de intercâmbio.

COMENTÁRIOS:

Alternativa correta: letra "d" – *Aqui é o lugar*: possui características opostas aos adjetivos inteligente, comunicativo, astuto e ter personalidade forte.

Alternativa "a" – Não há dúvida.

Alternativa "b" – Não se pode afirmar se admite ou não.

Alternativa "c" – Não contradiz.

Alternativa "e" – Nada indica que haverá dificuldade.

Texto

A disseminação do conceito de boas práticas corporativas, que ganhou força nos últimos anos, fez surgir uma estrada sem volta no cenário global e, consequentemente, no Brasil. Nesse contexto, governos e empresas estão fechando o cerco contra a corrupção e a fraude, valendo-se dos mais variados mecanismos: leis severas, normas de mercado e boas práticas de gestão de riscos. Isso porque se cristalizou a compreensão de que atos ilícitos vão além de comprometer relações comerciais e o próprio caixa das empresas. *Eles representam dano efetivo à reputação empresarial frente ao mercado e aos investidores, que exigem cada vez mais transparência e, em casos extremos, acabam em investigações e litígios judiciais que podem levar executivos à cadeia.*

(Fernando Porfírio, Pela solidez nas organizações. Em Mundo corporativo n.º 28, abril-junho 2010)

59 **(VUNESP – Escrevente Técnico Judiciário – TJ-SP/2013)** A parte final do texto, destacada em itálico, coloca-se para a afirmação que a antecede como

a) um trecho explicativo de ideia exposta anteriormente.
b) uma resposta não fundamentada em dados de realidade.
c) um meio de levar o leitor a buscar explicações que não estão no texto.
d) uma sequência fundamentada em hipóteses pouco prováveis.
e) a manifestação de uma contradição que será discutida.

COMENTÁRIOS:

Alternativa correta: letra "a" – Faz parte da conclusão, portanto explica ideia exposta anteriormente.

Alternativa "b" – Não é resposta.

Alternativa "c" – As explicações estão no texto.

Alternativa "d" – Não há hipóteses pouco prováveis.

Alternativa "e" – Não há contradição.

Texto para as próximas questões.

A visão monumental

Nada superará a beleza, nem todos os ângulos retos da razão. Assim reivindicava pensar o maior arquiteto e mais invocado sonhador do Brasil. Morto em 5 de dezembro de 2012 de insuficiência respiratória, a dez dias de completar, com uma festa, 105 anos de idade, Oscar Niemeyer propusera sua própria revolução arquitetônica baseado em uma interpretação do corpo da mulher. "Único gênio" do Brasil, como o queria o sociólogo Darcy Ribeiro, ele foi duro nas convicções pessoais, mas brando ao conceber os monumentos de concreto.

Nos últimos tempos, o artista dizia no estilo direto habitual que, fosse um rapaz hoje, em lugar de fazer arquitetura, percorreria a rua protestando contra este mundo em que vivemos. Acontece que ele jamais deixara de imaginar um mundo diferente, mesmo na juventude que parecia sempre acompanhá-lo. (Ele jurava não sentir qualquer diferença, por exemplo, entre seus 60 anos e o recém-completado centenário.)

Niemeyer acreditava incutir o ardor em quem experimentava suas construções. "A arquitetura sempre expressará o progresso técnico e social do país em que se estabelece. E, se nós desejamos dar ao homem o que lhe falta, devemos participar da luta política", disse uma vez. No fim da vida, contudo, parecia descrente da função social da arquitetura. "Mas, quando ela é bonita e diferente, proporciona pelo menos aos pobres e ricos um momento de surpresa e admiração." Como se todos pudessem lavar os olhos com sua arte enquanto a revolução não vem.

"Passei a vida debruçado na prancheta, mas a vida é mais importante do que a arquitetura", gostava de dizer. "A arquitetura não muda nada, mas a vida pode mudar a arquitetura". Foi bisavô e tataravô, casado duas vezes, a última há quatro anos. E, até as últimas internações, nunca dispensou a conversa com os amigos sobre seus projetos e um copo de vinho na hora do almoço. Niemeyer soube sintetizar a urgência das coisas: "A vida é demasiado curta, é um minuto. Um minuto que passa depressa".

(Rosane Pavan, http://www.cartacapital.com.br, 07.12.2012. Adaptado)

60 **(VUNESP – Escrivão de Polícia – SP/2013)** A partir da leitura do texto, pode-se concluir que, no fim da vida, Niemeyer acreditava que a arquitetura

a) limita-se a encantar as classes mais abastadas do país.
b) pode emocionar pobres e ricos quando é bonita e diferente.
c) deve ser praticada com o objetivo de mudar a sociedade.
d) é capaz de provocar profundas revoluções políticas.
e) precisa ser mais funcional do que bela para ser reconhecida.

COMENTÁRIOS:

Alternativa correta: letra "b" – "Mas, quando ela é bonita e diferente, proporciona pelo menos aos pobres e ricos um momento de surpresa e admiração." Como se todos pudessem lavar os olhos com sua arte enquanto a revolução não vem.

Alternativa "a" – Niemeyer não restringe o encantamento da beleza da arquitetura às classes mais abastadas nem ao país. Sua fala a esse respeito é extensiva a todos.

Alternativa "c" – Deve ser praticada para expressar o progresso técnico e social do país em que se estabelece e ele insta à participação na luta política.

Alternativa "d" – "A arquitetura não muda nada, mas a vida pode mudar a arquitetura." A frase sugere que a arquitetura pode refletir a vida, e não há referências de que provoque profundas revoluções políticas.

Alternativa "e" – A autora do texto inicia com um pensar afirmativo de Niemeyer: "nada superará a beleza, nem todos os ângulos retos da razão."

61 **(VUNESP – Escrivão de Polícia – SP/2013)** Um ensinamento deixado por Niemeyer, apontado no texto, diz respeito à valorização

a) da vida.
b) dos partidos políticos.
c) da religião.
d) do talento nato.
e) da lógica.

COMENTÁRIOS:

Alternativa correta: letra "a" – O texto aponta três momentos em que Niemeyer valoriza a vida: ...mas a vida é mais importante do que a arquitetura; ...mas a vida pode mudar a arquitetura, e finaliza com a urgência das coisas valorizando a vida: a vida é demasiado curta, é um minuto. Um minuto que passa depressa.

Alternativa "b" – No texto não referencia a partidos políticos. Há sim, referência à luta política.

Alternativa "c" – Não há referências à religião.

Alternativa "d" – Não há referência no texto.

Alternativa "e" – O texto não faz menção à lógica.

62 **(VUNESP – Escrivão de Polícia – SP/2013)** No trecho do primeiro parágrafo – ... ele foi duro nas convicções pessoais, mas brando ao conceber os monumentos de concreto. –, ao empregar o termo **brando** para descrever os monumentos de concreto, a autora chama a atenção para uma característica das obras de Niemeyer, que é a

a) grandiosidade.
b) resistência.
c) afetação.
d) onerosidade.
e) leveza.

COMENTÁRIOS:

Alternativa correta: letra "e" – A autora emprega o termo brando remetendo o adjetivo, que se traduz por leveza, à frase anterior na expressão: revolução arquitetônica de Niemeyer: interpretação do corpo da mulher; nota-se também, aí, a oposição concreto x brando (leveza).

Alternativa "a" – O adjetivo não traduz o termo brando.

Alternativa "b" – Propriedade do concreto e não traduz brando.

Alternativa "c" – O termo afetação (pedantismo) não se aplica às características das obras de Niemeyer.

Alternativa "d" – O termo onerosidade (ônus) não se aplica ao contexto.

Texto para as próximas questões.

A tecnologia e o futuro do policiamento

O policiamento – como todas as demais atividades – está sendo reimaginado na era das montanhas de dados, sob a expectativa de que uma análise mais ampla e profunda sobre crimes passados, combinada a algoritmos[1] sofisticados, possa ajudar a prever futuros delitos. Trata-se de uma prática conhecida como "policiamento preditivo" e, ainda que exista há apenas alguns anos, muitos especialistas a veem como uma revolução na forma pela qual o trabalho policial é realizado.

Um exemplo é o departamento de polícia de Los Angeles, que está usando um software chamado PredPol. O software começa pela análise de anos de estatísticas criminais disponíveis, depois divide o mapa de patrulha em zonas (de cerca de 45 metros quadrados) e calcula a distribuição e frequência de crimes em cada uma delas. Por fim, informa aos policiais sobre as probabilidades de local e horário de crimes, o que permite que eles policiem de maneira mais intensa as áreas sob ameaça.

A atraente ideia que embasa o policiamento preditivo é a de que é muito melhor prevenir um crime antes que aconteça do que chegar depois e investigá-lo. Assim, mesmo que os policiais em patrulha não apanhem o bandido em flagrante, sua presença no lugar certo e na hora certa pode exercer efeito dissuasório[2].

A lógica parece sólida. Em Los Angeles, houve um declínio de 13% na criminalidade. A cidade de Santa Cruz, também usuária do PredPol, viu queda de 30% no número de furtos.

Mas, apesar do mérito inegável do novo sistema, há quem questione sua eficácia, uma vez que as ações da polícia não podem ser guiadas apenas pela interpretação de números aproximados. Isso porque, nos regimes democráticos, a polícia precisa de causa provável – alguma forma de prova, e não apenas um palpite – para deter e revistar alguém na rua.

Também há o problema dos crimes que passam sem denúncia. Embora a maioria dos homicídios seja denunciada, muitos estupros e furtos residenciais não são. Mesmo na ausência desse tipo de denúncia, a polícia continua a desenvolver métodos de descobrir quando algo de estranho acontece em um bairro. Os críticos do policiamento preditivo temem que esse conhecimento obtido pela análise atenta que os policiais fazem de seu entorno seja substituído pela análise exclusiva das estatísticas. Se apenas dados sobre crimes que foram registrados em queixas formais forem usados para prever futuros crimes e orientar o trabalho policial, algumas formas de crime poderão passar sem registro – e, com isso, sem qualquer repressão.

As recompensas do policiamento preditivo podem ser reais, mas seus perigos também o são. A polícia precisa sujeitar seus algoritmos a um rigoroso exame externo e enfrentar a questão das distorções implícitas que carreguem.

(Evgeny Morozov, tradução de Paulo Migliacci, www1.folha.uol.com.br, 23.07.2012. Adaptado)

algoritmo: conjunto das regras e procedimentos lógicos que levam à solução de um problema

dissuasório: que convence ou tenta convencer a desistir

63 **(VUNESP – Soldado PM da Polícia Militar – SP/2013)** De acordo com o texto, o PredPol ajuda a prever futuros delitos por meio de cálculos feitos a partir

a) da vigilância ininterrupta das regiões mais populosas.
b) de informações sobre crimes cometidos no passado.
c) de denúncias feitas por cidadãos que se sentem ameaçados.
d) do interrogatório dos bandidos que são presos em flagrante.
e) da análise do comportamento de criminosos em detenção.

COMENTÁRIOS:

Alternativa correta: letra "b" – O PredPol ajuda a prever futuros delitos por meio de cálculos feitos a partir de informações sobre crimes cometidos no passado nos diversos locais e a frequência dos crimes.

Alternativa "a" – Não é a partir da vigilância ininterrupta das regiões mais populosas que o PredPol ajuda a prever futuros delitos.

Alternativa "c" – Não é a partir de denúncias que o PredPol ajuda a prever futuros delitos, pois essas, muitas vezes, nem são feitas.

Alternativa "d" – Não é a partir do interrogatório dos bandidos que o PredPol ajuda a prever futuros delitos e os bandidos nem sempre são presos em flagrante.

Alternativa "e" – Não é a partir da análise do comportamento de criminosos em detenção que os cálculos são feitos pelo PredPol.

64 **(VUNESP – Soldado PM da Polícia Militar – SP/2013)** Com o auxílio do PredPol, os policiais são enviados para patrulharem os locais em que a ocorrência de crimes é mais

a) provável.
b) aleatória.
c) inusitada.
d) irregular.
e) repentina.

COMENTÁRIOS:

Alternativa correta: letra "a" – Os policiais são enviados a locais em que a ocorrência de crimes é mais provável e essa probabilidade é obtida por cálculos estatísticos.

Alternativa "b" – Não é a locais em que a ocorrência de crimes é aleatória que os policiais são enviados, com o auxílio do PredPol.

Alternativa "c" – Não é a locais em que a ocorrência de crimes é inusitada que os policiais são enviados, com o auxílio do PredPol.

Alternativa "d" – Não é a locais em que a ocorrência de crimes é irregular que os policiais são enviados, com o auxílio do PredPol.

Alternativa "e" – Não é a locais em que a ocorrência de crimes é repentina que os policiais são enviados, com o auxílio do PredPol.

65 **(VUNESP – Soldado PM da Polícia Militar – SP/2013)** O policiamento preditivo parte do pressuposto de que os atos criminosos podem ser

a) flagrados, com o monitoramento das áreas de risco feito por meio de câmeras sofisticadas.

b) extintos, com o melhor armamento dos policiais que patrulham o perímetro urbano.

c) evitados, com a intensificação do policiamento em locais e horários estratégicos.

d) interrompidos, com o sistema digital de vigilância que aciona a polícia quando um delito está acontecendo.

e) remediados, com a condução de investigações mais criteriosas de delitos recorrentes.

COMENTÁRIOS:

Alternativa correta: letra "c" – (...) Segundo o texto, os atos criminosos podem ser evitados com a intensificação do policiamento em locais e horários estratégicos, com base nas informações do PredPol.

Alternativa "a" – O texto não cita monitoramento por meio de câmeras sofisticadas.

Alternativa "b" – O texto não afirma que os atos criminosos podem ser extintos com armamento dos policiais.

Alternativa "d" – O texto não menciona sistema digital de vigilância que aciona a polícia.

Alternativa "e" – O texto não sugere que atos criminosos podem ser remediados, nem assinala com investigações de delitos recorrentes.

66 **(VUNESP – Soldado PM da Polícia Militar – SP/2013)** De acordo com o quinto parágrafo, nos regimes democráticos, para deter e revistar alguém na rua, a polícia precisa agir com base em

a) evidências.

b) rumores.

c) estimativas.

d) suspeitas.

e) instinto.

COMENTÁRIOS:

Alternativa correta: letra "a" – Evidências. Afirmativa enfatizada na frase "(...) Isso porque, nos regimes democráticos, a polícia precisa de causa provável – alguma forma de prova, e não apenas um palpite – para deter e revistar alguém na rua.".

Alternativa "b" – No quinto parágrafo deduz-se que o autor afirma que, nos regimes democráticos, a polícia não pode deter e revistar alguém na rua, com base só em rumores.

Alternativa "c" – No quinto parágrafo deduz-se que o autor afirma que, nos regimes democráticos, a polícia não pode deter e revistar alguém na rua, com base em estimativas.

Alternativa "d" – No quinto parágrafo deduz-se que o autor afirma que, nos regimes democráticos, a polícia não pode deter e revistar alguém na rua, com base em suspeitas.

Alternativa "e" – No quinto parágrafo deduz-se que o autor afirma que, nos regimes democráticos, a polícia não pode deter e revistar alguém na rua, com base em instinto. O que é óbvio.

67 **(VUNESP – Soldado PM da Polícia Militar – SP/2013)** Segundo o que se afirma no sexto parágrafo, com o policiamento preditivo, algumas formas de crime poderão permanecer sem qualquer repressão, se a atuação da polícia

a) for orientada por estatísticas que tratam crimes formais e informais de maneira indistinta.
b) desconsiderar os cálculos numéricos obtidos a partir das queixas feitas com maior frequência.
c) resultar da análise informal que alguns policiais fazem das alterações da rotina de um bairro.
d) tiver seus esforços concentrados no combate a delitos que passam sem um registro formalizado.
e) ficar restrita à análise de estatísticas, ignorando os crimes que deixam de ser denunciados.

COMENTÁRIOS:

Alternativa correta: letra "e" – ficar restrita à análise de estatísticas, ignorando os crimes que deixam de ser denunciados. Afirmação enfatizada na frase: "(...) Se apenas dados sobre crimes que foram registrados em queixas formais forem usados para prever futuros crimes e orientar o trabalho (...)".

Alternativa "a" – É o inverso esta afirmativa. O texto não afirma possibilidade da ação da polícia ser orientada por estatísticas que tratam crimes formais e informais de maneira indistinta.

Alternativa "b" – O texto não aponta que algumas formas de crime poderão permanecer sem qualquer repressão, se a atuação da polícia desconsiderar os cálculos numéricos obtidos a partir das queixas feitas com maior frequência.

Alternativa "c" – O texto não assinala nem insinua qualquer tipo de análise informal que alguns policiais possam fazer das alterações da rotina de um bairro.

Alternativa "d" – O texto não afirma que algumas formas de crime poderão permanecer sem qualquer repressão se tiver seus esforços concentrados no combate a delitos que passam sem um registro formalizado.

Texto para as próximas questões.

História de pescador

Gosto muito de pescar. Não que eu saiba a isca adequada para cada tipo de peixe ou tenha conhecimento de luas, marés, cardumes e anzóis. Meu negócio é jogar a linha na corrente e esperar que algo aconteça. Enquanto isso, os ruídos da natureza me acalmam. O rio Tijuco testemunhou muitos desses meus pensamentos e de seu leito tirei muito piau e cascudo.

Além de pescador, sou mineiro. E mineiro é bicho contador de história. O ouvinte escolhe o tema: basta alguém prestando atenção para que a noite seja curta para tanto causo. Estou quase certo de que o relato a seguir já foi narrado em algum outro momento. O jeito é tentar contá-lo de uma maneira diferente. Vou tentar. Cabe a você acreditar ou não em minha história.

Uma vez, voltávamos do rancho, eu, meu cunhado e mais dois ou três amigos. Todos sabem que mineiro tem dois carros: um para a pescaria e outro para ficar na garagem. O primeiro é, normalmente, um veículo bem antigo e o segundo nem tanto. Vínhamos, portanto, em um Chevette 1976, o que significava, na época, 150 mil quilômetros rodados e vinte e poucos anos de uso. Havia um trecho muito curto de rodovia estadual a percorrer, de modo que a lei e a ordem não pareciam grandes problemas para nós.

Mas, mal entramos na rodovia, vimos um policial muito jovem, e com um uniforme muito esquisito, vir em nossa direção, fazendo sinal para que parássemos. Descemos, para que ele pudesse inspecionar o veículo. É claro que faltava desde o extintor de incêndio até o farol traseiro. Nós nem deixamos o guarda abrir a boca e desatamos a falar, pedindo que não apreendesse nosso carro. Prometemos ir a sessenta quilômetros por hora e juramos que faríamos uma revisão no Chevrolet no dia seguinte. O jovem guarda manteve-se imóvel e encarando-nos com um olhar assustado. Como não dissesse nada, concluímos que estávamos liberados.

O problema foi na hora em que meu cunhado tentou virar a chave. Nada. Nem um barulhinho sequer. A bateria entregava os pontos. Chamamos o guarda e comentamos que, se deixássemos o automóvel ali, dificilmente retornaríamos para resgatá-lo. Pedimos, com educação, que nos ajudasse a empurrar a máquina. Solícito, o rapaz veio em nosso auxílio mas, antes, revelou: "Olha, eu vou ajudar vocês, mas eu não sou policial não, eu só estava pedindo uma carona!"

(Whisner Fraga, www.cronicadodia.com.br, 14.04.2013. Adaptado)

68 **(VUNESP – Soldado PM da Polícia Militar – SP/2013)** No primeiro parágrafo, o narrador revela ser um pescador

a) profissional.

b) ruidoso.

c) paciente.

d) desastroso.

e) perito.

COMENTÁRIOS:

Alternativa correta: letra "c" – **Paciente**, é o que o narrador revela ser como pescador. Nota-se claramente em "(...) e esperar que algo aconteça (...)". (1º parágrafo)

Alternativa "a" – O narrador revela não ser um pescador profissional, e dá mostra disto.

Alternativa "b" – O narrador não revela ser um pescador ruidoso. Os ruídos da natureza o acalmam.

Alternativa "d" – O narrador não revela ser um pescador desastroso. Ao contrário, insinua ser cuidadoso.

Alternativa "e" – O narrador revela não ser um pescador perito. Da mesma forma que não é profissional.

69 **(VUNESP – Soldado PM da Polícia Militar – SP/2013)** O trecho que faz referência ao extenso e diversificado repertório de histórias do narrador é:

a) O ouvinte escolhe o tema: basta alguém prestando atenção para que a noite seja curta para tanto causo. (segundo parágrafo)

b) Estou quase certo de que o relato a seguir já foi narrado em algum outro momento. (segundo parágrafo)

c) Meu negócio é jogar a linha na corrente e esperar que algo aconteça. (primeiro parágrafo)

d) Cabe a você acreditar ou não em minha história. (segundo parágrafo)

e) Uma vez, voltávamos do rancho, eu, meu cunhado e mais dois ou três amigos. (terceiro parágrafo)

COMENTÁRIOS:

Alternativa correta: letra "a" – Se o ouvinte pode escolher o tema e a noite fica "curta para tanto causo", tem-se ideia da extensão e diversidade do repertório de histórias do narrador.

Alternativa "b" – O fato de "o relato a seguir" já ter sido narrado em algum outro momento, não determina a extensão e diversidade das histórias do narrador.

Alternativa "c" – Jogar "a linha na corrente e esperar que algo aconteça" demonstra a paciência do narrador e não a extensão de seu repertório de histórias.

Alternativa "d" – "Acreditar ou não na minha história contada aqui" em nada influi na extensão ou no repertório de histórias do narrador.

Alternativa "e" – "Uma vez, voltávamos do rancho, eu, meu cunhado e mais (...)" é outro trecho que em nada sugere sobre a extensão e a diversidade do repertório de histórias do narrador.

70 **(VUNESP – Soldado PM da Polícia Militar – SP/2013)** Conforme o segundo parágrafo, a história narrada pode ser

a) comprovada pelo narrador.

b) ratificada pela polícia.
c) confirmada pelo rapaz que pedia carona.
d) validada pelos pescadores.
e) questionada pelo leitor.

COMENTÁRIOS:

Alternativa correta: letra "e" – O teor do segundo parágrafo admite que a história narrada possa ser questionada pelo leitor quando afirma na última frase: "Cabe a você acreditar ou não em minha história.".

Alternativa "a" – O segundo parágrafo, não sugere que a história narrada possa ser comprovada pelo narrador.

Alternativa "b" – O segundo parágrafo, nem mesmo menciona a polícia na história narrada.

Alternativa "c" – O rapaz que pedia carona só aparece na história narrada no último parágrafo. Antes ele era tido como policial.

Alternativa "d" – Nem no segundo parágrafo, nem em todo o texto admite-se que a história narrada possa ser validada pelos pescadores.

71 **(VUNESP – Soldado PM da Polícia Militar – SP/2013)** De acordo com o terceiro parágrafo, o narrador e seus companheiros

a) acreditavam viajar em um veículo moderno para a época.
b) tinham consciência de que o veículo estava irregular.
c) duvidavam de que o veículo pudesse ser considerado velho.
d) sabiam que o veículo era antigo, mas muito bem conservado.
e) desconheciam o fato de que o carro não estava completamente equipado.

COMENTÁRIOS:

Alternativa correta: letra "b" – Pelo conteúdo do terceiro parágrafo, pode se inferir que o narrador e seus companheiros tinham consciência de que o veículo estava irregular.

Alternativa "a" – O narrador e seus companheiros não acreditavam viajar em um veículo moderno para a época. É bem o contrário.

Alternativa "c" – No terceiro parágrafo nota-se que pelo menos o narrador sabia que o veículo era considerado velho, tanto pelo ano de fabricação, quanto pelos quilômetros rodados.

Alternativa "d" – O terceiro parágrafo não confere ao veículo antigo uma boa conservação.

Alternativa "e" – No terceiro parágrafo o narrador não se refere ao carro como sendo ou não completamente equipado.

72 **(VUNESP – Soldado PM da Polícia Militar – SP/2013)** Considere o trecho do terceiro e quarto parágrafos:

[...] Havia um trecho muito curto de rodovia estadual a percorrer, de modo que a lei e a ordem não pareciam grandes problemas para nós.

Mas, mal entramos na rodovia, vimos um policial muito jovem, e com um uniforme muito esquisito, vir em nossa direção, fazendo sinal para que parássemos. [...]

O termo **Mas**, em destaque, sinaliza que o gesto do jovem – confundido com um policial – solicitando que os pescadores parassem

a) foi recebido com naturalidade, pois os pescadores eram parados por policiais naquela rodovia com frequência.

b) tinha sido previsto, pois eles eram parados pela fiscalização sempre que circulavam com aquele carro.

c) já era esperado, pois eles haviam sido informados de que a rodovia seria fiscalizada pela polícia naquela ocasião.

d) surpreendeu-os, pois eles desconheciam o fato de haver policiamento em rodovias estaduais.

e) contrariou a expectativa de que, por trafegarem em um trecho muito curto da rodovia, não teriam problemas com a lei e a ordem.

COMENTÁRIOS:

Alternativa correta: letra "e" – O termo **Mas** é uma conjunção coordenativa adversativa e sinaliza que o gesto do jovem (...) contrariou a expectativa dos pescadores de que (...) não teriam problemas com a lei e a ordem.

Alternativa "a" – A conjunção **Mas** não induz que o gesto do jovem foi recebido com naturalidade, e os pescadores não eram parados por policiais naquela rodovia.

Alternativa "b" – A conjunção **Mas** não aponta que o gesto do jovem tinha sido previsto, e os pescadores nunca foram parados pela fiscalização quando circulavam com aquele carro.

Alternativa "c" – O termo **Mas** não indica que o gesto do jovem já era esperado, e os pescadores não haviam sido informados de nenhuma fiscalização pela polícia.

Alternativa "d" – O termo **Mas** não denota que o gesto do jovem surpreendeu os pescadores, e eles não desconheciam a possibilidade de haver policiamento em rodovias estaduais.

73 **(VUNESP – Soldado PM da Polícia Militar – SP/2013)** De acordo com o narrador, o rapaz, ao auxiliá-los a empurrar o carro, agiu com

a) soberba.

b) truculência.

c) hesitação.

d) zelo.

e) inépcia.

COMENTÁRIOS:

Alternativa correta: letra "d" – Isso fica claro na fala dele: "Olha, eu vou ajudar vocês...". Questão muito fácil.

Alternativa "a" – Se tivesse sido soberbo, não ajudaria.
Alternativa "b" – Não era feroz, nem atroz, pois ajudou.
Alternativa "c" – Não hesitou.
Alternativa "e" – Não foi imbecil.

Texto para a próxima questão.

Casamento

Há mulheres que dizem:
Meu marido, se quiser pescar, pesque,
mas que limpe os peixes.
Eu não. A qualquer hora da noite me levanto,
ajudo a escamar, abrir, retalhar e salgar.
É tão bom, só a gente sozinhos na cozinha,
de vez em quando os cotovelos se esbarram,
ele fala coisas como "este foi difícil"
"prateou no ar dando rabanadas"
e faz o gesto com a mão.
O silêncio de quando nos vimos a primeira vez
atravessa a cozinha como um rio profundo.
Por fim, os peixes na travessa,
vamos dormir.
Coisas prateadas espocam:
somos noivo e noiva.

(Adélia Prado, Poesia Reunida)

74 **(VUNESP – Agente Penitenciário – ES/2013)** A ideia central do poema de Adélia Prado é mostrar que

a) as mulheres que amam valorizam o cotidiano e não gostam que os maridos frequentem pescarias, pois acham difícil limpar os peixes.

b) o eu lírico do poema pertence ao grupo de mulheres que não gostam de limpar os peixes, embora valorizem os esbarrões de cotovelos na cozinha.

c) há mulheres casadas que não gostam de ficar sozinhas com seus maridos na cozinha, enquanto limpam os peixes.

d) as mulheres que amam valorizam os momentos mais simples do cotidiano vividos com a pessoa amada.

e) o casamento exige levantar a qualquer hora da noite, para limpar, abrir e salgar o peixe.

COMENTÁRIOS:

Alternativa correta: letra "d" - A autora, através de simples detalhes cotidianos, ressalta a sensibilidade das mulheres que amam.

Alternativa "a" - Não é ideia central.

Alternativa "b" - Abusada esta alternativa, pois apenas cita exemplos.

Alternativa "c" - Nem de longe pode ser a ideia central.

Alternativa "e" - Que horror! Precisei brincar aqui.

Texto para as próximas questões.

Impressionista

Uma ocasião,
meu pai pintou a casa toda
de alaranjado brilhante.
Por muito tempo moramos numa casa,
Como ele mesmo dizia,
constantemente amanhecendo.

(Adélia Prado. In: Bagagem)

75 (VUNESP - Agente Penitenciário - ES/2013) No poema, a figura criada pelas expressões como pai, alaranjado brilhante, casa e constantemente amanhecendo, sugere

a) obscuridade e infelicidade.
b) frieza e abandono.
c) escuridão e monotonia.
d) esperança e angústia.
e) aconchego e alegria.

COMENTÁRIOS:

Alternativa correta: letra "e" - O aconchego é sugerido pela presença do pai e da casa; a alegria pelo brilho da cor e a constância do amanhecer. 'Constantemente amanhecendo' refere-se ao alaranjado brilhante.

Alternativa "a" - Não há referências a palavras negativas.

Alternativa "b" - Nada de frieza e muito menos de abandono.

Alternativa "c" - Não é escuro, é claro; não faz referência à monotonia.

Alternativa "d" - Esperança até se encaixa ao contexto, mas angústia não.

76 (VUNESP - Agente Penitenciário - ES/2013) Leia algumas características do Impressionismo: movimento na pintura caracterizado pela despreocupação com contornos, aversão aos tons sombrios – tudo envolto numa aura de alegria de viver.

Considerando esses traços, é correto afirmar que o título do poema

a) remete à ideia central do poema, que é a escolha das tintas para pintura dos contornos da casa.
b) faz antever as características do movimento conhecido por Impressionismo.
c) induz à admiração de cores sombrias e fortes.
d) refere-se às impressões de uma família com relação ao amanhecer.
e) sugere as primeiras impressões que o pai do eu lírico tinha do amanhecer visto da casa.

COMENTÁRIOS:

Alternativa correta: letra "b" – O movimento impressionista segue a estética da pintura impressionista e suas características trazem notações pitorescas, harmonização das cores dando vida ao ambiente que descreve; o título do poema sugere tais características.

Alternativa "a" – A ideia central do poema gira em torno da descrição de uma ocasião feliz, alegre, vivida em momentos saudáveis do ambiente familiar com suas cores vibrantes.

Alternativa "c" – Ao contrário: induz à admiração pelas cores claras, brilhantes e calmas.

Alternativa "d" – Refere-se a um ambiente familiar harmonioso.

Alternativa "e" – Não. Para o pai do eu lírico, a casa era um constante amanhecer. Comparação esta que é uma das características do impressionismo: alargamento dos sentimentos demonstrando euforia pelo belo.

Texto para as próximas questões.

O tango, que pode ser tanto a música quanto a dança, mescla o drama, a paixão, a sexualidade, a agressividade; é sempre e totalmente triste. Como dança, é "duro", masculino, sem meneios femininos; a mulher é sempre submissa. Nas letras, é quase sempre o homem quem sofre por amor, porém a culpa é sempre da mulher.

(Verbete "Tango", Wikipédia. Disponível em <HTTP:// PT.wikipédia.org>. Adaptado)

77 **(VUNESP – Agente Penitenciário – ES/2013)** Leia as afirmações a respeito do tango:

I. o tango é um tipo de dança bastante feminina e retrata a submissão da mulher ao homem;
II. nas letras das músicas dos tangos, o homem sempre agride a mulher, que é submissa e sofre com o desprezo do homem;
III. o tango é uma dança que envolve sexualidade e comportamento masculino.

Está correto o que se afirma em

a) I, apenas.
b) III, apenas.
c) I, II e III.
d) I e III, apenas.
e) I e II, apenas.

COMENTÁRIOS:

Alternativa correta: letra "b"

I. Errado: Como dança, é "duro", masculino, sem meneios femininos.

II. Errado: Não cita agressão (o que seria absurdo). Afirma que a mulher é submissa, mas quem sofre por amor é o homem.

III. Certo: O comportamento masculino é ditado pelos movimentos que comandam a dança; o homem conduz a mulher com movimentos rítmicos envolvendo sexualidade e habilidade.

78 (VUNESP – Agente Penitenciário – ES/2013) Leia as afirmações do texto e classifique-as em Falsas (F) ou Verdadeiras (V).

( ) Na frase – Como dança, é "duro", masculino, ... – os adjetivos em destaque estão corretamente flexionados no masculino, concordando com a palavra "dança".
( ) O tango mescla vários tipos de ritmos.
( ) As letras dos tangos sempre despertam tristeza.
( ) No tango, a mulher só dança se o homem permitir.

Assinale a alternativa que contém a classificação correta, de cima para baixo.

a) F; F; F; F.
b) F; V; F; F.
c) V; V; F; F.
d) F; F; V; F.
e) V; F; V; F.

COMENTÁRIOS:

Alternativa correta: letra "d"

Questão de interpretação de texto e concordância.

(F) Perigoso este item. Sem voltar ao texto, corre o risco de errar. O sujeito é **o tango**. Eliminadas alternativas *c* e *e*.

(F) Não mescla vários tipos de ritmos, pois é um ritmo que mescla vários temas: drama, paixão, sensualidade e agressividade. Eliminada *b*.

(V) No texto: "é sempre e totalmente triste". Eliminada *a* e assim encontramos a resposta.

(F) Não cita permissão do homem para a mulher dançar, apenas afirma que ela é submissa.

Texto para as próximas questões.

Violência epidêmica

A violência urbana é uma enfermidade contagiosa. Embora possa acometer indivíduos vulneráveis em todas as classes sociais, é nos bairros pobres que ela adquire características epidêmicas.

A prevalência varia de um país para outro e entre as cidades de um mesmo país, mas, como regra, começa nos grandes centros urbanos e se dissemina pelo interior.

As estratégias que as sociedades adotam para combater a violência variam muito e a prevenção das causas evoluiu muito pouco no decorrer do século 20, ao contrário dos avanços ocorridos no campo das infecções, câncer, diabetes e outras enfermidades.

A agressividade impulsiva é consequência de perturbações nos mecanismos biológicos de controle emocional. Tendências agressivas surgem em indivíduos com dificuldades adaptativas que os tornam despreparados para lidar com as frustrações de seus desejos.

A violência é uma doença. Os mais vulneráveis são os que tiveram a personalidade formada num ambiente desfavorável ao desenvolvimento psicológico pleno.

A revisão de estudos científicos permite identificar três fatores principais na formação das personalidades com maior inclinação ao comportamento violento:

1) Crianças que apanharam, foram vítimas de abusos, humilhadas ou desprezadas nos primeiros anos de vida.
2) Adolescentes vivendo em famílias que não lhes transmitiram valores sociais altruísticos, formação moral e não lhes impuseram limites de disciplina.
3) Associação com grupos de jovens portadores de comportamento antissocial.

Na periferia das cidades brasileiras vivem milhões de crianças que se enquadram nessas três condições de risco. Associados à falta de acesso aos recursos materiais, à desigualdade social, esses fatores de risco criam o caldo de cultura que alimenta a violência crescente nas cidades.

Na falta de outra alternativa, damos à criminalidade a resposta do aprisionamento. Porém, seu efeito é passageiro: o criminoso fica impedido de delinquir apenas enquanto estiver preso. Ao sair, estará mais pobre, terá rompido laços familiares e sociais e dificilmente encontrará quem lhe dê emprego. Ao mesmo tempo, na prisão, terá criado novas amizades e conexões mais sólidas com o mundo do crime.

Construir cadeias custa caro; administrá-las, mais ainda. Obrigados a optar por uma repressão policial mais ativa, aumentaremos o número de prisioneiros. As cadeias continuarão superlotadas.

Seria mais sensato investir em educação, para prevenir a criminalidade e tratar os que ingressaram nela.

Na verdade, não existe solução mágica a curto prazo. Precisamos de uma divisão de renda menos brutal, motivar os policiais a executar sua função com dignidade, criar leis que acabem com a impunidade dos criminosos bem-sucedidos e construir cadeias novas para substituir as velhas.

Enquanto não aprendermos a educar e oferecer medidas preventivas para que os pais evitem ter filhos que não serão capazes de criar, cabe a nós a responsabilidade de integrá-los na sociedade por meio da educação formal de bom nível, das práticas esportivas e da oportunidade de desenvolvimento artístico.

(Drauzio Varella. In Folha de S.Paulo, 9 mar.2002. Adaptado)

79 **(VUNESP – Agente Penitenciário – SP/2013)** O autor do texto compara a violência a uma doença contagiosa, indicando que

a) a agressividade é consequência da formação biológica nos primeiros anos de vida.

b) em geral, a violência espalha-se, como uma doença, das grandes cidades para as demais.

c) é nos bairros de classe alta que as tendências agressivas surgem mais fortemente como epidemia.

d) a ciência já detectou fatores hereditários da violência nos indivíduos, em todas as classes sociais.

e) nos bairros pobres precisa haver maior repressão da violência, o que não é necessário nos bairros ricos.

COMENTÁRIOS:

Alternativa correta: letra "b" – Informação citada no primeiro e segundo parágrafos do texto.

Alternativa "a" – A agressividade é consequência de perturbações nos mecanismos biológicos de controle emocional (quarto parágrafo) e não da formação biológica do indivíduo.

Alternativa "c" – As tendências agressivas encontram-se na periferia das cidades brasileiras, devido a fatores como falta de recursos materiais, desigualdade social etc.

Alternativa "d" – O texto mostra que estudos científicos identificam fatores que implicam formação das personalidades e que geram a inclinação ao comportamento violento, portanto não são fatores hereditários, mas sim adquiridos.

Alternativa "e" – O combate à violência é necessário em todos os setores da sociedade, pois violência é violência, não importando a classificação social a que tais bairros pertençam. A violência está inserida em todas as camadas sociais, embora em diferentes proporções e causas diversas, todavia o clichê sempre é dirigido à periferia das cidades.

80 **(VUNESP – Agente Penitenciário – SP/2013)** De acordo com o 3.° e 4.° parágrafos, é correto afirmar:

a) a sociedade do século 20 obteve grandes resultados na prevenção das causas da violência.

b) o tratamento do câncer e do diabetes teve avanços consideráveis no século passado.

c) os avanços ocorridos no campo das infecções contribuíram para o declínio da violência.

d) indivíduos agressivos convivem bem com suas frustrações.

e) a prevenção das causas da violência evoluiu no mesmo ritmo que no campo de algumas doenças.

COMENTÁRIOS:

Alternativa correta: letra "b" – Nos parágrafos citados, há comparação de equivalência entre as estratégias adotadas no combate à violência com prejuízo em relação aos avanços ocorridos no campo do tratamento do câncer e do diabetes no século passado (XX).

Alternativa "a" – Não houve no século XX, e nem está havendo no atual, prevenção para as causas da violência, e o problema é bem mais complexo.

Alternativa "c" – Não é a isso que se refere a leitura dos dois parágrafos. Basta reler o comentário da alternativa b.

Alternativa "d" – Indivíduos com tendências à agressividade têm dificuldades de lidar com suas frustrações devido a descontroles emocionais.

Alternativa "e" – Não é citado nos parágrafos mencionados.

81 **(VUNESP – Agente Penitenciário – SP/2013)** De acordo com o texto, a agressividade

a) também deve ser tratada com violência.

b) tem como consequência a pobreza.

c) resulta de transtornos e descontroles emocionais.

d) é estudada em associações de jovens antissociais.

e) tem crescido assim como os casos de câncer.

COMENTÁRIOS:

Alternativa correta: letra "c" – No quarto parágrafo: A agressividade impulsiva é consequência de perturbações nos mecanismos biológicos de controle emocional. Tendências agressivas surgem em indivíduos com dificuldades adaptativas que os tornam despreparados para lidar com as frustrações de seus desejos.

Alternativa "a" – O texto não traz essa afirmativa absurda e sem propósito.

Alternativa "b" – A pobreza não é consequência da agressividade e sim a agressividade é consequência das desigualdades sociais e má distribuição de rendas.

Alternativa "d" – O texto refere-se ao aprisionamento que não oferece condições de reabilitação nem estudos sobre a agressividade. O jovem antissocial confinado amplia seus contatos com outros delinquentes e, ao sair da prisão, está mais fortalecido e apto a exercer a criminalidade.

Alternativa "e" – Não é essa a afirmação do texto. A estratégia no combate à violência que gera a agressividade evoluiu muito pouco em relação aos avanços de prevenção contra o câncer.

82 (VUNESP – Agente Penitenciário – SP/2013) Assinale a alternativa cuja afirmação está de acordo com o texto.

a) Jovens criados em famílias que souberam impor limites frequentemente são inclinados a terem comportamento violento.

b) Crianças que foram rejeitadas apresentarão, na adolescência, comportamento ao mesmo tempo de apatia e humildade.

c) Não se considera a dificuldade em se obterem recursos materiais um fator para que o adolescente desenvolva a violência.

d) Os indivíduos que menos apresentam agressividade são os que tiveram seu desenvolvimento psicológico comprometido pelo ambiente em que cresceram.

e) Pode se considerar a falta de valores, como o amor ao próximo, um dos fatores para desencadear a violência no adolescente.

COMENTÁRIOS:

Alternativa correta: letra "e" – Fica claro na maioria dos adolescentes, independente da classe social a que pertença, mas, na periferia, faltam além do amor ao próximo, valores sociais. Não são disciplinados moralmente, desconhecendo limites e só conhecem os limites impostos pela desigualdade social.

Alternativa "a" – O texto afirma que a falta de imposição de limites é que propicia o comportamento violento.

Alternativa "b" – Adolescentes rejeitados em criança têm inclinação ao comportamento violento.

Alternativa "c" – No oitavo parágrafo, o autor coloca essa dificuldade associada à desigualdade social como fator de risco que aumenta e desenvolve a violência.

Alternativa "d" – Exatamente o contrário: Os indivíduos que tiveram seu desenvolvimento psicológico comprometido por ambiente desfavorável são os mais vulneráveis a apresentarem agressividade.

83 (VUNESP – Agente Penitenciário – SP/2013) Com relação à violência nas cidades, o autor do texto, Dr. Drauzio Varella, é de opinião que

a) a construção de prisões custa caro, mas é o único meio de fazer a violência decrescer definitivamente.

b) os presos, ao saírem, abandonam suas famílias e abraçam as inúmeras ofertas de emprego.

c) pôr os indivíduos violentos na cadeia é a única alternativa para acabar com a criminalidade.

d) mais que pensar em construir prisões, seria necessário que se pensasse na educação.

e) se houver uma ação maior da polícia, certamente diminuirá o número de presos.

COMENTÁRIOS:

Alternativa correta: letra "d" – Dentre as muitas soluções e reformas político-sociais necessárias, a educação seria uma medida primordial para amenizar o problema da violência. O autor deixa isso claro.

Alternativa "a" – A afirmativa contém meia verdade sobre o custo de se construir prisões, mas peca ao afirmar ser este o único meio de diminuir a violência.

Alternativa "b" – Ao contrário da afirmativa, muitos dos presos, ao saírem, perdem os laços familiares e sociais e encontram muita (ou toda) dificuldade para conseguir emprego.

Alternativa "c" – Segundo o autor do texto, *seria mais sensato investir em educação, para prevenir a criminalidade e tratar os que ingressaram nela.*

Alternativa "e" – A repressão só aumentaria o número de prisioneiros.

84 (VUNESP – Agente Penitenciário – SP/2013) Para o autor, a solução, a longo prazo, para que não haja violência nas ruas, é:

a) integrar as crianças da periferia na sociedade por meio da educação, da arte e dos esportes.
b) exigir atitudes dignas e menos brutais dos policiais, oferecendo-lhes melhores rendas.
c) os casais serem informados dos métodos preventivos para não terem filhos.
d) investir mais nas reformas das prisões velhas em vez de construir novas.
e) construir mais cadeias e administrá-las de maneira eficiente.

COMENTÁRIOS:

Alternativa correta: letra "a" – No último parágrafo: Enquanto não aprendermos a educar e oferecer medidas preventivas para que os pais evitem ter filhos que não serão capazes de criar, cabe a nós a responsabilidade de integrá-los na sociedade por meio da educação formal de bom nível, das práticas esportivas e da oportunidade de desenvolvimento artístico.

Alternativa "b" – Não é a opinião do autor. Menciona: uma divisão de renda menos brutal.

Alternativa "c" – O autor sugere enquanto não houver uma educação que forma cidadãos, tanto nos centros urbanos quanto na periferia, deveria haver medidas preventivas para que os pais evitassem ter filhos que não seriam capazes de criar. O que é bem diferente de informar métodos preventivos para não ter filhos.

Alternativa "d" – O autor considera que deve construir cadeias novas em substituição ao modelo atual.

Alternativa "e" – Cuidado! Mudar o padrão existente e construir cadeias novas que possibilitem acomodação e administração que impeçam a impunidade e acabem com a superlotação.

85 (VUNESP – Agente Penitenciário – SP/2013) Considerando o conceito de epidemia – doença infecciosa que ataca simultaneamente grande número de indivíduos –, assinale a frase que possui relação com o título do texto – Violência epidêmica.

a) As estratégias que as sociedades adotam para combater a violência variam muito... (3.º parágrafo)

b) Tendências agressivas surgem em indivíduos com dificuldades adaptativas que os tornam despreparados para lidar com as frustrações de seus desejos. (4.° parágrafo)

c) A agressividade impulsiva é consequência de perturbações nos mecanismos biológicos de controle emocional. (4.° parágrafo)

d) Na falta de outra alternativa, damos à criminalidade a resposta do aprisionamento. (11.° parágrafo)

e) A prevalência varia de um país para outro e entre as cidades de um mesmo país, mas, como regra, começa nos grandes centros urbanos e se dissemina pelo interior. (2.° parágrafo)

COMENTÁRIOS:

Alternativa correta: letra "e" – O autor compara a violência com epidemia infecciosa que é um surto que se propaga muito rapidamente atingindo e dizimando pessoas em várias regiões, simultaneamente numa velocidade tão rápida que foge ao controle das instituições responsáveis: seja doença infecciosa, seja violência urbana.

Alternativa "a" – Trata-se de estratégias e não da violência.

Alternativa "b" – Não há relação com o aumento da violência.

Alternativa "c" – Aqui se fala de consequência, por isso não se refere ao título.

Alternativa "d" – Refere-se à causa da violência.

Charge para a próxima questão.

RECRUTA ZERO

(Leila Lauar Sarmento e Douglas Tufano. Português. Volume Único)

86 **(VUNESP – Agente Penitenciário – SP/2013)** Da leitura dos quadrinhos, conclui-se que

a) ambos querem fazer o lanche à noite para que ninguém os veja.

b) as personagens pretendem deixar um lanche pronto para comerem na manhã seguinte.

c) as duas personagens querem comer antes da hora para dormirem mais.

d) as duas personagens preferem lanchar bem cedo para deixarem tudo limpo.

e) a personagem fardada fez o lanche às 21h porque pensou que já era meia-noite.

COMENTÁRIOS:

Alternativa correta: letra "c" – Fica evidente a ideia na fala do quarto quadrinho. Questão muito fácil, estilo VUNESP que se repete.

Alternativa "a" – Não cita se serão vistos ou não.

Alternativa "b" – Não fala em deixar um lanche pronto.

Alternativa "d" – Não cita limpeza.

Alternativa "e" – A personagem sabia que era mais cedo, não confundiu horário.

TEXTO

Polícia interrompe farra do boi e prende 11 pessoas em SC

Na farra do boi, festa tradicional considerada crime, o animal é perseguido e agredido

A Polícia Militar de Santa Catarina prendeu 10 pessoas e apreendeu um adolescente que participavam de uma farra do boi, uma festa tradicional da região que é considerada crime, na noite de segunda-feira, no bairro Pantanal, em Florianópolis. De acordo com a PM, o animal foi solto em uma movimentada avenida da cidade. Perseguido por farristas e muito assustado, o boi entrou na sede da estatal Eletrosul e no campus da Universidade Federal de Santa Catarina (UFSC).

O grupo jogava pedras e pedaços de madeira no animal, que chegou a atacar algumas pessoas. Viaturas da PM chegaram ao local para conter a situação. Oito homens e duas mulheres foram presos, além de um adolescente apreendido.

Com muitos ferimentos, o boi precisou ser sacrificado. O grupo detido assinou um termo circunstanciado e foi liberado ainda na madrugada desta terça.

A farra do boi é realizada com frequência em municípios com colonização açoriana em Santa Catarina, apesar de ser considerada crime. O Ministério Público e instituições de segurança reforçaram a fiscalização neste ano e criaram uma campanha para que a comunidade denuncie a ocorrência deste tipo de "farra" durante a Quaresma.

(http://noticias.terra.com.br/Brasil/policia/policia-interrompe-farra-do-boi-e- -prende-11-Acessado em 26.03.2013)

87 **(VUNESP - Agente Penitenciário - SP/2013)** Assinale a afirmação correta de acordo com o texto.

a) A farra do boi é uma festa em que se homenageia, desde a época da colonização, o povo de Santa Catarina.

b) Apesar de ser considerada crime, a farra do boi é uma festa respeitada e incentivada pela Polícia Militar de Santa Catarina.

c) Estudantes da Universidade Federal de Santa Catarina perseguiram o boi assim que ele entrou no campus.

d) O povo açoriano considera o boi um animal sagrado e na festa tradicional da farra do boi rendem homenagem a ele.

e) O boi teve que ser morto após ter sido muito ferido pelos farristas, apesar de a Polícia ter ido àquele local.

COMENTÁRIOS:

Alternativa correta: letra "e" – No terceiro parágrafo: Com muitos ferimentos, o boi precisou ser sacrificado. O grupo detido assinou um termo circunstanciado e foi liberado ainda na madrugada desta terça.

Alternativa "a" – Não homenageia o povo de Santa Catarina.

Alternativa "b" – Não é respeitada e incentivada pela polícia: O Ministério Público e instituições de segurança reforçaram a fiscalização neste ano e criaram uma campanha para que a comunidade denuncie a ocorrência deste tipo de "farra" durante a Quaresma.

Alternativa "c" – No texto, não há inferência de que estudantes perseguiram o boi, mas sim farristas: 10 pessoas e apreendeu um adolescente que participavam de uma farra do boi.

Alternativa "d" – Não há essa informação no texto, apenas é relatado que é uma festa tradicional da região que é considerada crime.

Texto para as próximas questões.

Mulher proletária

Mulher proletária – única fábrica que o operário
tem, (fabrica filhos)

tu
na tua superprodução de máquina humana
forneces anjos para o Senhor Jesus,
forneces braços para o senhor burguês.
Mulher proletária,
o operário, teu proprietário
há de ver, há de ver:
a tua produção,
ao contrário das máquinas burguesas,
salvará o teu proprietário.

(Emília Amaral e outros. Novas palavras. FTD)

88 **(VUNESP – Agente Penitenciário – SP/2013)** O título do poema Mulher proletária pode ser entendido como – Mulher que

a) trabalha com o marido.
b) combate a mortalidade infantil.
c) é pobre e gera muitos filhos.
d) depende de máquinas.
e) tem muitos projetos.

COMENTÁRIOS:

Alternativa correta: letra "c" – Proletária é trabalhadora que vive apenas de seu salário, ou seja, é pobre (segundo a origem da palavra). Gera filhos: única fábrica que o operário / tem, (fabrica filhos).

Alternativa "a" – Afirmação absurda.

Alternativa "b" – Em nada se relaciona com mortalidade.

Alternativa "d" – Não depende, pois quem gera filho é o ser humano.

Alternativa "e" – Projetos? É brincadeira da banca, acredito.

89 **(VUNESP – Agente Penitenciário – SP/2013)** Nesse poema, a mulher é

a) ridicularizada, sendo equiparada às máquinas burguesas.
b) homenageada pelos proprietários burgueses das fábricas.
c) enaltecida pela maternidade, considerada a melhor produção.
d) citada como uma produtora burguesa necessária.
e) desvalorizada, sendo comparada a uma fábrica de filhos.

COMENTÁRIOS:

Alternativa correta: letra "c" – Trechos que evidenciam a afirmação: única fábrica que o operário / tem, (fabrica filhos) / ...superprodução de máquina humana / forneces anjos para o Senhor Jesus, / forneces braços para o senhor burguês./ salvará o teu proprietário.

Alternativa "a" – Não ridiculariza, pelo contrário.

Alternativa "b" – Proprietários burgueses não possuem voz na poesia.

Alternativa "d" – Não é produtora burguesa, ela é proletária.

Alternativa "e" – Não há desvalorização.

TEXTO

Saber é trabalhar

Geralmente, numa situação de altos índices de desemprego, o trabalhador sente a necessidade de aprimorar a sua formação para obter um posto de trabalho. As empresas buscam os mais qualificados em cada categoria e excluem os que não se encaixam no perfil pretendido. Nos últimos anos, essa não tem sido a lógica vigente no Brasil. Segundo a pesquisa de emprego urbano feita pelo Dieese (Departamento Intersindical de Estatística e Estudos Socioeconómicos) e pela Fundação Seade (Sistema Estadual de Análise de Dados), os níveis de pessoas sem emprego estão apresentando quedas sucessivas de 2005 para cá. O desemprego em nove regiões metropolitanas medido pela pesquisa era de 17,9% em 2005 e fechou em 11,9% em 2010.

A pesquisa do Dieese é um medidor importante, pois sua metodologia leva em conta não só o desemprego aberto (quem está procurando trabalho), como também o oculto (pessoas que desistiram de procurar ou estão em postos precários). Uma das consequências dessa situação é apontada dentro da própria pesquisa, um aumento médio no nível de rendimentos dos trabalhadores ocupados.

A outra é a dificuldade que as empresas têm de encontrar mão de obra qualificada para os postos de trabalho que estão abertos. A Fundação Dom Cabral apresentou, em março, a pesquisa Carência de Profissionais no Brasil. A análise levou em conta profissionais dos níveis técnico, operacional, estratégico e tático. Do total, 92% das empresas admitiram ter dificuldades para contratar a mão de obra de que necessitam.

(Língua Portuguesa, outubro de 2011. Adaptado)

90 **(VUNESP – Escrevente Técnico Judiciário – TJ-SP/2012)** A frase inicial do texto – Geralmente, numa situação... um posto de trabalho. – expressa as condições gerais em uma situação de altos índices de desemprego. De acordo com essas condições,

a) o perfil de profissional pretendido nem sempre é bem definido nas empresas.

b) o desemprego aumenta em decorrência da qualificação profissional.

c) a formação de um profissional é, via de regra, questão secundária na sua contratação.

d) a qualificação profissional é um caminho para se conseguir um emprego.

e) o profissional deve ter qualificação inferior em relação às pretensões da empresa.

COMENTÁRIOS:

Alternativa correta: letra "d"– Com muita concorrência em função do alto índice de desemprego, é preciso melhor qualificação.

Alternativa "a" – O perfil do profissional é definido pela empresa, tanto que são excluídos os que não se encaixam nele.

Alternativa "b" – Afirmação contraditória, absurda.

Alternativa "c"– A formação de um profissional não é questão secundária, ao contrário, é muito importante.

Alternativa "e"– Afirmação idem a da alternativa B: errada e absurda em ralação ao texto.

91 **(VUNESP – Escrevente Técnico Judiciário – TJ-SP/2012)** O texto revela que, no Brasil,

a) as empresas estão mais rigorosas para selecionar os mais qualificados.
b) os índices de desemprego têm-se elevado continuamente nas regiões metropolitanas.
c) os trabalhadores têm investido mais do que o necessário em sua formação profissional.
d) as pesquisas sobre emprego são pouco consistentes e confiáveis.
e) as empresas convivem com a carência de mão de obra qualificada.

COMENTÁRIOS:

Alternativa correta: letra "e"– Convivem com a carência de M. O. qualificada, pela dificuldade de encontrar profissionais com formação adequada de que precisam.

Alternativa "a" – Não estão mais rigorosos, caso contrário, não teriam caído os índices de desemprego.

Alternativa "b" – Os índices de desemprego apresentam queda de 2005 a 2010.

Alternativa "c"– O texto não menciona investimento dos trabalhadores e sim necessidade de aprimorar sua formação.

Alternativa "d"– Ao contrário, afirma ser um medidor importante.

92 **(VUNESP – Escrevente Técnico Judiciário – TJ-SP/2012)** No contexto em que se insere o período – A outra é a dificuldade que as empresas têm de encontrar mão de obra qualificada para os postos de trabalho que estão abertos. – (3.° parágrafo), entende-se que a expressão "A outra" refere-se a:

a) consequências.
b) lógica.
c) pesquisa.
d) situação.
e) metodologia.

COMENTÁRIOS:

Alternativa correta: letra "a"– *Consequências dessa situação*... a primeira consequência é *um aumento médio no nível de rendimento.*

Alternativa "b" – *lógica* aparece no 1º parágrafo e não há outra.

Alternativa "c"– Foi a pesquisa que apresentou as consequências.

Alternativa "d"– A situação é que causa as consequências.

Alternativa "e"– metodologia é a forma utilizada para fazer a pesquisa e não há outra.

TEXTO

SÃO PAULO – Se você leu Cândido, de Voltaire, e achou o dr. Pangloss um sujeito muito otimista, é porque não abriu Abundance, de Peter Diamandis e Steven Kotler.

Os autores, um milionário com formação em engenharia espacial, genética e medicina e um jornalista científico, dizem com todas as letras que a humanidade está para entrar numa era de superabundância, na qual tecnologias tornarão itens essenciais tão baratos que todos os habitantes da Terra terão acesso a bens e serviços até há pouco ao alcance apenas dos muito ricos. E tudo isso no horizonte de uma geração.

Os autores têm até explicação para o fato de não acreditarmos muito nessas promessas. Como fomos programados para ver o mundo como um lugar ameaçador, nutrimos um inescapável pessimismo global, que não nos deixa perceber as revoluções silenciosas de que participamos.

Talvez sim, talvez não. Abundance é definitivamente um livro ousado, e mesmo que lhe apliquemos um deságio cético de, vá lá, 80%, ainda há coisas surpreendentes.

(Hélio Schwartsman, Abundância e otimismo. Folha de S.Paulo, 16.09.2012. Adaptado)

93 **(VUNESP – Escrevente Técnico Judiciário – TJ-SP/2012)** De acordo com o texto, o futuro é descrito pelos autores de Abundance como tempo

a) auspicioso e de grandes mudanças.
b) de empobrecimento dos ricos.
c) de descrença e intolerância.
d) com certas restrições tecnológicas.
e) de conflito entre as pessoas.

COMENTÁRIOS:

Alternativa correta: letra "a"– Auspicioso, prometedor, de bom augúrio e mudanças com utilização das novas tecnologias.

Alternativa "b" – Não faz referência a pobreza nem empobrecimento.

Alternativa "c"– Pode lembrar descrença "pelo fato de não acreditarmos muito nessas ..." mas não fala em intolerância.

Alternativa "d"– Não há restrições tecnológicas.

Alternativa "e"– Não se refere a conflito de nenhuma espécie.

94 **(VUNESP – Escrevente Técnico Judiciário – TJ-SP/2012)** Peter Diamandis e Steven Kotler acreditam que a descrença quanto às promessas apresentadas no livro deve-se ao fato de as pessoas participarem de

a) um mundo ameaçador em que não há revoluções silenciosas.
b) revoluções silenciosas que são afetadas pelo pessimismo global.
c) um mundo ameaçador sem expectativa de revoluções silenciosas.
d) um pessimismo global distanciado das revoluções silenciosas.
e) revoluções silenciosas decorrentes do pessimismo global.

COMENTÁRIOS:

Alternativa correta: letra "b"- São revoluções silenciosas, sem alarde e o pessimismo nos impede de percebê-las.

Alternativa "a" – Mundo ameaçador suposto por nós, mas há revoluções silenciosas.

Alternativa "c"– um suposto mundo ameaçador, mas com revoluções silenciosas.

Alternativa "d"– o pessimismo global não está distanciado das revoluções silenciosas.

Alternativa "e"– Revoluções silenciosas não *decorrentes*, mas *apesar* do pessimismo global.

95 **(VUNESP – Escrevente Técnico Judiciário – TJ-SP/2012)** Na frase – E tudo isso no horizonte de uma geração. – , o termo em destaque significa

a) proposição.
b) confronto.
c) paisagem.
d) intenção.
e) perspectiva.

COMENTÁRIOS:

Alternativa correta: letra "e"– "perspectiva", na esperança do futuro, expectativa.

Alternativa "a" – Não se trata de proposta.

Alternativa "b" – Não tem sentido de confrontação, acareação.

Alternativa "c"– Não é paisagem, pois se trata de um substantivo abstrato.

Alternativa "d"– Não se trata de nenhuma intenção de uma geração.

TEXTO

Ainda vamos ver sites como o Google com a mesma nostalgia que hoje dedicamos a máquinas de escrever e discos de vinil. Os atuais mecanismos de busca na rede já estão ultrapassados por projetos inovadores, que deixam esta tarefa mais fácil e precisa. Como você ainda não foi informado? Ainda são iniciativas experimentais. Falta mais dedicação dos pesquisadores e investidores dispostos a deixá-las acessíveis ao grande público.

(Galileu, dezembro de 2011)

96 **(VUNESP - Escrevente Técnico Judiciário - TJ-SP/2012)** As informações textuais permitem inferir que muitas pessoas atualmente

a) desconhecem o que seja um mecanismo de busca como o Google.
b) tornaram iniciativas experimentais acessíveis ao grande público.
c) sentem saudades das máquinas de escrever e dos discos de vinil.
d) trocaram o Google por máquinas de escrever e discos de vinil.
e) substituíram o Google por mecanismos inovadores de buscas.

COMENTÁRIOS:

Alternativa correta: letra "c"- Sentem saudades porque veem com nostalgia as máquinas de escrever e os discos de vinil em total desuso.

Alternativa "a" - Não demonstram desconhecimento do Google pelas pessoas.

Alternativa "b" - As pessoas não tomaram nenhuma iniciativa acessível ao público.

Alternativa "d"- Seria o inverso, pois atualmente se usa mais o Google que os discos de vinil e máquina de escrever.

Alternativa "e"- Não substituíram. O Google poderá vir a ser substituído por projetos inovadores.

97 **(VUNESP - Escrevente Técnico Judiciário - TJ-SP/2012)** No texto, a expressão "esta tarefa" diz respeito

a) às iniciativas experimentais.
b) à elaboração de projetos inovadores.
c) à implementação de projetos inovadores.
d) à busca de informações na rede.
e) ao propósito de acabar com o Google.

COMENTÁRIOS:

Alternativa correta: letra "d"

Nota da autora: questão de interpretação de texto e pronome.

- Pergunta: O que os projetos inovadores deixam mais fácil e precisa? Resposta: a busca de informações na rede. = *esta tarefa.*

Alternativa "a" - No texto, a expressão iniciativas *experimentais* vem depois de *esta tarefa.*

Alternativa "b" - Os projetos inovadores deixam (*esta tarefa*) a busca na rede mais fácil e precisa.

Alternativa "c"– Não é a implementação de projetos inovadores que ficará mais fácil e precisa.

Alternativa "e"– Acabar com o Google não constitui nenhuma tarefa ou propósito descritos no texto.

98 **(VUNESP – Escrevente Técnico Judiciário – TJ-SP/2012)** Leia a tira.

(Gazeta do Povo, 03.05.2011)

No segundo quadrinho, a fala da personagem revela

a) hesitação.
b) indiferença.
c) contradição.
d) raiva.
e) exaltação.

COMENTÁRIOS:

Alternativa correta: letra "b"– Para a personagem daltônica não importa a cor, pois ele não vê diferença.

Alternativa "a" – Não revela hesitação porque não há atitude alguma a ser tomada.

Alternativa "c"– Não há contradição nem de cores nem de sentimentos.

Alternativa "d"– Não revela raiva na personagem, ele fica indiferente.

Alternativa "e"– Não exalta nada o fato da grama ser mais verde.

Texto para as próximas questões.

Poder econômico do Brasil assusta o mundo do futebol

Inundado por investimentos, patrocínios e empréstimos de bancos, o futebol brasileiro vive um momento de crescimento financeiro que começa a mudar o mapa do esporte no mundo. Um panorama do futebol nacional mostra que, em vários aspectos, clubes começam a ter receitas parecidas com as dos grandes times europeus. Entre os cartolas de tradicionais equipes da Europa, a constatação é de que está cada vez mais caro tirar um jovem do Brasil. Para especialistas, fica uma questão: até que ponto essa exuberância econômica no Brasil é sustentável ou é apenas mais uma bolha?

Ainda nenhum clube brasileiro se aproxima dos times com maior renda do mundo, como o Real Madrid e o Manchester United, todavia o que impressiona é a rápida expansão. Atualmente, as maiores receitas no Brasil são as do Corinthians e do Inter-RS.

A explosão do valor dos contratos de tevê também injetou milhões no futebol e, com o novo acordo, o Campeonato Brasileiro finalmente se aproxima das maiores ligas do mundo. O Corinthians também terminará 2011 como o clube mais valioso do país, mas o time que mais cresceu foi o Santos. Essa expansão já tem sido suficiente para começar a mudar a lógica das transferências de jogadores. "Hoje, o jogador que vai para a Europa sai em busca de uma opção profissional, não por dinheiro", afirmou Marcos Motta, em Zurique durante reunião fechada da elite da indústria do futebol mundial.

O tendão de Aquiles do futebol brasileiro, porém, são as dívidas que assolam vários clubes, mesmo entre aqueles que têm feito contratações milionárias. Por isso, analistas estrangeiros alertam que o risco é de que uma bolha esteja sendo formada, como ocorreu com vários clubes espanhóis, que por mais de uma década gastaram além do que podiam e agora estão quebrados.

(Chade, Jamil. http://www.estadao.com.br/noticias. Adaptado)

99 (VUNESP– Agente de Escolta e Vigilância Penitenciária-SP/2012) De acordo com o texto, é possível afirmar que

a) o futebol brasileiro vive um momento de crescimento e já é o mais valorizado do mundo.

b) os jogadores brasileiros têm a opção de permanecer no Brasil com bons salários.

c) para os clubes europeus os jogadores brasileiros estão mais baratos do que no passado.

d) o Santos é, indubitavelmente, o time que mais cresceu e o mais valioso do Brasil.

e) os jogadores brasileiros que vão para a Europa o fazem por melhores pagamentos.

COMENTÁRIOS:

Alternativa correta: letra "b" – Sim, podemos destacar o trecho em que o autor mostra a rápida expansão do futebol brasileiro com relação às suas receitas, o que reflete diretamente na remuneração dos jogadores.

"A explosão do valor dos contratos de tevê também injetou milhões no futebol e, com o novo acordo, o Campeonato Brasileiro finalmente se aproxima das maiores ligas do mundo. [...] Essa expansão já tem sido suficiente para começar a mudar a lógica das transferências de jogadores. "Hoje, o jogador que vai para a Europa sai em busca de uma opção profissional, não por dinheiro", afirmou Marcos Motta..."

Alternativa "a" – Não, o futebol brasileiro está em plena expansão que, ainda sendo rápida, não o classifica como um dos mais valorizados do mundo.

Alternativa "c" – Ao contrário, os jogadores brasileiros estão mais valorizados. Veja o trecho abaixo:

"Entre os cartolas de tradicionais equipes da Europa, a constatação é de que está cada vez mais caro tirar um jovem do Brasil."

Alternativa "d" – Não, o Santos é o time que mais cresceu, porém o mais valioso é o Corinthians

Alternativa "e" – Não, atualmente os jogadores brasileiros que escolhem seguir carreira no exterior, fazem isso como uma opção profissional, pois os salários no futebol brasileiro já estão compatíveis com os do exterior.

100 (VUNESP– Agente de Escolta e Vigilância Penitenciária-SP/2012) Segundo analistas estrangeiros,

a) o futebol brasileiro corre o risco de ficar sem jogadores.

b) os times brasileiros já apresentam as mesmas dívidas de Real Madrid e Manchester United.

c) todos os times brasileiros estão endividados como os times espanhóis.

d) os times brasileiros não apresentam nenhuma comparação com times espanhóis.

e) os times brasileiros podem estar gastando além de sua capacidade e vir a falir.

COMENTÁRIOS:

Alternativa correta: letra "e" – Sim, a possibilidade de que isso ocorra está bastante clara no trecho abaixo:

"O tendão de Aquiles do futebol brasileiro, porém, são as dívidas que assolam vários clubes, mesmo entre aqueles que têm feito contratações milionárias. Por isso, analistas estrangeiros alertam que o risco é de que uma bolha esteja sendo formada, como ocorreu com vários clubes espanhóis, que por mais de uma década gastaram além do que podiam e agora estão quebrados."

Alternativa "a" – Não, o futebol brasileiro corre o risco de criar uma bolha, onde as despesas sejam superiores às receitas, o que causará um sério desequilíbrio, podendo levá-lo à falência.

Alternativa "b" – Os times brasileiros apresentam características semelhantes ao times espanhóis: dívidas superiores às receitas. Já o Real Madrid e Manchester United, com os quais o Brasil não se equipara, possuem as maiores receitas do mundo.

Alternativa "c" – Não, o autor não afirma que "todos" os times brasileiros estão endividados, mas sugere que muitos poderão chegar à falência caso não equilibrem suas receitas e despesas.

Alternativa "d" – Sim, infelizmente a comparação é em relação às altas dívidas.

101 (VUNESP– Agente de Escolta e Vigilância Penitenciária-SP/2012) No trecho – A **explosão** do valor dos contratos de tevê... – o termo em destaque pode ser substituído, sem alteração de sentido, por

a) anulação.

b) destruição.

c) supressão.

d) ampliação.

e) diminuição.

COMENTÁRIOS:

Alternativa correta: letra "d" – ampliação = ação ou resultado de ampliar, crescer, explodir.

Alternativa "a" – anulação = ação ou resultado de anular, tornar nulo, invalidar.

Alternativa "b" – destruição = ação ou resultado de destruir, demolir, derrubar, exterminar.

Alternativa "c" – supressão = ação ou resultado de suprimir, extinguir, eliminar, retirar, cortar.

Alternativa "e" – ação ou resultado de diminuir, reduzir, subtrair.

102 (VUNESP– Agente de Escolta e Vigilância Penitenciária-SP/2012) Em – ... Campeonato Brasileiro finalmente se aproxima das maiores **ligas** do mundo. – a palavra em destaque tem como sinônimo:

a) vitrines.
b) audiências.
c) associações.
d) misturas.
e) atividades.

COMENTÁRIOS:

Alternativa correta: letra "c" – ligas = associações.

[...]

Associação de indivíduos ou de grupos ou partidos para defesa de interesses comuns, ou para alcançar determinados fins, de ordem social, política, filantrópica, cultural etc.

Facção, bando, partido.

Aliança ou confederação de Estados para fins defensivos ou agressivos; COLIGAÇÃO: Liga de defesa nacional

(fonte: Dicionário Aulete Digital)

Alternativa "a" – vitrines = local envidraçado onde ficam expostas mercadorias para venda ou propaganda

Alternativa "b" – audiências = plateia, público em geral.

Alternativa "d" – misturas = ação ou resultado de misturar.

Alternativa "e" – atividades = qualquer ação ou função determinada, profissão, ocupação, ofício.

103 (VUNESP– Agente de Escolta e Vigilância Penitenciária-SP/2012) A expressão **tendão de Aquiles,** mencionada em relação ao futebol brasileiro, significa

a) vantagem.
b) força.
c) eficácia.
d) fraqueza.
e) preço.

COMENTÁRIOS:

Alternativa correta: letra "d" – fraqueza = estado ou característica daquele a quem falta força física; debilidade; fragilidade.

Origem da expressão:

"Segundo a mitologia grega, o herói Aquiles tinha um único ponto vulnerável em seu corpo. Um ponto fraco herdado pela humanidade ao batizar o tendão de Aquiles. Tendão é um tecido fibroso, composto primeiramente por colágeno, que conecta o músculo ao osso, sendo responsável pela transferência de força entre os dois gerando o movimento da articulação. O tendão de Aquiles é o mais resistente do corpo humano, e o mais suscetível que cruza duas articulações: o joelho e o tornozelo.

[...]

Lendas posteriores (que se iniciaram com um poema de Estácio, no século I d.C.) [*carece de fontes*] afirmavam que Aquiles era invulnerável em todo o seu corpo por se banhar no Rio Estige, exceto em seu calcanhar; ainda segundo estas versões de seu mito, sua morte teria sido causada por uma flechaenvenenada que o teria atingido exatamente nesta parte de seu corpo. A expressão "calcanhar de Aquiles", que indica a principal fraqueza de alguém, teria aí a sua origem.

(fonte: Wikipédia – com adaptações)

Alternativa "a" – vantagem = benefício, proveito.

Alternativa "b" – força = potência, robustez, rigidez; esforço.

Alternativa "c" – eficácia = qualidade do que é eficaz, capacidade de produzir o efeito desejado ou esperado.

Alternativa "e" – preço = quantia estipulada para a aquisição de uma mercadoria ou serviço; custo; valor.

104 (VUNESP– Agente de Escolta e Vigilância Penitenciária-SP/2012) No trecho – Para especialistas, fica uma questão: até que ponto essa **exuberância** econômica no Brasil é sustentável ou é apenas mais uma bolha? – o termo em destaque tem como antônimo:

a) fortuna.
b) opulência.
c) riqueza.
d) escassez.
e) abundância.

COMENTÁRIOS:

Alternativa correta: letra "d" – escassez = condição ou qualidade daquilo que é escasso; exiguidade, carência; pobreza; míngua (antônimo de exuberância)

Exuberância = grande abundância; fartura; riqueza (antônimo de escassez)

Alternativa "a" – fortuna = acúmulo de bens, de riqueza.

Alternativa "b" – opulência = acúmulo de riquezas, luxo excessivo; magnificência; pompa.

Alternativa "c" – riqueza = qualidade ou condição de quem é rico, qualidade do que tem luxo, imponência; suntuosidade; fausto.

Alternativa "e" – abundância = grande quantidade (de algo), suficiente para prover as necessidades, e mais do que isso; copiosidade; fartura.

105 (VUNESP– Agente de Escolta e Vigilância Penitenciária-SP/2012) O termo em destaque no trecho – Entre os **cartolas** de tradicionais equipes da Europa, a constatação é de que está cada vez mais caro tirar um jovem do Brasil. – refere-se aos

a) dirigentes.
b) jogadores.
c) torcedores.
d) uniformes.
e) treinadores

COMENTÁRIOS:

Alternativa correta: letra "a" – cartolas = dirigentes de clube ou entidade esportiva, especialmente de futebol.

Alternativa "b" – jogadores = aqueles que jogam (jogo esportivo) ou integram uma equipe de esporte coletivo.

Alternativa "c" – torcedores = aqueles que torcem por uma equipe, por um atleta, etc.

Alternativa "d" – uniformes = fardas ou trajes iguais usados por todos os que pertencem a uma categoria, time ou equipe.

Alternativa "e" – treinadores = profissionais que treinam, que ensinam; técnicos.

Analise o quadrinho abaixo e responda às questões.

Bill Watterson

106 **(VUNESP– Agente de Escolta e Vigilância Penitenciária-SP/2012)** Segundo o diálogo das personagens, é possível concluir que

a) os jornais atuais não mais imprimem quadrinhos em suas edições.
b) os leitores deveriam ligar para os jornais e elogiar as notícias.
c) os cartunistas têm mais espaço para contar uma história e mostrar a ação.
d) os jornais costumavam imprimir os quadrinhos maiores do que atualmente.
e) o avô da personagem mora em um asilo e sua mãe procura outro para ele.

COMENTÁRIOS:

Alternativa correta: letra "d" – sim, segundo o avô do menino, antigamente os quadrinhos eram impressos em tamanho maior em relação aos dias atuais.

Alternativa "a" – os jornais atuais imprimem quadrinhos, mas em tamanho muito pequeno.

Alternativa "b" – não, os leitores deveriam ligar para os jornais para reclamar sobre o tamanho dos quadrinhos.

Alternativa "c" – não, os cartunistas têm pouco espaço, por isso, atualmente, segundo o avô do menino, "os quadrinhos são um monte cabeças falantes."

Alternativa "e" – não, a mãe do menino procura um asilo para onde o avô seria levado.

107 **(VUNESP– Agente de Escolta e Vigilância Penitenciária-SP/2012)** Na fala -**Ele** acha que as pessoas deveriam ligar para os jornais e reclamar. – o termo destacado refere-se ao

a) jornal.
b) tigre.
c) quadrinho.
d) menino.
e) avô.

COMENTÁRIOS:

Alternativa correta: letra "e" – sim, "ele" refere-se ao avô que é citado logo no primeiro quadrinho e retomado com o pronome pessoal "ele" no segundo quadrinho.

Alternativa "a", "b", "c" e "d" – eliminadas diante da resposta da alternativa "e".

Texto para a próxima questão.

Há doenças piores que as doenças,
Há dores que não doem, nem na alma
Mas que são dolorosas mais que outras.
Que são mais nossas do que a própria vida.
Dá-me mais vinho, porque a vida é nada.

(Fernando Pessoa. Cancioneiro – 197)

108 (VUNESP– Agente de Escolta e Vigilância Penitenciária-SP/2012) De acordo com o poema, é possível afirmar que

a) sensações podem pertencer mais às pessoas do que a própria vida.

b) a vida é sempre cheia de alegrias e bons momentos.

c) as angústias não possuem nenhum efeito sobre as pessoas.

d) todas as doenças podem ser tratadas com remédios.

e) toda doença é dolorosa, mas que as pessoas são felizes.

COMENTÁRIOS:

Alternativa correta: letra "a" – sim, sensações pertencem às pessoas e não à vida. Podemos inferir isso dos versos:

"Há angústias sonhadas mais reais
Que as que a vida nos traz, há sensações
Sentidas só com imaginá-las"

Alternativa "b" – não, segundo o autor "a vida é nada".

Alternativa "c" – não, o autor diz exatamente o contrário: as angústias tomam conta do ser humano.

Alternativa "d" – não, nem todas as doenças podem ser tratadas com remédios, há aquelas que o autor chama de "doenças piores que as doenças/ há dores que não doem..." e essas não têm tratamento, segundo ele.

Alternativa "e" – há doenças mais dolorosas que outras, mas, segundo a visão angustiada do autor, as pessoas não são felizes sempre.

Texto para as próximas questões.

Grupo Mabel é comprado pela americana PepsiCo

A PepsiCo anunciou ontem a compra do Grupo Mabel, fabricante brasileira de biscoitos e salgadinhos. O negócio está sujeito à aprovação do Cade (Conselho Administrativo de Defesa Econômica). O Brasil é o segundo maior produtor de biscoitos e bolachas do mundo. A Mabel é dona das marcas Mabel, Elbi's, Kelly e Skiny.

(Metro. Edição 11.11.11. Adaptado)

109 (VUNESP– Agente de Escolta e Vigilância Penitenciária-SP/2012) Segundo o texto, é possível afirmar que

a) a Mabel, segunda maior produtora de biscoitos e bolachas do mundo, anunciou a compra da PepsiCo.

b) o Grupo Mabel, proprietário de várias marcas do ramo alimentício, é o segundo maior produtor de biscoitos do mundo.

c) o negócio realizado entre a PepsiCo e a Mabel foi rejeitado pelo Conselho Administrativo de Defesa Econômica.

d) as marcas Elbi's, Kelly, Skiny e PepsiCo pertencem ao Grupo Mabel, fabricante de biscoitos e salgadinhos.

e) a americana PepsiCo adquiriu a brasileira Mabel, mas a transação ainda depende de aceitação do Cade.

COMENTÁRIOS:

Alternativa correta: letra "e" – Sim, a aquisição está sujeita à aprovação do CADE.

Alternativa "a" – Não é a Mabel a segunda maior produtora de biscoitos do mundo, mas sim o Brasil. Assim como não e a Mabel que está comprando a PepsiCo, mas sim o contrário.

Alternativa "b" – Não é o Grupo Mabel o segundo maior produtor de bolachas do mundo, mas sim o Brasil.

Alternativa "c" – O negócio está sujeito à aprovação do CADE e não rejeitado por ele.

Alternativa "d" – O Grupo Mabel é dono das marcas Mabel, Elbi's, Kelly e Skiny. A marca PepsiCo não pertence ao Grupo Mabel como afirma esta alternativa.

110 (VUNESP– Agente de Escolta e Vigilância Penitenciária-SP/2012) Outro título para a notícia, sem que houvesse alteração de sentido e tempo, seria:

a) Grupo Mabel é vendido pela americana PepsiCo.

b) Americana PepsiCo compraria Grupo Mabel.

c) Grupo Mabel é vendido à americana PepsiCo.

d) Americana PepsiCo comprava Grupo Mabel.

e) Americana PepsiCo é vendida ao Grupo Mabel.

COMENTÁRIOS:

Alternativa correta: letra "c" – Sim, o Grupo Mabel foi vendido à PepsiCo, embora ainda esteja sujeito à aprovação.

Alternativa "a" – Não, a PepsiCo não poderia vender o que ainda não lhe pertencia.

Alternativa "b" e "d" – Já que a venda foi efetivamente realizada, não é adequado usar o verbo no Futuro do Pretérito do Indicativo (compraria) ou no Pretérito Imperfeito do Indicativo (comprava), mas sim no Pretérito Perfeito do Indicativo (comprou) ou no Presente do Indicativo (compra).

Alternativa "e" – Não, o que ocorreu foi o inverso: Mabel vendida à PesiCo.

111 (VUNESP – Agente de Escolta e Vigilância Penitenciária-SP/2012) No trecho – O negócio está **sujeito à** aprovação do Cade... – os termos em destaque podem ser substituídos, sem alteração de sentido, por

a) desvinculado da.

b) subordinado à.

c) independente da.

d) dissociado da.

e) livre de.

COMENTÁRIOS:

Alternativa correta: letra "b" – sujeito à = subordinado à

Sujeito à = Dependente de algo ou alguém: competição sujeita às condições climáticas.

Subordinado à = 1 Hierarquicamente inferior (funcionário subordinado); SUBALTERNO

Que, comparado a outra coisa, tem posição secundária: Não se preocupava com os detalhes subordinados do assunto.

Alternativa "a" – desvinculado de = Livrar(-se) de vínculos; fazer desligar(-se) ou desligar(-se) de

Alternativa "c" – independente de = Que não se relaciona ou se subordina a outro da mesma espécie, natureza, categoria etc. (fatos independentes); AVULSO; SEPARADO. [Antôn.: interligado, relacionado.]

Alternativa "d" – dissociado da = Que se dissociou, separou.

Alternativa "e" – livre de = Que pode decidir o que fazer e como fazer (país livre); NDEPENDENTE

(fonte: Dicionário Aulete Digital)

Texto para as próximas questões.

Como evitar que motoristas bêbados fiquem impunes e continuem a matar no trânsito

Rodrigo Cardoso, Paula Rocha, Michel Alecrim e Luciani Gomes

O Brasil possui uma legislação que dificulta a redução do número de mortes em acidentes de trânsito. Nem mesmo a Lei n.° 11.705, a chamada Lei Seca, que entrou em vigor em meados de 2008 para frear o ímpeto de brasileiros que insistem em guiar sob o efeito do álcool, tem conseguido conter o avanço desse tipo de tragédia. É fácil identificar o porquê. Está disseminado no país o sentimento de que é possível combinar a bebida com a direção sem que haja punição.

As garras do Judiciário, na maioria dos casos, não têm alcançado esses motoristas porque a lei é falha. O exame do bafômetro, necessário para que se detecte a quantidade de álcool ingerida passível de penalidade, pode ser recusado pelo infrator. Sem o teste, não há como se punir com rigor. Há pelo menos 170 projetos de lei propondo alterações na Lei Seca na Câmara dos Deputados. "Do jeito que está, não existe Lei Seca no País", diz o advogado Maurício Januzzi.

Os números mostram a ineficácia do atual Código de Trânsito. No ano seguinte à implantação da Lei Seca, quando a fiscalização marcava presença nas ruas e os veículos de comunicação **a** divulgavam, houve uma redução de 1,8% nas mortes de trânsito.

Nos últimos meses, uma sequência de acidentes com vítimas fatais em ruas e avenidas tem chocado a opinião pública.

Na última década, enquanto nos países da Europa as mortes no trânsito decresceram em 41%, no Brasil verificou-se um crescimento de 40%.

Aumentar a punição de quem dirige embriagado é um dos caminhos para inibir as pessoas de dirigir depois de beber.

Um dos maiores problemas da eficácia da Lei Seca é a fiscalização. O jurista Luiz Flávio Gomes acredita que o controle tem que ser implacável. "A fiscalização não pode ser flexibilizada, afrouxada", afirma.

Mostrar o caminho e reger o comportamento. É assim que campanhas de segurança no trânsito mundo afora tiveram sucesso. Se educar deve vir primeiro do que a repressão, rever socialmente o conceito que temos sobre o álcool, **porém,** não é fácil. O uso da bebida alcoólica está culturalmente presente na vida do brasileiro. É uma das poucas drogas consumidas – por ser lícita – com a família reunida. O álcool ganha poder de sedução por meio de propagandas direcionadas ao público jovem que **o** associa a situações de poder, conquista, de belas companhias, velocidade.

Para dirigir, porém, não se deve beber.

(ISTOÉ, nov. 2011. Adaptado)

112 **(VUNESP – Agente de Segurança Penitenciária-SP/2012)** Os autores do texto são de opinião de que a Lei n.° 11.705, a chamada Lei Seca, foi criada com a intenção de

a) acabar com a vontade de beber dos brasileiros.

b) identificar o motivo por que os brasileiros começam a beber muito jovens.

c) acabar, de vez, com a venda de bebida alcoólica.

d) impedir o uso de bebida alcoólica antes de dirigir veículos.

e) avançar nas pesquisas sobre o efeito do álcool nos motoristas.

COMENTÁRIOS:

Alternativa correta: letra "d" – Sim, os autores têm a opinião de que a Lei Seca foi criada no intuito de impedir uma combinação quase sempre desastrosa ou fatal: ingestão de bebida alcoólica e direção automotiva. Veja o trecho abaixo:

"...Lei n.° 11.705, a chamada Lei Seca, que entrou em vigor em meados de 2008 para frear o ímpeto de brasileiros que insistem em guiar sob o efeito do álcool,..."

Alternativa "a" – Não, os autores afirmam que "O uso da bebida alcoólica está culturalmente presente na vida do brasileiro. É uma das poucas drogas consumidas – por ser lícita – com a família reunida. O álcool ganha poder de sedução por meio de propagandas direcionadas ao público jovem que **o** associa a situações de poder, conquista, de belas companhias, velocidade."

Alternativa "b" – Não, a Lei Seca não foi criada para identificar o início precoce do uso de bebida alcoólica pelos jovens, mas sim impedir que qualquer pessoa que tenha habilitação para dirigir, não o faça quando ingerir álcool.

Alternativa "c" – A Lei Seca não foi criada com o intuito de acabar com a venda de bebida alcoólica, mas sim impedir que depois de consumi-la a pessoa dirija alcoolizada. simultaneamente.

Alternativa "e" – A Lei Seca não tem o objetivo de avançar pesquisas sobre o efeito do álcool, mas impedir que o seu uso seja conjugado com direção automotiva.

113 (VUNESP – Agente de Segurança Penitenciária-SP/2012) De acordo com o texto, a maioria dos brasileiros acredita que

a) dirigir alcoolizado não implica penalização ao motorista.
b) dirigir sob o efeito de álcool certamente acarretará punição.
c) a impetuosidade dos motoristas tem conseguido impedir tragédias.
d) pessoas sentimentais não devem ingerir álcool quando vão dirigir.
e) a legislação brasileira contribui para diminuir o número de acidentes de trânsito.

COMENTÁRIOS:

Alternativa correta: letra "a" – Sim, é exatamente isso que o texto sugere. Veja o trecho abaixo:

"[...]Está disseminado no país o sentimento de que é possível combinar a bebida com a direção sem que haja punição."

Alternativa "b" – Não, o texto mostra exatamente o inverso, de acordo com a resposta da alternativa anterior.

Alternativa "c" – Ao contrário, a impetuosidade do motorista (disposição em infringir as leis) tem acarretado tragédias. Vejamos a definição, segundo o Dicionário Aulete Digital, de "impetuosidade":

> sf.
>
> Qualidade do que é impetuoso; FORÇA; POTÊNCIA: a impetuosidade do vento na tempestade. [Antôn.: fraqueza, suavidade.]
>
> Disposição, caráter impetuoso, extrema vivacidade; FERVOR; INTENSIDADE: "...Cecília acudiu com a impetuosidade costumada..." (Rebelo da Silva, Mocidade de d. João V) [Antôn.: apatia, frieza.]
>
> [F.: impetuoso + -i- + -dade]

Alternativa "d" – Em momento algum o texto cita "pessoas sentimentais".

Alternativa "e" – Não, para que a legislação brasileira contribuísse para a redução do número de acidentes de trânsito, seria essencial que as punições por ela impostas fossem efetivamente aplicadas.

114 (VUNESP – Agente de Segurança Penitenciária-SP/2012) Com a afirmação – "Do jeito que está, não existe Lei Seca no Brasil" – o advogado Maurício Januzzi sugere que

a) Lei Seca é o nome de uma lei que nunca foi criada.
b) da forma como a Lei Seca é tratada, é como se ela nunca tivesse sido criada.

c) no Brasil, a Lei Seca não pode ser implantada.

d) a Lei Seca, implantada no Brasil, sofreu mais de uma centena de alterações.

e) no Brasil, a Lei Seca tornou-se falha após aprovação dos projetos dos deputados.

COMENTÁRIOS:

Alternativa correta: letra "b" – Exatamente isso: uma lei que não aplica punições, é como se não existisse.

Alternativa "a" – Sim, a lei foi criada e devidamente aprovada: Lei n.° 11.705, a chamada Lei Seca, entrou em vigor em meados de 2008 para frear o ímpeto de brasileiros que insistem em guiar sob o efeito do álcool.

Alternativa "c" – A Lei Seca foi implantada, porém, devido a falhas em seu cumprimento e à precariedade de fiscalização, as punições por ela impostas não têm sido aplicadas.

Alternativa "d" – O texto não cita alterações efetivas na Lei, mas sim que há mais de 170 projetos que propõem alterações.

Alternativa "e" – Os projetos de alteração ainda estão seguindo os trâmites de aprovação, somente após essa etapa é que poderão alterar a lei.

115 (VUNESP – Agente de Segurança Penitenciária-SP/2012) A frase – Os números mostram a ineficácia do atual Código de Trânsito. – está reescrita, mantendo o mesmo sentido, em:

a) Os números registram a eficiência e a atualidade do Código de Trânsito.

b) Os números indicam a inutilidade do presente Código de Trânsito.

c) Os números expõem a legalidade do atual Código de Trânsito.

d) Os números exibem o poder do presente Código de Trânsito.

e) Os números apresentam a produtividade do vigente Código de Trânsito.

COMENTÁRIOS:

Alternativa correta: letra "b" – Sim, pois ineficácia e inutilidade são palavras sinônimas. Veja abaixo a definição, com grifo e sublinhado nosso, do Dicionário Aulete Digital:

> (i.ne.fi.cá.ci:a)
>
> sf.
>
> Ausência de eficácia; INSUFICIÊNCIA; **INUTILIDADE**[Antôn.: eficácia]
>
> (i.nu.ti.li.da.de)
>
> sf.
>
> Qualidade do que é inútil; **falta de utilidade**: "A mãe, reconhecendo a inutilidade dos seus rogos, contemplava-a." (Pedro Ivo, Contos)
>
> Incapacidade, **impossibilidade de ser útil** [Antôn.: utilidade]
>
> Ação, comportamento ou fato que não resultam em algo válido ou útil
>
> Indivíduo ou coisa inútil, sem préstimo ou valor

Alternativa "a" – eficiência (capacidade de produzir bem o efeito desejado) ≠ ineficaz (que não tem o resultado esperado) / atual (aquele que está vigente) ≠ atualidade (aquilo que está atualizado)

Alternativa "c" – ineficácia (inutilidade) ≠ legalidade (de acordo com a lei)

Alternativa "d" – ineficácia (inutilidade) ≠ poder (ter poder ou autoridade para determinar algo)

Alternativa "e" – ineficácia (inutilidade) ≠ produtividade (qualidade, característica ou capacidade do que ou de quem é produtivo; capacidade de produzir)

116 (VUNESP – Agente de Segurança Penitenciária-SP/2012) As garras do Judiciário, na maioria dos casos, não têm alcançado esses motoristas porque a lei é falha.

A palavra **garras,** no texto, foi empregada com sentido

a) próprio, significando unhas.
b) próprio, significando mãos.
c) figurado, significando poder.
d) figurado, significando tolerância.
e) próprio, significando tirania.

COMENTÁRIOS:

Alternativa correta: letra "c" – Sim, o sentido é figurado, conotativo (ideia que alguma palavra possa sugerir, diferente daquela que realmente significa) e seu significado é mesmo de unhas, mãos.

Alternativa "a", "b" e "e" – O sentido é figurado e não próprio.

Alternativa "d" – O sentido é figurado, porém significa unhas e não tolerância.

117 (VUNESP – Agente de Segurança Penitenciária-SP/2012) Analise a tabela a seguir.

NÚMEROS DA LEI SECA

Ano	Passaram pelo bafômetro	Recusaram o teste	Alcoolizados	Presos
2008	39.038	60	1.381	259
2009	105.938	879	4.273	800
2010	156.266	593	4.258	879
2011*	182.665	741	2.859	1.238

* Até outubro

Fonte: CP Tran (Comando de Policiamento de Trânsito) DSP

(Diário de S.Paulo, **6 de novembro de 2011)**

O resultado dessa pesquisa mostrou que, em 2011, com relação a 2008, o número dos

a) presos quase dobrou.
b) que recusaram o teste apenas triplicou.
c) que passaram pelo bafômetro aumentou exatamente o dobro.
d) alcoolizados ultrapassou o dobro.
e) presos aumentou o mesmo que o dos alcoolizados.

COMENTÁRIOS:

Alternativa correta: letra "d" – A tabela mostra que, em 2008, ao serem submetidas ao bafômetro, havia 1381 pessoas alcoolizadas e, em 2011, esse número chegou a 2859, havendo, portanto, um crescimento de 1478 pessoas alcoolizadas, o que representa 97 pessoas a mais que o dobro (1.381 x 2 = 2762 / 2.859 – 2.762 = 97)

Alternativa "a" – O número de pessoas presas, após passarem pelo bafômetro, cresceu de 259, em 2008, para 1.238, em 2011. Temos, portanto um número que quase quintuplicou e não duplicou como se afirma nesta alternativa.

Alternativa "b" – Não, o número dos que se recusaram a fazer o teste não triplicou. Ele cresceu muito mais que isso: cresceu 12,35 vezes em relação aos anos de 2008 e 2011.

Alternativa "c" – Para que tivesse crescido exatamente o dobro, o número dos que passaram pelo bafômetro teria de ser 78.076 (39.038 x 2= 78.076), o que não aconteceu, pois o resultado ultrapassou muito esse parâmetro, chegando a 182.665, o que representa um pouco mais de 4,65 vezes o que se tinha em 2008.

Alternativa "e" – Não, o número de alcoolizados cresceu muito mais em relação ao de presos. Veja, abaixo, a comparação:

Presos = 4,78 vezes (2008 em relação a 2011)

Alcoolizados = 2,07 vezes (2008 em relação a 2011)

Texto para as próximas questões.

Leia o texto do repórter José Datena, para responder às questões.

Seu Firmino e o STF

Quando eu era um moleque, meu caminho para a escola passava todos os dias bem na frente da quitanda do Seu Firmino, um português de bigodes e sotaque fartos, que costumava ficar na porta do estabelecimento para acompanhar aquela romaria de muitas mães, avós e tias e poucos pais (eram outros tempos) levando a meninada para a escola.

O velho Firmino ficava na quitanda, entre alfaces e chicórias, batatas e laranjas e aconselhava todo moleque, como eu, que passava com uniforme escolar: "Não esqueças o guarda-chuva." Podia estar um sol de rachar ou podíamos estar atravessando a maior estiagem, não importava: Seu Firmino não cansava de repetir que a gente tinha de estar pronto para um pé-d'água. Confesso que passei anos escutando e não dando ouvidos para a ladainha. Até o dia em que fui surpreendido por uma tempestade no caminho de volta para casa. Já era grande o suficiente para ir e voltar sozinho, mas não para escutar o conselho. Fui parar, encharcado e despenteado, justamente na quitanda. Lembro que o velho Firmino pegou uma toalha e esfregou primeiro minha cabeça, depois os braços. Logo recuperei a temperatura e fiquei esperando a chuva passar. Assim que a chuva deu um tempo, eu me preparei para sair. Fui detido pelo velho quitandeiro. Ele me deu um guarda-chuva desses antigos, com cabo de madeira, e falou com mais propriedade do que nunca: "Não esqueças mais o guarda-chuva."

Foi o que aconteceu. Peguei uma certa mania de ter sempre à mão um guarda-chuva.

Lembrei dessa história porque muita gente me chama de chato por ser repetitivo em certas coisas. Reconheço que devo mesmo chatear muita gente com essa minha particularidade. Sou repetitivo, sim. Porque num país como o nosso, só repetindo verdades à exaustão a gente tem chance de ser ouvido! Robert Collier, autor de livros de autoajuda, garantia que a repetição constante leva à convicção.

O fato é que fiquei feliz quando o STF decidiu que dirigir embriagado é crime. E fiquei contente porque foi uma dessas coisas que repeti, repeti e repeti, especialmente no "Brasil Urgente", programa que apresento na TV.

(Diário de S.Paulo, 06 de novembro de 2011. Adaptado)

118 **(VUNESP – Agente de Segurança Penitenciária-SP/2012)** Com a informação contida entre parênteses, no 1.° parágrafo, -... (eram outros tempos)... – o autor refere-se à época em que

a) ele ia para a escola acompanhado de seu pai.
b) os pais paravam na quitanda do português antes de levarem seus filhos à escola.
c) não era costume os pais levarem seus filhos à escola.
d) havia muitas procissões com rezas e ladainhas no caminho da escola.
e) os meninos iam para a escola acompanhados do Seu Firmino.

COMENTÁRIOS:

Alternativa correta: letra "c" – Sim, época em que a maioria das mães não trabalhava e a elas cabia a responsabilidade de educar e cuidar dos filhos. Aos pais, trabalhar e sustentar a família.

Alternativa "a" – Não fica explícito no texto quem o acompanha à escola. Podiam ser mãe, avó ou tia. Mas fica claro que o pai não era o acompanhante.

Alternativa "b" – Não, a quitanda situava-se no caminho à escola.

Alternativa "d" – Não, o autor do texto usa a palavra "ladainha" no sentido figurado, significando que o Sr. Firmino possuía uma falação insistente e monótona, a exemplo da reza chamada ladainha, oração repetitiva, em que se alternam invocações e respostas.

Alternativa "e" – Os meninos iam à escola acompanhados de suas mães, tias ou avós. O Sr. Firmino era o dono da mercearia que ficava no caminho à escola.

119 (VUNESP – Agente de Segurança Penitenciária-SP/2012) Sobre Seu Firmino, é correto afirmar que

a) se colocava entre alfaces e chicórias para surpreender os meninos com uniforme escolar.
b) vendia guarda-chuvas, além de verduras e legumes.
c) ficava feliz quando caía um pé-d'água, pois assim vendia mais guarda-chuvas.
d) falava com pouco sotaque português.
e) fazia a mesma recomendação muitas vezes.

COMENTÁRIOS:

Alternativa correta: letra "e" – Sim, o autor inclusive utiliza a palavra "ladainha" no sentido figurado, significando que o Sr. Firmino repetia todos os dias a recomendação para que não se esquecessem de levar o guarda-chuva.

Alternativa "a" – Também no sentido figurado foi utilizada a expressão "ficava entre alfaces e chicórias...", significando que aquele era o ambiente diário de trabalho do Sr. Firmino e não que ele, literalmente, se escondia entre as verduras.

Alternativa "b" – O Sr. Firmino vendia verdura e legumes na quitanda. Além disso, ele recomendava diariamente que os meninos não se esquecem dos guarda-chuvas.

Alternativa "c" – Não, ele não vendia guarda-chuvas, apenas fazia recomendações diárias para que os meninos não os esquecessem.

Alternativa "d" – Não, Sr. Firmino falava com muito sotaque português. Veja o trecho abaixo:

"...Seu Firmino, um português de bigodes e sotaque fartos,..."

120 (VUNESP – Agente de Segurança Penitenciária-SP/2012) Ao afirmar que – Já era grande o suficiente para ir e voltar sozinho, mas não para escutar o conselho. (2.° parágrafo) – o autor sugere que

a) se sentia responsável tanto para ir sozinho à escola como para entender os conselhos de Seu Firmino.
b) se considerava grande demais para ouvir os conselhos dos mais velhos.
c) embora não tivesse idade para ir à escola e voltar sozinho, concordava com o conselho de Seu Firmino.
d) apesar de ter idade para ir à escola e voltar sozinho, era imaturo para entender o conselho de Seu Firmino.
e) gostava de ir à escola e voltar sozinho para ouvir os conselhos do português.

COMENTÁRIOS:

Alternativa correta: letra "d" – Sim, exatamente isso: tinha capacidade de ir e voltar à escola sozinho, sem precisar dos cuidados de alguém; porém, ainda era muito jovem e não tinha maturidade para entender o conselho.

Alternativa "a" –Não, o autor sugere que podia ir à escola sozinho, mas não entender os conselhos.

Alternativa "b" –Não, o autor considerava-se imaturo para ponderar e ouvir os conselhos.

Alternativa "c" –Ao contrário disso: tinha idade para ir à escola sozinho; porém, era imaturo para ouvir conselhos.

Alternativa "e" –Não, os conselhos não lhe eram interessantes, uma vez que não tinha maturidade para entendê-los.

121 (VUNESP – Agente de Segurança Penitenciária-SP/2012) Assinale a alternativa que apresenta a ligação existente entre a história de Seu Firmino e o comportamento do autor em seus programas na TV.

a) Em um de seus programas de TV, o autor sempre recomendava aos moleques que se prevenissem do mau tempo com um guarda-chuva.

b) O autor do texto aprendeu com Seu Firmino que falar a mesma coisa continuamente tem o poder de convencer as pessoas.

c) O autor do texto aprendeu com Seu Firmino que as pessoas nunca estão preparadas paraseguir os conselhos dos mais velhos.

d) Em seu programa de TV, o autor tinha um quadro em que sempre comentava as lições aprendidas com Seu Firmino.

e) Seu Firmino e o autor do texto ficaram felizes quando o STF decidiu que dirigir embriagado é crime.

COMENTÁRIOS:

Alternativa correta: letra "b" – Isso mesmo. Veja os trechos que deixam isso bastante claro:

"Lembrei dessa história porque muita gente me chama de chato por ser repetitivo em certas coisas. Reconheço que devo mesmo chatear muita gente com essa minha particularidade. Sou repetitivo, sim. Porque num país como o nosso, só repetindo verdades à exaustão a gente tem chance de ser ouvido!"

[...]

"E fiquei contente porque foi uma dessas coisas que repeti, repeti e repeti, especialmente no 'Brasil Urgente', programa que apresento na TV."

Alternativa "a" – Não, nos programas de TV, o autor usa a repetição para ser ouvido.

Alternativa "c" – Não, o autor aprendeu como Seu Firmino que a repetição exaustiva leva o assunto a ser ouvido.

Alternativa "d" – Não, não havia quadro desse tipo no programa de TV.

Alternativa "e" – Apenas o autor ficou feliz com a decisão do STF.

122 (VUNESP – Agente de Segurança Penitenciária-SP/2012) No trecho – Ele me deu um guarda-chuva desses antigos, com cabo de madeira, e falou com mais **propriedade** do que nunca: "Não esqueças mais o guarda-chuva." (2° parágrafo) – a expressão em destaque pode ser substituída, sem alteração do sentido do texto, por

a) arrogância.
b) violência.
c) autoridade.
d) impetuosidade.
e) honestidade.

COMENTÁRIOS:

Alternativa correta: letra "c" – A palavra propriedade está usada no sentido de que o Seu Firmino tinha a condição apropriada, adequada para oferecer, mais uma vez, o conselho, já que havia acabado de cair uma tempestade, situação na qual o uso do guarda-chuva é essencial.

Alternativa "a" – arrogância = Qualidade de arrogante, de quem se pretende superior ou melhor e o manifesta em atitudes de desprezo aos outros, de empáfia, de insolência etc.

Alternativa "b" – violência = Qualidade do que é violento

Alternativa "d" – impetuosidade = Qualidade do que é impetuoso; FORÇA; POTÊNCIA

Alternativa "e" – honestidade = Qualidade do que é honesto;Honradez, dignidade, probidade.

PARTE VII

ESTILÍSTICA

Figuras de linguagem

» **Nos editais:** Estilística: figuras de linguagem.

Texto para responder à questão.

Assassinos culturais

Sou um assassino cultural, e você também é. Sei que é romântico chorar quando uma livraria fecha as portas. Mas convém não abusar do romantismo – e da hipocrisia. Fomos nós que matamos aquela livraria e o crime não nos pesa muito na consciência.

Falo por mim. Os livros físicos que entram lá em casa são cada vez mais ofertas – de amigos ou editoras.

Aos 20, quando viajava por territórios estranhos, entrava nas livrarias locais como um faminto na capoeira. Comprava tanto e carregava tanto que desconfio que o meu problema de ciática é, na sua essência, um problema livresco.

Hoje? Gosto da flânerie*. Mas depois, fotografo as capas com o meu celular antes de regressar para o psicanalista – o famoso dr. Kindle. Culpado? Um pouco. E em minha defesa só posso afirmar que pago pelos meus vícios.

E quem fala em livrarias, fala em todo o resto. Eu também ajudei a matar a Tower Records e a Virgin Megastore. Havia lá dentro uma bizarria chamada CD – você se lembra?

Hoje, com alguns aplicativos, tenho uma espécie de discoteca de Alexandria onde, a meu bel-prazer, escuto meus clássicos e descubro novos.

Se juntarmos ao pacote o iTunes e a Netflix, você percebe por que eu também tenho o sangue dos cinemas e dos blockbusters nas mãos.

Eis a realidade: vivemos a desmaterialização da cultura. Mas não é apenas a cultura que se desmaterializa e tem deixado as nossas salas e estantes mais vazias. É a nossa relação com ela. Não somos mais proprietários de "coisas"; somos apenas consumidores e, palavra importante, assinantes.

O livro "Subscribed", de Tien Tzuo, analisa a situação. É uma reflexão sobre a "economia de assinaturas" que conquista a economia global. Conta o autor que mais de metade das empresas da famosa lista da "Fortune" já não existiam em 2017. O que tinham em comum? O objetivo meritório de vender "coisas" – muitas coisas, para muita gente, como sempre aconteceu desde os primórdios do capitalismo.

Já as empresas que sobreviveram e as novas que entraram na lista souberam se adaptar à economia digital, vendendo serviços (ou, de forma mais precisa, acessos).

Claro que na mudança algo se perde. O desaparecimento das livrarias não acredito que seja total no futuro (e ainda bem). Além disso, ler no papel não é o mesmo que ler na tela. Mas o interesse do livro de Tzuo não está apenas nos números; está no retrato de uma nova geração para quem a experiência cultural é mais importante do que a mera posse de objetos.

Há quem veja aqui um retrocesso, mas também é possível ver um avanço – ou, para sermos bem filosóficos, o triunfo do espírito sobre a matéria. E não será essa, no fim das contas, a vocação mais autêntica da cultura?

(João Pereira Coutinho. *Folha de S.Paulo*, 28.08.2018. Adaptado)

* Flânerie: ato de passear, de caminhar sem compromisso.

01 **(Vunesp – Administrador Judiciário – TJ SP/2019)** Assinale o trecho do texto em que está presente a figura de linguagem chamada metáfora.

a) Aos 20, quando viajava por territórios estranhos, entrava nas livrarias locais como um faminto na capoeira.

b) O desaparecimento das livrarias não acredito que seja total no futuro (e ainda bem).

c) O livro "Subscribed", de Tien Tzuo, analisa a situação.

d) Há quem veja aqui um retrocesso, mas também é possível ver um avanço...

e) Fomos nós que matamos aquela livraria e o crime não nos pesa muito na consciência.

COMENTÁRIOS:

➲ **Nota da autora:** Metáfora consiste na transferência do nome de um elemento para outro, em vista de uma relação de semelhança entre ambos. Exemplo: As folhas do canavial lambiam o muro de cal.[6]

Alternativa "a" – A metáfora pode ser uma comparação implícita (sem a conjunção "como". Como aqui a conjunção está explícita, trata-se de uma comparação.

Alternativa "b" – Não existem mais livrarias: não há metáfora.

Alternativa "c" – Metonímia: a palavra assume outro sentido que não o literal ou denotativo, por meio de uma associação de sentidos tem como base a contiguidade (e

6. Português Jurídico. Editora JusPodivm, Salvador, 2019.

não a similaridade) entre os elementos. Ou seja, é uma analogia por sentidos próximos, relativo – *o livro analisa.*

Alternativa "d" – São ideias opostas e não há figura de linguagem.

Alternativa "e" – Matar a livraria: metáfora.

ALTERNATIVA CORRETA: E

Texto para responder à questão.

Meio-dia

A tarde é uma tartaruga com o casco empoeirado a arrastar-se penosamente, as sombras foram esconder-se debaixo da barriga dos cavalos, tudo parece uma infinita quarentena – mas está marcado exatamente meio-dia nos olhos dos gatos.

(Mario Quintana, *Da preguiça como método de trabalho*)

02 **(Vunesp – Investigador de Polícia – PC SP/2018)** Na passagem – A tarde é uma tartaruga com o casco empoeirado... –, a figura presente é

a) a metáfora, associando-se a tarde à ideia de lentidão da passagem do tempo.
b) a sinestesia, misturando-se sensações para descrever a tarde vagarosa.
c) a catacrese, configurando-se a morosidade da tartaruga como ideia cristalizada.
d) o eufemismo, abrandando-se o sentido da ideia de enfado vivido na tarde.
e) a metonímia, substituindo-se a ideia de vagarosidade por tartaruga.

COMENTÁRIOS:

Alternativa "a" – É uma metáfora. Como visto na questão anterior, consiste na transferência do nome de um elemento para outro, em vista de uma relação de semelhança entre ambos.

Alternativa "b" – Não há mistura de sensações.

Alternativa "c" – Trata-se de catacrese, não de metáfora. Catacrese é a **figura de linguagem** que se estabelece quando uma palavra é empregada com um sentido diferente do literal para suprir a falta de um termo adequado, e esse "empréstimo" da palavra acontece tantas vezes que já não se percebe mais que trata-se de um empréstimo. O sentido figurado é tão utilizado que sequer nos damos conta de que aquela palavra não corresponde exatamente ao que ela está designando.[7]

Alternativa "d" – Não ameniza a ideia.

Alternativa "e" – Por não substituir a ideia, não é metonímia.

ALTERNATIVA CORRETA: A

7. https://www.figurasdelinguagem.com/

Leia o poema.

A Cascata

A água feminina canta e dança
com suas luas brancas, luas frias,
que se desfazem ao sol do meio-dia,
e derrama a nudez da claridade
e seu fulgor de espelhos e de espadas
nas pedras do horizonte.
Eu atravesso a ponte e sou o rio.
A canoa que passa. Sou os remos.
(Jamais deixei de ser a travessia.)
E o mundo com seus muros se espalha
entre as águas redondas e entre as sombras.

(Ledo Ivo. *O rumor da noite*)

03 **(Vunesp – Analista De Promotoria – MPE SP/2015)** Assinale a alternativa que apresenta, entre parênteses, o nome correto da figura de linguagem empregada no verso citado.

a) "Eu atravesso a ponte e sou o rio." (eufemismo).
b) "A água feminina canta e dança" (personificação).
c) "E o mundo com seus muros se espalha" (pleonasmo).
d) "e derrama a nudez da claridade" (gradação).
e) "(Jamais deixei de ser a travessia.)" (antítese).

COMENTÁRIOS:

Alternativa "a" – Não há eufemismo: atenuação de uma ideia que possa chocar. Exemplo: O réu faltou com a verdade.

Alternativa "b" – Ocorre personificação: atribuição de qualidades animadas a seres inanimados. Exemplo: Os sinos choravam a tarde que morria.

Alternativa "c" – Sem pleonasmo: redundância de informações a título de reforço. Exemplo: Tais pessoas, já as conheço de sobra.

Alternativa "d" – Não ocorre gradação: figura que consiste em dispor várias palavras ou expressões que se enriquecem mutuamente em progressão ascendente ou descendente. Exemplo: O que no início era apenas uma apreensão evoluiu para um susto, depois para o medo, o pânico, o pavor.

Alternativa "e" – Não há antítese: confronto de ideias opostas entre si. Exemplo: Ora temos esperança, ora nos damos ao desespero.

ALTERNATIVA CORRETA: B

CAPÍTULO 2

Questões inéditas

Elaboradas por *Duda Nogueira*[8]

01 **(DN)** Assinale a alternativa que corretamente define a figura de linguagem empregada nos trechos.

a) Não leu Ariano Suassuna. (personificação)

b) Faltei com a verdade ao dizer que fui bem na prova. (ironia)

c) Tende piedade, Senhor, de todas as mulheres
Que ninguém mais merece tanto amor e amizade
Que ninguém mais deseja tanto poesia e sinceridade
Que ninguém mais precisa tanto de alegria e serenidade. - *Vinícius de Moraes. (anáfora)*

d) Agora, o **cheiro áspero** das flores
leva-me os olhos por dentro de suas pétalas. - *Cecília Meireles. (gradação)*

e) Acordo para a morte.
Barbeio-me, visto-me, calço-me. - *Carlos Drummond de Andrade (polissíndeto)*

COMENTÁRIOS:

a) Não ocorreu personificação, mas sim metonímia.

- **Personificação**: também chamada prosopopeia, consiste na atribuição de características humanas, como sentimentos, linguagem humana e ações do homem, a coisas não humanas. .

- **Metonímia**: É a substituição de uma palavra por outra sendo que, entre ambas, há uma proximidade de sentidos, uma relação de implicação. Na frase, equivale a "Não leu **a obra** de Ariano Suassuna."

b) *Faltei com a verdade* é o mesmo que mentir, ou seja, ocorre um **eufemismo**: utilizamos palavras ou expressões que atenuam e substituem outras que produzem um efeito desagradável e chocante.

8. SIMULAÇO Língua Portuguesa. Editora jusPodivm, Salvador, 2016.

- **Ironia**: É a expressão de ideias com significado oposto ao que se realmente pensa ou acredita.

c) **Anáfora** consiste na repetição de palavras ou expressões com o objetivo de enfatizar uma ideia. Na poesia de Vinícius de Moraes: **Que ninguém mais, Que ninguém mais, Que ninguém mais.**

d) *O cheiro áspero das flores* é **sinestesia**: textos que expressam as sensações humanas, com o cruzamento de palavras referentes aos cinco sentidos.

- **Gradação**: as ideias aparecem de forma crescente ou decrescente dentro de um texto. Exemplo: A mulher **foi-se encolhendo**, agarrada aos braços da poltrona. **Cravou o olhar** esgazeado no retângulo negro do céu. **Encolheu-se mais ainda**, cruzando os braços. **Limpou as mãos** pegajosas no brocado da bata. **Susteve a respiração.**(*Lygia Fagundes Telles)*

e) A figura de linguagem é assíndeto e não polissíndeto. **Barbeio-me (e) visto-me (e) calço-me.**

- **Assíndeto**: há omissão das conjunções.
- **Polissíndeto**: Consiste na repetição de conjunções para garantir um texto mais expressivo. Exemplo: Deus criou o sol **e** a lua **e** as estrelas. **E** fez o homem **e** deu-lhe inteligência **e** fê-lo chefe da natureza.

ALTERNATIVA CORRETA: C

02 **(DN)** Na frase "Ao ódio venceu o amor.", a figura de linguagem utilizada é:

a) hipérbato.

b) comparação.

c) metáfora.

d) antítese.

e) paradoxo.

COMENTÁRIOS:

a) **Hipérbato** é o mesmo que inversão. Ao ódio venceu o amor equivale a O amor venceu ao ódio. É a **inversão** da estrutura frásica, isto é, a inversão da ordem direta dos termos da oração.

b) comparação: consiste na aproximação entre dois objetos por meio de uma característica semelhante entre eles, dando a um as características do outro. Difere da metáfora porque possui, obrigatoriamente, termos comparativos. Em suma, é uma comparação explícita. Exemplo: Tempo é como dinheiro.

c) metáfora: é um tipo de comparação, mas sem os termos comparativos (*tal como, como, são como, tanto quanto* etc.). Na metáfora, a comparação entre dois elementos está implícita, trazendo uma relação de semelhança entre eles. Exemplo: Tempo é dinheiro.

d) antítese: consiste no uso de palavras, expressões ou ideias que se opõem. Exemplo:

De **repente do riso fez-se o pranto**

Silencioso e branco como a bruma

E das **bocas unidas fez-se a espuma**

E das mãos espalmadas fez-se o espanto (*Vinícius de Moraes)*

e) paradoxo: é a presença de elementos que se anulam numa frase, trazendo à tona uma situação que foge da lógica. Exemplo:

Amor é fogo que arde sem se ver;
É **ferida que dói e não se sente**;
É um **contentamento descontente**;
É **dor que desatina sem doer**; (*Luís de Camões)*

A situação do paradoxo aqui é clara: os elementos marcados se anulam, trazendo uma série de questionamentos. Como pode uma ferida, algo que causa dor física, não ser sentida? Como o contentamento, que causa felicidade, pode ser descontente? Como a dor pode não doer? Vemos claramente a fuga da lógica.[9]

ALTERNATIVA CORRETA: A

03 **(DN)** Ocorre vício de linguagem em:

a) "Esperando, parada, pregada na pedra do porto."
b) "Eu que passo, penso e peço."
c) "A excelente Dona Inácia era mestra na arte de judiar de crianças."
d) "A luz crua da madrugada invadia meu quarto."
e) "Uma mão lava a outra, e as duas lavam o quê? Lavam o rosto!"

COMENTÁRIOS:

a) Figura de som: aliteração = consiste na repetição ordenada de mesmos sons consonantais.

b) Figura de som: paronomásia = aproximação de palavras de sons parecidos, mas de significados distintos.

c) Figura de pensamento: ironia = apresenta um termo em sentido oposto ao usual, obtendo-se, com isso, efeito crítico ou humorístico.

d) Figura de palavra: sinestesia = mescla, numa expressão, sensações percebidas por diferentes órgãos do sentido.

e) "Uma mão" soa como "mamão". Trata-se de **cacofonia**: a junção de duas ou mais palavras na frase provoca som desagradável ou palavra inconveniente.

ALTERNATIVA CORRETA: E

04 **(DN)** Era cantor, músico, ator, artista plástico e professor. Não escolheu uma profissão, as profissões o escolheram com o passar dos anos.

A informação usa o hiperônimo "profissão" para

a) amplia o sentido denotativo de *cantor, músico, ator, artista plástico* e *professor.*

9. RACHA CUCA. Disponível em: www.rachacuca.com.br

b) evita ambiguidade.
c) engloba os hipônimos *cantor, músico, ator, artista plástico* e *professor.*
d) demonstra que há polissemia entre *cantor, músico, ator, artista plástico* e *professor.*
e) substitui palavras sinônimas.

COMENTÁRIOS:

Nota da autora: Para interpretação de texto, é essencial saber a diferença entre hipônimos e hiperônimos.

1. **HIPÔNIMOS: são palavras de sentido específico**, ou seja, palavras cujos significados são hierarquicamente mais específicos do que de outras. (escassez)

Maçã e morango são hipônimos de ***fruta.***
Vermelho e verde são hipônimos de ***cor.***
Gripe e pneumonia são hipônimos de ***doença.***

2. **HIPERÔNIMOS: vocábulo de sentido mais genérico** em relação a outro. (excesso)

Animais é hiperônimo de cachorro e cavalo.
Legume é hiperônimo de *batata e cenoura.*
Doença é hiperônimo de *catapora e bronquite.*

a) Não amplia o sentido real, mostra a hierarquia das palavras.

b) Não haveria mais de um sentido.

c) "profissão" é hiperônimo de *cantor, músico, ator, artista plástico* e *professor;* enquanto *cantor, músico, ator, artista plástico* e *professor* são hipônimos de "profissão".

d) Não há um grande número significados numa só palavra, ou seja, polissemia.

e) Não há palavras com o mesmo sentido, já que as profissões são distintas. Importante ressaltar, mais uma vez, a questão hierárquica dos vocábulos - do maior ao menor e vice-versa.

ALTERNATIVA CORRETA: C

05 **(DN)** Gostam de construir castelos de areia.
Pode-se afirmar que existe:
a) metáfora e não há sentido denotativo.
b) prosopopeia e apenas sentido denotativo.
c) metonímia e dois sentidos.
d) antítese e sentido conotativo.
e) ambiguidade, sentido denotativo e conotativo.

COMENTÁRIOS:

Nota da autora: Se uma informação possui mais de um sentido, há ambiguidade. Importante saber que

1. Não é preciso haver sentido denotativo e conotativo para haver ambiguidade;

2. Havendo sentido real (denotação) e sentido figurado (conotação), haverá, obrigatoriamente, ambiguidade.

a) Há metáfora, mas há também sentido denotativo – mencionado acima.

b) Não existe prosopopeia e há os dois sentidos – denotação e conotação.

➲ **DICA** - Prosopopeia atribui características humanas a seres inanimados.

c) Não há metonímia: substituição de uma palavra por outra, quando existe uma relação lógica, uma proximidade de sentidos que permite essa troca.

d) 1. Não há antítese por não existir sentido oposto; 2. Temos dois sentidos, não apenas o figurado.

e) Denotação: constroem castelos de areia na praia. Conotação: constroem algo que não é duradouro.

ALTERNATIVA CORRETA: E

06 **(DN)** "E por você eu largo tudo
Vou mendigar, roubar, matar
Até nas coisas mais banais
Pra mim é tudo ou nunca mais..."

(Cazuza)

Qual é a figura de linguagem usada pelo poeta nesse trecho?

a) metáfora
b) metonímia
c) aliteração
d) gradação
e) anáfora

COMENTÁRIOS:

➲ **Nota da autora:**

Exemplos das outras figuras de linguagem para fixar.

a) Exemplo para fixar:

"Nas favelas, no senado
Sujeira pra todo lado"

"Sujeira" para significar atos ilícitos, ilegais, desrespeitosos.

b) Exemplo para fixar:

"Mas o sangue anda solto"

O "sangue" em lugar de morte, perigo.

c) Exemplo para fixar:

"que a brisa do Brasil beija e balança"

Aliteração em B.

d) Gradação consiste em **dispor as ideias** por meio de palavras, sinônimas ou não, **em ordem crescente ou decrescente.** Temos:

1. **Clímax**: progressão é ascendente. Cazuza abusou do clímax: mendigar, roubar e matar.

2. **Anticlímax**: progressão é descendente. Invertendo a ordem: matar, roubar e mendigar.

e) Exemplo para fixar:

"**Há flores** cobrindo o telhado
E embaixo do meu travesseiro
Há flores por todos os lados
Há flores em tudo que eu vejo"
Repetição da expressão "há flores".

ALTERNATIVA CORRETA: D

Texto para a questão.

Desencanto

Eu faço versos como quem chora
De desalento... de desencanto...
Fecha o meu livro, se por agora
Não tens motivo nenhum de pranto.

Meu verso é sangue.
Volúpia ardente...
Tristeza esparsa... remorso vão...
Dói-me nas veias. Amargo e quente,
Cai, gota a gota, do coração.

E nestes versos de angústia rouca,
Assim dos lábios a vida corre,
Deixando um acre sabor na boca.
- Eu faço versos como quem morre.

(Manuel Bandeira)

07 **(DN)** No primeiro verso, o poeta usa uma __________ e no quinto, utiliza __________.

a) comparação - metáfora
b) metáfora - comparação
c) comparação - ambiguidade
d) comparação - metonímia
e) metonímia - comparação

COMENTÁRIOS:

Nota da autora: Fixando a diferença entre comparação e metáfora.

1. Em "Eu faço versos como quem chora", está explícita a comparação através do uso da conjunção "como".

Eliminadas B e E.

2. Em "Meu verso é sangue", o poeta não usa a conjunção e o sentido é conotativo, isto é, temos uma metáfora.

Eliminadas C e D.

ALTERNATIVA CORRETA: A

PARTE VIII

Redação oficial

CAPÍTULO 1

Redação oficial

» **Nos editais:** Aspectos Gerais da Redação Oficial (A impessoalidade; clareza; concisão; formalidade; padronização; correção; concisão e clareza). As Comunicações Oficiais (Pronomes de tratamento; concordância; fechos para comunicações; formatação e diagramação dos documentos; identificação do signatário). Memorando: definição e finalidade; forma e estrutura. Ofício: definição e finalidade; forma e estrutura. Correio Eletrônico: definição e finalidade; forma e estrutura; valor documental.

Observações:

1. *Antes de resolver as questões, certifique-se de que este assunto é exigido em seu edital. A banca o insere em pouquíssimos editais, por isso não há muitas questões comentadas;*
2. *No final do capítulo, há dicas e sugestão de pesquisa.*

01 **(Vunesp – Delegado de Polícia – PC – BA/2018)** Assinale a alternativa cuja redação está em conformidade com a linguagem empregada em um memorando enviado ao Chefe do Departamento de Administração de um determinado órgão público.

a) Conforme orientações do Plano Geral de informatização, requero a Sua Senhoria ver a possibilidade de agilizar à reforma da sala de informática deste Departamento, haja vista que a troca dos computadores está prevista para ocorrer acerca de um mês antes do prazo.

b) Nos termos do Plano Geral de informatização, solicito a Vossa Senhoria verificar a possibilidade de antecipar a reforma da sala de informática deste Departamento, tendo em vista que a troca dos computadores será realizada com um mês de antecedência.

c) À partir do estabelecido no Plano Geral de informatização, venho por meio deste instrumento, com respeito à Sua Excelência, demandar da antecipação da reforma da sala de informática deste Departamento, em decorrência que a troca dos computadores está para acontecer um mês antes do previsto.

d) Pelo que dispõe o Plano Geral de informatização, peço licença à Vossa Excelência para pedir que a reforma da sala de informática deste Departamento seja adiantada, por que antecipou-se em um mês a troca dos computadores.

e) Por determinação do Plano Geral de informatização, estou averiguando da possibilidade da Vossa Senhoria priorisar a reforma da sala de informática deste Departamento, à qual precisará ser antecipada, já que a troca dos computadores antecipará-se em um mês.

COMENTÁRIOS:

Alternativa "a" – Presente do indicativo do verbo *requerer*: **requeiro**. Regência do verbo *agilizar:* transitivo direto = agilizar **a** reforma.

Alternativa "b" – Redação correta.

Alternativa "c" – Não pode haver o sinal indicativo de crase antes de verbo: **a** partir; sem crase antes do pronome de tratamento: com respeito **a** Sua Excelência.

Alternativa "d" – Sem crase antes do pronome de tratamento: peço licença **a** Vossa Excelência; **porque**: trata-se de uma explicação.

Alternativa "e" – priorizar; sem crase no pronome relativo (**a** qual): a reforma (sujeito) precisará ser antecipada – não pode haver crase no relativo se retoma o sujeito; sem termo atrativo, usa-se a mesóclise no verbo conjugado no futuro: **antecipar-se-á.**

ALTERNATIVA CORRETA: B

02 **(Vunesp – Assistente em Administração – UFABC/2019)** Um tipo de documento que tem inúmeras funções, tais como: apresentar síntese de variados tipos de trabalhos ou apresentação de resultados, parciais ou finais, de atividades variadas, das acadêmicas às prestações de contas, é

a) o memorando.
b) a resenha.
c) o ofício.
d) o projeto.
e) o relatório.

COMENTÁRIOS:

Alternativa "a" – O memorando é a modalidade de comunicação entre unidades administrativas de um mesmo órgão, que podem estar hierarquicamente em mesmo nível ou em níveis diferentes. Trata-se, portanto, de uma forma de comunicação eminentemente interna. Pode ter caráter meramente administrativo, ou ser empregado para a exposição de projetos, ideias, diretrizes, etc. a serem adotados por determinado setor do serviço público. Sua característica principal é a agilidade. A tramitação do memorando em qualquer órgão deve pautar-se pela rapidez e pela simplicidade de procedimentos burocráticos. Para evitar desnecessário aumento do número de comunicações, os despachos ao memorando devem ser dados no próprio documento e, no caso de falta de espaço, em folha de continuação. Esse procedimento permite formar uma espécie de processo simplificado, assegurando maior transparência à tomada de decisões, e permitindo que se historie o andamento da matéria tratada no memorando.[10]

Alternativa "b" – A resenha é um gênero textual sucinto, cuja principal característica é tecer, de maneira breve, uma crítica sobre determinado assunto. A resenha ideal é composta não apenas pela crítica direta, mas também por momentos de descrição, e esses dois elementos devem estar em perfeito equilíbrio em seu texto.[11]

Alternativa "c" – Aviso e ofício são modalidades de comunicação oficial praticamente idênticas. A única diferença entre eles é que o aviso é expedido exclusivamente por Ministros de Estado, para autoridades de mesma hierarquia, ao passo que o ofício é expedido para e pelas demais autoridades. Ambos têm como finalidade o tratamento de assuntos oficiais pelos órgãos da Administração Pública entre si e, no caso do ofício, também com particulares.[12]

Alternativa "d" – Projeto é um **plano** para a realização de um ato e também pode significar **desígnio, intenção, esboço.** Em geral um projeto possui três características fundamentais: tempo (início e fim), recursos (pessoas, ferramentas etc.) e trata de algo que não existia anteriormente.

Alternativa "e" – Relatório é um texto que conta o que aconteceu, porque, como, quando, e indica para que tudo se deu. É o relato expositivo, detalhado ou não, do funcionamento de uma instituição, do exercício de atividades ou acerca do desenvolvimento de serviços específicos nem determinado período.[13]

ALTERNATIVA CORRETA: E

03 **(Vunesp – Assistente em Administração – UFTM/2018)** Conforme o *Manual de Redação da Presidência da República*, a identificação do signatário, no caso específico do Ministro da Educação, deve seguir a seguinte forma:

a) (espaço para assinatura)
Ministro de Estado da Educação

b) (espaço para assinatura)
NOME

c) (espaço para assinatura)
Ministro de Estado da Educação
NOME

d) NOME
(espaço para assinatura)
Ministro de Estado da Educação

10. Manual de Redação da Presidência da República, 2002.
11. Mundo Eduação. Disponível em <https://mundoeducacao.bol.uol.com.br/gramatica/resenha.htm>. Acesso em 02 março 2019.
12. Manual de Redação da Presidência da República, 2002.
13. Conselho Nacional de Justiça, 2015.

e) (espaço para assinatura)
NOME
Ministro de Estado da Educação

COMENTÁRIOS:

Alternativa "a" – Faltou o nome após o espaço para a assinatura.

Alternativa "b" – Faltou o cargo após o nome.

Alternativa "c" – A ordem está errada. Deve ser primeiro o nome, depois o cargo.

Alternativa "d" – A assinatura deve estar antes do nome.

Alternativa "e" – Excluídas as comunicações assinadas pelo Presidente da República, todas as demais comunicações oficiais devem trazer o nome e o cargo da autoridade que as expede, abaixo do local de sua assinatura. A forma da identificação deve ser a seguinte:

(espaço para assinatura)
NOME
Chefe da Secretaria-Geral da Presidência da República

(espaço para assinatura)
NOME
Ministro de Estado da Justiça

Para evitar equívocos, recomenda-se não deixar a assinatura em página isolada do expediente. Transfira para essa página ao menos a última frase anterior ao fecho.[14]

ALTERNATIVA CORRETA: E

04 (Vunesp – Assistente em Administração – UFTM/2018) Entre os aspectos gerais da Redação Oficial, está a correção, devidamente preservada em:

a) Seguem inclusos os extratos de ata das últimas reuniões das quais participaram os chefes de departamento. Cumpre observar que não houve faltas em nenhuma delas e todos os departamentos estão quites com as documentações solicitadas.
b) Segue incluso os extratos de ata das últimas reuniões onde participaram os chefes de departamento. Cumpre observar que não se teve faltas em nenhuma delas e todos os departamentos estão quite com as documentações solicitadas.
c) Seguem incluso os extratos de ata das últimas reuniões às quais participaram os chefes de departamento. Cumpre observar que não houveram faltas em nenhuma delas e todos os departamentos estão quites com as documentações solicitado.
d) Segue inclusos os extratos de ata das últimas reuniões em que participaram os chefes de departamento. Cumpre observar que não ocorreu faltas em nenhuma delas e todos os departamentos estão quite com as documentações solicitados.
e) Seguem inclusos os extratos de ata das últimas reuniões que participaram os chefes de departamento. Cumpre observar que não houveram faltas em nenhuma delas e todos os departamentos estão quites com as documentações solicitadas.

14. Manual de Redação da Presidência da República, 2002.

COMENTÁRIOS:

Nota da autora: A banca exige pleno domínio sobre as regras gramaticais.

Alternativa "a" – Extratos (sujeito) seguem inclusos; participaram da reunião: das quais; não houve faltas – verbo impessoal no singular; os departamentos estão quites.

Alternativa "b" – Seguem inclusos; reuniões **das quais** (ou **de que**); não **tiveram** faltas; departamentos estão **quites.**

Alternativa "c" – **Inclusos**; reuniões **das quais**; não **houve** faltas.

Alternativa "d" – **Seguem**; reuniões **das quais**; não **ocorreram** faltas; departamentos estão **quites.**

Alternativa "e" – Reuniões **de que**; não **houve** faltas.

ALTERNATIVA CORRETA: A

05 (Vunesp – Assistente em Administração – UFTM/2018) O *Manual de Redação da Presidência da República* apresenta como finalidade do ofício o tratamento de assuntos

a) oficiais por órgãos da Administração Pública e Privada, chancelados por autoridades.

b) gerais dos órgãos da Administração Pública endereçados exclusivamente aos particulares.

c) gerais de particulares, encaminhados aos órgãos da Administração Pública.

d) oficiais pelos órgãos da Administração Pública entre si e também com particulares.

e) gerais, com documentos expedidos exclusivamente pelo Presidente da República.

COMENTÁRIOS:

Alternativa "a" – Apenas órgãos da Administração Pública.

Alternativa "b" – Assuntos oficiais endereçados entre si e também com particulares.

Alternativa "c" – Assuntos oficiais pelos órgãos da Administração Pública entre si e com particulares.

Alternativa "d" – O aviso e o ofício têm como finalidade o tratamento de assuntos oficiais pelos órgãos da Administração Pública entre si e, no caso do ofício, também com particulares.[15]

Alternativa "e" – Assuntos oficiais pelos órgãos da Administração Pública entre si e com particulares.

ALTERNATIVA CORRETA: D

15. Manual de Redação da Presidência da República, 2002.

06 **(Vunesp – Assistente em Administração – UFTM/2018)** De acordo com o *Manual de Redação da Presidência da República*, o fecho a ser empregado no documento é

a) Cordialmente.
b) Respeitosamente.
c) Abraço fraterno.
d) Atenciosamente.
e) Sem mais para o momento.

COMENTÁRIOS:

Alternativa "a" – Para autoridades superiores: Respeitosamente; para autoridades da mesma hierarquia ou de hierarquia inferior: Atenciosamente.

Alternativa "b" – O fecho das comunicações oficiais possui, além da finalidade óbvia de arrematar o texto, a de saudar o destinatário. Os modelos para fecho que vinham sendo utilizados foram regulados pela Portaria nº 1 do Ministério da Justiça, de 1937, que estabelecia quinze padrões. Com o fito de simplificá-los e uniformizá-los, este Manual estabelece o emprego de somente dois fechos diferentes para todas as modalidades de comunicação oficial:

a) para autoridades superiores, inclusive o Presidente da República: **Respeitosamente**,
b) para autoridades de mesma hierarquia ou de hierarquia inferior: **Atenciosamente**,

Ficam excluídas dessa fórmula as comunicações dirigidas a autoridades estrangeiras, que atendem a rito e tradição próprios, devidamente disciplinados no Manual de Redação do Ministério das Relações Exteriores.[16]

Alternativa "c" – Para autoridades superiores: Respeitosamente; para autoridades da mesma hierarquia ou de hierarquia inferior: Atenciosamente.

Alternativa "d" – Para autoridades superiores: Respeitosamente; para autoridades da mesma hierarquia ou de hierarquia inferior: Atenciosamente.

Alternativa "e" – Para autoridades superiores: Respeitosamente; para autoridades da mesma hierarquia ou de hierarquia inferior: Atenciosamente.

ALTERNATIVA CORRETA: B

Leia o texto para responder à questão, considerando-se que o documento foi enviado ao reitor de uma universidade.

___________,

É com orgulho e satisfação que convidamos ________ para que __________ a abertura do "1.º Encontro dos Alunos dos Cursos de Licenciatura", que acontecerá no Teatro da Reitoria, no dia 22/11/2018, às 9h00. O evento terá como tema "Os desafios da educação básica no século XXI", contando com nomes relevantes do cenário educacional do país e do exterior.

---

16. Manual de Redação da Presidência da República, 2002.

07 **(Vunesp – Assistente em Administração – UFTM/2018)** As lacunas do texto devem ser preenchidas, correta e respectivamente, com:

a) Magnânimo Reitor ... Vossa Excelência ... realizeis
b) Senhor Reitor ... Sua Excelência ... realizes
c) Magnífico Reitor ... Vossa Magnificência ... realize
d) Senhor Reitor ... Sua Magnificência ... realize
e) Magnífico Reitor ... Vossa Senhoria ... realizes

COMENTÁRIOS:

Nota da autora: Caso seja necessário, consulte a tabela inserida após os comentários desta questão.

Alternativa "a" – Magnífico Reitor; Vossa Magnificência; realize.

Alternativa "b" – Magnífico Reitor; Vossa Magnificência; realize.

Alternativa "c" – A forma **Vossa Magnificência** é empregada em comunicações dirigidas a reitores de universidade. Corresponde-lhe o vocativo: **Magnífico Reitor**. O verbo deve concordar com a terceira pessoa (ele). Lembre-se de que para se referir ao reitor, usa-se a forma **Sua Magnificência**.

Alternativa "d" – Magnífico Reitor; Vossa Magnificência.

Alternativa "e" – Vossa Magnificência; realize.

ALTERNATIVA CORRETA: C

08 **(Vunesp – Assistente em Administração – UFTM/2018)** Em relação ao memorando, é correto afirmar que se trata de uma forma de comunicação

a) eventualmente externa entre unidades administrativas de diferentes órgãos, a qual pode seguir diferentes estruturas.
b) eminentemente interna entre unidades administrativas de um mesmo órgão, a qual segue o modelo do padrão ofício.
c) exclusivamente externa entre unidades administrativas de níveis hierárquicos diferentes de um mesmo órgão.
d) tanto interna quanto externa entre unidades administrativas de mesmo nível hierárquico de diferentes órgãos.
e) tanto interna quanto externa entre unidades administrativas de diferentes órgãos, a qual segue o modelo do padrão ofício.

COMENTÁRIOS:

Alternativa "a" – Trata-se de uma comunicação interna.

Alternativa "b" – O memorando é a modalidade de comunicação entre unidades administrativas de um mesmo órgão, que podem estar hierarquicamente em mesmo nível ou em níveis diferentes. **Trata-se**, portanto, **de uma forma de comunicação eminentemente interna.**[17]

17. Manual de Redação da Presidência da República, 2002.

Alternativa "c" – Exclusivamente interna.

Alternativa "d" – Exclusivamente interna.

Alternativa "e" – Exclusivamente interna.

ALTERNATIVA CORRETA: B

09 **(Vunesp – Assistente em Administração – UFTM/2018)** De acordo com o *Manual de Redação da Presidência da República*, o correio eletrônico é uma forma de comunicação

a) sem valor documental, uma vez que não existem meios que permitam certificá-lo digitalmente.

b) marcada pela flexibilidade e rapidez no envio, do que decorre uma natural informalidade na linguagem.

c) sem estrutura rígida, devendo-se, contudo, utilizar linguagem compatível com uma comunicação oficial.

d) de uso restrito nos meios oficiais, sobretudo pela dificuldade de organização documental.

e) com estrutura semelhante à dos documentos impressos, daí seu rigor tanto na estrutura quanto na linguagem.

COMENTÁRIOS:

Alternativa "a" – Pode possuir valor documental: Nos termos da legislação em vigor, para que a mensagem de correio eletrônico tenha valor documental, i. é, para que possa ser aceita como documento original, **é necessário existir certificação digital** que ateste a identidade do remetente, na forma estabelecida em lei.[18]

Alternativa "b" – A linguagem deve ser compatível com a linguagem da comunicação oficial.

Alternativa "c" – O correio eletrônico ("e-mail"), por seu baixo custo e celeridade, transformou-se na principal forma de comunicação para transmissão de documentos. Um dos atrativos de comunicação por correio eletrônico é sua flexibilidade. Assim, **não interessa definir forma rígida para sua estrutura**. Entretanto, **deve-se evitar o uso de linguagem incompatível com uma comunicação oficial.** O campo assunto do formulário de correio eletrônico mensagem deve ser preenchido de modo a facilitar a organização documental tanto do destinatário quanto do remetente. Para os arquivos anexados à mensagem deve ser utilizado, preferencialmente, o formato *Rich Text*. A mensagem que encaminha algum arquivo deve trazer informações mínimas sobre seu conteúdo. Sempre que disponível, deve-se utilizar recurso de confirmação de leitura. Caso não seja disponível, deve constar da mensagem pedido de confirmação de recebimento.[19]

Alternativa "d" – Não é de uso restrito nos meios oficias.

Alternativa "e" – Informações incabíveis, como visto no comentário da alternativa "c".

ALTERNATIVA CORRETA: C

18. Manual de Redação da Presidência da República, 2002.
19. Manual de Redação da Presidência da República, 2002.

➔ DICAS

Caro(a) leitor(a),

foi lançada, no final de 2018, a terceira edição do **Manual de Redação da Presidência da República** – revista, atualizada e ampliada.

Com o intuito de facilitar seu estudo, foram disponibilizadas neste arquivo as mudanças ocorridas e que podem (devem) ser exigidas nas próximas provas. Ficou mais fácil consultar e entender o MRPR.

A principal alteração foi a **EXTINÇÃO** dos documentos **MEMORANDO** e **AVISO.**

Os **ATRIBUTOS** também foram alterados. *A redação oficial deve caracterizar-se por: clareza e precisão; objetividade; concisão; coesão e coerência; impessoalidade; formalidade e padronização; e uso da norma padrão da língua portuguesa.*

A **FONTE** usada alterou de *Times New Roman* (em 2002) para **Calibri** ou **Carlito.**

Houve importantes **acréscimos**: **SIGNATÁRIOS** – cargos interinos e substitutos, signatárias do sexo feminino –, **GRAFIA DE CARGOS COMPOSTOS**, emprego do **VOCATIVO** e **VARIAÇÕES DOS DOCUMENTOS OFICIAIS.**

Atualize-se. Fique de olho nos destaques e excelsos estudos.

➔ MANUAL DE REDAÇÃO DA PRESIDÊNCIA DA REPÚBLICA - 3ª edição 2018[20]

PARTE I — AS COMUNICAÇÕES OFICIAIS

Capítulo I — ASPECTOS GERAIS DA REDAÇÃO OFICIAL

1 Panorama da comunicação oficial

A finalidade da língua é comunicar, quer pela fala, quer pela escrita. Para que haja comunicação, são necessários:

a) alguém que comunique;

b) algo a ser comunicado;

c) alguém que receba essa comunicação.

20. Presidência da República 3a edição, revista, atualizada e ampliada pela Subchefia para Assuntos Jurídicos da Casa Civil da Presidência da República.

No caso da redação oficial, **quem comunica é** sempre **o serviço público** (este/esta ou aquele/aquela Ministério, Secretaria, Departamento, Divisão, Serviço, Seção); **o que se comunica é** sempre **algum assunto relativo às atribuições do órgão que comunica**; e **o destinatário** dessa comunicação **é o público, uma instituição privada ou outro órgão ou entidade pública**, do Poder Executivo ou dos outros Poderes. Além disso, deve-se considerar a intenção do emissor e a finalidade do documento, para que o texto esteja adequado à situação comunicativa.

A necessidade de empregar determinado nível de linguagem nos atos e nos expedientes oficiais decorre, de um lado, do próprio caráter público desses atos e comunicações; de outro, de sua finalidade. Os atos oficiais, aqui entendidos como atos de caráter normativo, ou estabelecem regras para a conduta dos cidadãos, ou regulam o funcionamento dos órgãos e entidades públicos, o que só é alcançado se, em sua elaboração, for empregada a linguagem adequada. O mesmo se dá com os expedientes oficiais, cuja **finalidade precípua é a de informar com clareza e objetividade.**

2 O que é redação oficial

Em uma frase, pode-se dizer que redação oficial é a maneira pela qual o Poder Público redige comunicações oficiais e atos normativos. Neste Manual, interessa-nos tratá-la do ponto de vista da administração pública federal.

A redação oficial não é necessariamente árida e contrária à evolução da língua. É que **sua finalidade básica – comunicar com objetividade e máxima clareza – impõe certos parâmetros ao uso que se faz da língua**, de maneira diversa daquele da literatura, do texto jornalístico, da correspondência particular etc.

Apresentadas essas características fundamentais da redação oficial, passemos à análise pormenorizada de cada um de seus atributos.

3 Atributos da redação oficial

A redação oficial deve caracterizar-se por:

- **clareza e precisão;**
- **objetividade;**
- **concisão;**
- **coesão e coerência;**
- **impessoalidade;**
- **formalidade e padronização; e**
- **uso da norma padrão da língua portuguesa.**

Fundamentalmente, esses atributos decorrem da Constituição, que dispõe, no art. 37: "A administração pública direta, indireta, de qualquer dos Poderes da União, dos Estados, do Distrito Federal e dos Municípios obedecerá aos princípios de legalidade, impessoalidade, moralidade, publicidade e eficiência (...)". Sendo a publicidade, a impessoalidade e a eficiência princípios fundamentais de toda a administração pública, devem igualmente nortear a elaboração dos atos e das comunicações oficiais.

3.1 Clareza e precisão

Clareza

A clareza deve ser a qualidade básica de todo texto oficial. Pode-se definir como claro aquele texto que possibilita imediata compreensão pelo leitor. Não se concebe que um documento oficial ou um ato normativo de qualquer natureza seja redigido de forma obscura, que dificulte ou impossibilite sua compreensão. A transparência é requisito do próprio Estado de Direito: **é inaceitável que um texto oficial ou um ato normativo não seja entendido pelos cidadãos**. O princípio constitucional da publicidade não se esgota na mera publicação do texto, estendendo-se, ainda, à necessidade de que o texto seja claro.

Para a obtenção de clareza, sugere-se:

a) utilizar palavras e expressões simples, em seu sentido comum, salvo quando o texto versar sobre assunto técnico, hipótese em que se utilizará nomenclatura própria da área;
b) usar frases curtas, bem estruturadas; apresentar as orações na ordem direta e evitar intercalações excessivas. Em certas ocasiões, para evitar ambiguidade, sugere-se a adoção da ordem inversa da oração;
c) buscar a uniformidade do tempo verbal em todo o texto;
d) não utilizar regionalismos e neologismos;
e) pontuar adequadamente o texto;
f) explicitar o significado da sigla na primeira referência a ela; e
g) utilizar palavras e expressões em outro idioma apenas quando indispensáveis, em razão de serem designações ou expressões de uso já consagrado ou de não terem exata tradução. Nesse caso, grafe-as em itálico.

Precisão

O atributo da precisão **complementa a clareza** e caracteriza-se por:

a) articulação da linguagem comum ou técnica para a perfeita compreensão da ideia veiculada no texto;
b) manifestação do pensamento ou da ideia com as mesmas palavras, evitando o emprego de sinonímia com propósito meramente estilístico; e
c) escolha de expressão ou palavra que não confira duplo sentido ao texto.

É indispensável, também, a releitura de todo o texto redigido. A ocorrência, em textos oficiais, de trechos obscuros provém principalmente da falta da releitura, o que tornaria possível sua correção. Na revisão de um expediente, deve-se avaliar se ele será de fácil compreensão por seu destinatário. O que nos parece óbvio pode ser desconhecido por terceiros. O domínio que adquirimos sobre certos assuntos, em decorrência de nossa experiência profissional, muitas vezes, faz com que os tomemos como de conhecimento geral, o que nem sempre é verdade. Explicite, desenvolva, esclareça, precise os termos técnicos, o significado das siglas e das abreviações e os conceitos específicos que não possam ser dispensados.

A revisão atenta exige tempo. A pressa com que são elaboradas certas comunicações quase sempre compromete sua clareza. "Não há assuntos urgentes, há assuntos atrasados", diz a máxima. Evite-se, pois, o atraso, com sua indesejável repercussão no texto redigido.

A clareza e a precisão não são atributos que se atinjam por si sós: elas dependem estritamente das demais características da redação oficial, apresentadas a seguir.

3.2 Objetividade

Ser objetivo é ir diretamente ao assunto que se deseja abordar, sem voltas e sem redundâncias. Para conseguir isso, é fundamental que o redator saiba de antemão qual é a ideia principal e quais são as secundárias.

Procure perceber certa hierarquia de ideias que existe em todo texto de alguma complexidade: as fundamentais e as secundárias. Essas últimas podem esclarecer o sentido daquelas, detalhá-las, exemplificá-las; mas existem também ideias secundárias que não acrescentam informação alguma ao texto, nem têm maior relação com as fundamentais, podendo, por isso, ser dispensadas, o que também proporcionará mais objetividade ao texto.

A objetividade conduz o leitor ao contato mais direto com o assunto e com as informações, sem subterfúgios, sem excessos de palavras e de ideias. É errado supor que a objetividade suprime a delicadeza de expressão ou torna o texto rude e grosseiro.

3.3 Concisão

A concisão é antes uma qualidade do que uma característica do texto oficial. **Conciso é o texto que consegue transmitir o máximo de informações com o mínimo de palavras.** Não se deve de forma alguma entendê-la como economia de pensamento, isto é, não se deve eliminar passagens substanciais do texto com o único objetivo de reduzi-lo em tamanho. Trata-se, exclusivamente, de excluir palavras inúteis, redundâncias e passagens que nada acrescentem ao que já foi dito.

Detalhes irrelevantes são dispensáveis: o texto deve evitar caracterizações e comentários supérfluos, adjetivos e advérbios inúteis, subordinação excessiva. A seguir, um exemplo[21] de período mal construído, prolixo:

---

21. O exemplo de período mal construído foi elaborado, para fins didáticos, a partir do exemplo de período bem construído, por sua vez, extraído da Exposição de Motivos Interministerial no 51/MCTI/MRE/MPOG, de 21 de dezembro de 2011 (BRASIL, 2011a).

Exemplo:

Apurado, com impressionante agilidade e precisão, naquela tarde de 2009, o resultado da consulta à população acriana, verificou-se que a esmagadora e ampla maioria da população daquele distante estado manifestou-se pela efusiva e indubitável rejeição da alteração realizada pela Lei no 11.662/2008. Não satisfeita, inconformada e indignada, com a nova hora legal vinculada ao terceiro fuso, a maioria da população do Acre demonstrou que a ela seria melhor regressar ao quarto fuso, estando cinco horas a menos que em Greenwich.

Nesse texto, há vários detalhamentos desnecessários, abusou-se no emprego de adjetivos (impressionante, esmagadora, ampla, inconformada, indignada), o que lhe confere carga afetiva injustificável, sobretudo em texto oficial, que deve primar pela impessoalidade. Eliminados os excessos, o período ganha concisão, harmonia e unidade:

Exemplo:

Apurado o resultado da consulta à população acreana, verificou-se que a maioria da população manifestou-se pela rejeição da alteração realizada pela Lei no 11.662/2008. Não satisfeita com a nova hora legal vinculada ao terceiro fuso, a maioria da população do Acre demonstrou que a ela seria melhor regressar ao quarto fuso, estando cinco horas menos que em Greenwich.

3.4 Coesão e coerência

É indispensável que o texto tenha coesão e coerência. **Tais atributos favorecem a conexão, a ligação, a harmonia entre os elementos de um texto.** Percebe-se que o texto tem coesão e coerência quando se lê um texto e se verifica que as palavras, as frases e os parágrafos estão entrelaçados, dando continuidade uns aos outros.

Alguns mecanismos que estabelecem a coesão e a coerência de um texto são: **referência, substituição, elipse e uso de conjunção.**

A referência diz respeito aos termos que se relacionam a outros necessários à sua interpretação. Esse mecanismo pode dar-se por retomada de um termo, relação com o que é precedente no texto, ou por antecipação de um termo cuja interpretação dependa do que se segue.

Exemplos:

O Deputado evitou a instalação da CPI da corrupção. Ele aguardou a decisão do Plenário.

O TCU apontou estas irregularidades: falta de assinatura e de identificação no documento.

A substituição é a colocação de um item lexical no lugar de outro(s) ou no lugar de uma oração.

Exemplos:

O Presidente assinou o acordo. O Chefe do Poder Executivo federal propôs reduzir as alíquotas. O ofício está pronto. O documento trata da exoneração do servidor.

Os governadores decidiram acatar a decisão. Em seguida, os prefeitos fizeram o mesmo.

A elipse consiste na omissão de um termo recuperável pelo contexto.

Exemplo:

O decreto regulamenta os casos gerais; a portaria, os particulares. **(Na segunda oração, houve a omissão do verbo "regulamenta").**

Outra estratégia para proporcionar coesão e coerência ao texto é utilizar conjunção para estabelecer ligação entre orações, períodos ou parágrafos.

Exemplo:

O Embaixador compareceu à reunião, pois identificou o interesse de seu Governo pelo assunto.

3.5 Impessoalidade

A impessoalidade decorre de princípio constitucional (Constituição, art. 37), e seu significado remete a dois aspectos: o primeiro é a obrigatoriedade de que a administração pública proceda de modo a não privilegiar ou prejudicar ninguém, de que o seu norte seja, sempre, o interesse público; o segundo, a abstração da pessoalidade dos atos administrativos, pois, apesar de a ação administrativa ser exercida por intermédio de seus servidores, é resultado tão-somente da vontade estatal.

A redação oficial é elaborada sempre em nome do serviço público e sempre em atendimento ao interesse geral dos cidadãos. Sendo assim, os assuntos objetos dos expedientes oficiais não devem ser tratados de outra forma que não a estritamente impessoal.

Percebe-se, assim, que o tratamento impessoal que deve ser dado aos assuntos que constam das comunicações oficiais decorre:

a) **da ausência de impressões individuais de quem comunica**: embora se trate, por exemplo, de um expediente assinado por Chefe de determinada Seção, a comunicação é sempre feita em nome do serviço público. Obtém-se, assim, uma desejável padronização, que permite que as comunicações elaboradas em diferentes setores da administração pública guardem entre si certa uniformidade;

b) **da impessoalidade de quem recebe a comunicação**: ela pode ser dirigida a um cidadão, sempre concebido como público, ou a uma instituição privada, a outro órgão ou a outra entidade pública. Em todos os casos, temos um destinatário concebido de forma homogênea e impessoal; e

c) **do caráter impessoal do próprio assunto tratado**: se o universo temático das comunicações oficiais se restringe a questões que dizem respeito ao interesse público, é natural não caber qualquer tom particular ou pessoal.

Não há lugar na redação oficial para impressões pessoais, como as que, por exemplo, constam de uma carta a um amigo, ou de um artigo assinado de jornal, ou mesmo de um texto literário. A redação oficial deve ser isenta da interferência da individualidade de quem a elabora. **A concisão, a clareza, a objetividade e a formalidade** de que nos valemos para elaborar os expedientes oficiais **contribuem**, ainda, **para que seja alcançada a necessária impessoalidade**.

3.6 Formalidade e padronização

As comunicações administrativas devem ser sempre formais, isto é, obedecer a certas regras de forma (BRASIL, 2015a). Isso é válido tanto para as comunicações feitas em meio eletrônico (por exemplo, o e-mail , o documento gerado no SEI!, o documento em html etc.), quanto para os eventuais documentos impressos.

É imperativa, ainda, certa formalidade de tratamento. Não se trata somente do correto emprego deste ou daquele pronome de tratamento para uma autoridade de certo nível, mais do que isso: a formalidade diz respeito à civilidade no próprio enfoque dado ao assunto do qual cuida a comunicação.

A formalidade de tratamento vincula-se, também, à necessária uniformidade das comunicações. Ora, se a administração pública federal é una, é natural que as comunicações que expeça sigam o mesmo padrão. O estabelecimento desse padrão, uma das metas deste Manual, exige que se atente para todas as características da redação oficial e que se cuide, ainda, da apresentação dos textos.

A digitação sem erros, o uso de papéis uniformes para o texto definitivo, nas exceções em que se fizer necessária a impressão, e a correta diagramação do texto são indispensáveis para a padronização.

Em razão de seu caráter público e de sua finalidade, os atos normativos e os expedientes oficiais requerem o uso do padrão culto do idioma, que acata os preceitos da gramática formal e emprega um léxico compartilhado pelo conjunto dos usuários da língua. O uso do padrão culto é, portanto, imprescindível na redação oficial por estar acima das diferenças lexicais, morfológicas ou sintáticas, regionais; dos modismos vocabulares e das particularidades linguísticas.

Recomendações:

- a língua culta é contra a pobreza de expressão e não contra a sua simplicidade;
- o uso do padrão culto não significa empregar a língua de modo rebuscado ou utilizar figuras de linguagem próprias do estilo literário;
- a consulta ao dicionário e à gramática é imperativa na redação de um bom texto.

Pode-se concluir que não existe propriamente um padrão oficial de linguagem, o que há é o uso da norma padrão nos atos e nas comunicações oficiais. É claro que haverá preferência pelo uso de determinadas expressões, ou será obedecida certa tradição no emprego das formas sintáticas, mas isso não implica, necessariamente, que se consagre a utilização de uma forma de linguagem burocrática. O jargão burocrático, como todo jargão, deve ser evitado, pois terá sempre sua compreensão limitada.

Capítulo II — AS COMUNICAÇÕES OFICIAIS

4 Introdução

A redação das comunicações oficiais deve, antes de tudo, seguir os preceitos explicitados no Capítulo I, "Aspectos gerais da redação oficial". Além disso, há características específicas de cada tipo de expediente, que serão tratadas em detalhe neste capítulo. Antes de passarmos à sua análise, vejamos outros aspectos comuns a quase todas as modalidades de comunicação oficial.

4.1 Pronomes de tratamento

Tradicionalmente, o emprego dos pronomes de tratamento adota a segunda pessoa do plural, de maneira indireta, para referenciar atributos da pessoa à qual se dirige. Na redação oficial, é necessário atenção para o uso dos pronomes de tratamento em três momentos distintos: no endereçamento, no vocativo e no corpo do texto. No vocativo, o autor dirige-se ao destinatário no início do documento. No corpo do texto, pode-se empregar os pronomes de tratamento em sua forma abreviada ou por extenso. O endereçamento é o texto utilizado no envelope que contém a correspondência oficial.

A seguir, alguns exemplos de utilização de pronomes de tratamento no texto oficial.

Autoridade	Endereçamento	Vocativo	Tratamento no corpo do texto	Abreviatura
Presidente da República	A Sua Excelência o Senhor	Excelentíssimo Senhor Presidente da República,	Vossa Excelência	Não se usa
Presidente do Congresso Nacional	A Sua Excelência o Senhor	Excelentíssimo Senhor Presidente do Congresso Nacional,	Vossa Excelência	Não se usa
Presidente do Supremo Tribunal Federal	A Sua Excelência o Senhor	Excelentíssimo Senhor Presidente do Supremo Tribunal Federal,	Vossa Excelência	Não se usa
Vice-Presidente da República	A Sua Excelência o Senhor	Senhor Vice-Presidente da República,	Vossa Excelência	V. Exa.

Autoridade	Endereçamento	Vocativo	Tratamento no corpo do texto	Abreviatura
Ministro de Estado	A Sua Excelência o Senhor	Senhor Ministro,	Vossa Excelência	V. Exa.
Secretário Executivo de Ministério e demais ocupantes de cargos de natureza especial	A Sua Excelência o Senhor	Senhor Secretário-Executivo,	Vossa Excelência	V. Exa
Embaixador	A Sua Excelência o Senhor	Senhor Embaixador,	Vossa Excelência	V. Exa
Oficial-General das Forças Armadas	A Sua Excelência o Senhor	Senhor + Posto,	Vossa Excelência	V. Exa.
Outros postos militares	Ao Senhor	Senhor + Posto,	Vossa Senhoria	V. Sa.
Senador da República	A Sua Excelência o Senhor	Senhor Senador,	Vossa Excelência	V. Exa.
Deputado Federal	A Sua Excelência o Senhor	Senhor Deputado,	Vossa Excelência	V. Exa.
Ministro do Tribunal de Contas da União	A Sua Excelência o Senhor	Senhor Ministro do Tribunal de Contas da União,	Vossa Excelência	V. Exa.
Ministro dos Tribunais Superiores	A Sua Excelência o Senhor	Senhor Ministro,	Vossa Excelência	V. Exa

Os exemplos acima são meramente exemplificativos. A profusão de normas estabelecendo hipóteses de tratamento por meio do pronome "Vossa Excelência" para categorias específicas tornou inviável arrolar todas as hipóteses.

4.2 Signatário

4.2.1 Cargos interino e substituto

Na identificação do signatário, depois do nome do cargo, é possível utilizar os termos interino e substituto, conforme situações a seguir: interino é aquele nomeado para ocupar transitoriamente cargo público durante a vacância; substituto é aquele designado para exercer as atribuições de cargo público vago ou no caso de afastamento e impedimentos legais ou regulamentares do titular. Esses termos devem ser utilizados depois do nome do cargo, sem hífen, sem vírgula e em minúsculo.

Exemplos:

Diretor-Geral interino

Secretário-Executivo substituto

4.2.2 Signatárias do sexo feminino

Na identificação do signatário, o cargo ocupado por pessoa do sexo feminino deve ser flexionado no gênero feminino.

Exemplos:

Ministra de Estado

Secretária-Executiva interina

Técnica Administrativa

Coordenadora Administrativa

4.3 Grafia de cargos compostos

Escrevem-se com hífen:

a) cargos formados pelo adjetivo "geral": **diretor-geral, relator-geral, ouvidor-geral**;

b) postos e gradações da diplomacia: **primeiro-secretário, segundo-secretário**;

c) postos da hierarquia militar: **tenente-coronel, capitão-tenente**;

Atenção: nomes compostos com elemento de ligação preposicionado ficam sem hífen: general de exército, general de brigada, tenente-brigadeiro do ar, capitão de mar e guerra;

d) cargos que denotam hierarquia dentro de uma empresa: **diretor-presidente, diretor-adjunto, editor-chefe, editor-assistente, sócio-gerente, diretor-executivo**;

e) cargos formados por numerais: **primeiro-ministro, primeira-dama**;

f) cargos formados com os prefixos "ex" ou "vice": **ex-diretor, vice-coordenador**.

O novo Acordo Ortográfico tornou opcional o uso de iniciais maiúsculas em palavras usadas reverencialmente, por exemplo para cargos e títulos (exemplo: o Presidente francês ou o presidente francês). Porém, em palavras com hífen, após se optar pelo uso da maiúscula ou da minúscula, deve-se manter a escolha para a grafia de todos os elementos hifenizados: pode-se escrever "Vice-Presidente" ou "vice-presidente", mas não "Vice-presidente".

4.4 Vocativo

O vocativo é uma invocação ao destinatário. Nas comunicações oficiais, o vocativo será sempre seguido de vírgula. Em comunicações dirigidas aos **Chefes de Poder, utiliza-se a expressão Excelentíssimo Senhor ou Excelentíssima Senhora e o cargo respectivo**, seguidos de vírgula.

Exemplos:

Excelentíssimo Senhor Presidente da República,

Excelentíssimo Senhor Presidente do Congresso Nacional,

Excelentíssimo Senhor Presidente do Supremo Tribunal Federal,

As **demais autoridades**, mesmo aquelas tratadas por Vossa Excelência, receberão o vocativo **Senhor ou Senhora** seguido do **cargo respectivo**.

Exemplos:

Senhora Senadora,

Senhor Juiz,

Senhora Ministra,

Na hipótese de comunicação com particular, pode-se utilizar o **vocativo Senhor ou Senhora** e a forma utilizada pela instituição para referir-se ao interlocutor: **beneficiário, usuário, contribuinte, eleitor** etc.

Exemplos:

Senhora Beneficiária,

Senhor Contribuinte,

Ainda, quando o destinatário for um particular, no vocativo, pode-se utilizar Senhor ou Senhora seguido do nome do particular ou pode-se utilizar o vocativo "Prezado Senhor" ou "Prezada Senhora".

Exemplos:

Senhora [Nome],

Prezado Senhor,

Em comunicações oficiais, **está abolido o uso de Digníssimo (DD) e de Ilustríssimo (Ilmo.).** Evite-se o uso de "doutor" indiscriminadamente. O tratamento por meio de Senhor confere a formalidade desejada.

5 O padrão ofício

Até a segunda edição deste Manual, havia três tipos de expedientes que se diferenciavam antes pela finalidade do que pela forma: o ofício, o aviso e o memorando. **Com o objetivo de uniformizá-los, deve-se adotar nomenclatura e diagramação únicas, que sigam o que chamamos de padrão ofício.**

A distinção básica anterior entre os três era:

a) aviso: era expedido exclusivamente por Ministros de Estado, para autoridades de mesma hierarquia;

b) ofício: era expedido para e pelas demais autoridades; e

c) memorando: era expedido entre unidades administrativas de um mesmo órgão.

Atenção: Nesta nova edição ficou abolida aquela distinção e passou-se a utilizar o termo ofício nas três hipóteses.

A seguir, será apresentada a estrutura do padrão ofício, de acordo com a ordem com que cada elemento aparece no documento oficial.

5.1 Partes do documento no padrão ofício

5.1.1 Cabeçalho

O cabeçalho é utilizado apenas na primeira página do documento, centralizado na área determinada pela formatação (ver subitem "5.2 Formatação e apresentação"). No cabeçalho deverão constar os seguintes elementos:

a) **brasão de Armas da República**[22]: no topo da página. Não há necessidade de ser aplicado em cores. O uso de marca da instituição deve ser evitado na correspondência oficial para não se sobrepor ao Brasão de Armas da República.

b) nome do órgão principal;

c) nomes dos órgãos secundários, quando necessários, da maior para a menor hierarquia; e

d) **espaçamento**: entrelinhas simples (1,0).

Exemplo:

[Nome do órgão]
[Secretaria/Diretoria]
[Departamento/Setor/Entidade]

22. O desenho oficial atualizado do Brasão de Armas da República pode ser localizado no sítio eletrônico da Presidência da República, na seção Símbolos Nacionais. Disponível em: <http://www2.planalto.gov.br/acervo/simbolosnacionais/brasao/brasao-da-republica>. No caso de documento a ser impresso, exclusivamente quando o signatário for o Presidente da República, Ministro de Estado ou a autoridade máxima de autarquia, será utilizado timbre em relevo branco, nos termos do disposto no Decreto no 80.739, de 14 de novembro de 1977.

Os dados do órgão, tais como endereço, telefone, endereço de correspondência eletrônica, sítio eletrônico oficial da instituição, podem ser informados no rodapé do documento, centralizados.

5.1.2 Identificação do expediente

Os documentos oficiais devem ser identificados da seguinte maneira:

a) **nome do documento**: tipo de expediente por extenso, com todas as letras maiúsculas;

b) **indicação de numeração**: abreviatura da palavra "número", padronizada como Nº;

c) **informações do documento**: número, ano (com quatro dígitos) e siglas usuais do setor que expede o documento, da menor para a maior hierarquia, separados por barra (/); e d) **alinhamento**: à margem esquerda da página.

Exemplo:

OFÍCIO Nº 652/2018/SAA/SE/MT

5.1.3 Local e data do documento

Na grafia de datas em um documento, o conteúdo deve constar da seguinte forma:

a) **composição**: local e data do documento;

b) **informação de local**: nome da cidade onde foi expedido o documento, seguido de vírgula. Não se deve utilizar a sigla da unidade da federação depois do nome da cidade;

c) **dia do mês**: em numeração ordinal se for o primeiro dia do mês e em numeração cardinal para os demais dias do mês. Não se deve utilizar zero à esquerda do número que indica o dia do mês;

d) **nome do mês**: deve ser escrito com inicial minúscula;

e) **pontuação**: coloca-se ponto-final depois da data; e

f) **alinhamento**: o texto da data deve ser alinhado à margem direita da página.

Exemplo:

Brasília, 2 de fevereiro de 2018.

5.1.4 Endereçamento

O endereçamento é a parte do documento que informa quem receberá o expediente. Nele deverão constar os seguintes elementos:

a) **vocativo**: na forma de tratamento adequada para quem receberá o expediente (ver subitem "4.1 Pronomes de tratamento");

b) **nome**: nome do destinatário do expediente;

c) **cargo**: cargo do destinatário do expediente;

d) **endereço**: endereço postal de quem receberá o expediente, dividido em duas linhas: primeira linha: informação de localidade/logradouro do destinatário ou, no caso de ofício ao mesmo órgão, informação do setor; segunda linha: CEP e cidade/unidade da federação, separados por espaço simples. Na separação entre cidade e unidade da federação pode ser substituída a barra pelo ponto ou pelo travessão. No caso de ofício ao mesmo órgão, não é obrigatória a informação do CEP, podendo ficar apenas a informação da cidade/unidade da federação; e

e) **alinhamento**: à margem esquerda da página.

O pronome de tratamento no endereçamento das comunicações dirigidas às autoridades tratadas por Vossa Excelência terá a seguinte forma: "A Sua Excelência o Senhor" ou "A Sua Excelência a Senhora".

Quando o tratamento destinado ao receptor for Vossa Senhoria, o endereçamento a ser empregado é "Ao Senhor" ou "À Senhora". Ressalte-se que não se utiliza a expressão "A Sua Senhoria o Senhor" ou "A Sua Senhoria a Senhora".

Exemplos:

A Sua Excelência o Senhor	À Senhora	Ao Senhor
[Nome]	[Nome]	[Nome]
Ministro de Estado da Justiça	Diretora de Gestão de Pessoas	Chefe da Seção de Compras
Esplanada dos Ministérios Bloco T	SAUS Q. 3 Lote 5/6 Ed Sede I	Diretoria de Material, Seção
70064-900 Brasília/DF	70070-030 Brasília. DF	Brasília – DF

5.1.5 Assunto

O assunto deve dar uma ideia geral do que trata o documento, de forma sucinta.

Ele deve ser grafado da seguinte maneira:

a) **título**: a palavra Assunto deve anteceder a frase que define o conteúdo do documento, seguida de dois-pontos;

b) **descrição do assunto**: a frase que descreve o conteúdo do documento deve ser escrita com inicial maiúscula, não se deve utilizar verbos e sugere-se utilizar de quatro a cinco palavras;

c) **destaque**: todo o texto referente ao assunto, inclusive o título, deve ser destacado em negrito;

d) **pontuação**: coloca-se ponto-final depois do assunto; e

e) **alinhamento**: à margem esquerda da página.

Exemplos:

Assunto: Encaminhamento do Relatório de Gestão julho/2018.

Assunto: Aquisição de computadores.

5.1.6 Texto do documento

O texto do documento oficial deve seguir a seguinte padronização de estrutura:

I – nos casos em que não seja usado para encaminhamento de documentos, o expediente deve conter a seguinte estrutura:

a) **introdução**: em que é apresentado o objetivo da comunicação. Evite o uso das formas: Tenho a honra de, Tenho o prazer de, Cumpre-me informar que. Prefira empregar a forma direta: Informo, Solicito, Comunico;

b) **desenvolvimento**: em que o assunto é detalhado; se o texto contiver mais de uma ideia sobre o assunto, elas devem ser tratadas em parágrafos distintos, o que confere maior clareza à exposição; e

c) **conclusão**: em que é afirmada a posição sobre o assunto.

II – quando forem usados para encaminhamento de documentos, a estrutura é modificada:

a) **introdução**: deve iniciar com referência ao expediente que solicitou o encaminhamento. Se a remessa do documento não tiver sido solicitada, deve iniciar com a informação do motivo da comunicação, que é encaminhar, indicando a seguir os dados completos do documento encaminhado (tipo, data, origem ou signatário e assunto de que se trata) e a razão pela qual está sendo encaminhado; e

Exemplos:

Em resposta ao Ofício no 12, de 1o de fevereiro de 2018, encaminho cópia do Ofício no 34, de 3 de abril de 2018, da Coordenação-Geral de Gestão de Pessoas, que trata da requisição do servidor Fulano de Tal.

Encaminho, para exame e pronunciamento, cópia do Ofício no 12, de 1o de fevereiro de 2018, do Presidente da Confederação Nacional da Indústria, a respeito de projeto de modernização de técnicas agrícolas na região Nordeste.

b) **desenvolvimento**: se o autor da comunicação desejar fazer algum comentário a respeito do documento que encaminha, poderá acrescentar parágrafos de desenvolvimento. Caso contrário, não há parágrafos de desenvolvimento em expediente usado para encaminhamento de documentos.

III – tanto na estrutura I quanto na estrutura II, o texto do documento deve ser formatado da seguinte maneira:

a) **alinhamento**: justificado;

b) **espaçamento entre linhas**: simples;

c) **parágrafos**:

i espaçamento entre parágrafos: de 6 pontos após cada parágrafo;

ii recuo de parágrafo: 2,5 cm de distância da margem esquerda;

iii numeração dos parágrafos: apenas quando o documento tiver três ou mais parágrafos, desde o primeiro parágrafo. Não se numeram o vocativo e o fecho;

d) **fonte: Calibri ou Carlito;**

i corpo do texto: tamanho 12 pontos;

ii citações recuadas: tamanho 11 pontos; e

iii notas de Rodapé: tamanho 10 pontos;

e) **símbolos**: para símbolos não existentes nas fontes indicadas, pode-se utilizar as fontes *Symbol* e *Wingdings*;

5.1.7 Fechos para comunicações

O fecho das comunicações oficiais objetiva, além da finalidade óbvia de arrematar o texto, saudar o destinatário. Os modelos para fecho anteriormente utilizados foram regulados pela Portaria no 1, de 1937, do Ministério da Justiça, que estabelecia quinze padrões. Com o objetivo de simplificá-los e uniformizá-los, este Manual estabelece o emprego de somente dois fechos diferentes para todas as modalidades de comunicação oficial:

a) Para autoridades de hierarquia superior a do remetente, inclusive o Presidente da República: Respeitosamente,

b) Para autoridades de mesma hierarquia, de hierarquia inferior ou demais casos: Atenciosamente,

Ficam excluídas dessa fórmula as comunicações dirigidas a autoridades estrangeiras, que atendem a rito e tradição próprios.

O fecho da comunicação deve ser formatado da seguinte maneira:

a) **alinhamento**: alinhado à margem esquerda da página;

b) **recuo de parágrafo**: 2,5 cm de distância da margem esquerda;

c) **espaçamento entre linhas**: simples;

d) **espaçamento entre parágrafos**: de 6 pontos após cada parágrafo; e

e) **não deve ser numerado.**

5.1.8 Identificação do signatário

Excluídas as comunicações assinadas pelo Presidente da República, todas as demais comunicações oficiais devem informar o signatário segundo o padrão:

a) **nome**: nome da autoridade que as expede, grafado em letras maiúsculas, sem negrito. Não se usa linha acima do nome do signatário;

b) **cargo**: cargo da autoridade que expede o documento, redigido apenas com as iniciais maiúsculas. As preposições que liguem as palavras do cargo devem ser grafadas em minúsculas; e

c) **alinhamento**: a identificação do signatário deve ser centralizada na página. Para evitar equívocos, recomenda-se não deixar a assinatura em página isolada do expediente. Transfira para essa página ao menos a última frase anterior ao fecho.

Exemplo:

(espaço para assinatura)
NOME
Ministro de Estado Chefe da Casa Civil da Presidência da República

(espaço para assinatura)
NOME
Coordenador-Geral de Gestão de Pessoas

5.1.9 Numeração das páginas

A numeração das páginas é obrigatória apenas a partir da segunda página da comunicação. Ela deve ser centralizada na página e obedecer à seguinte formatação:

a) **posição**: no rodapé do documento, ou acima da área de 2 cm da margem inferior; e

b) fonte: **Calibri ou Carlito.**

5.2 Formatação e apresentação

Os documentos do padrão ofício devem obedecer à seguinte formatação:

a) **tamanho do papel**: A4 (29,7 cm x 21 cm);

b) **margem lateral esquerda**: no mínimo, 3 cm de largura;

c) **margem lateral direita**: 1,5 cm;

d) **margens superior e inferior**: 2 cm;

e) **área de cabeçalho**: na primeira página, 5 cm a partir da margem superior do papel;

f) **área de rodapé**: nos 2 cm da margem inferior do documento;

g) **impressão**: na correspondência oficial, a impressão pode ocorrer em ambas as faces do papel. Nesse caso, as margens esquerda e direita terão as distâncias invertidas nas páginas pares (margem espelho);

h) **cores**: os textos devem ser impressos na cor preta em papel branco, reservando-se, se necessário, a impressão colorida para gráficos e ilustrações;

i) **destaques**: para destaques deve-se utilizar, sem abuso, o negrito. Deve-se evitar destaques com uso de itálico, sublinhado, letras maiúsculas, sombreado, sombra, relevo, bordas ou qualquer outra forma de formatação que afete a sobriedade e a padronização do documento;

j) **palavras estrangeiras**: palavras estrangeiras devem ser grafadas em itálico;

k) **arquivamento**: dentro do possível, todos os documentos elaborados devem ter o arquivo de texto preservado para consulta posterior ou aproveitamento de trechos para casos análogos. Deve ser utilizado, preferencialmente, formato de arquivo que possa ser lido e editado pela maioria dos editores de texto utilizados no serviço público, tais como DOCX, ODT ou RTF.

l) **nome do arquivo**: para facilitar a localização, os nomes dos arquivos devem ser formados da seguinte maneira:

tipo do documento + número do documento
+ ano do documento (com 4 dígitos) + palavras-chaves do conteúdo

Exemplo:
Ofício 123_2018_relatório produtividade anual

6 Tipos de documentos

6.1 Variações dos documentos oficiais

Os documentos oficiais podem ser identificados de acordo com algumas possíveis variações:

a) **[NOME DO EXPEDIENTE] + CIRCULAR**: Quando um órgão envia o mesmo expediente para mais de um órgão receptor. A sigla na epígrafe será apenas do órgão remetente.

b) **[NOME DO EXPEDIENTE] + CONJUNTO**: Quando mais de um órgão envia, conjuntamente, o mesmo expediente para um único órgão receptor. As siglas dos órgãos remetentes constarão na epígrafe.

c) **[NOME DO EXPEDIENTE]** + CONJUNTO CIRCULAR: Quando mais de um órgão envia, conjuntamente, o mesmo expediente para mais de um órgão receptor. As siglas dos órgãos remetentes constarão na epígrafe.

Exemplos:
OFÍCIO CIRCULAR Nº 652/2018/MEC
OFÍCIO CONJUNTO Nº 368/2018/SECEX/SAJ
OFÍCIO CONJUNTO CIRCULAR Nº 795/2018/CC/MJ/MRE

Nos expedientes circulares, por haver mais de um receptor, o órgão remetente poderá inserir no rodapé as siglas ou nomes dos órgãos que receberão o expediente.

→ ATENÇÃO!

Para ter acesso ao MANUAL DE REDAÇÃO DA PRESIDÊNCIA DA REPÚBLICA completo, basta acessar este link:

http://www4.planalto.gov.br/centrodeestudos/assuntos/manual-de-redacao-da-presidencia-da-republica/manual-de-redacao.pdf

Referência bibliográfica

As questões foram retiradas de livros da coleção REVISAÇO e do livro LÍNGUA PORTUGUESA PARA CONCURSOS (6ª edição – 2019), da Editora Juspodivm. Autora, coautora e coordenadora: Duda Nogueira.

ANOTAÇÕES

ANOTAÇÕES

ANOTAÇÕES

ANOTAÇÕES

ANOTAÇÕES

ANOTAÇÕES

EDITORA
JusPODIVM
www.editorajuspodivm.com.br